The Path to Enterprise Growth in the
Digital Intelligence Era

数智时代
企业成长之道
▲ 先知、先决、先行 ▲

芮明杰 著

Foresight
Decisiveness
and Pioneering Action

图书在版编目(CIP)数据

数智时代企业成长之道：先知、先决、先行 / 芮明杰著． -- 上海：上海财经大学出版社，2025．7．
ISBN 978-7-5642-4619-8

Ⅰ．F271

中国国家版本馆 CIP 数据核字第 202586TN56 号

□ 责任编辑　刘冬晴
□ 封面设计　贺加贝

数智时代企业成长之道
——先知、先决、先行

芮明杰　著

上海财经大学出版社出版发行
（上海市中山北一路 369 号　邮编 200083）
网　　址：http://www.sufep.com
电子邮箱：webmaster @ sufep.com
全国新华书店经销
上海新文印刷厂有限公司印刷装订
2025 年 7 月第 1 版　2025 年 7 月第 1 次印刷

710mm×1000mm　1/16　23 印张（插页：2）　413 千字
定价：89.00 元

前言
FOREWORD

一

为什么要写这本书？我也这样问自己。仔细想来有以下四个理由。

第一，我在复旦大学管理学院工作几十年，教学工作十分繁忙，除了要担当管理学科本科生、硕士和博士研究生的教学工作外，从1991年学院设立MBA学位开始培养MBA学生，以及2002年设立EMBA学位点开始招收EMBA学生时，我就担任主讲教授之职，先后多次获得MBA、EMBA学生评选的年度优秀授课老师称号，同时还要指导学生的硕士、博士论文和这些专业学位学生的论文，以至于指导毕业的学生数量在全校也可以算数一数二了。在教书育人相当长的过程中，我进一步了解了从事管理工作的学生，以及担任企业领导人的学生的学习需求：学以致用提高自己理论水平和管理创新能力，以推动企业成长与发展。因为有这需求导向，为此，我在课堂上讲的许多思想与理论，甚至是案例分析，学生十分喜欢，并认为都有独到之处，只是当时我没有把这些记录下来，现在想来十分可惜。本书就是想把最近几年对企业发展、战略选择、企业家认知、商业模式创新等课堂思想记录下来，进行再创新以启发今天的企业家和未来的企业家。

第二，2010年我院与香港城市大学商学院合作培养工商管理博士学位（DBA），我被邀请参与这个项目的教学和指导学生工作至今，我指导毕业了20位企业家。这些学生有的企业规模做得很大，有的企业过去就和我有相当深度的合作，在教学和指导他们的论文时，我总是希望他们的研究选题更加本土化、更加实在，希望研究成果对企业发展有价值。正是在这个过程中，我更进一步深入了解了这些企业家群体,他们的个性、认知、职责和喜怒哀乐,为他们企业的成功而喜悦,也为企业的困难而揪心。进一步地,我也感觉到实施教学改进的重要,以及提升企业家和企业领导人的认知和行为的重要性。与该合作项目一年之后,2009年我决定要投入政府的决策咨询研究领域,为政府决策和改善营商环境,促进经济和产业发展,贡献自己的力量,进而有助企业的成长与发展。

第三,早在1987年,我参与导师主持了"泉州市发展战略研究"课题,课题最终取得极大成功,我也经受了锻炼,提高了自己学以致用的能力。1993年暑假,我第一次受邀主持一个大型国有企业的管理提升规划方案的设计工作,最终取得了很好的成果,受到企业的高度认可。这使得我对理论应用于企业实践并出成果有信心。之后,我总是在教学和科研、行政工作之余,承担政府与企业极力邀请我去主持的产业发展、改革方案、企业战略设计、管理创新等项目工作。我曾参与过"跨世纪的宝钢发展战略"研究,主持"上汽集团进入世界500强的战略""张江集团发展战略研究""浙江省国际贸易集团发展战略研究"等项目研究。在与浙江省物产集团十年的合作过程中,我先后四次主持集团的战略方案设计以及大部分子集团公司的战略设计,集团最终在2011年实现了进入世界500强的目标,成为当时浙江省第一家进入世界500强的国有企业集团,一时传为佳话。今天来看,我主持过的各类政府、企业集团、股份公司、民营企业等战略设计方案积累起来至少有60个,为地方政府,尤其是企业改革发展和转型升级作出了巨大的贡献。而我长期担任多家上市公司的独立董事一职,也使我对公司治理问题、管理问题、运营问题等有了切实的感受,也有了许多感悟与思考。所以,我对现实的企业发展遇到的问题、挑战以及能力短板等有深入的观察、理解,也能帮助它们找到正确的解决方案。直至今日,依然有许多企业希望我出山给它们出谋划策。然而,年龄不饶人,我想不如我把它们写出来,供更多企业家们阅读参考。

第四,近来我真正感觉到人类社会已经进入了一个全新的时代,一个巨变的时代。全球以数字技术、AI技术、5G通信技术等为代表的新兴科技发展正在改变人类社会的现在与未来;全球地缘政治的变化催生全球产业分工体系重组,各国经济与产业正在寻找新的发展定位,中国经济与产业的发展也面临极大的挑战。而作为经济发展主体的我国企业,正处在数字化智能化转型、生产方式转变、新生产力形成的过程之中,有的解体,有的退出,有的躺平,也有的正在苦苦挣扎,更有迎难而上的优秀企业。这个新时代,我称之为数智时代,即数字技术、

AI技术等融合创新驱动社会治理和经济发展的时代,在这个时代企业发展的机遇与挑战并存,我们的企业不能败,产业不能败,经济还要大发展。

基于上述理由,激发了我写这本书的动力。我希望把自己这么多年对中国企业成长与发展问题的思考与研究,把企业成长与管理创新的规律总结出来的,给今天的企业家和未来的企业家参考,以启迪思想,改善认知,明确职责,积极行动,成就未来。

二

许多人认为我是产业经济学家,这个看法没有错。本人自1986年硕士毕业留校工作以来,在复旦大学管理学院的教学科研以及学科建设工作中,无不认认真真、勤勤恳恳,曾经获得国家级与省部级许多教学成果、科研成果以及决策咨询研究成果奖励。我于1992年1月在职获得复旦大学经济学博士学位,1993年4月晋升为副教授,1995年5月破格晋升为正教授,先后担任企业管理系主任、管理学院副院长等行政工作。2003年在学校和学院的支持下,我创办了管理学院的产业经济学系,然后兼任产业经济学系主任十多年,主持获得产业经济学科国家重点学科的荣誉,并取得了在产业链、产业体系、产业发展等方面重要学术成果,获奖甚多。此外,我于2009年同时获得上海市政府发展研究中心和上海市哲社办批准设立的"上海产业结构调整'芮明杰'工作室"和创新研究基地称号,开始正式组建团队长期为国家与上海的产业结构调整与产业发展等问题开展研究,贡献智慧成果。

然而在2003年前,我的教学科研工作主要集中在管理理论与企业发展理论及其应用研究,2003年后我担任新创办的产业经济学系主任,在接受产业经济学科带头人之职后,我并未完全放弃深耕管理学基本理论与企业发展改革研究领域,对管理创新、知识管理、组织学习以及企业制度改革、企业发展、国有企业改革等方面的研究依然有浓厚的兴趣。今天来看,本人在管理理论、企业发展等领域有以下几个重要学术贡献及影响。

第一,重新构建管理学理论体系,推动我国管理学科创新发展。这方面主要体现在:1999年本人主编出版了《管理学——现代的观点》一书,此书创新构建管理学新体系,一反过去管理学按照管理职能学说安排体系结构的传统,创造性地建立了按照管理过程的理论体系,同时结合了经济学有关企业理论的观点，使管理学基本理论体系焕然一新。此书出版后获得学术界、企业界广泛的认可，一版再版，开创了管理学理论创新的先河，并于2002年获得全国普通高校优秀教材二等奖，2022年获得首届国家教材建设奖高等教育类二等奖的殊荣。2009年主编出版的《管理实践与管理学创新》则全面归纳总结新中国60年管理学科发展的过程、成就以及未来发展方向，成为中国管理学发展研究的重要著作。

第二，推动管理理论前沿研究，引领国内管理学科发展趋势。本人先后在1996年、1998年、2002年先后主编与著述了《管理前沿丛书》（上海译文出版社）、《管理前沿书系》（浙江人民出版社）、《新经济、新企业、新管理书系》（上海人民出版社）等著作书系。这些著述既有介绍发达国家最新管理理论与方法，更多是根据中国的国情进一步创新研究。这些连续出版物在当时引领了国内学术界管理研究前沿，是有广泛影响力的著作，一时成为各高校管理类老师、研究生与企业家追捧的热点。此外，还多次在《管理科学学报》等权威学术刊物上发表对21世纪管理学发展可能的研究性文章，引起学界的广泛关注。2019年我参加"中国管理50人"大会并应邀发表《未来的管理》主旨演讲，再次对新技术革命条件下未来的管理进行探索，为中国管理学发展添砖加瓦。

第三，创新设计中国企业持续发展的理论模型与体系架构并不断深入研究和完善。这是本人最主要的研究领域也是本人取得最主要学术成果与贡献。研究成果有《中国企业发展的战略选择》（2000年）、《现代企业持续发展的理论与策略》（2003年）、《突破成长的极限——企业再创业的理论与策略》（2005年）、《公司核心竞争力培育》（2008年）等及相关学术著作与论文。这些著述围绕中国企业持续发展的理论与方法研究展开，在国内独树一帜，观点新颖、论述充分、自成体系。其中专著《中国企业发展的战略选择》一书获第三届全国高校人文社会科学优秀成果管理学著作一等奖（2003年），是当时管理学方面最高的学术奖项，非常不容易获得，这也充分表明成果获得高度认可。

第四，提出我国国有企业改革的"产权、市场、管理三位一体改革方案"，在我国国有企业改革理论与对策方面形成复旦大学观点，影响广泛。这方面的成果表现在本人先后主持的国家自然科学基金项目"国有控股公司运行与管理研究""我国国有企业战略性重组研究"及其成果《国有控股公司运行与管理》（山东人民出版社）、《我国国有企业战略性改组》（上海财经大学出版社）、《现代企业制度丛书》（上海译文出版社）、《企业创新丛书》（山西人民出版社）等重要论著和相关重要的学术论文方面。其中,著作《国有控股公司运行与管理》获得上海市第五届哲学社会科学优秀成果奖,而本人参与主编与写作的《现代企业制度丛书》在当时国有企业改革中影响巨大,是国内多方面论述国企改革的引领性著作。

由上叙述可见,我在企业发展和管理创新方面的研究及成果,表明在这些领域,还是有真知灼见和学术积累。这些学术研究成果为撰写这本书奠定了扎实的基础。

三

本书的宗旨是要为巨变时代、数智时代的企业家和企业领导人提供可行的企业持续成长的路径,或称之为成长之道,希望能够助力中国企业在时代转换的过程中,把握正确的发展方向,采取合适的发展策略,突破成长的极限,成就可持续的健康发展。其实,企业成长之道就在企业家和企业领导人的心里,只是有时会多少受制于繁杂的数据信息、多方劝说、政策变化、技术变化、市场竞争、世界经济等的影响,导致自己的认知变化,甚至最终迷失了初心。历史已经证明,企业可持续健康成长与发展的核心是企业的当家人,即企业家或企业领导人,企业是企业家的企业。我希望本书可以帮助企业家和企业领导人提高对复杂问题的认知,在多样化的商业世界中做出正确的令人满意的抉择,并能够超越他人先行一步,争取市场上领先的优势——先知、先决、先行。

现实中的企业林林总总,分布在各行各业,如种植业、畜牧业、制造业、建筑业、交通运输业、生活性服务业、生产性服务业等,这些企业坐落在世界各地,在城市港口或在山野乡村。有的企业规模极大,一年的营收高达数千亿美元,甚至比一些国家一年的GDP总量还要高;有的企业规模十分之小,包含员工2~3人,几千元的固定资产,在市场中风雨飘摇随时有翻船的可能;还有一些企业是国有的属性,或提供公共服务产品或提供垄断产品和服务。大量的企业则是私人属性、民营特性,在市场上提供大量各类社会需要的产品与服务等。它们在市场上购买原料、部件、土地,募集资金,招聘员工,发展生产技术与工艺,根据消费者需求决定生产的产品与服务,通过竞争性分销获得收入,进而克服成本支出获得盈利。它们在企业领导人的率领下进行周而复始的生产经营过程,在这个过程中谋求生存与发展。在时间的长河里,在时代的变迁与技术的进步中,在市场的竞争中,一些企业成功了,一些企业失败了。企业的生生死死,其原因一方面指向了巨变的环境,如制度、社会、经济、技术、产业等方面,各种突发的"黑天鹅"和"灰犀牛"事件都能使企业猝不及防;另一方面则多少指向了企业的掌舵人即企业家或企业领导人,指向了企业领导人的认知、决定与行动,指向了企业家的领导力。企业的确是企业家的企业。

  本书就是写给企业家和企业领导人看的书。为此本书安排了"1+3"的结构:"1"就是导论,"3"就是3篇,共15章。导论主要论及数智时代本质特征以及未来趋势,同时就数智企业的特点、能力构成以及未来的管理创新方向进行前瞻性探讨。我认为,数智时代不可避免地要到来,如此就一定会催生这个时代的企业——数智企业的成长与发展。三个篇章分别为:先知篇,主要论述企业家要从认知企业、认知自己、认知职责、认知危机和认知未来这几个方面拓展自己的认知,以及对获得对这些方面的深度认知并进一步提高自己的认知水平,因为认知是正确抉择或决策的最重要前提。先决篇,主要从数智时代企业最为重要决策事项的角度考虑,分析研究战略设定、产业选择、逐利市场、商业模式以及激励安排。这些内容,在我看来是企业家或企业领导人在运营企业前必须做出的最为重要的决定,选择错误的企业可能就此南辕北辙,走向不归路。先行篇,主要考虑企业家和企业领导人一旦选择相对满意的决策方案后,应该开始的就是行动,其中重要的行动包含构建共同愿景,转型突破极限,领导变革创新,实施开放合作,以及努力发展优势。企业家或企业领导人如果真的可以从知他和自知开始,进而深入思考抉择,最终迅速开始行动即先行,这就是王阳明先生的"格物致知,知行合一",如此企业离成功不远了!

  本书写了近1年的时间,其中2024年暑假我并未休假,上海的高温也并未阻止我每日的认真写作,付出可谓良多。为此在本书即将出版之际,首先得感谢自己的努力和勤奋,其次感谢太太的理解和关爱,也要感谢复旦大学的支持,上海财经大学出版社的精心编辑工作。

  衷心希望企业家、企业领导人以及更多的未来企业家喜欢此书,也欢迎各位不吝赐教。谢谢!

芮明杰

2024年8月16日于家中

目录 CONTENTS

导　论　时代造英雄 …………………………………………… 1

第一篇　先　　知

第一章　认知企业 ……………………………………………… 23
第二章　认知自我 ……………………………………………… 41
第三章　认知职责 ……………………………………………… 62
第四章　认知危机 ……………………………………………… 83
第五章　认知未来 ……………………………………………… 103

第二篇　先　　决

第六章　战略定位 ……………………………………………… 135
第七章　产业选择 ……………………………………………… 159
第八章　逐利市场 ……………………………………………… 181
第九章　商业模式 ……………………………………………… 199
第十章　激励安排 ……………………………………………… 226

第三篇　先　　行

第十一章　构建愿景 …………………………………………… 251

第十二章	突破极限	271
第十三章	领导创新	291
第十四章	开放合作	313
第十五章	确立优势	337

导 论
时代造英雄

道可道,非常道。

——老子《道德经》

在科学技术进步迅猛、社会大变革、绿色发展的浪潮下,人类社会正逐步迈入一个前所未有的新时代,即数智时代。这一时代,是以大数据、云计算、人工智能、互联网信息、低碳绿色等先进技术为核心驱动力,不仅重塑了社会经济的结构,重构了产业体系,形成全新的生产方式,而且还更深刻影响了人类的生产生活方式,其中数字产品、智能服务、机器人、ChatGPT、无人驾驶汽车等无不成为人类新生活、新工作的新起步。数智时代的到来就是人类社会新时代的开始。自人类社会于18世纪开始的工业革命,进入以大生产方式为标志的工业社会以来,无论是生产力、生产技术、财富创造,以及提升人类福祉方面都取得了巨大的进步,其间作为经济发展主体的企业扮演了重大的角色,作出了巨大的贡献。后工业社会究竟是信息社会、知识社会还是服务社会说法不一,各有理由,但从技术进步至今,数字技术和人工智能技术的融合已经成为社会发展进步的新一轮通用技术,开始进入几乎所有的生产领域,开始进入几乎所有的社会生活领域,开始形成全新的生产方式和生产力,可以说人类的后工业社会就是数智社会,一个催生新时代的社会。在这个社会中,企业必然还要扮演最为重要的角色,问题是工业社会如鱼得水的企业,还能否在数智社会中继续健康持续地成长和发展?今天工业社会中的企业家是否能够在全新的数智社会中继续有效领导企业创新成长与发展?新时代创业的企业是否真正把握数智时代的特征与变化找到成功之道?等等。本书力求对这些问题进行深入分析研究并给出答案,以助力已经开始进入数智时代的企业家、企业找到正确的成长与发展之道,成为真正的数智企业。

一、数智时代的本质

人类进入数智社会的前提是人类社会基本完成了工业化过程。时下,虽然不能说全球所有国家与地区都完成了工业化,但可以说都开始了工业化过程,一些先进国家则早就完成了工业化,已经进入了后工业化社会。我国的一部分地区完成了工业化也进入后工业社会;另一部分地区则开始了新型工业化过程,即高质量工业化的过程。[①] 可以说,我国是处在工业社会与后工业社会的过渡时期,也开始了数智社会的进程。根据《中国数字经济产业发展报告（2023 年）》的数据,我国数字经济占 GDP 的比重已经超过四成,具体数字为 41.5%。这一数据反映了数字经济在我国国民经济中的重要地位和贡献。此外,报告还指出,2022 年我国数字经济规模达到了 50.2 万亿元,数字经济的核心产业增加值占 GDP 的比重也达到了 10%,这一比例反映了数字经济核心产业对整体经济的贡献。数据要素市场日趋活跃,2023 年数据生产总量达到了 32.85 ZB,同比增长 22.44%。数字基础设施不断扩容提速,算力总规模达到 230 EFLOPS,位居全球第二位。[②] 此外据统计,2023 年我国人工智能企业数量已经超过 4 000 家,人工智能已成为新一轮科技革命和产业变革的重要驱动力量和战略性技术。我国立足自主创新,已构建起包括智能芯片、大模型、基础架构和操作系统、工具链、深度学习平台和应用技术在内的人工智能技术体系、产业创新生态和企业联盟,人工智能在智能制造、智能医疗、智能交通等领域取得广泛应用。[③]

（一）从工业时代到数智时代

工业化是一个国家或经济体在某一阶段以工业为经济增长主要引擎的经济发展过程,这个过程同时还伴随着城市化的进展。工业化过程的产生与进展主要的标志为机器生产机器、机器生产产品的大工业生产方式形成与发展,即大规模大批量标准化生产产品或服务的生产方式形成与发展。由于机器生产替代了人工劳动生产,生产力大发展,生产效率大幅度提高,产品质量稳定可靠,生产成本大幅度降低,工业创造了大量的就业机会和社会财富。大工业生产方式的背后是当时以动力技术革命（先是蒸汽机动力技术革命,后是电力技术革命）为核

[①] 芮明杰著:《打造新质生产力,推进新型工业化》,《广州日报·理论周刊》2023 年 12 月 24 日。
[②] 国家数据局编:《数字中国发展报告（2023 年）》,2024 年 6 月 3 日。
[③] 中国新一代人工智能发展战略研究研编:《中国新一代人工智能科技产业发展报告 2024》,2024 年 6 月 20 日。

心的一系列科学技术进步、生产工艺技术进步、劳动者生产技能进步、生产组织方式进步等所导致。工业化的成功就使得这个国家或地区进入了经济发达的状况，居民收入水平普遍较高，社会进入比较富裕的社会，即工业社会，或进入了工业时代。当工业生产效率不断提升后，由于居民对基本工业品需求的满足，工业品产量的增长就极为有限了，此时随着居民收入水平的提高，其对工业消费品的需求就从量转为对质的要求，转变更为多样化产品或服务的要求，于是工业消费品就需要创新迭代，由此带动生产资料工业的发展，并催生服务业的发展，全社会生活服务业与生产服务业就先后逐步发展起来，此时工业作为经济的引擎就逐步让位于服务业作为经济增长的主要引擎，工业化也就进入尾声即工业化后期，所以学界长期公认服务经济大发展是后工业社会来临的标志，似乎也是有科学的道理。

我国的工业化是在计划经济下起步的。经过努力，新中国三十年仅仅形成了基本的工业体系。工业化进程的全面展开是在1978年改革开放之后，工业尤其制造业开始全面发展，加之生产技术的进步，成为国家经济增长的发动机，其结果就有了我国改革开放后经济三十多年的持续增长，速度惊人，创造了中国奇迹。尽管我们取得了很大成就，人均GDP已经达到12 000美元左右，但我国尚处在中等收入国家行列，全国各地区工业化水平差异性还较大，沿海地区如广东、上海、江苏、浙江等可以说已经进入工业化后期，而中部的江西、湖南、湖北、河南等地尚处在工业化中期的后阶段，而西部地区尚处在工业化中期阶段，所以我国尚需要进一步的工业化，实体经济尤其是工业制造业还是我国广大地区今天与未来经济增长的主要引擎。但这一次工业化已经不完全是建立在原来通用技术上的工业化，因为技术的进步尤其是数字技术、类人大脑智能等已经被公认为新一轮科技革命产业革命的"核爆点"，以数字技术和人工智能为核心的新型通用技术对所有的产业以及社会的方方面面将产生不可估量的影响和改变，将会带来生产方式的变革，新的生产力形成，这就是所谓的新型工业化。

正是如此，可以说新型工业化就是我们从传统工业时代走向后工业时代即数智时代的全面过渡阶段，这是因为一方面我国地区经济发展不平衡工业化程度不同，东部沿海一些地区已经进入后工业化时代，而中西部地区还处在工业化进程之中，于是不同地区对数字技术、人工智能技术、新型互联网信息技术、5G通信技术等的接受程度不同，这些技术的应用展开也有所不同；另一方面是在支撑数智时代的数字技术、人工智能技术、新型互联网信息技术、5G通信技术以及新型基础设施方面，尚有相当研究和创新的空间，需要全社会的一起努力，转变生产方式形成新质生产力，其中包括企业的数字化转型，智能化生产和服务发展。正如《中华人民共和国国民经济和社会发展第十四个五年规划和2035年远景目标纲要》所说,未来要迎接数字时代,激活数据要素潜能,推进网络强国建设,加快建设数字经济、数字社会、数字政府,以数字化转型整体驱动生产方式、生活方式和治理方式变革。[①] 时下,全球各国尤其是发达国家正在摩拳擦掌迎接数智时代的来临,并希望在这一时代中竞争领先竞争获胜。为此各国政府积极设立各种科技、产业创新法案,在数字技术人工智能技术研究、这些技术应用的基础产业如半导体芯片、新材料、6G通信、新一代互联网信息等方面加大投入,推动新型科技企业创新发展,争取更大的突破与确立领先优势。

(二)数智时代的本质

数智时代,简而言之就是数字化与智能化高度融合的新时代。数智时代的到来,标志着数字化与智能化的深度融合,以大数据、云计算、人工智能等先进技术为核心驱动力,不仅重塑了社会经济的结构,更深刻影响了人们的生产、生活方式,成为推动全球经济社会转型升级的关键力量。这一时代中,数据成为新的生产要素,其价值被深度挖掘和广泛应用。云计算平台提供了强大的数据存储与处理能力,使得海量数据得以高效利用。而人工智能技术的突破,则让数据分析和决策过程更加智能化、精准化。这种深度融合不仅提升了生产效率,更催生了众多新兴业态和商业模式,形成了新质生产力和生产方式,为社会经济的持续发展注入了新的活力。

数智时代的加速到来,得益于数据、信息、通信技术的飞速发展。随着数据量的爆炸性增长、数据收集传输和计算能力的提升,数据已成为连接现实世界与数字世界的桥梁。同时,智能化技术的不断突破,如机器学习、深度学习等算法的成熟应用,使得机器能够像人一样进行复杂的思考和决策。这种技术的飞跃为数智时代的发展奠定了坚实基础。数字技术今天来看其核心就是算法。算法代表着在大量数据基础上用系统模型数据分析的方法描述解决问题的策略机制。而人工智能是一种特殊模型(算法模型),ChatGPT就是超大规模模型(算力要求很高),其数据、算力和人工智能模型之间有密切的相关关系(见图0-1)。

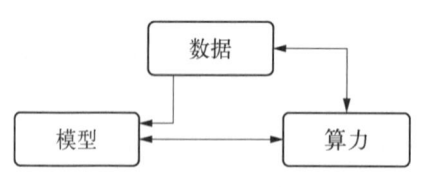

图0-1 数据、算力和人工智能模型

其特点如下:

第一,人工智能建立在大量数据的掌握之上;第二,不同问题的解决需要不

[①] 《中华人民共和国国民经济和社会发展第十四个五年规划和2035年远景目标纲要》。

同的算法,算法的不同在于设计的特定模型不同;第三,有算法如果没有算力配合,模型运行就十分困难。可见,模型越大对计算机要求越高。如此来看,数智时代的底层逻辑就是:能够及时收集、传输和储存海量数据,有大量通用或专门的智能大模型,有足够的算力及时快速予以计算并出结果,进而实现新的生产方式、形成新质生产力,为社会创造价值。

数智时代的到来,将对社会经济产生深远影响。在产业升级方面,数字经济将进一步向智能融合、数据驱动和开放合作的方向发展。随着人工智能等核心技术的广泛应用,数字经济将与实体经济深度融合,促进传统产业的转型升级和新兴产业的创新发展。在生活方式方面,数智时代将带来更加便捷、智能的生活体验。智能家居、智慧城市等概念的落地应用,将让人们的生活更加舒适、高效。在企业发展方面,数据成为新的重要生产要素,数字技术与人工智能技术嵌入生产服务过程,新型生产方式的崛起,新的资源配置要求等等都对现有的企业产生重大影响,对企业家的认知产生新的要求,促使企业必须转型升级,寻找数智时代企业的成长之道。另一方面,随着技术的不断进步和应用场景的不断拓展,数智时代的潜力将得到进一步释放。企业需要抓住这一历史机遇,加强技术创新和人才培养,以更加开放、合作的态度迎接数智时代的到来,融入这个新时代。

(三) 数智时代的未来

1. 数字智能技术全面融合创新

数智时代的未来首先表现在数字智能技术全面融合创新,在未来有无限发展的空间,并将嵌入到人类社会、政治、经济、产业、科技、企业、居民生活工作等所有的方面,其中,人工智能(AI)、区块链以及元宇宙作为三大前沿科技领域,其融合创新正引领着新一轮的产业变革,影响企业生产运营与服务提供。

第一,AI技术与新一代互联网、物联网的融合。随着AI技术的不断成熟,新一代互联网(Web2.0)、物联网(IoT)设备的创新以及普及,三者之间的深度融合已成为推动数智时代发展的重要驱动力。AI通过强大的数据处理与分析能力,为互联网、物联网设备提供了更为智能的决策支持,实现了从数据收集到价值挖掘的全链条优化,提升了生产线的智慧程度和自主配置生产的水平,还通过预测性维护、能效优化等手段,显著降低了运营成本,提高了产品质量与生产效率,推动智能制造的全面升级。此外AI与互联网、物联网的融合也为智慧城市建设,如智能交通、环境监测、公共安全等领域的数字智能化升级,逐步构建起更加高效、便捷、宜居的城市智慧生活环境。

第二,区块链技术以其去中心化、透明性和不可篡改性的独特优势与数据分析技术、AI技术的融合,正逐步渗透到金融、供应链管理、版权保护等多个领域,成为构建信任机制、提升数据安全性的关键工具。例如在金融领域,区块链技术与数据分析、AI技术的融合可以为跨境支付、供应链金融、资产证券化等场景提供了更为智能高效、低成本的解决方案,促进了金融产业、金融企业的金融服务更具有普惠化与个性化发展。此外这些技术的融合在企业供应链管理中可以通过实现数据信息透明与共享,有效降低了运营风险,提升了供应链的协同效率与整体竞争力。

第三,元宇宙作为虚拟与现实深度融合的下一代互联网形态,是与数字技术、AI技术密切融合的产物,有着广泛的发展空间。元宇宙打破了物理世界的限制,可以为用户提供了沉浸式、互动式的数字体验空间,催生了新型的社交、娱乐、教育等应用场景。在元宇宙中,用户可以自由创造、探索、交易数字资产,享受前所未有的数字生活体验。未来随着5G、6G、VR/AR等技术的不断进步与普及,元宇宙将与企业的数字孪生等技术融合一体,应用于数智企业的虚拟运行和管理,有助智能化生产和服务,提高数字资源配置效率,培育核心竞争力提高价值创造的水平。

2. 数字经济智能化发展

未来随着大数据、人工智能、区块链等技术的不断突破与融合,数字经济也将表现出智能化的形态,例如,在零售领域,电商平台通过大数据分析消费者行为,实现智能化的精准营销与个性化推荐,极大地提升了用户体验与购买转化率。同时,数字经济智能化发展也催生了众多新兴业态,如智慧在线教育、数字远程医疗、数字智慧金融等,这些领域的发展不仅满足了人民日益增长的多样化需求,也为经济增长开辟了新的空间,对就业市场产生了深远影响。数字智能技术的广泛应用催生了大量新兴职业,如数据科学家、人工智能工程师、区块链专家等,这些职业的出现为求职者提供了更多元化的选择,也为经济社会的高质量发展注入了新动力。2024年3月17日,社会科学文献出版社等发布的《产业数字人才研究与发展报告(2023)》指出,当前我国数字人才缺口为2500万至3000万,且缺口仍在持续放大。报告建议,面对数字人才紧缺局面,建立数字人才全链条生态体系,多措并举提高数字人才存量,提升数字人才质量,培养更多的"高精尖新"数字人才,成为数字经济高质量发展的当务之急。[①] 随着数字智能技术的融合创新与应用,数字贸易新形态新范式正在逐步推动全球贸易模式的深刻变革,数据分析技术与区块链技术的引入增强了贸易双方的互信,智能贸

---

① 张晓静著:《建立全链条生态体系填补数字人才缺口》,《科技日报》2024年4月19日。

易结算带来了革命性的改变，实现了贸易结算过程中资金流、单证流信息的安全有序流转与自动核验，极大提高了贸易结算的效率和透明度。这一变革不仅降低了交易成本，还为全球贸易的便捷化和高效化提供了有力支撑。

3. 数字智能社会发展

在数智时代，数字智能社会一定是未来发展的标志之一。其中智慧城市、教育模式与医疗健康领域将率先数字化智能化。智慧城市建设是数字智能化时代城市发展与治理的必然趋势。通过大数据、云计算、物联网等先进技术的深度融合，通过数据分析与预测，城市管理者能够提前发现并解决潜在问题，如交通拥堵、环境污染等，城市管理者能够迅速针对问题，实现对城市运行状态的实时监测与精准分析，从而制定出更加科学合理的决策方案。又如，AI技术的发展一定会极大影响未来的教育和教育方式，智能化教育可以使针对学生的个性化教学成为可能，教育机构可以根据不同学生制定完全不同的培养教育方案，学生也可以根据自身兴趣与需求，灵活选择学习内容与方式，实现知识的有效吸收与转化，能力的培养和提升。事实上，人工智能技术至今为止取得的成就，已经证明其能够成为教育的重要辅助工具。人工智能技术发展形成的ChatGPT这类生成式大模型已经具有多种功能，能够基于在其训练阶段扫描的数据文本、模式和统计规律等来生成回答，能够快速根据问答的上下文进行互动，甚至还按照使用者的要求能完成撰写邮件、视频脚本、文案、翻译、代码、写论文等任务，其写出来程序代码可以媲美资深程序员，其绘制图画十分美丽大气，撰写的论文逻辑合理文笔顺畅，难以辨别真伪。当这样的工具作为一种辅助教育的工具时，可以用来帮助教育者、受教育者学习，帮助理解知识难点，帮助写文章、写论文，查找文献，帮助不同语言转换，疑难问题解答，等等，应该是一种新型有助教育目标实现的工具。现实中AI其实已经开始进入教育领域，多国政府教育管理机构已经制定相关政策法规鼓励教育过程中采用AI技术。然而许多使用者已经发现生成式大模型输出的一些文本隐含各类偏见和谎言；许多著名大学已经表达对学生使用这种工具的担心，担心其影响学生心智模式正常形成；全球许多国家开始行动高度关注AI发展对人类教育未来的安全性。

4. 低碳绿色智能化趋势

在人类社会未来的绿色低碳可持续发展过程中，数字智能化技术尤其是大数据、人工智能、物联网、区块链等前沿科技，正逐步成为低碳绿色发展中不可或缺的驱动力。低碳绿色智能化发展的最终目标是构建一个高效、协同、可持续发展的社会生态体系。在这个体系中，产业链上下游的企业将紧密合作，共同推动整个行业的智能化升级。通过整合各方资源、优化资源配置、提升产业链协同效率等方式,智能化生态体系能够为企业创造更多的价值增长点。在这个体系中,社会各成员如政府机构、社会团体、各类中介服务机构、企业、居民等均需要采用新的生产、消费、合作方式,形成智能低碳绿色生活工作,共同维护可持续发展的社会生态。未来,随着各类技术的不断进步和应用场景的持续拓展,智能化生态体系还将不断演进和完善,为人类社会的长远发展奠定坚实的基础。其中,如何利用低碳绿色技术与大数据、人工智能技术进行深度融合发展,促进节能减排、能源使用转型与环境保护融入社会发展的每一个环节,已经成为时下各国的发展重点领域。在能源管理领域,利用大数据分析不同区域、不同行业的能源消耗模式,通过优化算法、提高能效,以及推广绿色能源和低碳技术的应用,不仅能够有效降低数字智能化进程中的环境负担,还促进了经济社会的可持续发展。其中,在全球范围内,新能源产业已逐步成为推动经济增长的重要引擎。风能、太阳能、生物质能、地热能、氢能等新能源技术不断取得突破,成本持续下降,应用范围不断拓宽。据国际能源署(IEA)数据,近年来全球新能源投资持续增长,尤其是风能和太阳能领域,成为新能源投资的重点方向。同时,随着电动汽车、储能技术等产业的快速发展,新能源产业链不断完善,产业生态日益成熟。根据统计数据,2023年上半年,中国新能源项目投资金额高达5.2万亿元人民币,其中风电光伏领域投资金额约占46.9%,锂电池投资占比22.6%,储能和氢能领域也呈现出快速增长态势。我国电源结构持续优化,形成了煤电、气电、核电、水电和新能源发电的电力多元供应体系。全国可再生能源发电量突破3万亿千瓦时,约占全社会用电量的1/3,较2013年增长了近两倍,人均可再生能源发电量达到2 000千瓦时。未来,在政策支持和市场需求双重驱动下,中国新能源产业规模还将持续扩大,智能低碳技术水平显著提升,国际竞争力不断增强,为全球低碳绿色发展做出重要的贡献。

5. 全球协同治理

未来全球数字智能治理的协同,则是应对数智时代带来的全球性挑战与问题的必然趋势。在数据跨境流动、网络安全、隐私保护等领域,在智能机器人的智能技术进步、智慧大模型发展以及对人类社会未来的影响,任何单一国家的努力都显得力不从心。正如美国斯坦福大学以人为本人工智能研究院最近发布的《人工智能指数2022年》报告中指出:目前"语言模型效果比以前更优,但偏见也更严重;大型语言模型正在不断创造技术基准的新纪录,但新数据显示,大型模型也更能反映出训练数据的偏见。相较于2018年最先进的1.17亿参数的模型相比,2021年开发的一个2 800亿参数的模型引发的毒性(Elicited Toxicity)增加了29%。随着时间的推移,这些系统的能力明显增强,但是随着它们能力的增强,其潜在的偏见的严重程度也在增加"①。大模型为代表的人工智能应用中究竟是什么样的毒性,是种族歧视?伦理偏见?还是弱化人的思考能力?既然人工智能主要是替代人类的脑力劳动,那么在教育过程中大量使用这样的人工智能工具,一方面,节约了我们老师的部分脑力劳动,同时也可以用来节约学生的脑力劳动,甚至替代其学习过程中的脑力劳动。如此,我们完全有理由相信人类长期使用这些人工智能工具辅助学习时,会削弱他们的学习能力、思考能力、判断能力和认知水平。另一方面,随着人工智能技术的发展,使得人工智能应用工具越来越像一个盲盒,人们输入数据后,并不清楚人工智能大模型深度学习的算法是如何运作的,甚至无法事先预测其输出的结果,这可能给人们带来恐慌,而且人们有理由担心如此运用人工智能工具是否真正有利于人类长期健康持续发展,有利于人类的全面自由发展。

加强国际合作与沟通,共同制定人工智能发展治理的国际规则和标准,成为推动全球治理体系完善和发展的关键。只有在全球范围内达成共识,形成合力,才能有效应对数智化带来的挑战,确保数字智能技术进步的成果惠及全人类。2023年11月1日,首届全球人工智能安全峰会在英国布莱切利庄园召开,大会汇聚了全球人工智能领域的安全和伦理问题专家、学者、企业代表等,共同探讨和研究推动人工智能未来国际合作的重大问题,会上包括中国、美国在内的28个国家及欧盟,签署了《布莱切利 AI 宣言》(Bletchley Declaration)。该《宣言》呼吁和倡导以人为本,希望 AI 科研机构、企业等以负责任的方式,设计、开发和使用 AI。《宣言》肯定了 AI 在改善人类福祉上的巨大潜力,也警告了在发展 AI 过程中有意或者无意带来的伤害,希望通过法规等方式避免相关风险。这是个达成共识的宣言,表明全球治理开始了第一步,未来依然有极大的挑战。②

二、数智企业的成长要义

数智时代的企业有两个部分组成:一是现行工业时代的部分企业,这些企业经过了比较成功的数字化、智能化、绿色化转型;二是根据数智时代的特点和先进技术创业的新型企业,这些企业一开始就有数智的基因。因此,数智时代的企业即数智企业可以定义为拥有数智基因,以数据为核心生产要素,以数字技术、智能技术、低碳技术等为主要技术,进行生产运营的新型企业。这样的企业自然与工业时代的企业不同,加上数智时代的商业环境明显不同于工业时代,因

---

① 斯坦福大学以人为本人工智能研究院编:《2022年人工智能指数报告》,2022年3月16日。
② 澎湃新闻编:《首个全球性 AI 声明:中国等28国、欧盟签署〈布莱切利宣言〉》,2023年11月2日。

此数智时代的企业其成长与发展自然有其特别的规律即所谓的成长之道,也需要发展新的能力体系尤其是新的核心竞争力。

(一)数智企业的核心特征

1. 数据为生产要素

数智企业的最重要特征就是数据已成为与土地、劳动力、资本、技术等传统生产要素并列的新型生产要素。对数据要素以及其他要素进行整合配置,可以促进企业运营有序、生产效率提升、商品价值创造、消费者消费体验、创新发展等等。所以数据要素是具有潜在价值的资源,对它的深度运用就可以给企业带来巨大的新增价值。今天所说数智企业的数字资产包括了数据、数据库、数字设备、智能设备、数字技术、智能技术等等方面,其实这类资产中最基本的资产就是所拥有的数据要素的质和量。而且这个要素在整个企业资源配置过程中,在企业的生产制造服务、市场竞争、技术创新等诸多方面日益成为不可或缺的要素,甚至成为最重要的要素之一。数据越是多、越是质量好,其开发应用的价值就越高。数据作为生产要素,不同于以往的要素,它有自己的显著特点:

(1)可复制性

数据可以被无限复制和共享,这使得数据再次获得的边际成本极低,甚至接近于零。这种特性既使得数据能够更广泛地传播和应用,推动创新和经济增长,也使得数据获得者必须保护其投入资源获得的数据不致被他人无偿使用。于是在数据交易规则不明时,数据的交换就较为困难。

(2)非排他性

同一份数据可以被多个主体同时使用,而不会相互排斥。这种非排他性使得数据能够产生更大的社会效益和经济效益。非排他性实际上是指不考虑其归属权时的基本性质。现实中的数据都有产权归属,即便是公共数据也是如此,私人数据更是如此,因为数据有产权归属,使用必须获得授权。

(3)价值多样性

同样的数据可以被不同的使用者通过不同的方式被挖掘、分析和应用,从而产生多种各自希望的不同的价值。这种价值多样性使得数据在不同领域和场景中都能发挥重要作用,也导致数据、数据库共享实在是数智时代、数字经济发展、节约社会成本,产生最大产出效率的关键。

(4)深度融合性

深度融合性是指数据可以与土地、劳动力、资本、技术等传统生产要素深度融合,在现代数字技术、智能技术、互联网信息技术以及生产技术的加持下,可以实现这些要素的优化配置和高效利用。例如,通过数据分析可以优化生产流程、提高生产效率、降低生产成本、实现精准生产;通过数据挖掘可以发现新的市场需求和商业机会,实现精准分销、精准服务,为客户创造更大的价值。

2. 形成新生产方式

数智企业的本质是在现代数字技术、人工智能技术以及其他生产技术背景下形成了不同于工业时代的大规模大批量标准化生产方式,即形成了一种全新的生产方式,这一新的生产方式我称为"以互联网为支撑的智能化大规模定制生产方式"。这一生产方式核心是为消费者个性化消费需求而进行的个性化定制生产服务,且可以大规模定制的全新模式,不是今天的 B2C 模式而是真正的 C2M 模式。因为是针对不同消费者不同消费偏好的个性化定制生产,因此新生产方式就需要快速准确获得消费者的不同需求的大数据并以此进行数据分析计算以便准确分析判断消费者的个性需求,通过智能工厂中的智能生产线按照数据分析结果进行组织生产与制造。智能制造工厂包括农业的新型种植业工厂等的生产设备智能一体化运行,其间能够更快地感知生产过程分销过程的大数据,及时反应,计算判断,分析决策,自行组织,实现机器自组织机器进行生产服务。这样的生产过程就是根据数据计算分析后的智能化生产制造。形成这样的新生产方式需要有产业主体将数据作为重要的生产要素,并将数据要素和其他要素有机融合,以数字技术、智能技术、绿色低碳技术等融合创新,实现企业的数字化、智能化和绿色低碳化转型,并且能够根据消费者个性化需求实现智慧生产和服务,提供更多更好数字智能产品与服务。

3. 构建新生产组织方式

数智企业需要发展形成全新的生产组织方式,这是因为以互联网为支撑的智能化大规模定制生产方式需要全新的生产组织方式来适配。数智时代生产方式是大规模个性化定制生产,是基于大数据采集和分析的智能生产系统,数字孪生体系以及 C2M 平台,生产可以集中大规模定制,也可以完全单个定制如 3D 打印,为此需要新的生产组织过程即根据消费者个性数据生成消费者满意的订单,然后根据订单发送至消费者最近区域生产制造,然后配送到家。这样的新生产组织方式可称为"分散生产,就地配售",也就是所谓的数据支持的智慧生产组织方式。实现这样的生产组织方式首先需要一个强大的平台,由此平台关联与组织消费者与生产商,实现数据和信息的快速流动,加上新的智慧型供应链体系、新的分销体系的配合,形成全新的生产组织,极大提高资源配置效率,提高产业的国际竞争力。构建这样的新生产组织方式如智慧供应链体系就需要与新生产方式同步进行,是一个逐步协同发展的过程,这个过程中市场机制很重要,产业的头部企业也很重要,如华为这样的企业才可能担当如此重大责任。

4. 发展新质生产力

数智企业是在当代以及未来全新的技术基础上进行的,其之所以对经济增长影响很大,是因为形成了新质生产力。所谓新质生产力就是建立在数字技术、算力、智能技术、绿色低碳技术等基础上形成的生产力,是一种效率更高、质量更高、附加价值创造更高的生产力,这种生产力与上述新生产方式和新生产组织方式融合就可以成为经济增长的新引擎新动力,这就是马克思说的生产力要与生产方式配合才能最大化推动社会的进步。当下科学技术和生产技术进步,创新整合生产要素是形成新质生产力的关键。从时下技术进步的趋势来看,数字化、智能化和低碳化是方向,数据投入、数据算力,创新能力是形成新质生产力的基本要素。为此如何推动时下现有产业体系、产业结构按照上述趋势转型升级,作为数智时代市场主体的数智企业如何实现生产方式和生产组织的转型,发展新质生产力就十分的关键,已经成为企业发展推动高质量发展实现的关键。为此需要制定特定产业政策推动现有企业的转型,同时通过优化营商环境建设,催生数字智能时代新型科技创新企业的成长,使数智企业尽快形成了新质生产力发展聚合力,促进经济高质量增长。[①]

5. 新价值创造模式

数智企业是高质量经济发展的核心,经济高质量发展的表现不是仅仅应用了现代高技术于生产和生产组织过程之中,高质量还表现在有大批优秀的数智企业能够不断高效地为消费者提供高质量高附加价值的产品和服务,并在全球市场上有强大的竞争力。因此,数智时代需要大批数智企业通过打造自己的新质生产力,形成新的价值创造模式。新的价值创造模式的核心就是企业要形成新的商业模式,实现高附加价值的创造与获取。新型商业模式需要新的价值主张,这就是创造消费者个性化满意的高质量的产品与服务,其价值创造点不仅仅在于为消费者个性化生产定制智能产品和服务获得收益,还可以通过大量数据流量的分析与应用实现数字资产价值变现产生收益,更可以为消费者进行使用产品的深化服务获得收益。数智企业新价值创造模式首先需要先行建设良好新基础设施,即以5G通信、数据中心、计算中心、工业互联网、新型平台等融合一体的数字智能产业发展基础;其次以数字智能企业为目标进行大规模企业数字智能化改造转型,鼓励商业模式创新,鼓励新产品新服务创新,在技术进步中实现高附加值创造。

[①] 芮明杰著:《打造新质生产力,推进新型工业化》,《广州日报·理论周刊》2023年12月24日。

(二) 数智企业的成长逻辑

要成为一个数智时代的优秀企业,首先要成为一个数智企业,即数智企业是以数据为主要生产要素进行配置的企业,形成了数字智能定制生产方式,有相应的生产服务组织配合,以数字技术、智能技术、现代生产技术等为核心驱动力,形成新质生产力,创造了新型价值创造模式;其次,是拥有驾驭数智时代和技术创新的成长逻辑,即全新的成长之道,以便引导企业能够在数智时代生产与发展;再次,数智时代的优秀企业即优秀的数智企业需要逐步培养自己适应数智时代要求的能力以及在数智市场上的核心竞争力,逐步成为一个具有长期竞争优势的企业。

1. 先知、先决和先行模型

企业总是在某一个时代,某一个商业环境中生存与发展,时代的状况和特征,商业环境的变化无不影响企业的成长,这就是企业在不确定性的外部环境中成长。企业拥有的内部资源会因为时代的变化导致要素需求、要素质量、生产技术进步、员工等的变化,所以企业也在变化中成长。变化导致了不确定性,而数智时代恰恰是一个正在巨变的时代,其中以数字技术、人工智能技术、低碳技术为代表的科学技术是驱动数智时代变化和不确定性的核心力量。身处这样的时代,数智企业需要新的成长逻辑和成长能力。图 0-2 绘出了数智企业的基本成长逻辑:以提高企业的先行认知能力为基础,以大数据分析辅助战略选择和策略方案应对,以快速的反应采取快速的领先行动,以便尽快确立领先的优势,开放合作共同创造新的价值。

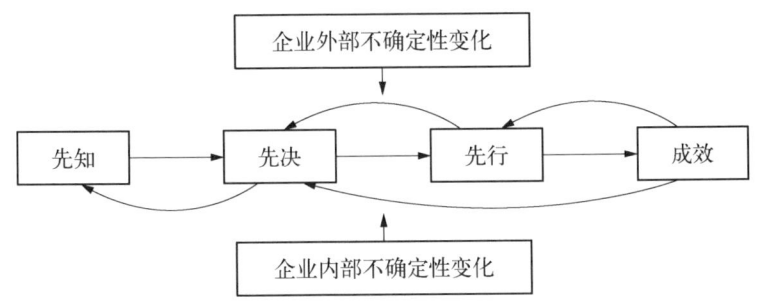

图 0-2 数智企业的基本成长逻辑

(1) 先知

先知是指总是比其他人先行认知事物的本质。这在科学技术进步极快、市场环境变化极快的数智时代十分重要,而这需要企业家有强大的认知能力。认知能力是指人脑加工、储存和提取信息的能力,即人们对事物的构成、性能与他物的关系、发展的动力、发展方向以及基本规律的把握能力。它也是人们成功地完成活动最重要的心理条件。数智时代数据信息爆炸,人脑已经不够储存加工数据信息的空间和能力。因此,数智企业的认知能力是企业家、企业员工的人脑与人工智能融合形成的新型认知能力,可以收集、储存和运用数据分析模型、分析技术甚至人工智能技术,发现海量数据的价值:首先,形成对企业未来发展方向、合作创新、投资选择等的认知;其次,形成对消费者创造最大化价值和最为满意的消费体验的认知;再次,形成对竞争对手、对自己企业、对社会贡献等方面的认知。

(2) 先决

先决就是指先于他人做出正确可行的选择和准备。先决的前提是先知,企业家有高瞻远瞩的认知能力,因为有了如此的认知水平才会在变化的环境、不确定性的环境下探寻最为满意的决策方案,以便做出先人一步的正确选择和准备。正确的战略选择、恰到好处的准备是企业成长的关键。特别在数智技术进步很快,甚至无法预料 ChatGPT、人脑机衔接、区块链、虚拟数字科技等方面可能的变化时,数智企业可能随时需要做出分析以后的抉择,而抉择的不同实际上就导致了企业成长的方向和道路的不同,抉择的机会成本在数智时代会变得更大,谁都难以想象 GNU/Linux 操作系统的源代码开放后会对整个软件行业和企业的发展未来产生什么样的影响。

(3) 先行

所谓先行是指早于他人开始市场行动,即研发、创新、生产、分销、合作、竞争等行动。先行的基础在于先知、先决,没有认知、没有抉择的行动实为盲动。先行的必要还因为数智时代是一个速度经济时代,即速度可以给企业带来额外的附加的收益的时代,这个时代的企业均可以利用数据分析辅助生产销售和服务的决策,你想到的我也想到了,我想到的他也想到了,此时谁能够胜出呢,简单地说就是谁快谁能够赢。数智企业应该成为一个拥有"高速度"的公司,即拥有快速认知和决策的机制,快速创新的机制以及快速采取行动的机制。先行一步很重要,但快速行动更重要,例如数智企业的创新速度就十分重要。在时下数据信息比较充分的条件下,本企业想到的创新创意和创新项目,别的企业也可以想到,本企业决定投入时别的企业也可以决策投资,因此创新过程中的创新资源配置状况,创新的投入产出效率就决定了创新成果产出的速度,先出成果的可以及时申请产权保护,由于知识产权保护的排他性,后出成果者尽管也是其努力研发成功的成果,但已经不再受到保护。先出的成果如产品或服务一旦面市,还可能获得市场上的先机，成就企业成为该领域的市场领先者。

OpenAI公司就是这样的高速度行动的公司，OpenAI公司最早是非营利组织，于2015年底由萨姆·奥尔特曼(Sam Altman)、彼得·泰尔(Peter Thiel)、里德·霍夫曼(Reid Hoffman)和埃隆·马斯克(Elon Musk)等创办。2016年，发布首个产品，一款开源强化学习工具包——OpenAI Gym和Universe。随着2018年埃隆·马斯克退出以及大模型对资金超预期需求，2019年3月，公司宣布从非营利性转变为"封顶"的营利性；同年7月，微软与OpenAI合作，注资10亿美元共同研发新的Azure AI超算技术。2022年11月，全新聊天机器人模型ChatGPT问世，产品上线仅5天用户数量突破100万。2024年2月，文生视频大模型Sora问世，在全球内容创作行业卷起新的风暴，成为人工智能发展进程中的"里程碑"，2024年5月，推出GPT-4o，处理文本、图像、音频能力更自然、流畅。创新速度极快，也正是如此，摩根士丹利Edward Stanley分析师团队最新估计，到2024年底，OpenAI估值将达到1 000亿美元。

2. 数智企业的能力集

数智企业与工业时代的企业即现实中的大部分企业是不同的，这些的异质性首先表现在生产要素配置、生产方式、生产组织、生产力、价值创造等方面；其次是表现在企业内部的组织构造、人员配置、管理方式方法等方面，这些异质性决定了数智企业的能力体系也有其独特性，能力与能力的形成也自成逻辑。

(1) 数据获取能力

数据是生产要素，因此多渠道获得企业所需要的数据，就是为企业准备具有潜在价值的要素资产。但是在数智时代，数智企业如何根据自己的发展目标与战略，在如此浩瀚的数据信息知识海洋中，获得适合自己的数据、信息和知识，其实是需要一种特殊的能力，这个能力称为数据获取能力。数据获取能力是指企业从多种渠道有效收集、整理、储存和传递数据信息的能力。这种能力的形成要有一定技术和设施的基础，例如传感器、摄像头、网络、计算机、数据传输光缆、卫星链接、数据存储器、云计算等，还要有相应的数据获取制度规则、工作程序如数据交易规则和程序，数据分类存储方式等，当然还离不开数据方面的人才。数据获取能力是数智企业最为重要的能力之一，因为它对于决策制定、问题解决、市场洞察、定制生产、精准服务等方面都起着关键作用，没有数据获取的企业就等于"盲人骑瞎马"，自然就半夜临深渊。

(2) 数据价值挖掘能力

所谓数据挖掘是指从数据库的大量数据中揭示出隐含的、先前未知的并有潜在价值的数据的非平凡过程。数据挖掘通常有数据准备、规律寻找和规律表示三个步骤。数据准备是从相关的数据源中选取所需的数据并整合成用于数据挖掘的数据集；规律寻找是用某种方法将数据集所含的规律找出来；规律表示是尽可能以企业可理解的方式（如可视化）将找出的规律表示出来。数据挖掘是一个过程，主要基于人工智能、机器学习、模式识别、统计学、数据库、可视化技术等，高度自动化地分析企业拥有的数据，做出归纳性的推理，从中挖掘出潜在的价值，帮助决策者调整市场策略，减少风险，形成正确的决策。数据挖掘能力是在数据挖掘的过程和数据挖掘的成效中体现出来，是数智企业十分重要的能力之一，是缺之不可的能力，有时甚至成为企业的核心竞争力。这个能力某种意义上说就是企业挖掘数据矿山筛选出金子的能力，即将获取的海量数据进行甄别与深度分析，探寻到对企业生产运营、创新发展、顾客服务等诸多方面的数据组合，成为企业进一步价值创造的基础和内容。

（3）人机协同能力

这个能力是指数智企业在人和智能机器之间进行合作和协同工作的能力，也是数智企业十分重要的能力之一。在人工智能技术广泛应用于数智企业时，企业使用的都将是智慧型的机器或称为机器人，于是就产生了数智时代的人机协同的问题。今天的人机协同引入了机器学习、人工智能、自然语言处理等技术，使得智能机器能够理解和处理员工的语言和行为，并根据员工的需求提供有针对性的帮助和支持。这种紧密的合作关系极大地提高了工作效率和准确性，同时也创造了更多的机会和可能性。数智企业拥有较强的人机协作能力就能够在推动企业员工和智能机器之间的紧密合作，弥补企业员工处理多个复杂任务和数据信息的能力不足，智能机器则可以通过其强大的计算和存储能力，可以快速处理大量数据，并根据企业的需求提供有针对性的信息和建议。这种合作关系利用机器的智慧和能力来提高工作效率和准确性，而智能机器则借助人类的经验和判断力来弥补其在复杂问题处理和情感认知方面的不足。以便充分发挥双方的优势，共同解决复杂问题，实现协同创新和共创价值。

（4）数智技术创新能力

数智企业的成长和发展离不开数字技术、智能技术、低碳绿色技术、云计算、物联网、区块链等的支持，而这些技术又处在快速进步的阶段，如果企业不能够持续不断地跟踪学习以及创新，就可能很快从领先的地位衰落下来，进而被时代所淘汰。因此数智企业需要有在数智技术方面创新的能力，一方面能够在企业的核心技术领域持续地投入持续地创新，保持在数智技术的某个领域的领先性；另一方面以此推动智能化、个性化的产品和服务的创新，开发出更具竞争力的产品和服务,满足市场和消费者的多元化需求,同时通过精准服务提供极致的用户体验,增强用户黏性,提升用户满意度和忠诚度,进而创造竞争优势。

(5) 网络安全与数据保护能力

在数智时代,随着网络威胁的日益复杂和多样化,构建强大的安全防御体系至关重要,网络安全和数据保护能力已经成为数智企业重要的特殊能力之一。因为网络安全和数据保护成为企业不可忽视的重要问题。例如2023年5月,特斯拉公司就发生了一起严重的数据泄露事件,大概有100 GB的数据遭泄露,涉及影响超7.5万人,其中包括车主、用户与员工相关的数据,引起了全球市场上极大的震惊和关注,极大伤害了特斯拉公司的声誉,也暴露了特斯拉公司数据保护能力还有待进一步加强。由于数据有巨大的潜在价值,面对网络世界的各类"黑客"和竞争对手,数智企业必须建立完善的信息安全管理体系,采用先进的加密技术、强化网络安全防护、保护用户数据和企业机密不被泄露或滥用。通过定期进行安全审计等措施,企业能够确保业务的安全稳定运行,提升用户信任度和品牌形象。构建网络安全与数据保护能力是一个系统工程,需要从网络系统安全、数据保护与安全、身份认证与访问、防御与监控机制以及安全策略与管理等多个方面综合施策,形成全方位、立体化的安全防护体系。

三、数智企业的未来管理

现行企业中的管理就是管理者对企业有限的各类资源进行有效配置以实现企业目标的过程。这样的管理是在层级制企业内发生的,企业的领导者是企业的中心,领导组织和指挥全体员工对企业有限的资源进行有效的配置以实现企业目标。[①] 仔细检验一下就可以发现企业领导者在企业内运用的行之有效的管理方法与手段都与大规模、大批量标准化生产有关,与提高效率降低成本有关,与员工的团队合作有关。企业管理最核心与最为困难的就是如何管人,即如何激发人的潜力与努力程度使之创造力生产力达到最高。然而,工业时代即将全面让渡给数智时代,于是社会生产要素构成、生产方式和生产力开始发生重大变革,此时,作为该时代的市场主体数智企业也会发生巨大变化,数智企业的管理即未来的管理必定和现行的管理是不一样的,数智企业成长与管理的情景也必定不同于现行情景,管理的对象如员工也发生了巨大的变化,因为同时代的每个

---

① 芮明杰主编:《管理学——现代的观点(第四版)》,格致出版社、上海人民出版社2021年版。

人、不同时代的每个人都是有差异性的，他们有自己的思想、价值观，有情感，要生活、要发展。管好每个人不容易，比如说 90 后、00 后的员工，无论是价值理念、行为方式、心理特性都有诸多的不同，管理这些人比起管理 60 后、70 后、80 后来可能更为复杂要新方法。可以推测，数智企业的管理相比于今天企业的管理完全不同，管理架构有所不同，管理的方式方法与手段也必然有所不同等等，数智企业的管理可以说是一种即将来到的未来管理，一种全新的管理模式。

(一) 未来管理的对象

由于新的生产方式是互联网支持的智能化规模定制生产方式，而这一生产方式所依赖的资源中，各种数据要素成为个性化定制产品生产和服务的最重要的资源。从未来的意义上来讲，大数据就成了新的生产要素。相比较而言，传统的资本和劳动力可能已经不重要，智能化不仅替代了人的操作甚至替代人的部分思考，在智能工厂、智能生产与服务过程中也许不再有人在现场。而互联网平台导致了万物皆联、消费者与生产者直接衔接，规模生产定制过程更为复杂等等。未来管理的对象变化，就必然导致未来的管理就要涉及大数据这种新的生产要素与其他生产要素的有效配置问题，怎么配置？配置的方式方法？等等。未来的管理需要有数智时代的企业资源新配置的理论与方法，这可能是影响未来的管理有效的最重要的内容。

(二) 未来管理的组织载体

新生产范式即智能化规模个性化定制生产可以采用分布式生产，即面对消费者个性化需求的空间分布不同而分布生产服务。分布式生产服务具有社会资源节约，应对消费者个性化要求响应速度更快、服务更便捷等优点。分布式生产不同于今天企业组织的集中生产，因此需要全新的组织载体来进行分布式生产与服务的组织运行，此组织运行一定与集中生产的组织运行方式不同，因此数智企业的组织运行管理一定是全新的管理。

由于分布式生产的空间范围很大，传统的流通与交易成本一定很大，所以空间分布不同的消费者与生产者一定通过智能互联网平台或工业互联网平台衔接沟通，因此分布式生产服务的组织载体一定是依托互联网平台，或平台本身就是组织载体的一部分。未来的管理恐怕是在智能化条件下的"平台＋分布式生产"的"无边界网络组织"中进行，这样的组织载体未必一定就有一个有形的层级制组织架构(见图 0-3)。

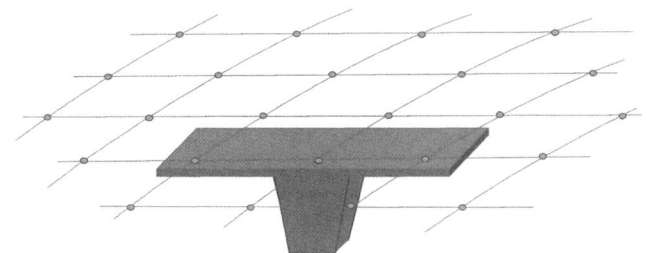

图 0-3　平台支持＋无边界网络＋分布式生产

(三) 未来的管理可能是无中心的管理

无中心的管理一定是颠覆了现有的所有的管理理论、方法与实践,因为经典的管理理论与实践都是在有中心且统一指挥的前提下展开,无中心就意味着混乱无序。可是新的生产方式导致的分布式生产的组织可能真的不一定需要中心,区块链的技术本质上可以帮助实现去中心化的生产组织方式形成与管理的展开。当企业这样的中心组织不再成为未来分布式生产服务协作的必要条件时,生产要素就可以脱离外在的组织形式自由地智能地协作和运行,可以最大程度发挥资源的使用方向和使用效率。未来的管理必将挑战或应对"无边界网络组织"中的去中心或无中心下的资源配置问题,特别当资源分散在不同区块之中时。

(四) 未来管理的重点是人机关系

新的生产方式是智能生产方式,也是依托新一代互联网与新一代通信技术的生产方式。万物皆联的智能设备、智能机器、智慧机器人是新生产方式的硬件基础,而相应的计算程序如"CPS"和各种算法则是新生产方式的软件基础,随着人工智能的不断进步,可以预料智慧机器人会在定制生产服务中,然后在人类社会各个方面大行其是,因此未来的定制生产过程中智慧机器人或设备一定是主导,智慧机器人会不会完全替代人,人在生产服务过程中与智慧机器人的相互关系如何,将会决定未来新生产方式的效率。智能化的另一个基础是以 5G 为基础的新一代通信与互联网信息技术,没有如此快速的信息与数据交换,快速的算法与计算就没有意义,所谓的智能工厂就没有意义。人工智能技术、互联网技术的发展可以预计人与机器的关系产生重大变化,我觉得未来的管理的重点之一可能是处理智慧机器人与人之间合作协调关系,调整人机互联互通的关系。

（五）未来的管理是个性化的管理

新的生产方式应对消费者的个性化需求，它认可所有消费者的权益都是重要的。从历史的视角来看，人类社会对消费者个性化需要是逐步满足的，由于单个产品与服务定制成本高，导致过去的定制产品与服务主要是为少数收入高的人群，定制产品成为奢侈品。于是这些定制产品与服务成为某些阶层的标记。然而规模定制是要个性化定制产品与服务成为大众的消费必需，这样一种变化一定会对这个社会产生反作用，会对社会价值观、社会生活方式，进而对消费者的身心、思想、价值观、生活方式等产生反作用，进而影响人本身。可以预计未来的人也会发生巨大的变化。于是未来的管理就必然要在一个无中心的无边界组织或"平台＋分布式生产"网络形态中协调已经变化了的人，激发或自我激发他们聪明才智和他们的努力程度，他们可以追求更好的发展。未来的管理核心是对变化的人的个性化管理，那么对人的管理可能就是人的自我管理。

（六）未来管理的情景环境

数智时代是一个伟大的时代，也可以预计是一个巨变的时代。现有的重大数智技术创新进步非常快，以此为驱动的数字经济、智能社会发展极为迅速。联合国贸易和发展会议（贸发会议）发布的《2024年数字经济报告》首先认为，全球数字经济智能化发展十分迅速，取得了极大的成绩。同时也分析了当前快速发展的数字经济对环境和发展中国家的影响，强调要坚持可持续发展，降低数字经济环境成本，让更多发展中国家从中受益。报告建议各国政策制定者、行业领袖和消费者采取积极行动，向循环、包容的数字经济转型，改变"开采—制造—使用—废弃"的传统方式。关键举措包括设计耐用性和可修复性高的产品，完善回收和再利用系统，鼓励负责任的消费方式，支持可持续的商业模式等。[①] 这个报告指出了，全球数字经济智能化发展的未来方向与挑战，说明数字智能化发展已经成为政府、企业、消费者和社会组织发展的全新情景环境，正是这些新的技术新的情景导致"互联网平台为支撑的智能化规模定制生产方式"这样一个全新的生产方式的诞生，并逐步发展成功成为主流的生产方式，催生新的资源配置方式形成以及新质生产力发展，同时也带来了可持续发展的新问题，身处如此情景中的数智企业，完全应该有如此的认知和担当，努力实施管理的创新，发展全新的管理模式。[②]

---

① 联合国贸易和发展会议编：《2024年数字经济报告》，2024年7月10日。
② 芮明杰著：《未来的管理》，《经济与管理研究》2020年第41卷第3期。

第一篇 | 先　知

竹外桃花三两枝,春江水暖鸭先知。

——苏轼

第一章

认知企业

> 内视之谓明,自胜之谓强。
> ——《史记·商君列传》

2024年春节过后,著名企业家杭州娃哈哈集团有限公司创始人宗庆后先生因病在杭州去世,消息传出立刻引起了广大市民的震惊与哀悼。人们为其生前对集团企业发展、社会的贡献而敬仰,为其一生简朴却积极投身各类社会公益事业如支持教育、减轻自然灾害、社会服务点赞。更有许多人在网上讨论他领导的杭州娃哈哈集团有限公司究竟是民营企业还是国有企业,但没有人讨论这个企业是传统企业还是数智企业,在他们眼里民营企业与国有企业是不同的。的确,我国有许多国有企业,规模大的如中央的国企(央企),规模小的如地方的国企,但另外还有大量的民营企业,其规模也是有大有小,大的已经进入世界500强的排行榜,小的则可能只有一个人叫作个人公司。国有企业与民营企业所有权结构并不相同,其决策、运行管理方式也有差异,这就是企业之间的异质性。

然而所有企业也有同一性,这就是凡企业都要在市场上购买原料、部件、土地,募集资金,招聘员工,发展生产技术与工艺,根据消费者需求决定生产的产品与服务,通过竞争性分销获得收入,降低成本支出获得盈利,并在企业领导人的率领下进行周而复始的生产经营过程,在这个过程中谋求自己企业的生存与发展。其实在数智时代,数智企业也是具有如此同一的过程,只是生产经营的方式在数字技术人工智能技术等的加持下有所不同而已。尽管所有的企业有同一性也有异质性,但企业都只是企业家或企业领导人的舞台,不同特性的企业对于企业家来说就是不同的表演舞台。表演的成功与否固然主要在舞者本身,但舞台的大小、品质以及舞台配套设施对表演成功还是有重要影响,这就是所谓巧妇难为无米之炊。因此认知企业就是认知自己表演的舞台特质,这对于一个企业家来说是取得表演成功的第一步,也是自我认知的第一步,先知的第一步。

一、认知企业的缘由

然而企业的本质究竟是什么?对于企业家来说这似乎只是个企业哲学的问题,并不十分重要,因为无论答案如何,企业已经是在那了,企业生产经营管理的知识才对企业成长与发展十分有用。其实实用的知识不一定就是真理,可能就是一些经验的总结。经验固然是过去成功与失败的归纳,值得借鉴或指引,但导致成功或失败的背后原因如果分析不透彻、理解不透彻,就会知其然而不知其所以然,有可能在同一的地方摔第二次跤。其实企业本质的问题与企业发展的实用问题是密切相关的,企业的本质和基本特性决定了企业的基本构造和基本功能,而企业的结构和功能决定了企业在现在的市场和未来的市场上的行为,行为结果的积累最终就是企业成长与发展的过程。所以真正优秀的企业家一定是实干家也通常是思想家哲学家,即能够跳出实用主义的框架,从形而上的角度思考和解决形而下的问题,能够真正从大处着眼小处着手,把握发展趋势决定现实策略行为,领导企业扎扎实实向前发展。

企业究竟是什么?从哪里来?发展到哪里去?回答这三个问题就形成了所谓的企业理论。企业理论是关于企业的概念化和模型化的理论,它能够解释和预测企业的结构和行为。任何企业理论都是对现实世界中企业的一种抽象,以便于讨论其特定的特征和行为(Grant,1996)[1]。按照科斯(Coase)建立的标准,企业理论主要是要解决两个问题:一是企业为什么存在;二是什么决定企业的规模和范围(Conner and Prahalad,1996)[2]。而 Foss 认为,企业理论(Foss 又称为组织经济学)要说明三个问题:企业的存在、企业的边界,以及多人企业内部是如何组织的(Foss,1999)[3]。这种包括内部组织问题的企业理论可以视之为广义的企业理论,前者则是狭义的企业理论。狭义企业理论的两个问题中,企业存在的问题是首要的。在众多文献中,寻求企业的存在的原因实际上是要说明在同样的生产要素配置之间为什么企业不采取市场契约的形式,因此,要解释企业的存在也就是要说明企业与市场的区别或者企业相对于市场所具有的优势,这是企业理论的首先问题。

---

[1] Grant (1996), "The Foundation of Modern Science in Middle Age", Cambridge University Press.
[2] Conner, Prahalad (1996), "The Power of Micro-insight: Yielding the Complementarity of Target Costing and Activity-Based Costing", *Management Accounting Research*.
[3] Foss, Nicolai J. (1999), *The Theory of the Firm: Critical Perspectives in Economic Organization*, London: Routledge.

为了清楚地回答"企业为什么存在"这个问题,可以将这个问题分拆为三个问题:企业究竟是什么?为什么会有企业的产生?企业的边界是怎么决定的?这三个问题既是经济学的企业理论需要回答的基本问题,也是关于企业本体的问题,属于经营哲学的本体论范畴。解答这三个问题就要说明企业的本质究竟是什么。而企业的内部构造究竟如何?企业如何才能与市场相处?企业如何能够成长为优秀的企业?这后三个问题则是管理学的企业发展理论所需要回答的基本问题,是企业成长与发展的问题,是实用主义的问题。这后三个问题的答案则是可以成为企业未来在数智时代成长顺利和发展成功的重要借鉴或重要指引,即所谓的成长之道。

二、早期的企业认知:生产函数论

(一)生产函数表达

经济学对企业的研究实际上由来已久,因为企业是市场的主体,也是推动经济增长的主体。早期的经济学把企业看作是一种有一定的行为目标和行为特征,即谋求产出最大化或者利润最大化的经济组织,是社会中不可或缺的生产单位。生产单位的基本功能就是为社会消费者生产他们希望的产品或服务。企业这个生产单位就是在自己的生产技术条件下把获得的生产要素组合配置转化为消费者需要的产品或服务,提供给消费者进行消费从而获得利润回报,赢得企业持续成长与发展。这一个生产经营过程被早期的经济学抽象为一种在一定技术条件下的投入产出过程。19世纪后25年中,由于生产函数概念的产生,使古诺的利润最大化假设得到了很大发展,形成了一套研究生产要素投入然后到产出转化的理论,这就是早期的企业理论,后人也称为生产函数论。所谓生产函数是一个经济学术语,表示在一定时期内,在技术水平不变的情况下,生产中所使用的各种生产要素的数量与所能生产的最大产量之间的函数关系。换句话说,这样的生产函数就是一定技术条件下投入与产出之间对应的关系,当生产技术条件发生变化时,这个生产函数就发生变化,甚至形成了一个新的生产函数。此时企业追求的利润最大化目标,生产函数的投入与产出关系在具体的生产过程中就表现为投入既定下的产出最大,或产出既定下的投入最小,要做到这一点与制约函数关系的技术选择有关。

假定 X_1、X_2……X_n 顺次表示某产品生产过程中所使用的 n 种生产要素的投入数量,Q 表示所能生产的最大产量,则生产函数可以写成以下的形式:$Q=$

$f(X_1,X_2,\cdots,X_n)$；该生产函数表示在既定的生产技术水平下生产要素组合$(X_1,X_2,\cdots,X_n)$在每一时期所能生产的最大产量为Q。在经济学分析中，通常只使用劳动(L)和资本(K)这两种生产要素，所以生产函数一般可以写成：$Q=f(L,K,N,E)$。式中，各变量分别代表产量、投入的劳动、资本、土地、企业家才能。其中N是固定的，E难以估算，所以一般简化为，$Q=f(L,K)$。$Q=f(L,K)$中函数关系f表明了在一定的生产技术条件下的每个时期各种投入要素的使用量，与利用这些投入所能生产某种商品的最大数量之间的关系。显然数智时代的企业生产函数中，数据要素将成为投入产出过程的重要影响因素，可以说数智企业的生产函数与工业时代的企业生产函数有所不同。早期的经济学并不去研究企业有什么样的结构，为什么会具有这样的行为特征，企业与企业之间为什么存在差异等等，而是把不同的企业看作是由于生产技术条件不同导致不同生产函数而已，至于企业内部的构造犹如一个黑箱，这个黑箱里面到底是什么不去讨论，叫存而不论。

（二）分工深化协作复杂

问题是人们的家庭也曾经是个生产单位，社会为什么还要产生一个叫作企业的生产单位呢？古典经济学的生产函数论是把企业看作生产单位，它的功能是要把土地、劳动、资本等生产要素投入转化为消费者满意的一定产出，生产主要是为了交换。其实上述这样的投入产出过程在家庭生产中也是一样，家庭的生产虽然主要是为自己消费，但也有部分产出是为了交换是出售给其他需要者。既然如此为什么会有企业的产生，企业本质上与家庭这么个生产单位有什么异质性呢？古典经济学认为企业的存在是因为它的生产效率远远高于家庭的生产效率，从生产函数的角度看，就是企业这个生产函数与家庭这个生产函数不同，不同不是在于投入的生产要素不同，而是制约生产函数以及对要素转换效率影响的技术条件和要素组合配置方式不同，因为如此不同导致了企业生产效率远远大于家庭的生产效率，成本得到节约，利润获得更大。那么这种技术条件和要素配置方式难道家庭不能采用吗？事实上的确如此。亚当·斯密认为企业之所以存在，是因为分工协作可以创造生产力。他认为一个生产单位如果把整个生产工艺分解为许多专门性的操作，劳动生产力可以提高几百倍甚至几千倍。而一个生产者和一个家庭是没有办法做到这些，就是说没有办法做到这么细致的分工。那么由于在利润最大化和产出最大化的目标追求下，超越一个生产者和一个家庭这样的生产企业就产生了。在企业里面分工深化是可行的，也正是这个分工的深化创造了更大的生产力，可以帮助实现产出的最大化或者利润最大化。反之一个家庭人员有限，即便有很好的生产设备和生产技能，也还是因为分身无术无法进一步深化分工提高生产效率，进而无法与专业化分工的大生产体系竞争。同时，企业作为大生产单位在分工深化的条件下采用了大规模协作的生产组织方式，正如马克思认为的那样：与同样数量的单干的个人工作日的总和比较起来，结合工作可以生产更多的企业价值，因而可以减少生产一定产出所必要的劳动时间。马克思的话实际上是说分工以后的协作它可以生产更多的使用价值，因为使用价值可以生产更多，实际上就减少了生产一定量产品所消耗的必要劳动时间，也就是说单个产品的必要劳动时间，由于分工协作得到了节约，效率提高了，价值和使用价值创造了更多了。所以企业的产生是因为分工合作的深化提高了大规模生产效率。

（三）规模经济的影响

企业在一定技术条件下通过分工深化与协作可以提高效率，也正是因为生产分工与协作组织方式的进步，使得企业可以进行大规模的生产，而大规模的生产则可以给企业带来更大的经济性，这就是规模经济的存在，也正是如此企业的存在就更为必然。生产函数论证明了这个道理，即生产的规模报酬递增规律。企业是个生产函数，假定 $Q=f(L,K)$。

Q：产量；L：劳动力投入；K：资本投入。

假定生产函数 Q^* 是齐次的（道格拉斯生产函数），即当生产函数 Q^* 的变量以相同的比例变化，此时便有生产函数 Q^* 的同比例变化。如果能够导致 v 倍的变化则有规模报酬变化的概念。

$Q^* = f(h \cdot L, h \cdot K)$ 则

$Q^* = hvf(L,K) = hv \cdot Y$

若 $v=1$，规模报酬不变；

$v>1$，规模报酬递增；

$v<1$，规模报酬递减。

上式是说明当生产要素同时增加了一倍，那么产量会如何变化？是增加一倍？增加多于一倍？还是增加少于一倍。如果产量的增加正好是一倍，称为规模报酬不变，如果产量增加多于一倍，则称为规模报酬递增，进而，如果产量增加少于一倍，就称为规模报酬递减。特别当企业这个生产函数是齐次的（符合数学的要求），比如说道格拉斯生产函数，当企业生产规模达到一定状态的时候，同比例要素投入的增长会导致产出规模同比例增长，甚至产出增长更大，这个规律就是说随着投入规模的增长，产出报酬是递增的，所以称为规模报酬递增规

律,这个现象称为规模经济。企业的分工深化和协作组织有效导致了企业生产效率提高,同时也促进了生产规模扩张,而这种扩张因为产量提高,由于此时固定成本已经投入基本不变,于是分摊到单位产品的固定成本就减少,于是单个产品获益就更多。所以古典经济学认为,企业作为生产单位之所以存在的根本原因是在于企业分工协作的生产力提高以及规模导致生产报酬的增加。

(四) 简单的结论

古典经济学的企业理论即生产函数论认为:企业的本质是追求利润最大化或产出最大化的生产单位,生产过程就是投入产出过程,这个过程可以用生产函数描述。第一,企业是生产单位,其基本功能就是为社会消费者提供产出品,其生产的过程可以抽象为是在一定技术条件下投入生产要素产出产品的过程,生产要素与产出品的对应关系可以用生产函数来表述。第二,作为生产单位的企业之所以的存在是因为企业可以容纳生产分工深化进而极大地提高生产效率,而企业生产组织方式的进步极大地提高了专业化分工与协作水平,使资源配置效率提高,大规模分工合作的生产得以顺利进行。第三,企业生产规模的扩大,在一定的技术条件下可以导致规模报酬的递增,从而使企业的生产成本更低收益增加。规模报酬递增规律的存在也是企业作为生产单位不同于个人生产者和家庭生产单位的方面。现实中,企业在生产时不见得都能够做到规模经济,尤其当企业刚刚诞生或生产新产品时,由于市场需求的约束可能生产规模不大,于是就可能生产规模不经济,甚至亏损。在市场经济中,生产经营者总是追求规模经济,避免规模不经济。今天的企业在投入产出过程中追求规模经济、研究取得最佳经济效益的合理生产规模依然是企业生产决策的重要方面,表面上这是企业的自身行为,但正是所有企业如果都这样思考与行为,对于整个社会生产力的发展、资源配置效率的提高均具有极为重要的意义。第四,由于企业在进行生产时各自采用的生产技术的不同,就导致了他们各自的生产函数不同,进而使他们的生产效率不同甚至产品的差异。同一市场上的企业与企业差异,其实一方面是各自依托的生产技术有所不同,另一方面是各自生产分工和协作的方式有差异,更重要的是不同企业的企业领导人的不同。第五,此时企业的边界也就是说企业的规模会有多大?如果按照规模报酬递增规律来看似乎企业的规模可以无限大,其实并不然,规模过大后企业的协同成本增加,规模报酬反而下降了。原因是什么呢?后来的经济学认为超过某规模点后的规模,其生产的边际成本大于边际收益,于是规模报酬开始递减。所以企业合理的边界就是边际收益等于边际成本的那一点。

生产函数论对企业的解释并不是十全十美,首先整个投入产出过程中产出最大化或利润最大化目标实现实际上与企业家的贡献密切相关,企业家才能是影响生产函数构成的一个重要的变量,但由于企业家才能的大小难以度量,生产函数中舍弃了这个变量,于是企业家在企业投入产出过程中变成了一个可有可无的角色,企业家的缺失导致人们认为生产过程中企业家不重要,其实这是不对的。其次在市场交换顺畅信息比较充分的条件下,分工后的协作并非一定要由企业来承担,因为市场本身就是一个分工协作体系的组织者,市场可以来组织个人生产者或家庭生产单位进行生产分工深化以及大规模协作,然后形成合作生产,最后生产出社会所需要的产品或服务。既然市场本身就可以成为一个生产分工协作体系的组织者,为什么还要来企业来扮演同样的角色呢?早期的生产函数论没有回答这个问题以及由此带来的一系列问题。

三、现代企业的认知:交易费用论

现代企业理论的开创者是1991年诺贝尔经济学奖得主罗纳德·科斯(Ronald Coase)教授,后继者主要包括诺贝尔经济学奖获得者奥利弗·威廉姆森(Oliver Williamson)、劳伦斯·克莱因(Klein)、奥利弗·哈特(Oliver Hart)、本特·霍姆斯特罗姆(Bengt Holmstrom)、诺贝尔经济学奖获得者让·梯若尔(Jean Tirole)等人。现代企业研究领域中经济学大家群集,重要的理论层出,构成了今天的经济学中最为重要的理论即现代企业理论。现代企业理论的产生源于1937年,美国一位年轻经济学家罗纳德·科斯发表了一篇当时并不为世人瞩目的论文,这个论文的题目叫作《企业的性质》。这篇文章从全新的角度来解释为什么会有企业的产生和存在,但是由于他的解释不符合当时主流经济学的看法,所以并不为经济学界所接受,也不为大家所理解,反响寥寥。

(一) 企业的性质

科斯在《企业的性质》[1]文章中认为市场的确是社会大生产分工协作的组织者,然之所以存在企业是因为市场交易是有成本的,这个成本称为市场交易的交易费用,这个费用可以看作是市场组织社会大生产分工协作的成本。古典经济学在考虑市场机制配置资源的时候一直假定是没有成本的,这个假定是错误的,

---

[1] Ronald Coase (1937), "The Nature of the Firm", *Economics Journal*.

实际上市场配置资源实现产品或服务的交易是要成本的,只是这些成本基本上都由交易双方承担了,表面上这些成本是私人承担的私人成本实质上则是社会成本。科斯认为如果市场上一部分生产要素放到企业内部,由企业投入并组织生产的时候,也是有成本的,这个成本不同于生产成本,通常被称为管理成本。这个管理成本实际上是企业组织生产的费用,所以也可以把它称为交易费用。既然如此,企业之所以存在就容易解释了,科斯认为企业的存在是因为组织同样量或质的生产要素生产时所耗费的成本,企业比市场来得低,更经济因而获益就更大。在利润最大追求的导向下,企业作为市场组织生产的一种替代自然也就生产存在了。企业的显著标志就是它是市场价格机制的替代物,企业是用行政管理机制替代了市场的价格机制。市场组织生产靠的是价格机制,利用的价格反映供求关系变化,导致生产者做出合适生产和合作决定,进而达成社会分工合作的目标。而在企业内部组织生产靠的是行政管理机制,靠的是命令、计划、指挥、监督、控制来进行生产与协作。企业的行政管理机制在组织生产协作时,可以找到所耗成本低于市场组织生产的交易费用,在同等产出的状况下成本的节约就是利润的增加,所以这个时候企业存在了。

但并不是市场机制完全可以被企业的行政管理机制所替代,因为使用行政管理机制组织生产时也是需要额外的成本的,如果企业管理不善有可能导致管理成本很高,同样的要素配置还不如交给市场机制配置。因此企业的存在还与企业的生产效率管理效率有关,那么企业效率又是由什么主要决定的呢?科斯认为影响企业效率最为关键的因素是财产权,是企业财产权的界定与配置。科斯认为,如果交易费用为零,则不论财产权如何界定配置,都不影响企业的效率(包括生产效率和管理效率),此时市场是有效率的均衡,全社会实现资源配置的帕累托最优。然而,现实中市场交易是有费用的,因此科斯上述的看法可以这样来理解,如果存在交易成本,财产权的界定与配置的不同就可能导致企业的效率不同,市场上私人间的交易不能实现资源的最优配置。因此在科斯那里,财产权明确与配置是约束企业生产效率管理效率的重要条件,明确产权是对减少交易成本有决定性作用。产权不明确,后果就是利益分享永远扯不清楚,意味着交易成本可以无穷大,导致任何生产合作做不成;而财产权界定得清楚,即使存在交易成本,人们在一方面可以通过交易来解决各种问题,另一方面还可以有效地选择最有利的交易方式,使交易成本最小化。企业家作为企业的出资人,在财产权界定明晰的条件下,他就会出于对自己出资资本增值最大化的追求,对自己作为企业领导人所作的决策采取的行为一定是更有责任心,如此企业可能更好地成长与发展。财产权的界定与配置状况实际上是由制度决定的,因此企业制度对生产效率管理的影响很大,而社会经济制度甚至对市场与企业的效率影响是决定性的。科斯教授认为企业的效率有时候之所以可能低于市场配置或者高于市场配置的效率,这是与企业产权制度安排有关,他认为不同企业产权制度的安排,它的生产效率是不同的,因为制度安排的不同,它会导致企业生产者、管理者及其他利益相关者他们的权益获得的差异,进而影响他们生产积极性,最终导致生产效率的不同。于是就有一个推论,企业最有效的制度安排是私有产权制度,因为在这样一个产权安排下,企业家的才能及其发挥直接与他所获得的收益挂钩,企业家自然就有动力去把企业发展得更好。

(二)市场效率不高

企业在组织生产的时候,实际上是用的是行政管理机制,这种行政管理机制可以替代市场的价格机制,而且这样一种替代,节约了交易费用。这就是说市场进行同等的生产要素配置时,它的交易费用可能高于企业同样配置这些生产要素的交易费用,为什么会存在这样一个状态?原因是什么?科斯之后的诺贝尔经济学奖获得者威廉姆森教授对市场交易成本的决定提出了很有说服力的解释。他认为影响市场交易成本和交易性质可以从三个维度去分析:一是资产的专用性;二是交易的不确定性,三是交易发生的频率,其中他认为资产的专用性最为重要。所谓资产的专用性是指生产专用的资产如专用生产某个部件的设备,其特点就是只能用于此生产不能用于其他产品的生产,生产此产品或部件时效率很高。生产的分工深化实际上与专用的生产工具或设备的产生密切相关,随着分工的深化和技术的进步,生产工具或设备这些资产的专用程度是逐步提高的。当然企业也会有一些通用性的资产,因为这个产品本身的通用性比较强,有些生产需要变化,所以企业也需要通用的工具和设备与之相适应。企业拥有的专用性资产由于其具有高度专业性不易被挪用于其他生产用途,在市场上如果进行交易的话,它的交易成本会比较高。为什么呢?原因是这个时候的交易双方实际上具有很强的依赖性。就是说我专用的设备,就是专用的资产,因为只能用来生产特定的产品,所以就依赖这个特定产品的生产组织者,如果生产组织者不愿意和你进行专用性资产的交易的话,双方当中处在不利的地位的一方,就可能面临很大的被要挟和遭受损失的风险。比如说交易一方是开采原油的企业,另一方是输油管道网络拥有者,双方交易的标的就是开采出来石油如何通过输油管道网络输送给下游厂商。显然采油商的油十分依赖输油管道网络这个专有资产,于是管道网络商就可以利用它的专用资产对采油商进行要挟,提高输油价格,就是说一方给的运输费用要比较高,不然的话管道网络拥有者不干;反之,如果我的油不从管道输送,那么管道也产生不了经济收益,于是大家都有很大的损失,于是谈判可能旷日持久费用极大。一旦签约后,还会因为其他因素的变化,导致可能经常性的违约,这也是巨大的交易成本支出。此时市场交易导致交易成本很高,如果此时有一个企业把这类交易内部化,也就是说把双方变成企业的一家人,于是企业内无须讨价还价,通过企业的行政管理发布命令,进行计划性安排即可,于是大大节约了此类交易的费用,效率也大大提高。同样如果交易双方之间的交易是不确定性,这个不确定性首先表达为交易成功与否的不确定,其次表达为交易对手的不确定,因为交易的不确定性,就会导致交易搜寻的成本、交易谈判费用以及事后履约费用等的增高,即市场交易成本的增加,此时如果把不确定的交易双方内部化为企业的组成部分,由这样的不确定性导致的交易费用就节约了。同样如果交易双方交易的频率很高,与其每次重开谈判还不如直接内化为企业组成部分,节约交易费用。其实当内化为企业的组成部分后,企业领导人在进行行政命令配置时也需要成本,需要协调管理的成本。只是相比较而言,可能此时的企业配置效率和费用成本要低于市场配置相同要素的费用(交易费用)。

(三) 企业合约不完备

市场上的交易如果以合同完成的时间划分类型,则有现货交易合同和期货交易合同两类。现货交易合同的履行基本是即时的,所谓一手交钱一手交货就是现货交易的完成。而期货合同通常是要在将来某时点才能完成的,市场上无论是劳动合约、技术合约还是生产供应合约等都是如此。期货合同的履行是需要时间的,不同交易标的其所需要的时间是不同的。此时如果这样的合约是完备的,也就是说交易双方可以将未来发生的事情能够预判,且都做出双方的权利义务收入的规定,那么合约的签订和执行很顺利,市场交易成本就会比较低,但是事实上市场上的所有合约都是不完备的。格罗斯曼和哈特认识到了这一点,1986年他们发表了一篇著名的论文《所有制的成本与收益》[①],这篇文章特别指出市场交易中交易双方签订的合约是不完备的,所谓合约的不完备是指合约不可能做到完备的程度。哈特从三个方面解释了合约的不完全性:第一,在复杂的、十分不可预测的世界中,人们很难想得太远,并为可能发生的各种情况都做出计划。第二,即使能够做出单个计划,缔约各方也很难就这些计划达成协议,因为他们很难找到一种共同的语言来描述各种情况和行为。对于这些,过去的

---

① Oliver Hart (1986), *The Costs and Benefits of Ownership: A Theory of Vertical and Lateral Integration*. Chicago: Journal of Political Economy.

经验也提供不了多大帮助。第三,即使各方可以对将来进行计划和协商,他们也很难用下面这样的方式将计划写下来:在出现纠纷的时候,外部权威比如说法院,能够明确这些计划条款是什么意思并强制加以执行。之所以如此,首先是因为交易双方均是有限理性的,不能够对交易之后签约的双方行为履行做出准确的预测,并在合同中表达,其次交易双方对未来技术的进步、地缘政治变化、经济状况、市场变化等对交易合同履行的影响,事先很难估计。企业就是一种契约的集合,企业与各方签订的合约,实际上是不完备的。

所以从合同的不完备角度看,如果有些交易特别难以用合作条款规定,而交易对企业而言又是必需的,那么如果把交易双方合在一个企业里面,此时交易的问题解决了,交易费用也得到节约。如此来看,格罗斯曼和哈特从合约的不完备性,再一次证明企业在对某些生产要素配置时的交易费用可以比市场来的低,企业是市场机制的一种替代。至于交易双方合并中究竟如何合并,会使企业的效率更高呢? 格罗斯曼和哈特认为不完全契约中,可预见、可实施的权利对资源配置并不重要,关键的应是那些契约中未提及的资产的控制权力,即剩余控制权(Residual Rights of Control)。因此,对一项资产的所有者而言,关键的是对该资产剩余权力的拥有。在哈特他们看来,当契约不完全时,将剩余控制权配置给投资决策相对重要的一方是有效率的。至于合并以后企业内所有权的配置等问题,实为交易之后企业内部制度和结构调整的问题。

(四) 企业的边界决定

现代企业理论中企业的边界究竟由什么决定的呢? 科斯教授认为如果从生产的规模报酬递增角度看,企业的规模应该无限地扩大,这样无限地扩大最终有可能使得一个国家就成为一个大企业,通过行政命令机制来完成所有生产的组织。其实这就是计划经济,在计划经济条件下其实没有企业或者说只有一个企业,整个国家就是一个统一的大企业,现实中所有的企业实际上就是一个生产分工下的生产车间,生产消费流通完全按照行政命令机制,按照计划来组织各个方面的生产、供应与消费。然在市场经济条件下,现实中的企业规模并没有无限地扩大。科斯认为,即便撇开收益递减的问题,企业内部组织交易的成本似乎也可能大于公开市场上完成交易的成本。就是说企业内部来组织同类的生产要素所耗的成本,有的时候可能就大于市场上完成同样这笔交易的成本。这是因为企业在进行生产组织管理时(即进行资源配置时)也是需要成本的,这种成本会因为企业规模扩大、决策失误、管理不当等而上升,最终可能高于市场上完成同样交易的成本。所以从收益最大化或者产出最大化的角度,企业并不会无限扩张它的规模,企业是有边界的。这个边界即企业的规模点，按照科斯的说法，就是通过使市场实现边际交易的交易费用与通过企业实现边际交易的交易费用相等的地方。

交易费用理论是经济学对企业研究的重要成果。一是它回答了企业为什么会存在、企业的性质以及企业的边界这三个基本问题，并提出了相应的影响企业发展的重要观点，只是整个理论中依然缺乏对企业家在交易费用节约或增加的重要影响，其实企业的有限理性主要归结为企业家的有限理性，而企业生产效率尤其是管理效率与企业家的领导才能密不可分，有才能的企业家可以有效领导组织企业的资源配置降低管理费用即企业内的交易费用。古典经济学假设市场交易是没有成本的，因为市场交易没有成本所以市场机制完美无缺，企业仅仅是一定技术条件下的生产函数而已，企业的存在是因为分工深化和协作组织导致企业生产效率提高，进而替代了个人生产者和家庭生产单位。交易费用理论认为，由于市场机制在完成生产要素配置时是存在交易费用的，而企业由于它的资源配置机制与市场机制不同，所以企业可以用行政命令机制来配置同样生产要素时可以做到交易费用的节约，于是企业就产生了。因此可以说企业是市场的价格机制的替代。二是企业的异质性就是说即便生产同类产品或服务的企业，它与其他企业也是不相同的。市场上企业的异质性首先是企业生产的产品或提供的服务是不相同的，功能不同或品质不同，品牌不同或价格也可能不同，其次是生产效率的不同导致收益率的不同，这方面的不同又可能是技术状况、经营管理水平的不同，正是如此不同企业在同一市场上竞争的竞争力就不一样。但在交易费用理论来看，企业效率的不同是产权安排不同的结果，是产权制度的不同导致了企业效率的不同，在这里这个理论当中完全忽视了技术状况对效率的影响以及管理水平对效率的影响，忽略了企业家对企业效率的影响。三是交易费用理论认为企业的边界是存在的，这个边界就是在完成相同要素配置时，市场与企业的边际交易费用相等的地方。原因是企业规模扩张时其内部的行政组织资源配置的费用在增加，甚至可能高于市场配置这些要素的成本。四是交易费用理论建立了经济学对企业的新认知，解释了企业存在的原因和影响企业生产效率的重要原因，认为产权安排的制度设计对市场机制的效率和企业生产效率的影响都是直接的。

虽然交易费用经济学能够很好地解释企业产生的原因和企业具有的相对于市场的优势，但还是存在一些问题。首先，交易费用理论属于静态比较分析，仅对企业和市场的边界条件作了一般化的区分，它忽视了企业存在之后的动态成长与发展即企业动态的资金获取行为，忽视了企业中独特性资产和能力的所有权及其利用问题。其次，交易费用理论难以说明企业之间的异质性，为什么在相似的激励安排下，有的企业在市场竞争中取得成功而有的企业却遭到失败。例如产权制度安排合适固然可以激励企业与企业员工的工作积极性，但企业健康良好成长与发展并不仅仅取决于积极的工作态度。再次，交易费用理论主要关注的是固定资产和有形资产的交易，对于组织学习、品牌和声誉等无形资产关注不够，更重要的是，交易费用理论完全忽略了知识问题，而知识现在被认为是企业所拥有的最重要的资产——李嘉图租金、张伯伦租金和熊彼特租金的源泉（Liebeskind, 1996）。在今天，则完全忽略了数据以及数据开发对企业未来成长的重大影响。①

四、另类企业认知：资源基础论

资源基础论之所以称为另类企业理论是因为此理论不入经济学主流，非主流的企业理论不见得不重要，因为其对企业的本质、企业的边界等的解释有其独到之处，尤其对企业的异质性、竞争优势的解释十分到位。资源基础论的主要代表人物及其著作有潘罗斯（Penrose）发表于1959年的《企业成长理论》，沃纳费尔特的《企业资源论》（1984年）和《企业资源论：10年回顾》（1995年）、康纳（Kathleen R. Connor）的《资源理论的历史比较和产业组织经济学的五种学派》（1991年）、科利斯（David J. Collis）和蒙哥马利（Cynthia A. Montgomery）的《资源竞争：90年代的战略》（1995年）等。

（一）潘罗斯的观点

潘罗斯出版于1959年的《企业成长理论》著作是一部继承熊彼特教授传统的，从经济学角度通过研究企业内部动态活动来分析企业行为的开山之作，也是"基于资源的企业观"和企业能力理论的奠基之作。在此著作中她建构了企业资源—企业能力—企业成长的分析框架，揭示了企业成长的内在动力。潘罗斯教授实为资源基础论的奠基之人。潘罗斯在《企业成长理论》中把企业定义为"被一个行政管理框架协调并限定边界的资源集合"②，她认为企业拥有的资源状况是决定企业能力的基础，由资源所产生的生产性服务发挥作用的过程推动企业知识的增长，而知识的增长又会导致管理力量的增长，管理能力的提高可以节约管理成本即交易费用提高生产效率。知识的增长和积累源于企业学习能力，进而提高了企业的资源积累率，而资源及其服务的积累又为组织学习引入新知创造了条件……如此动态循环就推动企业演化成长。

---

① ［美］丹尼尔·F. 史普博著：《企业理论：企业家、企业、市场与组织内生化的微观经济学》，格致出版社、上海三联书店、上海人民出版社2014年版。
② Penrose (1959), *The Theory of the Growth of the Firm*. Oxford: Blackwell Publishers.

问题是在这样认定企业本性中,是否存在着什么内在的力量既促进企业的增长而又必然限制着企业增长的速度?潘罗斯认为这个力量就是企业创新的能力,因为企业内部总存在着尚未利用的资源,这成为企业创新能力可以有用武之地的关键,创新是企业成长的内生过程,创新能力对企业成长具有至关重要的作用。然而企业的创新能力从何而来呢?企业创新能力源于企业的知识积累和学习能力,但是个人生产者和家庭这个生产单位也是有学习能力的,他们也可以拥有知识和知识的积累,也可以进行创新培养自己的创新能力,如此看来难道他们也是企业?潘罗斯进一步认为企业与个人生产者或家庭生产单位最大的不同,是企业才会拥有组织团队合作生产作业的经验和知识积累,会进行管理的创新,而这些是企业的组织资本,起到推动企业内部合作和协调、节约管理成本的作用。基于此,她提出管理团队是企业最有价值的资源之一,这些资源决定了企业的管理能力,决定了企业的生产效率和最终的市场竞争力。

(二) 对企业本质的见解

在潘罗斯研究的基础上,经过众多学者的进一步研究与完善,资源基础论对企业本质的看法与现代企业理论的看法完全不同,资源基础论认为企业是一个拥有资源、具有学习能力的能力体系。具体而论:

1. 企业是能力体系

企业的资源包括有形资产、无形资产和使用资产的能力或技能;这些资源可转变成独特的能力,资源尤其是能力在企业间是不可流动的且难以复制;企业是由资产和使用资产的能力组成的集合体。首先,企业之所以存在是因为企业是一个能力体系,具有把个人能力放大的功能。每一个人的能力是有限的,但是在企业里面很多人的能力一旦被有效集合起来被放大了出来,就会成为企业的独特竞争力,而市场仅通过价格机制来配置资源,市场本身不拥有资源没有能力放大的功能。其次企业的能力产生是因为企业和市场的本质是不同的,企业具有自主学习的机制,因为企业是一个人群组织,企业中的每一个人都有学习的能力,其中特别是企业家的学习能力很重要。企业在市场生产、交易和竞争的过程,就是一个不断试错、不断学习的过程,学习成功者,学习技术进行创新,不断提高自己不然的话就难以生存下去。市场不是一个人群组织,并没有学习能力,市场机制的有效性在于交易方式、交易制度和监管的约束。

2. 不同企业其能力不同

不同的企业拥有不同的资产和能力的组合,因而不同的企业在本质上各不相同;有的企业有形资产丰富,有些企业无形资产丰富,有些企业的资产可能就是某项技术专利,等等,这些就是资产的不同,至于企业能力的不同则与企业的规模、存续时间、人力资源、技术基础、企业家个性、管理方式、学习能力等的不同相关,如此不同资产与能力的组合自然就导致企业的异质性。企业各不相同实为企业成长是多样性的,并没有"谁对谁错"的发展路径。

3. 企业边界与其能力大小有关

因为企业拥有的资产与能力资源各不相同,具有异质性,这种异质性决定了企业竞争力的差异,也决定了企业边界的不同。资源基础论关于企业边界的决定,其实可以从其能力大小范围来考虑,企业能力弱而支撑一个很大的生产规模,一定是困难和高成本的。所以本质上企业竞争优势和盈利水平之间的差异是由企业所拥有的资源及资源的特性决定的。问题是企业独特的资源能力从何而来?资源基础论的观点是企业独特的资源能力源于学习源于知识的积累,企业既然有学习能力就可以从现有的知识宝库中学习,也可以从市场上来学习,学习对手和同行,还可以从自己的错误与成功中学习,通过学习不断获得新知并不断积累知识,尽管不同企业学习能力与获得新知的途径不同,把这种新的知识和积累的知识融入企业这个人群组织当中去,却是改善企业生产效率和管理效率的关键。而且这个知识一旦融入企业,就会影响企业未来发展的路径和未来的知识积累,因为企业未来发展路径的选择需要有新知识的人和有认知能力的人来决定来选择。

(三) 能力与隐性知识

资源基础论认为能力实际上是企业最重要的资源,也是决定企业异质性同时有别于市场的关键所在。那么作为企业重要资源的能力究竟是什么?是怎么产生的呢?

1. 能力的本质

资源基础理论是建立在能力概念之上的,能力是指企业能够达成其目标和完成相应任务的本领,是构建和确定企业资源组合的能力,这种能力主要来源是一种高层次的管理者的才能,或者说就是企业家的才能。当企业的企业家或管理者不同时,企业拥有的能力就完全不同,又由于能力是在具体的工作实践中在具体的场景中才能表现出来,换一个场景原来的能力就可能发挥不出来,所以能力是不可转移也不可交易的,例如企业家个人的知识和能力与那个人是不可分割的,其能力自然就不可以交易和转移,即便人也一起转移了,如果场景不同人的能力可能就不能正常发挥。因为企业家的才能或能力是异质性的,所以才决定了不同的企业发展面貌的不同。企业家的能力就是企业重要的资源,它很大程度上决定了企业的生产组织的效率。

2. 隐性知识重要

企业能力背后的深层因素就是知识的积累。特别是隐含的知识或者叫作隐性的知识。野中郁次郎（Nonaka）认为知识有两种形式：隐性知识（Tacit Knowledge）和显性知识（Explicit Knowledge）。[1] 显性知识是指公开的、易获得的、易理解、可传递的知识，通常的载体就是数据库、图书馆、书本报告、媒体文本等，例如企业可以通过阅读材料或教材，参加会议和查询数据库获得这类知识，对这一类知识可以实现信息化今天甚至成为人工智能生成式大模型的训练库；而隐性知识，则是更加含蓄的知识，难以量化和信息化，难以通过正式的载体和信息渠道转移。隐性知识通常存于人的脑海之中，是只可意会不可言传的知识，这种知识是人们长期实践中积累的经验技巧等的融合，是人们能力形成的基础。知识的获取比知识的使用更需要专业化，因此生产需要许多拥有不同类型知识的单个专业人员之间的协调，市场在进行这种协调的时候会失灵，这是因为隐藏于个人脑中的隐性知识是不可转移的，而显性知识有被潜在买者没收的风险，所以这个协调会很困难，但是企业作为一种机制存在，它在一个范围内实施了一定的知识保护，创造了一定的条件。而在企业内的这些专业人士，可以比较容易地进行知识的转移和协调，发挥他们的专业知识和才能，用于生产产品和服务。

1990年，著名的管理学家普拉哈拉德和哈默尔发表了论文《公司的核心竞争力》，这篇论文指出公司的长期竞争优势在于企业拥有核心能力或者核心竞争力。核心竞争力是一个企业（人才，国家或者参与竞争的个体）能够长期获得竞争优势的能力，是企业所特有的、能够经得起时间考验的、具有延展性，并且是竞争对手难以模仿的技术或能力组合。[2] 企业核心竞争力的形成源于企业长期的知识积累，源于企业的知识创新与隐性知识的积累。当企业在这些隐性的知识能够被有效地转化学习与商业化应用时，就会产出给顾客带来极大价值的产品或服务，从而获得市场上持续的竞争优势。企业的重要性与市场机制的不同，经济学家格兰特强调隐性知识的作用，也就是说企业的存在是因为他们对知识，特别是隐性知识的生产存储和使用方面比市场更为有效，因为市场很难使得隐性知识可以传递，除非你把这个人买过来，但是市场不是买卖人的地方，它是交换知识的地方，交换技术的地方。格兰特认为，核心竞争力是指企业拥有的特别的不可模仿的能将企业多种技术技能整合起来的最为关键的能耐。这种能耐是企

---

[1] Nonaka (1995), *The Knowledge-Creating Company: How Japanese Companies Create the Dynamics of Innovation*. New York: Oxford University Press.
[2] C. K. Prahalad, Gary Hamel (1990), "The Core Competence of the Corporation", *Harvard Business Review*.

业长期积累形成的,本质上是一种隐性的知识,是企业长期竞争优势的主要支撑。

(四) 动态能力与创新能力

动态能力意指企业整合、创建、重构企业内外资源从而在变化多端的外部环境中不断寻求和利用机会的能力,也就是企业重新构建、调配和使用企业核心竞争力从而使企业能够与时俱进的能力。动态能力的概念最早是由提斯(Teece)与皮萨洛(Pisano)于1994年正式提出,他们将动态能力定义为"能够创造新产品和新过程,以及对变化的市场环境做出响应的一系列能力(Capabilities/Competences)"[1]。提斯(Teece)教授认为决定企业动态能力的因素有三类:一类是过程,过程是指管理与组织的过程及企业中完成任务的方式,或者说程序是现实的实践和学习的模式;二类是地位,地位是指企业当前的技术和智力资产的禀赋,以及企业与其他客户上游供应商的关系;三类是路径,路径是指企业可选择的战略方案以及其面临的机会和吸引力。企业的动态能力与企业创新的能力密切相关。其中技术创新能力是指企业进行技术发展与创新,开发新产品新工艺的才能,这种才能源于其特定的技术才能、管理才能和吸收学习才能。企业的技术创新能力和创新才能构成了企业动态技术基础,也决定了进一步技术创新和产品创新成功的边界和可能。管理创新能力是指企业进行管理方式方法创新及其有效运用的能力,这个能力与企业家、管理团队的学习知识积累以及创造力密切相关。创新能力对于企业动态能力形成来讲非常的重要,尤其是在今天,科学技术进步迅速,智能化和数字化已经成为最重要的通用技术,其未来发展无疑会影响到了企业智能化动态发展。

五、认知企业的结论

翻开经济学说史,除了著名经济学家熊彼特在其经济发展理论中论及企业和企业家如何通过创新活动推动了经济增长之外,其他涉及企业的企业理论,无论是古典经济学的厂商理论,还是现代经济学的交易费用理论中,很难看到企业或企业家对于企业发展的效用分析,即便是企业资源基础理论在认定企业是一个能力体系以及能力也是企业的重要资源时,也没有特别指出企业家才能是企业最为核心的资源。现有的企业理论中企业家是缺失的,这个缺失并不是故意

---

[1] Teece, Pisano (1994), *Shaping Strategy: A Leader's Role in the Turbulent Environment of Dynamic Competition*. California: California Management Review.

为之，而是研究困难，因为难以将其放入数学公式中加以计量、刻画。

尽管有如此缺失，但是三个重要企业理论实际上从不同的方面解释了企业的本质、企业的边界等基本问题，综合起来看有以下三个特点：第一，企业首先是一个社会生产单位，其基本功能是要为社会提供合适的产品或服务，生产分工合作可以提高效率，但分工合作也增加了协调的成本，这就是交易费用即企业的管理费用。其次企业也是市场价格机制的替代物，企业的行政命令机制在配置生产要素时有时可以做到比市场价格机制配置同样规模生产要素的效率高成本低。之所以如此是因为企业是一个能力体系，能力的大小与学习、创新、知识积累等有关，能力体系中核心的能力就是组织管理能力。能力的不同导致企业的异质性，导致企业边界的不同。第二，企业制度安排的不同，会导致企业资源配置效率的不同。现代企业制度安排核心是财产权的安排，具体的制度安排中包括了股权的结构，治理关系的安排，激励机制的设计和收益分享的安排等。企业私有产权制度是至今为止依然比较有效的企业产权安排。制度安排的延伸就是企业的生产运营与管理制度和组织架构的设计。第三，企业实际上是一个能力放大的装置，能力产生于知识积累尤其是隐性知识积累和转化，企业动态能力源于企业的学习能力和创新能力，学习与创新是企业持续发展的关键也是形成核心竞争力的关键，企业核心竞争力支撑了企业长期持续竞争优势。

今天再看这三个重要的企业理论，实为企业家的企业发展之道的重要基础，它们从不同侧面给企业家展示了企业存在的理由以及企业发展成功的重要因素。今天企业的发展需要分工深化，需要密切合作，因为分工深化合作协调确实可以提高企业的生产效率。同样，企业的产权安排很重要，产权安排不同会影响到企业人员的生产积极性，也会影响到企业的合作伙伴和合作网络的有效性，甚至会导致企业的资源配置效率变化。今天的企业依然需要认真地思考产权和制度设计和机制设计。此外，在今天地缘政治变化、数智科技等进步快速、市场需求不确定性等状况下，企业家如何推动企业提高自己的动态应变能力进行相应的变革创新就成为企业生存发展的关键，为此必须提高企业的学习能力和创新能力，形成新型能力体系和能力放大机制，培养自己新的隐性知识，发展企业的核心竞争力维持持续的竞争优势。

扩展阅读

从初创到巨头：小米成长历程、经验与启示

第二章

认知自我

> 当我们理解自己的时候,我们才能真正理解他人。
>
> ——弗洛伊德

2002年诺贝尔经济学奖颁给了美国的丹尼尔·卡尼曼教授,因为他对人类决策偏差和直觉思维的杰出研究影响了经济学发展和启发了众多经济学家的研究。卡尼曼被誉为"行为经济学"的奠基人之一,其理论和发现包括框架效应、锚定效应、损失厌恶、基率忽视等。他在他的名著《思考,快与慢》中有这么一句话十分重要:"我和克莱因(美国著名认知心理学家)最终就一个重要的原则达成了共识:人们对直觉的自信心不能作为他们判断的有效性的可靠指标。换句话说,当有人告诉你你应该相信他们的判断时,不要相信他们,也不要相信自己。"[①]这句话对于企业家而言,就是说千万不要过于相信自己成功经营企业的直觉,而不要相信自己的原因,就是因为你的认知会有偏差,在巨变的数智时代尤其如此,且你还没有真正认知自己。

"认知自我"通俗地讲,就是你如何看待你自己,就是人在社会实践中对自己的生理、心理、能力以及自己与周围事物的关系进行认识和评价,也就是个体本人客观地认识自己,理性地评价自己,正确地定位自己。认知自我包括自我观察、自我体验、自我感知、自我评价等。企业家自我认知如果有偏差,则有可能高估了自己或者低估了自己,发现不了隐藏在自己行为背后的个性原因,导致很难客观判断自己以及所采取行动的正确性,很难为自己找到正确应对客观事物的方式和方法,结果可能导致企业家的决策和行为发生偏差。同样企业家的认知偏差还有可能对他人或环境变化的判断有偏差,进而影响企业家采取正确的决策以及应对

---

① [美]丹尼尔·卡尼曼著:《思考,快与慢》,中信出版集团2012年版。

他人或环境变化的策略和行为,从而可能造成企业成长的不利或甚至失败。

一、企业家的本性

有企业就有企业领导人,但不一定有企业家。企业家是一个特殊的人群,企业家也是一个个鲜活的人,自然具有人的一般特性,但并不是所有的人都可以成为企业家。企业家是专门从事领导企业成长与发展的人,他必须具备适合领导企业发展的特质与能力。因此,企业家的自我认知首先要从认知企业家应该是什么样的角色开始。

(一) 何谓企业家

企业家首先是企业领导人,其在企业成长和发展过程中主要承担和完成领导企业成长的任务,即企业家要能够根据外部内部影响企业成长的因素,不断地建立新的生产函数形成新的生产力,实现投入产出高效率的转换,从而获得最大的收益回报,让企业可以不断成长与发展。其次,企业家是成功的企业领导人,这里的成功特指创新的成功。正如著名经济学家熊彼特所说,作为资本主义灵魂的企业家就是实现创新成功的企业领导人。熊彼特教授所谓企业家的创新就是要建立一种新的生产函数及生产要素的重新组合,就是要把一种从来没有的关于生产要素和生产条件的新组合,引入到生产体系中去,以实现对生产要素和生产条件的新组合,企业的新产品其实就是这样的一种新组合,这种组合的目的就是获得潜在的利润,甚至是最大限度地获取超额利润。熊彼特是经济学家当中唯一认为资本主义的发展主要是因为有了这些冒险精神和创新精神的企业家而不是政府。他提出企业家的核心职能就是创新,很能说明现代意义下企业家的本质和企业家精神的本质。企业家的创新不同于科技创新,企业家的创新就是把生产要素重新组合起来,形成新的生产力和新的生产方式。

1. 企业家的创新

熊彼特认为企业家创新就是创造 5 种生产要素新组合方式:(1) 采用一种新的产品——也就是消费者还不熟悉的产品——或一种产品的一种新的特性。(2) 采用一种新的生产方法,也就是在有关的制造部门中尚未通过经验检定的方法,这种新的方法绝不需要建立在科学的新发现的基础之上,并且,也可以存在于商业上处理一种产品的新的方式之中。(3) 开拓一个新的市场,也就是有关国家的某一制造部门以前不曾进入的市场,不管这个市场以前是否存在过。(4) 掠取或控制原材料或半制成品的一种新的供应来源,也不问这种来源是已经存在的,还是第一次创造出来的。(5)实现任何一种工业的新的组织,比如造成一种垄断地位(例如通过"托拉斯化"),或打破一种垄断地位[①]。熊彼特的这一段话被后人广泛认可,归纳为企业家在企业成长和创新过程中应该领导推进的五个创新,这五个创新今天来看依次对应为产品创新、技术创新、市场创新、资源配置创新、生产或分销组织创新。

2. 企业家是具有冒险精神的人

有人把企业家精神的核心认定为不怕冒险的创新精神是有一定道理的。在熊彼特看来,企业的创新活动之所以发生,是因为企业家具有创新精神,有创新精神的企业家之所以称为企业家,是因为他与只想赚钱的普通商人和投机者不一样,个人的致富充其量只是他部分的追求,真正企业家本质动机是追求个人梦想的实现,始终不忘初心追求个人梦想实现,这背后就是企业家精神。熊彼特认为这种企业精神包含四个方面:第一,建立私人王国,这个企业就是他的私人王国;第二,对胜利的热情,也就是说总是不断地追求胜利;第三,创造的喜悦,就创造一个新的产品,或者提供一个新的服务,发明一种新的技术给他带来的喜悦,他追求这样一种喜悦;第四,企业家具有坚强的意志,百折不挠的韧性,不怕困难迎难而上,永远积极进取。企业家因为有了这些精神就有了源源不断的动力,创造性地突破了现实中很多的障碍,开拓了新的产品新的市场,形成新的发展格局。正是如此企业家的核心职能的发挥,微观上使企业不断走向卓越,宏观上表达为推动了经济的发展;也正是如此这样的企业家和企业精神,实际上是市场经济当中非常稀缺的资源,是我们社会的最宝贵的财富。可以说,企业家精神的多少是衡量一个国家一个地区经济发展程度的重要指标。仔细分析各国或经济体的经济的发达程度不同,并不一定是政府政策的差异多大,也不一定是市场环境有过大的不同,而是所在国或所在区域的企业家精神的不同,是企业家创新动力和能力的差异程度不同。例如,美国作为最发达的国家,其发展与一大批诸如马斯克、乔布斯等这样的企业家的贡献分不开。而在发展中国家却很少出现如此伟大企业家成功领导企业,推动当地经济社会发展。今天一个苹果公司的年销售额超过许多发展中国家一年产出的 GDP 总量,税收贡献超过这些国家一年的财政收入。

3. 企业家是企业的决策者

作为企业的决策者,企业家也是其决策的一个最后的责任人。如果他做决策,却对后果不负责,那么这个决策者决策时的责任心就会大打折扣,他就有可

---

① [美]熊彼特著:《经济发展理论》,北京出版社 2008 年版。

能挂一漏万；如果结果并不需要他负责，他就有可能比较随意性地决策。现代企业制度规范规定了企业家的责任，既然你是决策者，那你就要对企业成长与发展的后果进行负责，叫作自我决策后果自担。那么这个后果是什么呢？这个后果包含企业的成长与发展的状况、企业生产经营的收益、企业可能的亏损等。企业家要对这样的后果负责，而这就要求企业家是企业资产的主要出资人，是企业产权的所有者，也就是说谁出资，谁就是这个企业的所有者，因为是所有者就应该能够自主决策，因为自主决策之后的主要风险由所有者承担，其决策时就会尽量考虑周全。企业生产经营如果还有收益，当扣除合约各方应该归属他们的收入之后，剩余的收益当然也归所有者，不然所有者没有动力创办企业发展生产。所以这就是企业理论中说的企业家应该是剩余索取权的拥有者，所谓剩余索取权，就是说拥有对剩余收益索取的权利。当企业家是出资人，他也就承担了风险，他有这个权利来索取这个剩余收益，否则的话，他就没有必要用自己的资本或者用自己的信誉去冒险创办企业承担生产经营的风险，也正是如此的制度规则，企业家才有真正的内生的动力，要去把自己的企业发展好。此外企业家还应该是剩余控制权的拥有者，所谓剩余控制权，因为在整个生产运营当中，所有的生产经营的各种权利，并不需要都有企业家来掌控，企业家只需要掌控关键的重大决策权力就可以了，其他的权力授权给聘用的其他管理人员即可。也正是如此企业成长与发展的状况与企业家本人密切相关，因为重大决策是企业家做出的。问题是：企业家如何能够审时度势，总是可以做出正确或基本正确的决策，以至于企业能够持续的成长与发展，在市场竞争中脱颖而出？

（二）企业家的本性

再优秀的企业家，也是普通的人，不是神。千万不要认为优秀的企业家或者说伟大的企业家就是一个神，可以把优秀的企业家当作一个神来推崇来敬仰，但他还是一个人，人是一个高级的动物，是一个有智慧的高级动物，企业家的动力和大多数人一样源于人的本性，而人的本性是自利的。什么是自利？自利就是人在思考、说话和行为时总是有意无意地以自己的利益优先来进行思考与行动，这是人的本性使然。人的这个本性也可以说是一切有生命的动物与植物的本性，世间所有的动植物都有这样的本性，因为在我们这个星球上资源是有限的，在有限的资源条件下维持生存与发展就必须优先为自己或为自己种群争夺资源。丛林中的树木、杂草都要为自己争夺阳光，动物需要划分领域确保自己生存，甚至连生命的基因也是自利的。科学已经证明生命基因也是自利的，自利的基因才导致如此多样化生命的世界。资源有限导致生命的生存竞争，生存竞争导致了生命的自利本性。当然有了自利的本性也不见得在资源争夺过程中能够竞争获胜,或是很好地生存下来,生存竞争是十分残酷的,许多的生命一定在生存竞争的历史过程中被淘汰。

1. 利己不能损害他人

确保人的自利本性和由此产生的行为不损害其他人,这就产生和要求每个人都应该有一样的生存和发展权利的制度规则。每个人的生存发展权利本质上就是应该允许和维持每人可以获得受教育、就业、生活、婚姻、生育、社会交往、说话发言等权利,这些有利于每个人全面自由的发展。社会对于维持每个人的生存与发展的权益来说是十分重要的,因为在人的自利的本性下,有些人就有可能侵犯他人利益来利己,一个社会如果不能就此进行纠正的话,这个社会就会缺乏公正,就会导致很多的纠纷,导致社会的不安定。企业也是如此,企业家也是人,也有自利本性,如果没有适当的规则制度约束,就可能因为他所处在核心签约人的地位与其他人签不怎么公平的约,例如有意设置一些罚约条款,导致最终过于利己实则损害他人。在日常生活和在企业的生产经营过程当中,企业家的利己本性表现为有私心和利己的行为。例如,鼓励自愿加班而不付薪水,默许偷工减料降低成本影响产品品质,等等。不仅仅是企业家,实际上每一个人都是有私心的,都是会有意无意地采取利己行为。然而有的时候看上去的确是利他的行为,但实质上或长期的看却是真正的利己的。李嘉诚就说过"不赚最后一个铜板",李嘉诚从塑胶花到以"蛇吞象"的方式吞并和记黄埔,他的每一步都为对手留有余地,"和则生财"的理念也让李嘉诚的企业顺利走到了今天。

2. 利己也能利他

自利的人有私心要利己,并不意味着他在生活和工作中处处斤斤计较,事事一定都要利己,因为在生存竞争时的利他可能才是真正的利己。所谓利他行为就是有利他人的行为,企业生产出消费者满意的产品或服务就是一种利他,是利己的利他。利他也可能不顾自己的利益甚至可以奉献生命,这就是牺牲。牺牲有的时候也是出于利己的目的,比如说在某些条件下,母亲为了保护自己的孩子,不得不牺牲自己利益甚至生命,这样行为很伟大,是伟大的母爱,但也正是如此生命得到了延续。当然还有一种利他和奉献是被号召的,或者是价值观信仰引导的,例如一些宗教人士的牺牲自我的奉献。生活中还有一些的牺牲是被迫的,出于环境的被迫或出于他人的被迫。

人也是一个社会的人,作为社会人也有利己私心。出于自己自身利益优先的理性考虑,在不同的社会场合表现是不同的。例如在遭遇与其他家庭竞争的时候,私心利己行为的表现就是优先维护自己家庭及其成员的利益,和其他组织竞争的时候，可以表现为优先维护自己的组织利益，甚至不惜牺牲自己的利益。而当与其他阶层、民族或国家竞争的时候，就表现为优先维护自己阶层、民族和国家的利益，甚至可以为之抛头颅洒鲜血牺牲自身的利益。此时的行为看上去出于利他，其实依然是利己，因为社会中自己所在的组织、民族、国家利益不受损害则自己的利益也不太会受到损害。维护自己家庭的最大利益就是维护你自身的利益，同样维护自己组织的利益，那也是维护你自身的利益。当家庭、组织或国家真正成为你的利益代表者时，一定会有许多人做出这样的理性选择。每个人为了生存于社会之中，都要为自己的利益着想，因为这是生存竞争所需要的。每个人生活于社会组织之中，如果认识到社会与组织的成长，对个人的利益有益，那么这个人也会为这个社会或这个组织的公众利益着想，并调整自己的行为，甚至牺牲一些自己的自身利益，以维护这个社会或者这个组织的最大利益。为组织的利益着想，为社会的利益着想，这就是所谓的出自公心。因为有这个公心和理性，所以利己的个人也会产生利他行为，这种利他行为是推动整个社会和组织共同发展的基础。这样来分析的话，我们可以看到所谓私心和所谓公心本质上是一致的，都源于个人的自利本性。

3. 社会道德规范约束

人虽然有七情六欲，但人是有智慧的人，是理性的人，虽然他的理性是有限的。作为自利的理性的人，在自身价值观与社会道德规范的影响下，他会在自身利益和社会或组织利益方发生冲突的时候，思考究竟是以自身利益为重，还是以组织社会公共利益为先。企业家作为企业出资人拥有剩余控制权，如果同时担任企业领导人时还有生产经营管理行政大权在手，有的时候既可以让企业行为偏向自己利益或自己的利益相关者，此时行为甚至有可能损害企业的根本利益，但有的时候不得不让渡一些自己的利益，以便让企业其他的合约签约者能够与之一起努力，使生产的产品或服务在市场上有竞争力，使企业能够不断发展壮大，未来能够带来更大收益和剩余收益，此时企业的利益与企业家个人的利益高度一致。当企业获得更大收益时，企业家还必须照顾一起努力的所有企业成员利益的增加，使得组织的利益和每个员工个人的利益具有一致性，唯有这样，企业员工才会努力为企业奉献。

图2-1传递了以下三点：第一，人自利本性的内在外在表现是受到人自己的价值观和整个社会道德规范的约束和影响；第二，说明人在个人价值观和社会道德规范影响下行为的表现是不同的；第三，不同的人采取的行为有以下几类：有的行为只是利己，有的行为可以利己利他，还有的行为是利他为先、先人后己；当然还存在其他两类的行为，就是损人利己和损人损己，前者有点不道德，后者有点愚蠢。

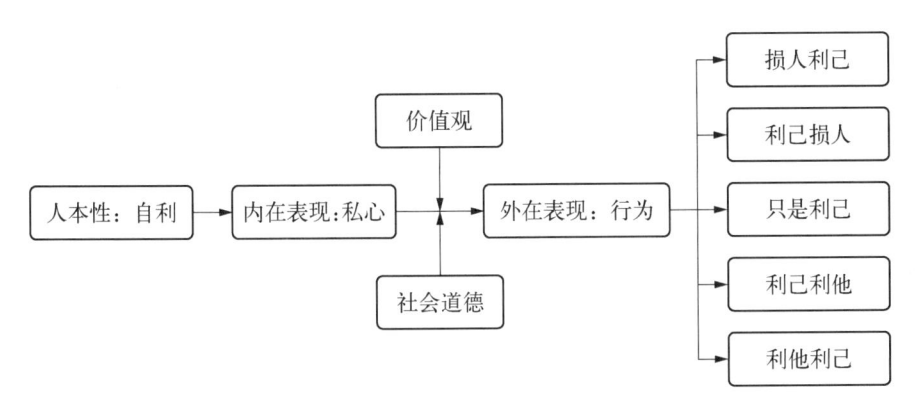

图 2-1 自利、私心与行为关系

二、企业家个性因素

企业家个人的个性特征,个人的兴趣爱好、认知状况、能力结构以及社会关系网络都会影响到其能否有效做出正确的重大决策有效领导企业,影响到其能不能够真正履行企业家核心职能,进而影响到企业的成长发展,也正是如此不同的企业家因为有其不同的个性,于是就有不同的企业命运。

(一) 企业家的性格特征

影响企业发展的企业家个性因素很多,企业家的性格特征无疑是其中最重要的因素之一。企业家也是人,无论是作为企业所有者的企业家,还是作为职业经理人的企业家,他们都有各自的性格特点。心理学证明一个人的性格是一个人对现实的稳定的态度,以及与这种态度相应的习惯化的行为方式中表现出来的人格特性。人的性格一旦形成就比较稳定,但也并非一成不变,有一定的可塑性。人的性格不同于人的气质,性格更多地体现了人格的社会属性,每个人之间的人格差异的核心就是性格的差异,因此人与人的不同很大程度上就是彼此性格的不同。人群中的人呈现了多种多样的性格特征,比如说外向、活泼、热情、可亲、开朗、豁达、健谈、机敏、适应能力强、善组织、反应敏捷、内心软弱、多愁善感、冲动、莽撞、易怒、刚愎、暴躁、倔强、果敢……这些性格特征并不是每一个人都具备的都有的,性格特征也没有好坏之分,但却会影响人们的决策与行为。

根据企业家性格特征的不同,可以对企业家进行分类,从而区别出不同类型的企业家。

1. 按照思维决断的理智倾向划分

按照思维决断的理智倾向划分，企业家可以分为三类：第一类是理智型企业家，其性格特征是深思熟虑，沉着冷静，善于自控；第二类是疑虑型企业家，其性格特性为犹豫不决，过敏多疑，易受暗示；第三类是情绪型企业家，其性格特性多为心境多变，多愁善感，容易冲动。这三种性格类型的企业家各有特点，但从企业成长与发展可能遇到的机遇与风险来看，理智型企业家可能更有利于决策科学行为得当。

2. 按照心理活动的主要倾向划分

按照心理活动的主要倾向划分，企业家也可以分为三种类型：第一类是外倾型企业家，其个性活泼开朗，善于交际，独立性强、不拘小节；第二类是内倾型企业家，其个性沉郁文静，不善交际，处事拘谨，应变力差；第三类是混合型企业家，其个性兼有前两类企业家的性格特点。现实中的企业家其实不见得可以清晰地归为哪一类型，他们其实是具有复杂的性格，有时很难判断企业家的不同性格对于成就优秀企业的影响力。

（二）企业家价值观及其认知

企业家有自己的价值观和认知方式，对客观事物的认知方式决定了企业家获得的经验与知识，这些经验与知识的积累促进企业家价值观的形成，而价值观的形成使其的认知带上了一定的个人偏见，如此对其进行判断决策、采取对策行为有很大影响，进而对于企业的成长与发展产生影响。所谓价值观是指个人对客观事物及其对自己的行为结果的意义、作用、效果和重要性的总体评价，而什么是正确的总体看法，是推动并指引一个人采取决定和行动的原则、标准，是个性心理结构的核心因素之一。它使人的行为带有稳定的倾向性。价值观还可以使人用于区别好坏、分辨是非及其重要性的心理倾向体系。它反映人对客观事物的是非及重要性的评价，人不同于动物，动物只能被动适应环境，人不仅能认识世界是什么、怎么样和为什么，而且还知道应该做什么、选择什么，发现事物对自己的意义，规划自身，确定并实现奋斗目标。

人的价值观体系是决定一个人行为及态度的基础。与一般的人一样，企业家的价值观是从出生开始，在家庭和社会的影响下，在企业的成长与发展过程中逐渐形成的。企业家价值观的形成受其所处的社会生产方式及经济地位的影响是决定性的，在一定程度上是不可逆的，所以企业家的价值观一旦形成要改变它是比较困难的。具有不同价值观的人会产生不同的态度和行为，价值观的重要性是因为它会导致人对各种事物在心目中的主次轻重排序，而这种排序有的时候就成为决策的隐形倾向。企业家的价值观建立在企业家需求的基础上,一旦确定则反过来影响调节企业家进一步的需求活动。企业家的价值观导致了企业家对各种事物,如学习、劳动、享受、贡献、成就、产品、服务、利润、竞争、合作等在心目中的主次之分,而正是对这些事物的轻重排序和好坏排序构成企业家的价值观体系。所以企业家的价值观一旦形成,一定会对他未来的决策和行动产生重要的影响。

(三) 企业家的个人偏好

所谓个人偏好就是指个人的独特爱好,这种爱好是潜藏在人内心的一种情感和倾向。一般而论,引起个人偏好的感性因素多于理性因素,偏好也是从人小时候受环境和受教育的过程当中,加之与自己的个性特征逐步形成的。偏好一旦形成就有可能让企业家有意无意地按照自己的这种偏好,对可供选择的事物、人才以及行为方式进行排序,合者留之,不合则去之。但是适合的留下来是否一定有利于企业的成长,不合的去之是否有利于企业的发展,其实不一定。因为导致个人的偏好是感性的因素多于理性的因素。企业家个人偏好中,对风险的偏好对企业成长影响很大,具体来说,有些企业家是对风险的偏好比较敏感,有些人对风险不太敏感即风险中性。风险中性的企业家通常敢于冒险,赌性比较足;而风险敏感的企业家就谨慎小心,其冒险的行为不多。企业家个人对名利的偏好也很重要。有些企业家偏好利在先名在后,有些人偏好名在先利在后,还有些企业家名利都要。偏好利或名的就会导致企业家生产经营行为上先后的排序,企业家对名的获取有多种方式,如优秀企业家评选、弄个学衔、做些慈善工作、到处演讲、出版著作等。企业家对利的追求有两大类行为:一类是套利,就是利用同一产品不同时间不同地区市场之间的价格差,获得价格差的收益,例如买股票获利就是典型的套利行为,低价买入等到其价格上涨后卖出,这样就获得一个价格差,这个价格差就是所获的利;另一类是创新,即通过研发创造新产品和新服务、开拓新市场等获得超过成本支出的收益,例如智能手机的问世以及后来获得的巨大收益,就是苹果公司乔布斯领导的苹果公司创新带来的收获。无论是套利还是创新都需要企业家扎扎实实的努力和投入,都是获得收益的一种方式,但从一个社会长期的发展来看,创新行为无疑更为重要。

(四) 企业家的能力结构

企业家的能力结构是指其拥有的不同能力构成,能力是完成一项目标或者任务所体现出来的综合素质。企业家的能力是指直接影响企业生产经营活动效率，并使企业生产经营活动顺利完成的个性心理特征。正是如此，企业家应该有五种主要的能力：第一是领导能力，就是能够领导众多组织成员为了实现企业的目标有序地开展工作，积极努力地奉献，实现企业成长与发展的能力。企业家是企业的领导人，自然要求他具备最基本的领导能力，很难想象没有领导能力的人可以成为企业家。第二是学习能力，所谓学习能力就是能够不断发现自己知识的不足找到学习提高自己的方式，并把学到的知识转化为实践的能力。企业家要有很好的学习能力，要能够不断地学习，唯有如此才能与时俱进，把握时代变化趋势、科学技术进步趋势以及产业发展趋势，分析判断不断变化的消费者以及市场，找到企业在数智时代未来发展的机遇。第三是创新能力，这是企业家应具备的核心能力，因为企业家的核心职能就是创新。企业家的创新能力源于企业家的勇气和认知，源于对创新要素有效配置的大局观。企业家的创新能力与下属的创新能力适用的领域不同，比如企业战略的创新、新产品的概念创新等是企业家的创新能力表现的领域，而具体的产品设计创新则是研发工程师的创新工作。第四是沟通能力，企业家需要有很好的沟通能力，因为企业的成长与发展需要企业家与外界各个方面进行沟通协调，还需要与企业的员工方方面面进行沟通协调，通过沟通使所有的不利因素转化为有利或无害因素，通过沟通使有利的因素成为积极的因素，通过沟通形成良好的合作局面。要做到这些，企业家就要有强大的沟通能力。第五是识人用人能力，即认识人才的能力以及用好人才的能力。企业家要能够找到德才兼备的人才为己所用，为此需要认识人发现人才，先要成为伯乐发现千里马，然后还要能够让有才能的人在企业中大展身手，真正可以人尽其才。人才首先应该是忠诚的、可靠的、积极的、向上的，其次应该具有出类拔萃的才能，可以担当大任的，历史上萧何追韩信的故事就是说明萧何认识人才的眼光很厉害。这五种主要能力理论上企业家都应该具有，但现实中并不是所有企业家都应该具备这五个能力，或者都很突出。实际上企业家拥有的能力是可以互补的，也可以协同的，往往优秀的企业家也只是在某几个能力方面十分突出其他一般，所以重要的是企业家应该有其独特的能力结构。

（五）企业家的社会网络

所谓企业家的社会网络是指有多个社会行动者与企业家之间的相互关系组成企业家的一个关系网络。由于不同的企业家与其相关的社会行动者并不相同，关系状况也不相同，所以实际上他们具有不同的社会网络。这个社会网络也可以称为企业家的社会资产。企业家的这个社会资产对企业的成长与发展有重要的影响,有的时候甚至是关键的影响。企业家与社会方方面面的社会关系可以分成强关系和弱关系:强关系是指企业家维持着企业组织内部的关系;弱关系是指在企业家与其他组织之间建立纽带关系。强关系获得的信息往往重复性很高,而弱关系比强关系更能跨越其社会界限,去获得信息和其他资源。企业家需要有强的关系来维系群体和组织内部,也需要弱关系来维持企业与社会其他方面的关系。企业家所有的行为实际上是嵌入到社会结构当中去的,如果行为还可以嵌入到企业家的社会网络中,这说明此行为获得这个社会网络的信任,因此企业家的行为也嵌入到社会网络的信任结构当中。一旦企业家失信于某人、某机构,就会失信于整个社会网络。著名的社会科学家林南提出过一个社会资源的理论,他认为那些嵌入个人社会网络中的社会资源——权力、财富和声望,并不为个人所直接占有,而是通过个人直接或间接的社会关系来获取的。他的意思就是说,拥有社会关系的人可以从社会资源来获得一些所谓权力、财富和声望。而在这个过程当中,弱关系会比强关系带来更多的社会资源,弱关系对于企业家来说很是重要。[1] 特别当企业家采取工具性行动时,如果弱关系的对象处于比企业家更高的地位,他所拥有的弱关系将比强关系给他带来更多的社会资源,反之亦然。可以说个体社会网络的异质性、网络成员的社会地位、个体与网络成员的关系力量决定着这个个体所拥有的社会资源的数量和质量。为此,林南提出了社会资源理论的三大假设并进行了检验:(1)地位强度假设:人们的社会地位越高,摄取社会资源的机会越多;(2)弱关系强度假设:个人的社会网络的异质性越高,通过弱关系摄取社会资源的概率越高;(3)社会资源效应假设:人们的社会资源越丰富,工具性行动的结果越理想。根据上述理论,当企业家社会地位越是高,能够获得社会资源的机会就越多,而当企业家拥有的社会网络越是广泛深入,则获得社会资源的概率就越大,如此企业家所采取的市场行为结果也会越理想,企业的成长与发展自然也就可能接近甚至超越企业家设定的目标。

三、认知与心智模式

企业家首先是个人,有着不同的性格特征,其次是企业的最高领导人,承担的责任很大。企业家作为一个最高领导人,每天都要考虑企业可能遇到的特别的问题,以及要考虑解决日常可能出现的问题,所有这些都需要企业家做决策。

---

[1] Nan Lin (2001), *Social Capital: A Theory of Social Structure and Action*, Cambridge: Cambridge University Press.

正确的决策需要尽可能全面的信息和企业家强的认知能力与好的心智模式。

（一）企业家认知

什么是认知？认知就是个体在获取客观世界信息时或后进行的抽象、归纳、推测等的加工活动，进而成为该个体认识世界的经验或知识的依据。企业家的认知包括自我认知和对外界的认知，认知源于他自己原有形成的认知基础同时受制于其价值观。认知能力是指企业家对客观事物和自己认知的快速与准确，指能够迅速透过现象抓住本质特征的能力。企业家对外界的认知是指人在认识客观事物过程中通过心理活动（如形成概念、知觉、判断或想象）以获取对事物本质特征的把握，或者说是对作用于人的感觉器官的外界事物进行信息加工的过程。企业家的认知能力其实是有限的，企业家所掌握的知识也是有限的，现实客观世界如此复杂以至于今天的科学技术还并不能够帮助人类真正认识到宇宙、人类社会，甚至人本身以及它们背后原因或规律，因此企业家在认知客观事物和认知自我时就难免挂一漏万就难免有偏差。也正是如此，人们已经掌握的知识是不全面的，甚至有些知识是错误的，因为这些知识是带有认知偏差的人积累下来。如此导致了人们利用过去偏差的知识积累再去观察今天的世界尤其是数智世界时可能就会有更大的偏差。

在人的自利本性的约束下，企业家实为一个有限理性的人。人的自利本性其内在的表现就是私心，而私心的极致，就是不顾一切的贪婪。人的自利本性会导致人采取很多不理性的行为，甚至是不道德的行为。人的自利本性其外在表现其实就是人的行为，这种行为通常是利己的行为，利己的行为不一定是不道德的。因为利己的行为，从人本身的生存与发展来看，有时是必要的，但利己的行为如果以损害他人的利益得以进行的话，那么这个利己的行为在人类社会当中就应该加以纠正。工作与生活中人与人是平等的，每个人的权利是一样的，某人的利己行为不能够以损害他人的利益得以进行。反过来他人的利己行为也不能够损害某人的利益和权力。但是在有限资源争夺的时候，利己的行为实际上总是可能要损害他人的利益，企业的市场竞争也是如此，争夺有限消费者和消费市场，有可能损害了竞争对手的利益或者损害了消费者的利益，所以公平竞争很重要。

（二）认知与心智模式

人的认知就是每个人形成的一种对客观世界有效认识的能力。因此，一个人的认知状况决定了自己能不能更好地认识客观世界，判断客观世界，对客观世界复杂的信息能够加以抽象归纳和推测，形成一个概念或结论，然后将这些概念和结论储存在人的脑海之中,成为之后决策与行为的出发点。这些概念与结论的逐步积累,就形成了人的心智模式。心智模式是根深蒂固于人们心中,影响人们如何了解这个世界,如何采取行动的许多自我总结形成的先行结论。[①] 这就是说心智模式实际上是人们过去对客观世界认知得到的概念知识,在头脑中形成了一个固有的认知方式与思考方式,当人们去认知新的周围世界和周围的世界进行互动的时候,其心智模式就开始发挥作用,帮助人们迅速地以固有的认知方式和思考方式来判断和分析以确定自己的见解和行为。

图2-2表达了认知与心智模式的相互关系以及对决策的支撑:(1)过去的认知固化了自己的心智模式,而人的心智模式一旦形成,反过来又会影响和进一步固化认知和认知方式,从而简化了人们认知客观事物的方式,简化认知客观事物的过程,可以快速获得的认知结果。(2)认知与心智模式是互为因果的,因此存在认知偏差的认知会导致心智模式的缺陷,心智模式的缺陷自然影响到决策与执行。问题是一般的人很难意识到自己的认知缺陷以及心智模式缺失,所以决策的失误以及行为的失误就成为必然。

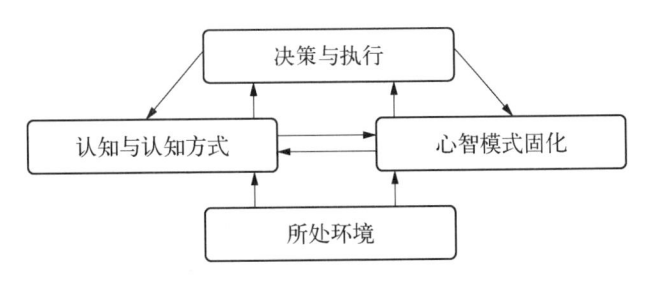

图2-2 认知、心智模式与决策

(三) 认知与决策质量

提高自己在企业发展重大问题上的决策质量,是每一个优秀企业家追求的自我修炼目标之一。作为一个优秀的企业家,需要有对宏观经济的认知和思考的能力,需要有对产业发展的变化与趋势的认知和思考的能力,也需要对市场结构、市场竞争等的认知,更重要的是还要能够认知竞争对手,还要能够认知自己。正确的认知自己,知道自己的长处和缺点,知道自己认知缺陷和认知的能力,认知企业拥有的资源、技术和员工的状况等,方能够正确地找到自己的定位、发展的方向和发展的策略。企业家决策的质量与企业家本人的认知和掌握的信息多

---

① [英]罗素著:《人类的认知》,商务印书馆1983年版。

少密切相关,图2-3表示了这样的相关性。正如图2-3所示企业家特定的认知与心智模式产生于两个重要的因素:一个是企业家过去创业的心路历程,这个心路历程会给企业家的心智模式带上一个强大的印记,会时时刻刻有意或无意地影响企业家的认知,影响其决策判断。第二个是企业过去成功经验会强化企业家的心智模式,因为过去的成功曾经给企业家带来极大的收获和喜悦,也给他带来了成功的经验,这种经验留在脑海中就成为企业家的心智模式的一个组成部分,在面对企业发展新问题的时候,在需要对新的问题给出解决方案的时候,企业家会有意无意地以其固定的心智模式去思考去认知,加上企业家原有的价值观的影响,所作决策就可能发生偏差。

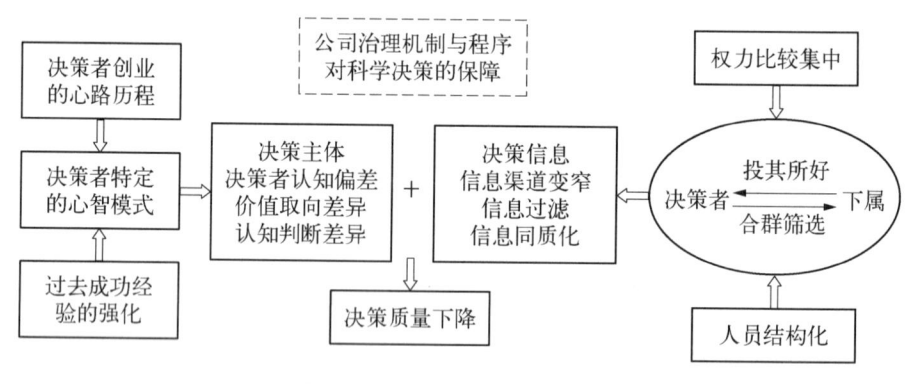

图 2-3 决策质量下降的原因

决策质量的高低还与企业家掌握的所依靠的决策信息有关,没有掌握决策所需要的高质量信息,企业家就难以对需要解决需要决策的问题进行充分的分析和判断,进而实施科学的决策。但是在一个企业当中,企业家所拥有的信息可能是质量不高的信息或不全面的信息,获得信息的渠道有可能会变窄。为什么如此?

(1) 企业家需要的大部分信息是从企业内外部经过管理的层级,层层传递到企业家那里的,此时的信息实际上已经被有意无意地过滤了一遍,这就是说在信息传递的过程中一些取悦于企业家的信息被留下,或者说适合问题解决但不利于某管理部门的信息被过滤掉,不适合企业这个问题解决的信息被留下,甚至大家向上传递信息都是一样的,等等。总之,这使企业家难以得到全面的信息,从而使决策的质量下降。

(2) 这个问题的产生与企业家在选拔自己的下属有关,企业家在选择其下属时通常会有一个选拔标准,这就是希望所选择的员工和下属是合群的,因为企业是一个人群组织，企业的生产是合作生产，需要企业所有的员工一起合作，合作得越是好，生产才越有效率，越可能达到企业的目标。合群作为标准进行选择下属，有才的人如果不合群就会被企业家淘汰，于是所选这些下属员工无论是他的个性，无论是他的才能，还是他的价值理念，会与企业家的偏好有比较高的一致性。企业家本身的偏好是什么？由于企业家掌握了员工的奖惩大权，那么这些所谓合群筛选出来的下属就会明白传递信息时投其所好是最佳的选择。如此企业家决策需要的信息被过滤了，信息同质化，信息不全面、信息质量不高，如果此时再叠加了企业家的认知偏差与心智模式缺陷，企业家决策的质量就会下降。历史上看，企业家决策的失误，大的导致企业失败，小的导致企业损失。有许多著名的企业家，也免不了决策失误，最后导致企业出现严重的问题，甚至破产重组。美国的企业如世界通信、安然、通用汽车、雷曼兄弟等，中国的企业如巨人集团、南德集团、万国证券、乐视、海航、北大方正、苏宁、恒大等，这些企业暴露出来的问题，实际上背后都是与领导人决策的重大失误有关，进一步分析的话，可以发现决策失误与这些企业家的认知状况、心智模式以及其掌握信息的质量有极大的关系。①

(四) 企业家可能的认知偏差

每一个企业家都有自己的心智模式，都有自己认知世界的方式和认知能力，由于社会环境、学习过程、创业历程等的不同，其实每个企业家的心智模式和认知能力其实是不同的，更重要的是每个企业从事的生产经营和提供的产品服务也是有差异的，这就导致企业家需要认识自身企业的特性，认识自己的认知能力和心智模式的特性，寻找适合自己企业发展的解决方案，而不是一味模仿其他企业或企业家。一般而论，企业家可能存在的认知偏差主要有以下一些：

1. 过于自信偏误

所谓自信偏误的认知偏差，就是说人们往往会有意无意地过高估计自己完成某项发展任务的能力，认为自己掌握的信息更为准确，更为全面，以为自己能力很强大，因而与他人比较的时候，会过高估计自己的表现，认为自己可能比他要做得好。过高地估计自己就有可能给自己设定过高的目标，过低地估计他人就有可能对他人的行为应对错误。所谓人定胜天，所谓人有多大胆地有多大产，实际上是人们过于自信的一种表达，人们的生产产出是受到自然界约束的，人在整个宇宙当中实际上是非常渺小的，人是宇宙中多少年才演化出来的一种有智

---

① [法] 杰拉德·博罗内著：《认知启示录》，社会科学文献出版社 2023 年版。

慧的动物,而有智慧的动物在宇宙之中其实能力是极其微弱的,人胜不了天。

2. 控制错觉偏误

控制错觉偏误就是说人们往往会过高地估计自己对事物的控制能力,总是觉得自己可以掌控一些,实际上自己是有许多根本无法掌控的事情。比如说认为计划可以安排所有一切,以为其是可以替代市场配置资源的力量。事实证明计划一切的想法只是一个乌托邦,因为计划没有办法对不同人需求变化进行及时的应变。在数智时代,智慧机器人或许也会犯如此错误。

3. 自立归因偏误

一般来说,人都喜欢把功劳算在自己的身上,认为自己是神,是自己的能力促成了企业的成功,而把失败推给客观环境,甚至认为失败不过是运气不好。因为有这样一种认知错觉,人们往往不去对导致失败的原因加以认真的分析,也不把成功的因素加以客观的判断,从而最终使自己之后的行为失误。

4. 乐观偏误

所谓乐观偏误就是人们对自己的能力和前景有着不切实际的乐观判断,过高估计成功的概率并据此进行决策,以为自己很强大,成功唾手可得,并由此就进行决策。企业家通常会对自己从事的事业十分乐观,因为连企业领导人都不乐观的话,企业员工的工作心态就会受到极大影响。企业发展过程中企业家需要乐观的心态以引领员工努力合作积极贡献,但这不能简单地成为企业重大事项决策的依据。

5. 赌徒的谬误与小数定律

赌徒总是以他偶尔赢的经验来推断和决定下一步的涉赌行为,结果是全部输完,这就是赌徒的谬误,之所以会如此是因为其依赖小数定律进行决策。所谓小数定律就是依赖少数几个看上去合理的数据来推断出过多正确的结论。所以千万不要以为个别典型的成功企业的经验可以推广到全社会。

6. 代表性偏误

所谓代表性偏误就是人们倾向于从看上去从相似的事物之间臆想出可能并不存在的关联特点,这就是说看上去两个事物是很像,于是以为这个事就是那个事物的代表,这个事物的解决方案,就等于那个事物的解决方案。其实这两个表面上相似的事物可能本质上并没有共同性。因此企业家不能够以相似事物的解决方案来推测和替代另一个事物的解决方案,不能够认为都是同行,他能够这样做,我也能够这样做。

7. 易得性偏误

企业家在做决策的时候常常会使用一个经验的法则,这个经验法则就是往往根据手头已有的或者容易获取以及容易回想起来的信息数据作为决策依据，企业家会想当然地认为这些信息数据可靠性高，而忽视其他准确的或者代表性的信息数据。由于企业家获取完整的决策信息数据是需要成本也需要时间，在时间约束的条件下，就很容易犯信息数据易得性偏误。同样如果获取信息数据的成本过大，就会使得企业家放弃去获得更多的信息数据，从而匆匆做出决策。

8. 近期偏误

人们往往倾向于自己用最近记忆中的历史经验与认知来判断未来进行决策。然而近期成功的经验也未必一定可以成为研判企业未来发展尤其是在数智时代的发展方向与路径。所以有人说，企业家只有学会遗忘过去才能更好地面向未来，做出正确的决策。

9. 锚定与调整偏误

以现在某个信息、某个数据或某个时间点作为出发点来做企业发展决策，这个点就叫作锚定点。那么这个点是否就一定适合企业发展吗？不一定。因为不一定，所以锚定某个信息点、数据点或时间点，以此作为推断和决策，很有可能产生失误。当发生失误以后企业需要调整，但是调整时犹豫不决，这就会给企业带来较大的伤害。事实上任何一个人获得的信息总是不全面的，锚定某一个信息点或一个数据点，失误的可能性会比较大。

10. 验证性偏误

验证性偏误就是只强调那些支持既定假设的想法与证据，而忽略那些相反的事实。特别是为了看似决策科学，企业家事先有了假设的想法和结论，然后去找证据支持自己的假设想法或结论，这样得到的结论可能是正确的也可能不正确。因为所找的证据并不是完全收集的证据，可能只是选择性地找到了一些证据，从大数据来看可能根本就不支持所谓的假设和结论。

11. 后视偏误

人们在事情发生后，根据已经发生的事实，倾向于错误地认为自己在事情发生前就可以预测整个事件，即事后诸葛亮。此外后视偏误的另一个表现，就是"以为过去成功的经验可以指导未来"，其实不然，企业家过去的成功经验是在过去各种因素条件以及企业家的努力下获得的，这个成功经验的获得很大一部分取决于过去企业发展的情景。当把这个情景抽掉以后所留下的经验可以作为借鉴，但不是一定能够指导未来的成功。因为未来的成功是在未来的情景和未来的各种因素条件下，以及未来企业员工共同的努力下才能成功。

12. 本土偏误

企业家往往对靠近自己的事情感兴趣，感觉有把握，对不靠近自己的事物不感兴趣,因为他们感觉上觉得对靠近自己的事物有把握,能够掌控,其实不一定。比如说中国企业家以为对国情很熟悉,实际上并不如此,于是就可能会陷入中国特有的人情世故之中难以自拔。

四、如何改善认知与心智模式

心智模式类似于人们观察外部世界的一副"心灵眼镜",每一个企业家都有属于自己的特定的心智模式。因为受制于人类自身的心智模式与生理局限等,人们在认知世界时出现失真、判断不精准等现象,即对世界的认知与真实世界存在差距,不同的认知主体观察同一事物时也存在差距(见图2-4),所谓"仁者见仁,智者见智",这就是认知偏差。心智模式导致认知偏差不在于对或错、好与坏之分,是一种客观的心理存在,而不是主观故意行为。

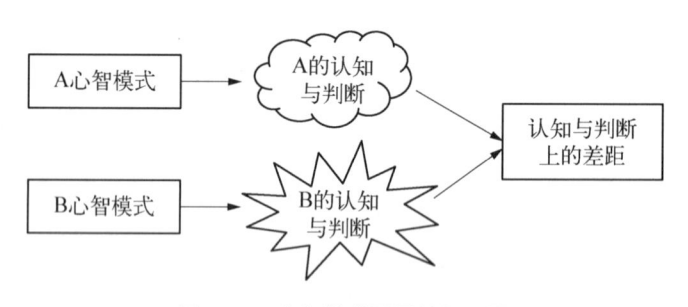

图2-4 心智模式不同认知不同

企业家的认知状况和心智模式以及由此产生的认知偏差,以及企业家所获得的信息数据及其质量,对于企业重大发展问题的决策质量以及决策之后的行为来说影响是很大的。企业家应该清晰地明白,传递信息数据给你的那些下属或者员工经常是进行了选择性的输送。换句话说企业家所获信息数据不全面,信息数据的质量下降,信息数据被过滤,就会导致企业家决策依据的信息数据质量就有了很大问题,如果再加上认知偏差,那么就一定会影响决策的科学性。为了保证企业决策的科学性,首先是要从企业家如何修炼自己的心智模式和提高自己的认知水平着手,其次是重新构建企业获得决策信息数据的渠道,发掘有效的信息数据来源。改善企业家自身的心智模式和提高自己的认知水平,应该如何进行呢?

(一) 要承认心智模式与认知偏差的客观存在

企业家作为企业的掌舵人,其心智模式和认知偏差是客观存在的,认知的偏差既可能对合作者认知的偏差,也可能对竞争对手、对企业员工才能等的认知偏差,如果自己认识不到这一点,那么在具体的重大问题决策过程中,就会出现这样那样的偏差和失误,可能会影响企业与其他企业的研发生产合作,影响员工积极性的发挥等等,以至于最后影响企业的发展。认识自己的心智模式和认知偏差就可以采取一定措施,在企业重大问题的决策中有意识纠正这些偏差,例如请企业的外脑来帮助一起研究分析进行决策判断就是一个比较好的补救方法。

如果知道自己心智模式和认知偏差是存在的,那么就需要理性地而不是情绪化地来看待自己可能存在的认知偏差,从而修炼并改变自己既有的心智模式。一般而论企业家的错误决策或者行动,往往就是因为把那些未经检验的、隐藏的假设来当作可靠的前提来对待。所谓隐含的假设,实际上就是从企业家的心智模式里积累下来的那种对某些事物一种固定看法所导致的。检视自己的心智模式缺陷一个重要的方法就是把自己做的决策拿来进一步分析,寻找隐藏在决策结果背后的自己的假设。通过这样的分析,企业家才会把隐藏于自己内心深处隐而不见的假设规则等呈现出来,甚至是公开地呈现出来,以开放的心态接受质疑,如此可以对其有效性加以分析并且改善。这个工作就是所谓解剖自己,发现自己的思维缺陷、认知缺陷,发现自己的心智模式的固定偏向。但是解剖自己有时候是很难做到的。

(二) 不断改善自己的认知与心智模式

如果企业家能够意识到自己认知与心智模式偏差是客观存在的,也能够理性地检视自己的认知水平和心智模式,甚至可以自觉公开地接受质疑,这仅仅是改善自己心智模式,降低认知偏差的一个开始,应该以此为起点,进一步做好改善工作[1]。具体来说,企业家可以从以下几个方面着手:

1. 多读书多学习

多读书多学习就是要给自己增加新的知识的积累,补充原有的知识结构的不足。通过吸收新的知识,增加自己的知识积累。在面对新的问题上面,可能产生新的思考新的观点和新的解决方案。理论上讲一个企业家如果没有足够的知识积累,就难以做出正确的思考和提高自己的认知水平。而要提高自己知识积累改善认知,就是要不断地读书学习,增加知识储备量。加强自我学习分析,不断地获得外部新的信息,拓展自己的视野和自己观察的框架,进而可以修正自己的价值导向和认知偏差。当自己的知识面越来越宽广就会对世间客观事物有更

---

[1] [美] 彼得·圣吉著:《第五项修炼》,上海三联书店2003年版。

深的认知，这样就可以提升认知能力和认知水平。在读书的学习的过程中需要从企业过去发展的正反经验中发掘企业家自己身上的问题和原因，或者从分析别的企业家出现的问题和原因，以便借鉴修正自己原有的观点。读书学习非常的重要，有效地读书学习需要好的方式方法，比如学习过程中不断地与老师交流、与同学交流、与员工交流，在交流的过程当中吸收别人的观点，吸收别人的认知看法，不仅可以纠正或者修正自己的认知，修正自己的观点，而且可能会影响自己心智模式的改变。

2. 练习深度思考

深度思考就是企业家要认真面对每一件事，对每一件事都去思考它的本质特征，影响因素是什么？变化的可能，风险的可能，约束的障碍是什么？牵涉到哪些人，哪些事物，结论是什么？自己与其他什么方面有相关性？等等。格拉德威尔提出"1万小时定理"，就是说经过1万小时的锤炼，是任何人都可以从平凡变成世界级的大师。这话有一定的道理。如果企业家能够真正坚持用1万个小时来深度思考，对所面对的问题本质以及问题背后原因进行思考，一定是可以思考并得到不一样的结论，就一定可以提高自己的认知水平，甚至形成极好的心智模式。

3. 跳出原有认知局限

当企业家充分了解到自己心智模式固化条件下，也明白自己的认知是有局限时，还应该明白自己认知的局限究竟在哪里。一个人知道自己不知道的所在，是提高认知能力和认知水平的前提。有很多人在决策时往往以为自己什么都知道，实际上他最大的问题就是不知道自己不知道的地方在哪里，无法跳出原来的认知局限。企业家应该明白有许多事是自己不知道的，有许多的问题是自己不了解的，以谦虚的态度去认真地从事企业发展决策，去感知新事物去研究新发展，如此才能得到新的认知，要学会用新的视角新的观点去看已经变化了的客观世界研究新生事物，如此有可能会得到全新的认知，往往能够克服自己的认知局限。

4. 团队的深度沟通

企业是一个共同生产的人群组织，也可以说是一个为社会提供产品或服务的合作团队。企业家就是领导这个团队的核心人物，这个团队里每一个人都有自己的价值理念、认知结构和心智模式。他们对不同事物的看法，对同一事物的看法都有可能有不同的见解，这种见解有的可能是正确的，有的可能是错误的。作为企业家，在面对这样不一致的见解的时候，就需要自我反省自己的心智模式和认知结构也是有偏差的，在这样的基础上将心比心，就可以做到心平气和地与员工交流、对话和沟通，而不是以领导人的身份居高临下，听不得任何不同的意见。好的企业家应该是能够和团队成员时时进行深度的沟通，听取他们不同的意见，求同存异，对事不对人。听取员工的意见，并采用正确的意见，修正自己的看法，最终进行科学决策，这对企业家的心智模式改善、对企业的发展有百利而无一害。

5. 组织定期复盘

改善企业家自己的心智模式并提高自己的认知能力，还需要对企业过去的战略决策、过去的市场行为以及过去的采用的管理方式方法进行定期的检查进行复盘分析研究，看看其中是不是有一些不合理的假设，分析过去成功与不成功的行动及其结果，成功在哪里不成功又在哪里，是否有缺陷的策略等，如此方能够克服进而发现过去自己的认知偏差问题。通过定期分析企业曾经采用的战略决策以及市场行为，实际上就是以解剖企业的发展历程入手，复盘企业曾经的战略，发掘其中一直保持不变的成功的信条，并且尝试在新的状况新的情景下，作出相应的改变，谋求企业长期持续的发展。

6. 认真听取外人意见

所谓外人，就是指企业之外的专家级人员，可以是企业之外的其他企业领导人或者社会各方面的专业人士，这些外人有的是与企业相关的，有的是跟企业不相关的。企业家应该在企业重大发展问题决策时多听取一些外人的看法，因为专家从局外人的认知角度来对本企业的发展和管理状况进行分析研究，提出他们不同的看法，从而有助于防止企业家固有的认知和心智模式带来可能失误的决策，从而有助于弥补企业家的认知偏差，有助于重大决策的科学性。中国古话说得好当局者迷，外来者清，企业外面的专家因为与企业没有相关的利益关系，所以可以从不同的角度给出独立的意见供企业家参考。"三人行必有我师"，才是企业家弥补自己心智模式和认知能力不足的应有态度。

扩展阅读

比亚迪的新能源汽车之路

第三章

认知职责

> 人生须知负责任的苦处，才能知道尽责任的乐趣。
>
> ——梁启超

成立于1988年的海南航空公司，起步时注册资本只有1000万元，是创始人陈峰董事长努力向社会募资，向大众宣讲海南未来的发展规划，在短时间内就筹集了2.5亿元，再加上银行贷款，先买下两架波音747飞机，开启了海南航空的客运业务。之后用了短短八年时间，海南航空公司就成功上市，公司业务也迅速从航空客运扩展到了房地产、金融、零售、酒店等行业，总资产规模一度超过了9万亿元。2015年海南航空就登上了世界500强，到2019年成为我国第二大民营企业。作为海航集团掌舵人陈峰董事长光环一身，被大家誉为著名成功企业家，海航集团也成了海南重要的标志，并且每年的营收甚至比整个海南省GDP都要多。没有想到，2018年始，海航陷入流动性困境，随之而来的是经营困境，在一年处理3000多亿元资产后，海航仍有7000多亿元债务，并誉为"亚洲债务最多企业"。最令人意外的是，海航集团2021年9月24日公告："今接到海南公安机关通知，海航集团有限公司董事长陈峰、首席执行官谭向东因涉嫌违法犯罪，被依法采取强制措施。"[1]

从成功企业家的宝座跌落尘埃，时间也只有三十年左右的时间，令人唏嘘不已。问题是陈峰做了什么导致海航成功一时？陈峰又做了什么导致海航破产失败？他究竟做对了什么？做错了什么？换句话说，一个优秀的企业家在巨变的数智时代，在复杂的经济社会环境中，在竞争十分激烈的市场上，在自己企业发展中究竟应该扮演什么样的角色，应该主要从事什么工作，履行什么样的职责，

---

[1] https://baijiahao.baidu.com/s?id=1711790890524164249&wfr=spider&for=pc.

如何才能领导企业在市场竞争中不断成长等问题的认识，实在是领导企业成长乃至成功的重要前提。为企业的长期发展掌好舵，毫无疑问，是企业家的首要问题，而解决问题的前提条件是对该问题有深刻而充分的认知。

一、企业运行与发展逻辑

企业家作为企业领导人，需要承担领导企业运行和发展的关键职责，而这又与现代企业运行发展的基本要求密切相关。

（一）现代企业与企业发展

现代企业是指时下存在的企业，其准确的定义是指具有现代企业制度或按照现行公司法成立的企业，是按照投资者、国家和社会所赋予的受托责任，从事生产、流通或服务性等投入产出活动，为满足社会和消费者需要进行自主经营，独立核算，自负盈亏，同时独立享有民事权利和承担民事责任的团体法人。现代企业是为了交换而生产，其为消费者提供产品和服务要在相应的市场上进行交易，通过交易实现生产创造的价值，企业由此获得收入甚至获得利润。前文所说的数智企业当然也是现代企业，是按照现行公司法成立的数智特征的新型企业。

企业发展是指企业面对未来变化在目标指引下由小到大、由简单到复杂、由低级到高级的成长变化。具体地说就是企业在企业家领导下面对不确定的政策、技术、市场、消费等变化，使企业从小到大，从创办到成长，从数量规模的增长到品质质量的提高，从当时的生产技术进步至现代生产技术和数智技术，从过去的产出品和产出结构转变为今天的优质产品和产出结构，从市场上名不见经传到今天市场上的品牌美誉，从当时的微利状况成就为高附加值高利润获得者等等的变化。经济学认为企业发展的基本动力是企业对利润最大化追求，利润最大化不仅仅是生产效率高的结果，也是技术与管理水平高的表现，更重要的还是消费者认可和市场竞争力强的体现。利润最大化当然也是组成企业的一群人实现对财富追求的目标，甚至成为他们事业成功的标志。企业发展的状况首先是与企业家以及与企业家在一起的这群人分工合作状况有关，与他们的生产经营与管理工作的技能与态度有关；其次与企业采用的制度安排、各类技术工艺、管理方式方法等密切相关，更重要与企业的当家人以及其个性特征和认知结构相关。此外，企业的发展还受到外部各种因素的影响，例如政府政策、竞争对手、科技进步、生态环境等。现代企业是现代社会财富创造主体，企业发展状况决定产出状况，决定附加价值创造，也决定员工收入、上缴税收的状态。如果企业创造财富方面出了问题,不光员工可能要失业,没有收入,上缴税收也要大大地降低,二次分配也会捉襟见肘,更不用说三次分配。所以,企业首先是要为社会合法合规的创造财富,维持员工长期就业,改善员工收入水平。

作为社会中的一个组织,现代企业必然要履行它的社会责任。这个社会责任的担当应该与企业在社会中扮演的角色和承担的社会基本功能保持一致,例如企业虽然也有自己的文化,但它有建设好自己企业文化的工作却没有输出文化产品丰富社会文化的具体责任。现代企业的社会责任首先在于为社会为消费者提供合适的优质的产品或服务,在这个过程中提供就业机会,依法为社会发展提供税收,如果连这个都做不到,这样的企业就会被市场淘汰,自然也就谈不上履行社会责任。实际上企业的破产不仅仅是本企业投资者的损失,实际上也是这部分社会资产的贬值损失。作为社会的一分子,企业自然应该维持生态环境良好,不应该把由企业承担的成本推给社会承担,例如,不按照法律规定要求悄悄向外排放废弃物就是违反社会公德的行为。维持优良生态环境进行低碳绿色生产,这就是企业应尽的社会责任。

(二) 企业发展的基本架构

企业理论中缺失企业家,并不意味着现实的企业发展过程中缺失了企业家,实际上在企业创立、企业成长以及企业发展壮大过程中甚至在产业发展、整个经济增长过程中企业家从来没有缺失过,在著名经济学家约瑟芬·熊彼特看来,企业家才是当今社会经济增长的最大贡献者。图3-1展示了企业家为核心的现代企业发展的基本架构,企业的发展可以简化为企业家依托技术与管理推动企

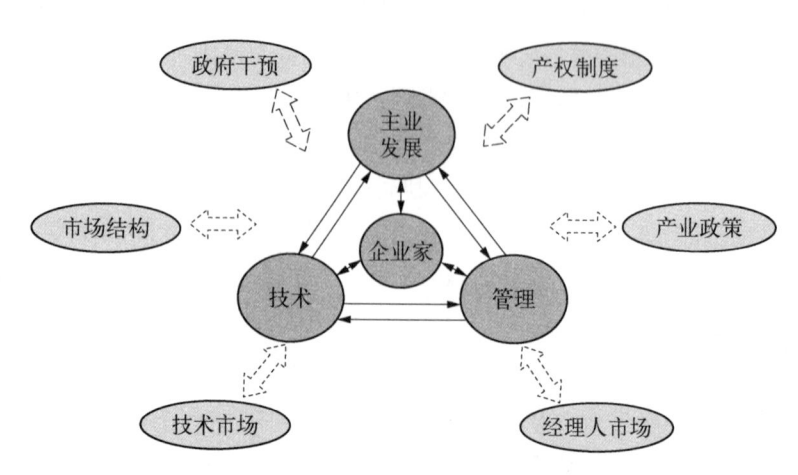

图 3-1 企业家的企业发展架构

业主业发展的过程。而这个过程是在众多外部因素综合叠加影响中展开,这些因素有时甚至成为影响企业成长与发展的决定性因素。企业主业就是企业的主营业务,表达为企业主要向社会消费者提供什么样的产品或者提供什么样的服务。一个企业的主业发展状况直接决定了企业的盈利状况,决定了企业在市场上的成功与否,主业发展比较好企业发展状况就比较好,否则企业发展就有问题。影响企业主业发展的因素很多,最关键的当然是企业家因素,因为企业家是企业领导人,是企业生产经营与管理的主导者,也是企业选择什么样的生产技术进行生产,应用什么样的管理方式方法进行资源配置的决策者。其次就是直接影响企业主业发展的技术与管理这两个因素。

管理理论认为企业采用的技术与管理是企业发展的两个轮子,企业家在推动主业发展时应该两手抓两手硬,即主业发展中要抓技术进步、抓管理提升。有时甚至认为,企业发展是三分靠技术,七分靠管理。实际上这是因为管理学者比较看重管理的作用,从而把管理看作是七分,技术仅仅是三分。实际上企业掌握的技术状况对企业发展的作用是非常大的,尤其在今天人工智能、数字技术、通信技术、低碳技术等已经成为企业成功面向未来的关键。所以企业的技术与管理两者无论是这样分法或者是那样分法,都是企业主业发展的最重要的支撑。

现代企业发展不是在一个真空的产业环境、市场环境、技术环境中进行,它的发展无论成功与否均是受到众多企业外部因素的影响。图3-1把许多影响企业发展外部因素简单地归纳为六个方面:政府干预、产业政策、产权制度、市场结构、技术市场和经理人市场。产业政策虽然看上去仅仅是政策应该是指导性的,其实不然,它的背后有政府选择性干预的行为,而这里所指的政府干预则是指政府直接的行政性干预,例如取缔、处罚、解散、价格管制等等。产权制度并不是指企业可以自主决定的财产权安排,而是指整个社会的产权制度取向和制度规定,由此就会影响和约束企业的制度安排,进而影响企业效率。市场结构是指企业主业生产的产品或服务市场的结构,这其实影响企业的市场行为甚至影响企业的市场绩效。至于技术市场与经理人市场状况自然就影响企业是否可能在市场上获得合适的技术或先进的技术,是否可以获得优秀的管理人才加盟企业,助力企业发展。

(三) 企业发展的逻辑

企业家为核心的企业发展逻辑就是现代企业成长与发展的商业逻辑,其逻辑的起点就是资本的获得与投入,逻辑的终点就是回收资本获得增值。图3-2

具体地表达了企业发展的商业逻辑，企业获得资本后根据对市场需求的判断分析，确定生产什么，为谁生产。之后就必须根据生产技术条件采购物料进行配送等，决定采用什么样的生产方式，一旦生产出来产品后是要利用或建设渠道进行分销产品给需要的消费者，销售成功之后就能够获得资本回收同时获得资本的增值，如此再开始下一个同样的投入产出流程。显然这个流程的展开需要企业家及其管理团队不断做出决策，因为无论是商品市场还是资本市场总是在不断变化的，企业需要采取相应对策以维持持续生产和盈利的可能。

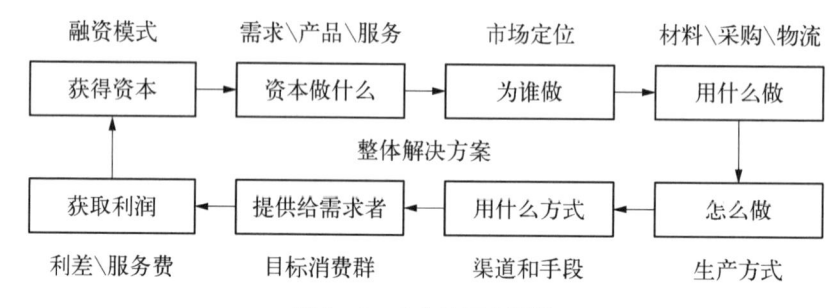

图3-2 企业的商业逻辑

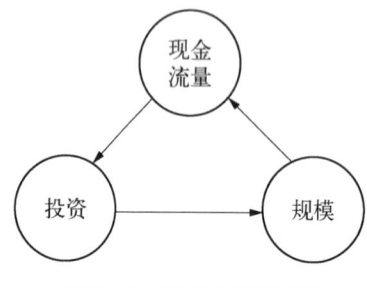

图3-3 三变量关联逻辑

企业发展的商业逻辑也可以简化为三个量的循环，见图3-3。图3-3有三个关联的圆环，这三个圆环代表了三个变量，一个是现金流量，一个是投资，还有一个是规模，这三个变量在企业发展的过程中有很大的关联性。现金流量实际上是企业流动的现金，现金流量可以看作是企业流动的血脉，现金流量出问题，企业就会有很大的问题，有很多企业的破产，并不是资产质量或产品质量出了问题，而是在于没有现金流量，没有及时可用的资本就没有办法购置物料、偿付员工薪水和支付应付账款，从而开始下一轮生产过程。如果企业现金流量充沛，则可以在维持继续生产经营运行的条件下，还可以进行对未来生产进行投资，通过投资扩大企业的生产规模获得规模经济效益，通过生产规模和市场占有不断地扩大，企业甚至可以获得垄断的收益。同时生产规模与市场规模扩张可以使企业的现金流量增加，而现金流量增加，则可以进行更大规模的未来投资，投资扩大则又进一步促进规模增长，这样就形成了一个循环。企业就是如此逐步发展成为规模更大甚至更为优秀的现代企业。

在上述的关联逻辑中如果加入了资本市场这个量的话，图3-3就变成了图

3-4。现代企业的发展与资本市场密不可分,资本市场可以给企业补充现金流量维持其正常的生产运营,也可以给企业补充投资资本,如此企业就可以获得一个资本杠杆即企业可以更早更大规模上进行生产扩张,进而快速占领市场获得竞争优势,赢得更大的营收和利润。资本市场上资本的供给是有条件的,即只出借给还贷能力大的自然人或企业法人。资本市场判断其有无还贷能力,一方面看其过去信誉,一方面看其目前的生产状况以及现有的存量资产,没有资产的自然人与法人是没有还贷能力与信誉的。而当企业的规模不断扩大实则意味着生产状况很好,于是企业资产的市场价值评价就会比较高,从而使得企业在资本市场上获得信誉好和还贷能力高的评价。一般而言,生产规模大的企业意味着它的资产规模较大,资产规模大可以用来抵押借贷更多量的资本,这样资本市场上出借人的风险就相对变小,这就是为什么资本市场愿意借钱给大企业的主要原因。当企业从资本市场补充了资本加了投资杠杆,就会使企业在更大规模上发展。

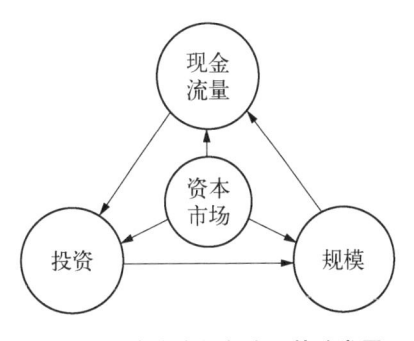

图 3-4 资本市场与企业快速发展

资本市场可以说是企业发展必不可少重要条件,是企业发展的一个杠杆点,利用这个杠杆点,企业可以更大规模地发展。那么问题是企业为什么要做大市场规模?当企业的生产规模和市场占有规模越大,一个方面看来,资本市场可能估量企业的市场价值就越高,从而使得企业在资本市场上更有信誉,更可以拆借到大量的资本来支持企业有杠杆的发展。从另外一个方面来讲,生产规模和市场规模扩大与企业是否拥有市场势力有关。所谓市场势力就是企业拥有影响同类产品市场价格的能力。拥有市场势力意味着企业有可能获得超过一般利润的利润;但从消费者的角度看,企业拥有市场实力意味着消费者购买产品时需要付出更多。

(四)可持续发展

企业可持续发展的理念和发展方式源于人类对未来社会可持续发展的思考和行动。20世纪80年代,由于工业化一方面给人类社会带来物质财富的大量增加改善了人类的生存条件,另一方面也给全球生态环境与发展带来极大的负面影响,于是人们开始对传统发展模式进行深刻反思和研究。1992年在里约热内卢召开的联合国环境和发展大会(UNCED)提出了可持续发展的概念,并把可持续发展作为人类迈向21世纪的共同发展战略和行动。企业作为社会的重要生产组织，在这个战略中应该扮演重要的角色同时负有重要的责任。也正是如此就有了对企业的ESG评价，ESG是英文Environmental（环境）、Social（社会）和Governance（公司治理）的缩写，是一种关注企业环境、社会、治理绩效而非财务绩效的投资理念和企业评价标准。ESG评价的目的是希望企业能够有更大的社会担当，需要在生态环境保护、社会责任担当和公司治理改善方面努力，更多贡献服务社会。

企业可持续发展与人类可持续发展概念本质上是一致的，这就是今天的发展不能成为未来发展的障碍。企业发展要考虑当前发展的需要，又要考虑未来发展的需要；不能以牺牲后期的利益为代价，来换取当前发展和利润最大化。如此意义下的企业可持续发展的追求就是企业基业长青的追求，就是指企业在追求自我生存和永续发展的过程中，既要保持企业在既有生产领域的目标实现，又要考虑布局未来发展的产业领域，同时还要始终保持持续的盈利能力和竞争优势，从而使企业的基业长青。古语有云："自古及今，未有不亡之国，亦无不败之家也。"盛极而衰，兴亡交替，这世界没有什么事物是永恒的，任谁也无法打破这个规律。企业同样如此。正所谓打江山易，守江山难，要做到企业基业长青可持续发展其实是十分困难的，通常只是企业家们的一个伟大的梦想，可是这个梦想值得去追求。因为企业的成长与发展凝聚了企业家们极大的心血和极大的努力，甚至已经成为他们的一个事业。企业的不可持续不仅仅意味着生产的终止，意味着资本增值过程的结束，也意味着企业资产的贬损和意味着大量员工的失业，意味着企业相关利益者利益的损失，更重要的这也是社会这部分资产的贬值与损失。为此企业家虽然无法让企业永远持续发展，但至少可以像人一样，通过仔细护理、保养和传承，使企业的生命再持续发展50年甚至100年，尽量为社会提供更多的贡献。

二、企业家是企业的灵魂

（一）企业发展离不开企业家

现代社会条件下企业是一个社会的经济组织，这个组织具有生产产品和提供服务的功能，是一个投入产出的生产单位，它生产的产品或者提供的服务是需要满足消费者的需求，如果它生产的产品与服务与消费者所需要的距离太远，那么这些产品或者服务就不能够被消费者所购买，此时投入产出的过程就会终结。

因此企业这个投入产出的生产单位如何根据消费者的需求和需求变化，提供他们所需要的产品和服务，如何以最小的成本代价来获得最大的收益，是企业成长与发展的核心问题。企业这个生产单位也是一个人群的组织，时下生产的复杂性需要一群人组织起来共同合作才能够为消费者提供所需要的产品和服务，以谋求企业可以长期的生存发展和尽可能的利润最大化，最终实现自己的劳动价值。为此企业就需要考虑怎么样尽量地节约投入要素，提高生产的效率，进而能够获得产出的最大化，实现收益的最大化。企业作为社会中的一个成员组也被赋予相应的社会责任，例如应该绿色低碳生产，尽量保证生产不损害生态环境。所以现实中的企业，它的责任是有多重的，但主要责任是要对拥有的资源要素进行有效的配置，为消费者提供所需要的产品和服务。通过企业所有人的劳动和努力合作生产以实现利润最大贡献 GDP。这是企业存在的主要理由，离开了这个理由，所谓承担社会责任就是一句空话，因为企业生产经营如果没有利润的回报，社会责任承担不仅仅是困难的，企业甚至可能成为社会真正的负担。当然追求利润最大是一回事能否实现又是另一回事，现实当中的企业只要可以有合适或满意的利润就可以满足了。同时，企业在这种合适或者满意的利润追求过程当中，已经承担了社会的责任。企业实现自己发展的目标承担应该承担的社会责任的过程，其实就是企业资源有效配置的过程，问题是谁能够有责任有担当来组织领导这个过程？企业需要一个领导人依托管理组织架构和管理人员，来实现对企业这个人群组织的有序组织，领导开展生产经营活动，这个人就是企业的企业家。

企业家既是企业的出资人，又是企业的领导人。企业家出于对自己的利益考虑自然对企业的发展尽心尽力，因为他是要承担企业发展最终状况（包括破产）的责任。正因如此，企业发展的核心非企业家莫属。企业在市场上的成功或失败虽然原因众多，跟整个经济环境变化有很大的关系，但是企业领导人能不能够审时度势，能不能够在变化的环境和激烈的市场竞争中找到合适的应对策略密切相关，与企业家的认知、性格、领导风格、执行力等密切相关。从一个创业者成为优秀的企业家，实际上是在企业百折不挠成长壮大过程中脱颖而出的。一方面是企业领导人的成长，一方面是企业的成长，两者相辅相成。一个成功的企业必然与一个优秀企业家的领导分不开，而一个失败的企业，当然也一定有企业领导人的原因，现实中有很多的案例可以来证明今天很多优秀的企业，比如华为、海尔、比亚迪、小米、阿里巴巴、京东等等，这些优秀的企业实际上都有一个现在被公认的优秀的企业家，比如任正非、张瑞敏、王传福、雷军、马云等。很多在市场上失败的企业，它们有各种各样失败的原因，仔细地分析可见，与企业领导人的状况还是有密切的相关性。比如说巨无霸的海南航空破产就与董事长陈峰的一系列决策以及一系列的战略选择有密切的相关性。另一个典型的例子就是恒大，恒大拥有全社会巨量的无法偿还的债务，给整个国家经济都带来巨大的影响，现在到了企业要破产的状况。恒大的问题也是与董事长许家印有很大的关系，恒大暴露出来的一系列战略上失误和很多经营管理问题都是出自许家印的手。可见，企业家对于企业而言非常重要，企业家才是企业成长与发展过程中的核心力量。

（二）谁能担当企业家之责

那么谁可以成为这样企业的领导人或者组织者？回答这个问题需要对企业进行深入分析。成立企业组织开展生产产品或者提供服务首先是需要资本，这是因为，第一，资本可以购入企业所需要生产产品或提供服务的那些生产要素与物料，比如说设备、厂房、原材料等，因为没有这些的话，无法开展进行产品生产或者服务提供。一旦资本购入了这些东西，这些就成了企业的资产。第二，可以从土地所有者手里购买土地或租赁土地，建设厂房或办公楼宇，安置生产设备形成生产线。第三，还可以从劳动所有者手中购买劳动，因为生产经营需要其他的劳动者来参与劳动，分工合作产出产品和服务。企业雇佣劳动力实际上就是购买其劳动，即工作时间内的劳动付出。第四，接着就是通过对这些要素和各种物料、设备、厂房等等的这些资产的有效配置，形成生产力，产出产品或者提供服务，分销产品然后回收资本。回收了资本，就可以继续去购买那些生产要素，购买那些物料继续进行生产。由此可见，创办企业运营企业拥有资本是很重要的。在商品经济社会中拥有了资本的人，才能够购买土地或者注入租赁土地，有了资本才能够从劳动所有者手中购买劳动，今天还可以从数据拥有者购入数据，如果没有资本，所谓的企业资产的形成就是一句空话。但是有资本的人不一定愿意去从事企业产品和服务生产。有资本的人可以多种途径实现其资本的增值，一种路径是出借资本以获得资本的收益，另一种路径是发现了市场的机会，通过生产这些消费者需要的产品或者服务可以使投入的资本增值。采取这两种路径的人显然都具有很大的冒险精神，因为资本增值过程中都有不确定性，都可能带来失败损失，但相比较而言，后一条路径即生产的产品或者服务的路径不确定更大风险更大，一旦资本投入生产经营形成固定资产要变现退出就很困难。如果不怕承担这样的风险，预计自己有能力领导一群人克服这个风险，或者说准确地把握了未来消费者的需求，他就有可能获得很大的收益。这个人或者这些人，就是我们今天称为企业家的人，他们是一类具有极大冒险精神的人,或是愿意冒险从事生产经营的人。

(三) 企业家是核心签约人

有冒险精神的人总是有的,这些人里面又有两类,一类是没有资本,也没有信誉;还有一类人有资本或者有信誉。没有资本,也没有信誉的人,他当然就成为不了企业家,因为没有人愿意借贷给他资本,所以他就没办法用资本去购入相应的生产要素和物料,进行生产经营,即便他确实发现了市场机遇。如果有这样的人有资本或者有信誉,同时又愿意冒市场的风险去组织这个生产,以期获得更大收益,那么这样的人在市场上或者在资本市场上就会受到青睐,因为他有资本或者信誉,资本拥有者就愿意把他们的资本借贷给他们,使之有足够的资本购买生产要素,形成企业形成生产能力。也正是因为这样的人,因为有资本,信誉也比较高,这样的人在资本借贷市场上通常信誉会比较高,这是因为所借贷的资本可以用现有的资本或者资产作为抵押,比如说资本所有人有房产,资本市场就愿意借钱给他。因为一旦所借的钱偿还不了,那个房产可以用来偿还。反之,如果一个无产者,那么在资本市场上他的信誉就不高,因为他一无所有,如果借钱给他风险极大,未来能够偿还的可能性很低。所以在商业社会当中,有资本的人才会有信誉,或者说有资产的人才会在资本市场上有一定的信誉,如果有一定的资产和资本的人,又愿意冒市场的风险,成立一个企业,组织一批人来从事生产消费者所需要的产品或服务的话,那么他在市场上就容易获得资本支持,就可以去买所需要的生产的要素和各种物料,劳动者也愿意把劳动出售给你,以换取他们的生活的费用。

在商品社会条件下,企业领导人或者企业的组织者通常为拥有一定资本的所有者。现实当中也有一些号称白手起家的人,所谓白手起家,也不是说真正完全是一无所有,只是他开始起步的时候,拥有的资本量非常的少。比如说,马云号称他们开始创业的时候,拥有的资本大概就是人民币2 000元,人民币2 000元当然不能做成今天阿里巴巴这样大规模的生意,但是2 000元还是可以做一些与之相适应的小生意,如代人翻译英文文件,慢慢地积累资本,当小生意有序地周转成功,由赢小利而逐步积累资本,个人资本量和企业资产也逐步增加,进而就可能成就一个伟大的事业。现代企业理论认为企业是一个契约的集合,也就是说企业是许多个人之间的一组契约关系的连接点[①]。图3-5表达了一个契约集合的状况。

---

① 芮明杰、袁安照著:《现代公司理论与策略(第二版)》,上海财经大学出版社2006年版。

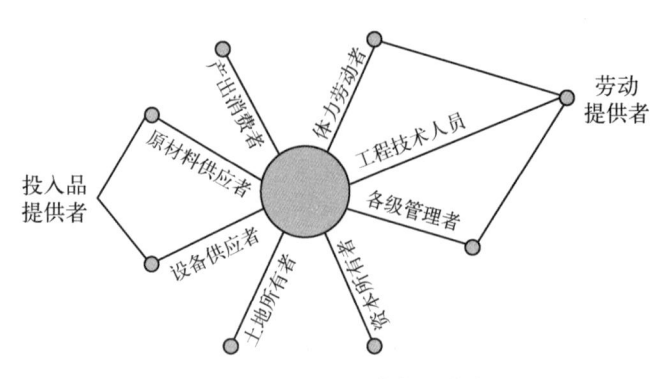

图 3-5　企业是一个契约集合

从图 3-5 可以发现，企业生产经营需要有原材料的供应商，需要有设备的供应商，需要有土地的所有者提供的土地或者愿意出借的土地，也需要有一些资本所有者不断地借钱给企业以便于企业可以利用他人的资本在更大规模上来进行生产和运营。除此之外，企业还需要各种层级的管理者来组织生产和运营，需要有一些工程技术人员提供技术的工作来提高生产的效率，还需要一些体力劳动者，生产工人，他们都是劳动的提供者；一旦生产出来的产品就需要有消费者来购买这些产品或者服务。在商业社会中企业与这些人的关系就是契约关系，都需要签订合约。所以从合约签订这个角度上来看，企业似乎就是一组契约关系集合，这些合约关系里面有一个中心的签约者，那些人都要与这个中心签约人来签约。有人说这是跟企业签约，也对，但是真正的签字人是代表这个企业的人，通常叫作法定代表人，那么这个法定代表人是代表企业来和其他各个方面谈判和签约的，这个法定代表人是谁呢？谁有资格担任这个企业的法定代表人呢？最有资格的人就是这个企业的创始人，就是这个企业的出资人，或者由他委托的代表来与其他人签约，所以本质上其他所有的人是与企业资本所有者来签约，因为他有资本，生产经营的风险主要由他承担，因为只有他才能够获得资本市场的支持，不然的话很难想象这些合约能够顺利履行。

今天的企业当中，也有一些知识型企业，它的中心签约人不一定是资本所有者，可能是一个拥有技术专利或者产品专利的科学家或者技术人员，但实际上来讲，这些人也就是资本的所有者，因为他们所拥有的技术专利或者产品专利在今天的市场上也可以估值它的价值，这种价值就是他所拥有的所谓知识产权的价值，这个价值也可以用来在资本市场上赢得信誉，从而使之成为中心签约人。如果是这样来解释的话，那么我们大概可以说所有的企业中心签约人就是资本的所有者或者资本所有者所委派的代表，这些中心签约人，被称为企业家。一旦签约,就意味着企业在商品市场上的冒险开始了,企业可以用资本来购买其他生产要素,进行生产组织产出产品,承担风险,出售产品换回资本,进而使资本增值。如果这个程序是顺利的话,那么这个企业就可以持续地运作下去。如果中间出现了一定的问题,企业的生产经营恐怕就持续不下去,企业就有可能要失败。资本所有者为了使他的资本不至于损失,他就要来领导和组织这个生产经营过程,使之不出现问题,使自己的资本投入下去,还可以增值。同时清偿和所借的资本,履约其他所有的合约。

(四) 企业家是领导者也是监督人

企业家为什么愿意在市场上进行冒险,成立企业、创办企业来进行生产和经营,它的内生动力究竟是什么呢?仔细分析企业家,作为一个资本所有者,他用自己的资本以及借贷了一些资本,在市场上购买了很多的生产要素,组织了一些资源和方方面面签了不少的合约,进行生产和经营。但是这样的生产经营未必就一定能够使资本增值,使产出的产品或者服务在市场上销售掉,从而获得收益。这是因为影响企业有序生产经营,从而获得市场认可的影响因素实际上还有很多,政策的变化、技术的进步、生态环境要求、市场竞争变化等等都会影响企业生产经营顺利进行,风险很大,然而拥有资本的人是逐利的人,往往具有冒险精神,正如马克思《资本论》中指出:资本家害怕没有利润和利润太少,就像自然界害怕真空一样。一旦有适当的利润,资本就胆大起来。如果有 10% 的利润,资本就保证到处被使用;有 20% 的利润,资本就活跃起来;有 50% 利润,资本就铤而走险;为了 100% 的利润,资本就敢践踏一切人间法律;有 300% 的利润,资本就敢犯任何罪行,甚至冒绞首的危险。[①] 企业家是资本拥有者,其本性上就具有冒险精神的人。

在企业购买所有的生产要素当中最最关键的生产要素,并不是生产设备,当然生产设备技术都很重要,但更重要的是掌握运作生产设备的劳动者或者说技术工人,因此资本所有者一定要到市场上去购买劳动,与拥有这些有效劳动的劳动所有者签约。企业家购买劳动实际上只是购买了劳动者在企业里面 8 个小时的劳动时间,劳动者在 8 小时劳动时间中产出的成果一方面与生产设备有关,另一方面与劳动者的技能和努力工作的态度密切相关。如果劳动者劳动时不努力甚至偷懒,企业生产效率会大打折扣。企业生产经营过程中劳动者既然这么重要,劳动所有者为什么不能成为中心的签约人,因为劳动所有者没有资本,他只有可以提供的劳动,没有资本就无法购买到生产要素,没有资本在资本市场上实

---

① [德] 马克思著:《资本论》(第一卷),人民出版社 1956 年版。

际上是失去了借贷的资格。因为资本市场不能判断你有偿付的能力,因此拥有资本的所有者不愿意借钱给你。企业中的劳动所有者在生产经营过程中实际上只是提供劳动来获得收入,获得收入才可以维持劳动的再生产,劳动者以劳动付出来获得收入以维持劳动所有者及其家庭的日常生活以及子嗣的抚养,这样劳动就可以再生产。为了解决劳动者的生产积极性防止偷懒行为发生,企业家需要一系列的制度安排和管理措施。

由于企业家购买劳动实际上只是购买了劳动者在企业里面 8 个小时劳动时间中的劳动付出,因为劳动时间的长短是受到法律的规定的,劳动者在这 8 个小时内,他的劳动效果大小实际上是很难计量,特别是今天的产出品结构已经十分复杂,需要广泛的合作才可能生产出来,这样就很难确认每个劳动者在最终产品和最终服务生产过程当中的劳动贡献。因此就有可能产生所谓搭便车的这样一种机会主义的行为。也就是说,既然很难确定劳动者在最终产品当中的劳动贡献的份额,当初合约确定购买劳动的价格就与现实真正劳动的付出关联度就不太紧密,因为不太紧密,一些劳动者就可以在不影响既定收入的情况下有所偷懒,希望别人多做一些,自己少做一些,从而获得自己效用的最大化。由此有可能企业所希望购买的劳动贡献份额,在生产过程中劳动者并没有完全贡献出来的话,就可能很难达到预计的企业目标,如企业生产产品和服务的效率目标,生产成本目标等等,从而使企业最终在市场上失去竞争力。为了防范这样的状况出现,企业家就有必要在企业内设置一个装置,这个装置就是所谓企业制度和企业组织管理架构。企业的制度本质上就是用来规范生产经营行为的规则,保障生产经营有序符合企业的与社会的道德规范,对违反者进行处罚的规则;组织管理架构则是企业家依托地对企业资源进行有效配置的管理机构,其中一项职能是要对劳动者进行激励、监督与控制,从而整个生产运营有序,成本低,而效率高,最终达成利润的最大化,从而使企业可以继续地成长和发展下去。不同的企业有不同的这么一个装置,实际上就是不同企业的制度安排与管理方式的不同,现代企业理论告诉我们,企业的制度安排不同,它的生产效率就会不同,其实还应该加上一句,企业管理架构与管理方式的不同企业的生产效率也会不同。

三、企业家核心工作是决策

诺贝尔经济学奖获得者赫尔伯特·西蒙教授有句名言:管理就是决策。[①]

---

① [美]赫尔伯特·西蒙著:《管理决策的新科学》,中国社会科学出版社 1986 年版。

这句名言既说明了管理的本质,也说明了决策是企业管理者的主要工作,也是企业家最重要的工作。

(一) 什么叫决策

决策就是为了实现一定的目标,提出解决问题和实现目标的各种可行性方案,依据一定的评定准则与标准,在多种备选方案中选择一个方案进行分析判断,并付诸实施的管理过程。简单地说,决策就是针对问题和目标进行提出解决问题的众多方案,在众多解决方案中选择决定一个最佳方案的过程。如果解决问题的方案只有一个,那就是说不用选择,不用选择就不存在决策。因为只有那一个方案就没有选择与不选择的过程。所以决策一定是有两个及以上备选方案来进行选择。两个以上解决同一问题的这些方案,应该是平行的或者是互补的,或者是综合的,都能够解决这个问题或者实现预定的目标,并可以加以定量或者定性分析的方案。通过定量或者定性的分析,才可以找到比较合理的比较好的方案。其实一个问题有多个解决方案,每个方案都会有它独到的优点,也可能隐含着缺陷,有的方案甚至还带有很大的风险,这是因为设计方案的人都是有限理性的,他们的认知也是各有特点的,甚至有很大的差异性,在提出这些可行方案时不可避免地带上他们的价值偏好和认知偏差。由此,企业家在决策的过程中,要对每个可行性方案进行分析判断,从中选出满意的方案并实施有时是困难的,因为其中可能就不存在最优的解决方案。因此,西蒙教授认为企业家难以找到最优的解决方案,他们的决策只是在众多方案中选择一个相对满意的方案而已。但是尽管是要找一个相对满意的方案,企业家也必须掌握充分的信息,依靠自己的知识经验,依靠自己的认知对所有方案进行分析,才能在众多的备选方案当中选择一个自己认为较为理想的合理方案。

(二) 企业家面对的决策

企业成长与发展的过程并不是一帆风顺的过程,相反恰恰是船行惊涛骇浪的过程,会遇到许多事先预见的问题,也会遇到许多事先无法预料的问题,这些问题需要及时判断及时解决因为企业的产出过程不能停顿,所有的决策企业家稍有不慎,企业的发展小则受阻大则失败甚至破产。仔细来看企业家在企业发展过程中遇到各类问题的决策实际可以分为两大类:一类是确定性问题的决策;一类是不确定性问题的决策。后者又可以分为两类:第一是有概率的决策;第二是无概率的决策(见图3-6)。所谓确定性问题的决策是指此类问题是经常出现的,影响问题解决的各种因素和条件都是确定的,且一般不会变化。例如企业每年每月需要按照计划和订单进行采购物料、补充流动资金、进行员工例行培训、分销商选择、基本关联交易、战略年度评估、业绩考核、奖励表彰等等问题都是确定性问题，此时在这样一个条件下，决定选择一个解决问题的方案，就是确定性决策。

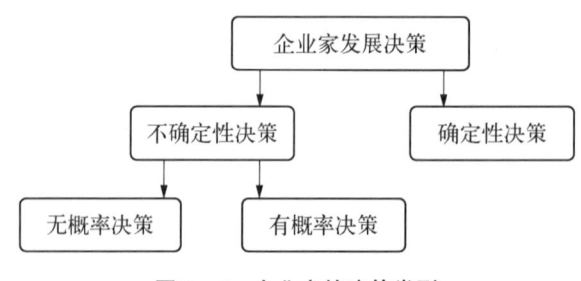

图 3-6　企业家的决策类型

所谓非确定性的决策是指企业遇到了意料之外但又是影响企业发展的问题，影响这些问题解决的各种因素和条件是不确定性的，是在不断地变化甚至难以把握的。例如出口标的国突然加大产品进口的关税，某个生产配件不能到货，政府的产业政策和监管方式发生了变化，技术进步取得突破性进展，企业成长遇到了瓶颈，某个关键人才要离开企业，出现了生产安全问题，等等。这些问题中有一些可以预计会发生，这叫作有概率出现的问题，或称为"灰犀牛"问题。有一些则可能是完全无法预料的问题，对企业来说就是"黑天鹅"问题。所有这些问题事先未必有预见，但企业家依然需要尽快找到解决方案进行决策。显然此类问题的解决即决策的难度要远远大于前一类确定性问题的解决难度，这是真正考验企业家个性、先知先决能力的时刻。企业家应该事先做好应对两类问题决策的认知准备，充分认知自己，认知企业自身能力状况，同时观察分析形势，收集与问题有关的一切信息情报。收集和观察到的信息情报越多、越全面，就越能全面地找出问题的实质，也就越有可能寻找到具有创新性地解决问题的方案。

（三）决策方式选择

不同的决策类型应该选择不同的决策方式，方能够实现比较科学的决策，同时也降低企业家的决策任务负担，如果企业发展的事无巨细问题均要企业家决定，恐怕企业家每天工作 16 个小时都不够，而且也不见得就一定有效。针对确定性问题应该选择程序化决策方式，而针对非确定性问题企业家就应该采取非程序化决策方式，进而使那些困扰企业发展的各种问题迅速得到解决。所谓程序化决策方式是指设置解决确定性且重复出现的问题的决策程序，设定解决这些问题的常规方法,从而解决这些问题以达成目标的决策。这些问题是企业家日常工作中经常遇到的,在处理这类问题时,企业家凭以往的经验就能找出问题的症结,并提出解决问题的方法。很多企业把这些经验和解决问题的过程,用程序、规范等规定下来,将这些决策实践的规则作为指导以后处理类似问题的依据和准则。程序化决策方式是解决确定性问题比较好的方式,使决策工作趋于简化和便利,可降低决策成本,简化决策过程,缩短决策时间,也使方案的执行较为容易。程序化决策具体规定了决策的过程,能将大量的重复性决策活动授权到下一级管理层,使企业家避免陷入日常繁忙的事务堆中,有时间考虑企业的重大问题,有精力处理与企业的生存和发展等有关的非确定性非常规的重大战略问题。对于企业家来说,应尽可能运用程序化决策方法解决确定性重复性问题,并有意地把烦琐的决策交给下一级管理层处理,以提高决策效率。

非程序化决策方式是指为解决不确定性的、偶然出现的、一次性或很少重复发生的问题做出决策的方式。对于企业来说,应对偶然出现的黑天鹅问题要加以辨别,确定这些问题是偶然的、是一次性的、很少重复发生的问题。当这类偶然性的问题再次出现或出现频率增加时,应及时制定出程序性文件,将其纳入程序化决策范围内。企业家必须依靠非程序化决策方式、依赖企业管理层集体的智慧寻找到独特的解决办法。如决定如何应对刚出台的政府政策,采取什么措施渡过危机,是否与另一企业合并,资产如何重组以提高效率,或是否关闭一个亏损的分厂,都是不确定性问题,需要非程序化决策的例子。当企业家面临突发性或是新出现的问题时,没有经验性的、常规的解决方法可循,需要一种应变式的反应。此时真正考验企业家的决策能力和领导能力。在企业发展过程中,企业家应该授权给较底层的管理者,让他们负责处理日常熟悉的、重复发生的问题,依靠标准操作程序那样的程序化决策方式进行决策,把他们认为无前例可循的或困难的决策向上呈送。较高层的管理者所面临的问题极可能是突发性的,需要将自己的时间更多用于解决这些十分棘手的问题。当然在现实企业中,极少的管理决策是可以完全程序化的或完全非程序化完成的,绝大多数决策问题介于两者之间。程序化的决策程序有助于找出那些日常确定性的重复性的、琐碎问题的解决方案,非程序化决策则能帮助企业家找到非确定性的独特的突发性问题的解决方案。

(四) 企业家的决策重点

企业家作为企业的最高领导人,可以授权将企业发展过程当中一些具体生产经营问题的决策交由企业的其他管理人员,根据企业的目标要求来进行决定。

而企业的重大问题，如"灰犀牛"问题、"黑天鹅"问题等就需要企业家亲自来思考，群策群力来研究来判断进行决策，这类重大问题的决策可以称为战略决策。涉及企业发展的战略决策有三层的含义，第一是对影响企业未来可持续发展的外部重要因素变化导致企业需要及时应对的决策问题，如是否需要进行数字化转型，政府产业政策变化后企业应该采取什么应对策略等问题。第二是对企业未来发展方向、主业转型、引进战略投资者等的战略性决策问题，如根据技术进步方向变化调整企业发展主业的问题。第三就是对关乎企业未来发展的重大事项进行决策，如在既定战略目标下的某项重大投资项目的决策，或重大生产线转移的决策问题，或产品创新和研发投入的问题，或商业模式创新的问题等。对于企业家而言，做好企业上述三个方面的战略决策十分的关键，也十分的重要，也是对企业家的认知能力和领导能力的重大的考验。对企业未来发展重大事项的谋划和决策，需要思考影响企业未来可能生存与发展的全球政治经济、政府政策、社会与生态环境、科技进步、市场变化、供需状况，甚至是战争等许多外部环境性的因素，还要考虑到企业未来所需要的资源条件、制度安排、技术创新研发、市场能力、管理水平、人才储备等。企业家及其团队需要对影响企业发展的内生性因素综合性思考，分析判断，才能够从中决定企业未来的发展方向。事实上，对企业资源条件和能力的判断，对投资、并购、拓展新市场、开发新产品、未来经济的景气状况、并购的竞争和并购的方式、并购对象的状态、市场的变化、新产品可能的需求等认知和判断，关乎企业未来发展的重大事项的成功与否，最终牵一发而动全身，影响企业的未来和企业家的未来。

四、企业家的四大职责

企业家是企业的决策者，也是决策后果自负的一个最后的责任人。如果他做决策，而不负责后果，那么这个决策者决策时的责任心就会打折扣，就有可能挂一漏万，就有可能做出比较随意性的决策。因为反正最后导致的结果并不需要他负责。现代企业制度首先规定了财产权利，然后规定了所有者企业家的责任，既然你是所有者和决策者，那就要对企业成长与发展的后果进行负责，叫作决策后果自担。那么这个后果是什么呢？这个后果当然就是企业成长与发展的状况，企业生产经营的收益，以及可能的亏损等等。企业家要对这样的后果进行负责，就要求企业家是企业资产的主要出资人，是企业产权的所有者，就应该能够自主决策，因为自主决策之后的主要风险由所有者承担，其决策时就会尽量考虑周全。企业生产经营如果还有收益，当扣除合约各方应该归属他们的收入之后,剩余的收益当然也归所有者,不然所有者没有动力创办企业发展生产。问题是企业家如何才能够审时度势总是可以做出正确或基本正确的决策,以至于企业能够持续地成长与发展,在市场竞争中脱颖而出?是不是企业的企业家有了创新冒险精神和追求企业成长发展的动力,企业就一定能够在这样的企业家领导下持续健康成长与发展呢?其实并不尽然。在企业的成长与发展过程当中,企业家需要在以下4个重要的方面履行职责才能真正承担起企业家这个称号。这就是:洞察未来的机遇,实施资源的配置,发展合作网络和领导变革创新(见图3-7)。

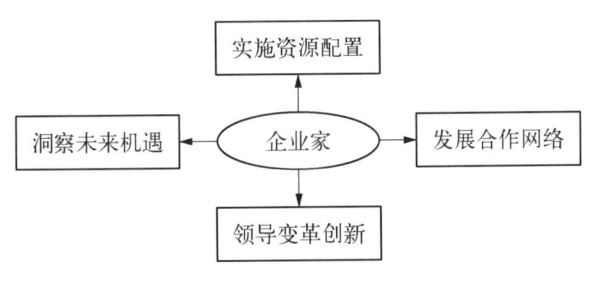

图3-7 企业家的四项职责

(一) 洞察未来发展机遇

企业家在市场上的冒险不能也不应该是盲目的冒险,盲目的冒险就等于盲人骑瞎马,只会带来失败、带来损失,成功的概率是很小的。同样,企业家在技术、产品和市场上领导企业创新,也不能是盲目的随意的创新,因为如此会带来企业的损失或失败。实际上企业家决定的任何投资其实就是投资未来,今天投资建设厂房准备生产实为未来的产出和销售,因此企业家决定的新产品生产或新型服务提供不仅仅是为了实现消费者的需求,还要满足消费者未来变化的需求。

作为一个企业的领导人,企业家首先要能够有洞察未来、认识和把握未来的能力,有发现现在和未来市场机遇的能力,唯有如此方能更好履行企业的领导职责。企业家对科学技术发展趋势的敏感性十分重要,因为通过判断技术以及技术的变化就有可能发现未来产业为何,以及市场机遇在哪里。未来的市场机遇既来自科学技术的进步,例如今天数字技术人工智能技术的进步可能带来未来极大的应用前景,不同的智能产品会受到消费者的欢迎甚至成为新的生活工作方式必不可少的物品产生。

企业家还应该由判断消费者未来的消费偏好和消费需求变化的敏感性。当消费者收入不断增加，消费者认知不断提高的条件下，总是愿意尝试用新的消费品来提高自己的生活品质和质量，以获得消费满足和消费效用的最大化，为此企业家应该能够对消费者的特性有充分的研究，对消费者人性的把握以及未来消费趋势的把握，才能创新出消费者现在与未来需要的新产品和新服务。要能够发现和把握未来的机遇，找到未来发展的方向并且使之成为企业未来发展战略重点，这就涉及企业家的认知状况，企业家需要去思考、需要决断、需要选择企业未来发展方向、需要制定战略、选择战略路径等一系列重大问题。企业家就应该是一个战略家，应该是一个有智慧有思想、有方向感的、敏锐眼光的企业领导专家，善于从大处着眼、小处着手，先知、先决、先行。

（二）推动实施资源配置

选择并看准未来发展方向是远远不够的，企业家需要为此进行资源的动员和资源的配置。所谓资源的动员，就是企业家要到社会的方方面面进行探寻可以为实现企业发展方向与目标的资源，动员它们可以加入企业中来，成为企业发展所依赖关键，例如招聘优秀各类人才为企业所用就十分关键，没有人才加入和努力，企业的发展目标实现其实是空话。把应该有的资源动员吸收进入企业固然十分重要，但更重要的是企业家在之后企业的生产经营和研发创新过程中，按照效率最大化原则，进行资源的有效配置，调动员工的积极性与创造性，实现有序高效、资源节约地产出社会需要的产品或服务。

能够使企业的资源最大化得到使用，实现人尽其才物尽其用，不仅仅是一个执行力的问题，还涉及企业的制度设计、管理组织设计，涉及所采用的资源配置方式即管理方式方法的选择与创新，涉及企业管理团队的管理工作效率。企业家不一定在上述方方面面都亲力亲为，但企业家一定是一个善于选择与领导那些具体能够推动资源配置，推动所有成员努力工作、积极工作、优化配置资源的管理团队；设计与依赖企业很好的激励制度和激励方法，有效的组织管理架构，实现企业所有成员共同协作，努力奉献的最高领导人。企业家不必在意究竟采用什么样类型的组织架构，直线参谋型还是事业部型，应该在意的是什么样的组织架构适合企业资源配置的有效性，在意是否有助于企业内资源配置的效率提高。

今天的企业家还要特别留意企业自己的商业模式，因为资源配置效率高未必就能够给企业带来最大的价值创造和利润回报。商业模式简单地说是根据顾客价值最大化要求进行企业商业活动有序安排使之能够持续获利的价值模式，企业商业模式的独创性可以成为企业竞争优势的重要支撑，也是企业生产经营附加价值提高的一个关键。今天,企业资源配置的目的既要有效率还要能够带来价值的增值,这也是企业家组织实施资源配置的出发点。时下许多企业加入全球价值链的分工合作,建立安全有效的全球供应链,进入全球市场采购、生产与分销,其实是其进行全球资源配置创造高附加价值的一种表现。

(三)构建合作网络

同一个产品或服务市场上的生产服务企业,一定会竞争,这是因为任何一个产品或服务的需求是有限的。但是任何一个企业都处在全社会产业分工合作的体系当中,既有分工就一定需要合作,即便是生产相同产品或提供相同服务的企业有时也需要合作,例如合作共享分销渠道,合作开展创新研究,进行技术开放合作等等。企业间的竞争与合作并不矛盾,什么时间竞争?什么时间开展合作?如何合作?如何竞争?其实都是源于企业家对企业自身长期和短期利益的考量。一个企业善于竞争,能够在市场上提高自己的竞争优势就非常的重要。现实已经证明一个拥有持续竞争优势的企业,才能够持续的成长与发展;反之则很有可能被市场淘汰。

在时下全球产业分工体系下,企业只是全部生产的一部分,企业市场竞争力不仅仅取决于自己,还取决于企业的那些合作伙伴,企业的合作网络。例如苹果公司的手机和三星公司的手机在全球市场上开展竞争,其竞争力并不完全取决于苹果公司本身,还取决于苹果公司这款产品背后众多供应厂商的技术和供应产品的品质和竞争力,这就是所谓一个公司的市场竞争其实是该公司选择的合作伙伴、合作网络之间的竞争。合作伙伴和合作网络对于今天企业的市场竞争力十分重要,某一合作方面的供应与合作有缺陷,就会导致企业产出有缺陷,这样市场竞争优势很快就被削弱。所以今天的企业家不是一个埋头苦干的企业家,而是广泛交往善于沟通的企业领导人,他有责任去寻找企业重要的可靠的合作伙伴,构建良好的企业合作网络,很好处理与社会各方面的关系,需要与企业的众多利益相关者如供应商、股东、消费者、服务商、分销商等建立利益分享机制。为了使建立的合作关系合作网络持续成为企业成长和发展的支撑,企业家还需要建立形成这个合作网络的治理规则,进而保证这个合作网络与企业同步演化和进步。

(四)领导变革创新

企业总是在一个变化的环境中成长发展,全球地缘政治的变化、战争、天灾、技术进步、社会变化、市场状况、生态环境等都会通过不同渠道影响到企业的成长与发展，有时甚至直接导致企业的破产失败。在变化的环境中，企业需要变革创新以应对这些变化，这样的变革创新有的时候是需要实施重大的战略性变革，有的时候仅仅需要进行战术性的应对调整。如果某一次"黑天鹅"或"灰犀牛"事件改变了经济社会的长期趋势，此时企业家就有必要认真研究，认定长期趋势审时度势领导战略性变革。如果某些变化对企业的近期影响较大但不影响根本趋势，则企业家需要领导企业进行应变调整，寻找合适的应对策略。以不变应万变的道理是说在企业成长发展过程中，某些企业价值理念和企业文化特性等被证实是根本性，是凝聚人心和资源的东西，则需要长期坚持以应对万变的环境和事务。

　　企业的变革创新就是说企业脱离了原有的成长路线，离开了原有的经验和发展模式，尝试一种新的发展战略、发展路径和发展模式。其中企业战略性、根本性的变革没有经验可以参考，完全需要创新探索，所以里面隐含巨大的风险，失败的可能性比较大。领导企业变革创新是不容易的，但有时又是企业家必不可少的职责，考验一个企业家是不是真正具有的优秀领导能力，其实就是看企业家领导变革创新的能力，看企业家能否根据环境的变化，把握长期变化的趋势，领导企业做应对性的变革创新；看企业家是否能够运用智慧和能力展现领导方式来降低这个风险，争取领导变革创新的成功。现实社会当中的优秀企业家，他们都是一些领导企业变革创新的高手，尤其能够在看上去已经山穷水尽的时刻力挽狂澜，领导企业渡过难关，如华为的任正非。

扩展阅读

关于创新的追问

第四章

认知危机

> 安而不忘危,存而不忘亡,治而不忘乱。
>
> ——《易经》

即便是美国波音公司这样的著名企业,也经常经历危机。其中最为著名的就是波音737MAX飞机的质量危机。2018年10月印度尼西亚狮子航空公司JT610A航班由波音737MAX飞机执行,结果起飞不久发生空难,当时所有人第一反应这大概率是印尼狮航运行管理的问题。后来明确事故原因是波音737MAX上的MCAS系统造成,为此波音公司CEO代表公司向遇难者表示道歉,此时业界普遍认为波音公司很快就能解决掉这个小问题,解决方案无非是一个软件升级包。可是才过了短短5个月不到,第二起波音737MAX空难又发生了,同样的机型,同样的原因,同样的坠毁模式。这时业界才意识到虽然波音公司在这几个月的时间里制作了补丁包,但是其没有发布并要求升级,导致波音在同一个沟里摔了两次。之后,全球各大航空公司宣布停飞波音737MAX飞机,对波音公司进行索赔,波音公司一下子成了舆论的焦点,"我们还能乘坐波音飞机旅行吗?"成为当时广大乘客最关心的问题。面对巨大的信任危机,当时的CEO米伦伯格被迫宣布辞职承担责任。平心而论,波音的问题并不全是他一人造成的,而是长期积累的沉疴痼疾没有认真对待,而日积月累的决策失误最终使波音走入巨大危机。

其实,无论什么样的企业,在其发展中总会面临各种各样的危机。危机这个词有些人将其解释为危险+机遇,即危险中隐含着机遇,度过了危险就会赢得机遇。此话似乎也有道理,但仔细分析可见危机是危险在前机遇在后,对企业而言危险克服不了,机遇也就是一句空话。事实上,当爆发重大危机时,企业可能因此失败破产,小的危机虽然不至于威胁企业生存,但如果应对不力也可能导致企业从此一蹶不振。例如2008年美国次贷危机爆发过程中，著名的百年企业雷曼兄弟公司受此牵连宣告破产；2023年12月国内最早一批造车新势力的威马汽车向法院申请破产重整，原因可能多方面，但新能源车市场竞争激烈可能就是压倒它最后的一根稻草。企业的危机总是存在，应对危机的方式方法也有各种各样，关键在于是否应对正确，而正确应对的前提在于企业家对危机有正确的认知。

一、企业寿命与危机

企业虽然是一个人群组织，但与世间万物一样是有寿命的，有诞生之日也就有失败死亡之时。从诞生到死亡的时间历程就是企业的寿命。现实中的企业寿命长短是不同的，就像世间万物的寿命不同一样。有的企业寿命长达百年，至今依然生命力顽强甚至依然是所属产业领域中的佼佼者，如美国的艾默生公司成立于1890年，德国的西门子公司成立于1847年；法国的施耐德公司成立于1836年，成立于1883年的瑞士ABB公司；等等。还有许许多多的企业寿命不长，二三十年的繁荣期之后就销声匿迹，如美国安然公司、世界通信公司这样的曾经世界500强企业，至于那些中小企业的寿命更是不怎么长。根据美国《财富》杂志报道，美国中小企业平均寿命不到7年，大企业不到40年。在中国，中小企业的平均寿命只有2.5年，而集团企业的平均寿命只有7～8年。企业一生寿命不同的原因很多，其中每当企业遇到生存危机时能不能应对或无法应对就是最重要的原因。

（一）企业生命阶段划分

企业寿命理论又称为企业生命周期理论。企业生命周期理论创立者是美国著名管理学家伊查克·爱迪思教授（Ichak Adizes），他在《企业生命周期》[1]一书中，把企业成长过程分为孕育期、婴儿期、学步期、青春期、盛年期、稳定期、贵族期、官僚化早期、官僚期以及死亡期共十个阶段，认为企业成长的每个阶段都可以通过灵活性和可控性两个指标来体现：当企业初建或年轻时，充满灵活性，做出变革相对容易，但可控性较差，行为难以预测；当企业进入老化期，企业对行为的控制力较强，但缺乏灵活性，直到最终走向死亡（见图4-1）。

---

[1] ［美］伊查克·爱迪思著：《企业生命周期》，中国人民大学出版社2017年版。

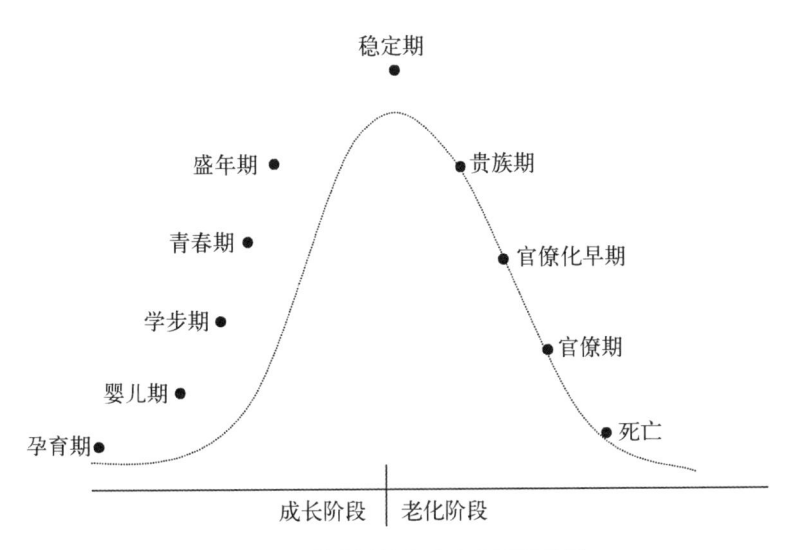

图 4-1 爱迪思的企业生命周期曲线

爱迪思把企业处于顶峰的点称为稳定期,以此点作为时间分界线,前面时期称为企业成长时期,后者时期称为老化时期。具体看又会发现,他将企业成长期参照人类成长的阶段来对照划分企业成长的不同阶段,而企业的老化时期却参照行政组织老化阶段来划分企业老化的不同阶段。用两个指标可控性和灵活性的不同来表达所有不同阶段,今天来看其实是比较牵强的,因为可控性其实不一定与灵活性冲突,一定条件下是可以共存的。后来的学者对企业生命周期理论进行了进一步的研究,得到了许多重要的新见解,其中首先是对企业生命周期曲线的确认以及阶段的重新划分。

1. 企业生命阶段划分

新的企业生命周期曲线见图 4-2,图中纵坐标为销售收入,横坐标为时间,因此图中的曲线实为企业一生的销售收入曲线。用销售收入曲线反映企业一生的变化是合理的,因为一般的企业诞生时其销售收入为零或很少,当企业成长、成熟时销售收入也是比较大的时期,而当企业衰老时其销售收入也是不断下降直至完全没有。根据企业一生中销售收入的变化,就可以将企业的一生划分为五个阶段(见图 4-2)。

第一阶段称为企业的诞生期。此时,企业刚刚成立,资源与经营能力有限,主要业务刚刚开始,产出量少也不为消费者所熟知,销售量少且不稳定。第二阶段称为企业的成长期。成长期的特点是企业的产品技术稳定品质可靠,开始受到消费者的欢迎,销售收入开始大幅度增长,企业也开始了扩大投资进一步占领市场的行为。此时的销售收入增长率很高,有的企业甚至连续多年 10% 以上的

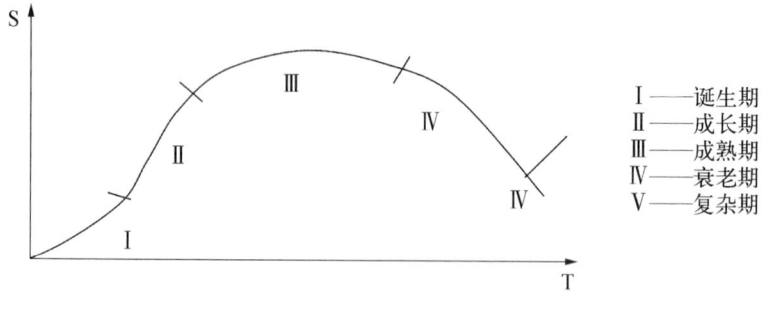

图 4-2 生命周期曲线

Ⅰ——诞生期
Ⅱ——成长期
Ⅲ——成熟期
Ⅳ——衰老期
Ⅴ——复杂期

快速增长,有时增长率可以高达100%或200%。第三个阶段称为企业成熟阶段。从曲线上看可以发现此阶段的销售收入基本在某一个最高数值上下波动,有增长也有下降,但增长率"+、-"都不大。成熟期通常是企业现金流量充沛的时期,产品成熟虽然依然受欢迎,但竞争者众多市场被瓜分,随着技术的进步替代产品也可能问世。第四个阶段称为衰老阶段。此时,企业的主要特点是销售收入开始持续下降,收入可能不抵支出,产品已经被替代或不再受消费者的欢迎,产品技术也比较老派,企业信心不足创新无动力。第五个阶段就是失败淘汰阶段。此时,企业进入死亡时刻,业务已经终止,没有销售,企业不是破产就是宣告结束。

企业寿命理论并不是简单描述一下企业成长具有不同的阶段而已,而是要说明企业处在不同的阶段就是说企业处在不同的成长或发展的状况之中,需要企业家充分认知不同阶段企业成长的特征,根据自身的发展阶段和市场环境,制定相应的战略和措施,并采取相应的策略来推动企业更好地成长并延长企业的寿命。从企业的成长与获利角度来看,企业家应该采取措施尽量缩短诞生期,在成长期中快速增长,使之销量大增迅速占有市场,领先其他同类企业,甚至成为市场上有市场势力的企业。今天所谓的独角兽企业就是成长极快的企业,其概念是2013年风险投资家艾琳·李(Aileen Lee)创造出来的,就是所谓指数型成长企业,即其成长服从指数函数曲线在短期内销售成长性极高的企业。在美国的定义就是指市场估值在10亿美元以上的初创企业,也有投资机构将"初创"定义为成立不到10年。独角兽企业被视为新经济发展的一个重要风向标,主要在高科技领域,互联网领域尤为活跃。2023年9月22日,iiMedia Ranking(艾媒金榜)发布《2023年中国新经济独角兽企业百强榜》。[①] 本次榜单的前十名分别是:抖音集团、蚂蚁集团、SHEIN、京东数科、菜鸟网络、大疆、腾龙数据、小红书、

---

① https://baijiahao.baidu.com/s?id=1777988015744427377&wfr=spider&for=pc.

微众银行、广汽埃安。上榜的企业有生产服务、先进制造、电子商务、汽车交通、物流等12个领域。从地区分布来看,上榜的企业主要集中在北京、上海、广东。来自北京的企业数量最多,占比是32%;上海有20家企业上榜,位居第二;广东占比17%,位列第三。在企业成长阶段加快发展成为独角兽企业,需要有特殊的思路与对策。美国的萨利姆·伊斯梅尔、迈克尔·马隆、尤里·范吉斯特等人在其共同撰写的《指数型组织》一书中指出,数字经济条件下,独角兽企业内部应该采用的是指数型组织及其管理才有可能维持企业的高速增长和可能的价值创造。指数型组织最有可能在这个以信息数据为基础的世界中生存下去。到底什么是指数型组织? 指数型组织是指在运用了高速发展的新型组织方法的帮助下,让影响力或产出相比同行发生不成比例的大幅增长的组织(至少10倍),不同于使用人海战术或大型实体工厂的传统组织。建立指数型组织的根基是信息技术和数智技术,将原本的实体去物质化,转变成需求最大的数字世界中的东西。[①]

2. 生命阶段的生存危机

任何一个企业无论其规模大小,无论其所有制不同,无论其处在什么行业,在其一生中都存在着生存危机。所谓生存危机,就是指可能导致企业生存困难或生命终结的危机,这样的危机所有的企业都会遇到,因为在资源有限和消费购买力有限的条件下,企业市场上的竞争其实就是生存竞争,一些企业成长发展了,意味着有些企业可能衰落了,甚至被淘汰了。优胜劣汰就是生存竞争的基本法则,也正是如此世间万物才能演化进步,人类社会才能不断进步与发展。市场里存在着竞争机制,竞争机制就是企业的淘汰机制,竞争激烈对许多企业来说就是首要的生存危机,因为竞争失败就意味着这个企业退出历史舞台,意味着先前所有的投资、努力和工作都成为没有收益的支出,即便企业家可以从中获得一些经验教训,也不见得此时的你还有机会东山再起。美国著名的咨询公司波士顿咨询公司,曾经对进入《财富》杂志世界500强企业的长期状况做过研究,他们发现曾经在20世纪50年代进入世界500强的企业,到了90年代时已经有不到50%的企业不在这个500强企业名单之中,20世纪70年代进入500强企业名单的企业,到了90年代大概有33%的企业已经在名单之外了,进一步的分析发现,这些不在名单的企业有的已经破产失败了,有的被并购了,还有一些是因为发展迟缓甚至正在衰退企业被后起的企业挤出500强的名单。这个研究说明即便是像世界500强这样的企业,在市场上依然有生存危机,还是可能被市场淘汰。时下,曾经的共享经济代表著名独角兽企业WeWork,不是也在2023年11

[①] [美]萨利姆·伊斯梅尔、[美]迈克尔·马隆、[美]尤里·范吉斯特等著:《指数型组织》,浙江人民出版社2015年版。

月宣告破产失败了吗？

其实企业在不同的生命周期阶段所遇到的生存危机是有所不同的，这是因为企业虽然总是要在市场上竞争，但在不同生命周期阶段时所遇到的问题不尽相同，这些问题或事件对当时企业的生存有直接的影响。

（1）在企业初创诞生阶段，企业遇到的最大问题是企业发展定位的问题，即企业在这个市场上面对消费者的多样化需求，究竟应该做什么怎么做，才能使企业生存、成长和未来有大的发展。这个问题其实是企业战略抉择的问题。对于一个初创企业而言，对于一个尚无多少商业经验的企业领导人来说是一个十分困难的问题，因为你所发现的市场需求，未必就是可以进入的、进行生产并进而获利生存的。显然，当第一步选择有所失误的话，就会给后面的生存带来危机。所谓的创业策划，其实就是认真研究消费者和现有的市场，探寻潜在的市场机遇并找到方向，设计周密的行动方案的过程。

（2）企业成长阶段是一个令人欢欣鼓舞的阶段，试想企业的产品被消费者欢迎，销售规模在不断增长，而且增长速度还快，此时的企业领导人自然最为关心的是如何进一步投资扩大生产服务，加大市场份额占有，希望把企业迅速发展为行业的领军者。此想法并没有错，然而问题可能就出在这里，例如企业规模快速扩大时，企业原有的资金链、供应链是否还合适，人才是否跟得上，管理是否跟得上等问题均需要企业领导人相应解决，如若不然，短期或许还是能够勉强支出，时间一长可能就会出大问题，直接威胁企业成长。

（3）企业成熟阶段的最大问题是小富即安，对市场变化缺乏敏感性，不再愿意回到过去那种努力拼搏的时期，也正是如此，就给企业埋下了进一步衰退的祸根，因为人是有惰性的，当企业获利不错，市场也有很好的站位时，就容易满足，尤其那些自认为已经领导企业比较成功的领导人更是如此，其实此时的企业已经面临巨大的生存危机。另一个关键问题是没有充分认识企业成熟阶段的到来，意味着企业主营业务即将走向衰退，企业是否需要进行变革创新开辟新的发展道路，往往成为一些明白人的困惑之处，因为变革创新是困难的有巨大风险的，冒险一试恐怕也未必成功，却有可能导致企业加速下滑。于是进退两难，很可能就错失良机。

（4）企业衰老阶段的标志并不是企业已经经历了多少时间应该进入老年阶段，也不能仅仅看销售收入进入的下降通道，而是还要看企业是否还存在创新的能力和创新的氛围，如果连这些都没有了，企业就真的进入了老年阶段。企业进入衰老阶段并不完全与生物进入衰老阶段后不可逆转相同，企业是个人群组织，理论上和实践中都存在起死回生的可能，有时的断臂求生策略还是可行的，只是此时要求企业领导人真的有力挽狂澜的勇气、决心与能力,抓住机遇加上企业员工积极配合才行。

企业在其一生中不同阶段会遇到不同问题和不同事件,进而导致生存危机爆发,有的企业就在某个阶段就直接失败或破产了,实际上并不是所有的企业在今天的地缘政治变化、科技进步迅速、市场竞争激烈的环境中都能够平安度过一生,许多企业其实在其成长的中途就倒下了失败了。显然企业中途倒下的数量越多,企业的平均寿命就越短,这就是为什么我国企业的平均寿命不高的重要原因之一。另外影响企业生存危机的原因除了上文所说的企业内部因素之外,企业成长的外部环境变化也是影响企业寿命的重要因素。例如2023年是我国总体经济尚在恢复过程中的一年,总体看进出口不佳、投资规模下降、消费不足产能过剩,国内市场竞争非常激烈,直接导致许多企业生存困难或直接破产歇业。根据天眼查收集的不完全数据显示,从2023年初开始截至2023年11月15日,全国有超过50万家企业宣告倒闭,有318万家个体户注销,247家上市公司面临退市或破产清算,社会失业率居高不落。可见,在任何经济社会变迁、市场变化情况下,企业如何认知危机特性,直面可能的生存危机是企业持续成长与发展的首要问题。

(二) 产品寿命与危机

企业的本质是从市场获得生产要素然后根据市场上消费者需求组织产品生产或组织服务的经济组织,提供适销对路的产品或服务就是企业的主营业务,因此企业提供的产品或服务本身的状况如何,直接影响消费者的购买行为,从这个意义上说,企业提供给市场的产品或服务有问题,就是企业面临最大的生存危机。更重要的是消费者随着其收入水平变化、消费观念与偏好的变化会对原来消费的产品或服务产生新的要求,此时企业原先提供的产品或服务就可能被其他企业提供的新产品新服务所替代。例如,最早摩托罗拉公司的创新产品模拟数字移动手机问世时,曾经引起了全世界消费者的喜欢和爱戴,风云一时,可是后来还是被苹果公司推出的原创性产品数字智能手机(iPhone)所替代,如今市场上已经很少可以见到当年的大哥大手机了,而苹果公司则已经是全球市场价值最高的科技公司之一。市场上一个好产品一定就是企业赖以生存与发展的核心,产品品质质量的问题自然是企业不可掉以轻心的大问题,会影响企业的生存和发展。

1. 产品是有寿命的,而且产品的寿命是影响企业寿命的最关键因素之一

产品寿命是指产品从准备进入市场开始到被淘汰退出市场为止的时间历

程。有人把企业产品的一生看作一个生命周期，也试着把产品一生按照其在市场上接受程度的不同即销售收入变化的不同划分为四个阶段，导入（诞生）期、成长期、成熟期（饱和期）、衰退（衰落）期四个阶段（见图4-3）。

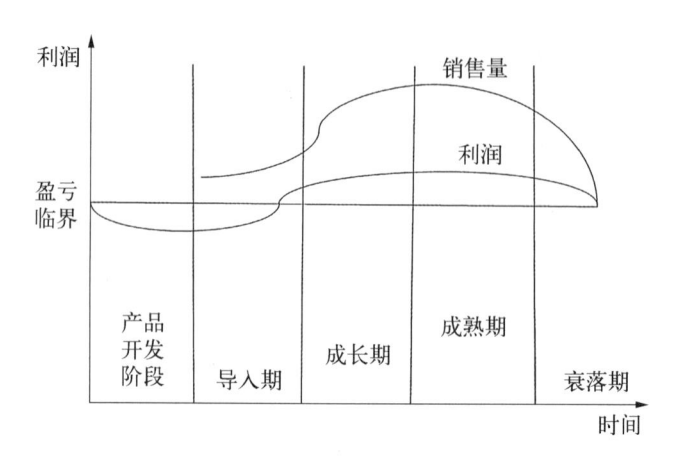

图4-3 产品生命周期阶段

（1）导入期是指企业的新产品研发成功投入市场之后的一段时期。此期间，消费者对该产品不了解，只有少数追求新奇的顾客可能购买，市场销售量很低。于是企业只能小批量生产，单件产品成本很高，而为了扩大产品销路，此时企业还不得不投入大量的促销费用。另一方面，由于是新产品其品质质量也有待进一步提升，消费者满意度不高。此时企业不但得不到利润，反而可能发生较大亏损。

（2）成长期是指产品销售快速增长进而导致产量快速增长的时期，其增长速度有时可以高达100%。这一时期消费者对产品已经熟悉且感觉甚好，购买者众多带动销售收入大幅度增长。市场的扩大带动了生产规模扩张，于是生产成本降低，企业利润出现且开始迅速增长。此时，竞争者看到该产品市场有利可图，纷纷投资生产于是同类产品供给量增加，价格随之下降，企业销售收入和利润增长速度逐步放慢。

（3）饱和期是指该产品市场需求趋向饱和，潜在的顾客已经很少，市场竞争激烈，销售额增长缓慢直至转而下降的时期。此时该产品进入了成熟期，这一时期中产品在达到一生中销售收入和产品利润的最高点之后，企业产品销售利润双降。

（4）衰退期是指该产品销售较大幅度下降，产品到了即将退出市场的时期。因为顾客消费需求的改变以及科学技术生产工艺的进步创新的加快，市场上会有新产品或替代品出现,使原来产品的市场销售额下降,企业甚至开始亏损。其实现实中的企业产品并不一定都能够度过美好一生,许多产品甚至直接在其市场导入阶段就失败而退出,还有许多尚在成长就会因为种种原因而结束生命旅程,这就叫作中途夭折。当年的磁带录像机刚出现在国内市场没有多久,很快就被光盘以及光盘播放机所替代,其产品寿命极为之短,生产磁带录像机的企业损失很大,有的甚至破产失败。

2. 现实中各种不同的产品,其寿命长短是不同,各自给消费者带来的效用也不同,给企业带来的收益也不相同

一般认为企业产品的寿命由两个最关键因素所决定,这就是消费者需求与产品技术内涵的变化时间和变化程度所决定。由于消费者的需求变化以及变化程度可能导致其对现有某些产品的扬弃,于是这些产品的寿命就可能就此终结。同样由于技术进步变化会导致替代性新产品问世或原创性新产品问世,于是也导致原来产品寿命的终结。如果把产品技术与市场需求作为影响产品寿命的两个变量,且简单把技术分为衰落和发展两类,把市场需求分为需求小、需求大者两种情况(见图4-4)。图中给出了影响因素四种组合,每一种组合反映产品寿命的可能性,以便企业领导人可以简略判断自己或市场上产品的寿命变化,从而采取相应的策略,或准备延长产品寿命或终止产品生产,或继续努力期待未来。这四个组合分别是:

表 4-1 产品寿命分析

市场＼技术	衰　落	发　展
需求小	产品短命	有前景(长期)
需求大	前景不妙(长期)	产品长寿

(1) 如果该产品的市场需求小同时产品内涵的技术正在衰落,那么该产品的寿命不长,企业应该早做打算。

(2) 如果该产品的当前市场需求不大,但产品内涵技术正在进步与发展,那么该产品的寿命和未来可能是有前景的,企业应该努力创新改进产品赢得市场扩大。

(3) 如果该产品的需求现在还是挺大的,但是其代表的技术已经老化过时,那么长期看寿命不会很长了。企业此时应该考虑产品技术迭代,抓住市场的变化趋势。

(4) 如果该产品的市场需求大而且其代表的技术还在发展之中,那么应该

十分看好此产品的未来，好好维持产品的迭代发展。观察苹果公司 iPhone 的产品策略，就是通过产品不断地进行技术和功能迭代，推出一代一代的产品以延续产品寿命，同时也满足消费者不断变化地对智能手机的新需求。有人指责苹果现任 CEO 库克没有推出像样的划时代原创产品，比之乔布斯差远了，但库克使苹果公司成为世界最高市值的公司之一，其实也是十分了不起。

3. 创新迭代促进产品长寿

延长产品的寿命是企业分摊产品研发创新高投入以及拓展市场建立销售渠道和品牌宣传的高费用，进而使产品单位成本下降获利的重要策略。另一方法就是给新入市产品定以高价，以克服以前的高投入。给新产品定高价的策略有时是成功的，首先是因为新产品消费者缺乏市场上可以对比产品的性价比知识，其次又给了后来市场竞争展开后产品有降价的空间。通过技术创新对产品进行迭代从而延长产品寿命，其市场定价甚至可以加价，这是因为新一代产品有了消费者喜欢的新的强大功能，例如智能手机照相机功能的增强，就吸引了许多消费者的青睐，甚至不惜改换使用其他产品品牌。延长产品寿命的重要性还在于产品的寿命与企业的寿命密切相关。一般而论，有如下三大定理：

定理1：如果一个企业只生产销售一种产品，则该企业的寿命等同于生产销售的那个产品的寿命，如果产品的寿命终结了，此时企业的寿命也就终结了。

定理2：如果企业生产多个产品，其中有一个为企业的主打产品即其是企业的利润最大贡献者，则企业的寿命略大于该产品的寿命。

定理3：企业生产多产品的策略实为多元化生产策略，需要更多资源和经营管理能力的协助，不然会影响企业健康成长与发展。[①] 反过来看，因为中小企业资源实力弱，故专注生产一个产品容易获得市场竞争力，从而导致企业寿命的延长。

透过现象看本质，企业产品寿命的问题实为企业主营业务持续性的问题，主营业务有问题企业自然就处于危急时刻，企业家不可不察。

二、危机产生的缘由

企业危机是指可能对企业的正常生产经营产生重大负面影响一个事件或一系列事件，这些事件可能来自企业外部，称为外源性事件，外源性事件导致的企业危机叫作外源性危机。可能来自企业内部的事件，称为内源性事件，内源性事

---

① 芮明杰著：《现代企业持续发展理论与策略》，清华大学出版社2003年版。

件导致的企业危机称为内源性危机。外源性事件可能是自然灾害、经济危机、环境变化、科技进步、社会变革等等；内源性事件可能是企业的质量事件、安全事故、技术故障、法律纠纷、声誉损害等。无论是外源性事件导致的企业危机，还是内源性事件导致的企业危机，或两者交织在一起导致的企业危机，都可能引发企业业务衰退、成本加大、资金链断裂、声誉损失，甚至破产失败，都需要企业家正确认知、认真对待。

(一) 外源性危机

外源性事件导致的企业危机叫作外源性危机，这类危机的产生或爆发往往是由企业外部的突发性事件的降临导致的，这些突发性事件大致上可以分为两大类：偶然事件和概率事件。所谓偶然事件是指完全难以预料的事件，有时被称为"黑天鹅"事件。黑天鹅的故事源于17世纪欧洲，当时的欧洲人认为天鹅都是白色的，直到第一只黑天鹅在澳大利亚被发现，欧洲人关于"凡天鹅都是白色"这个不可动摇的信念崩溃了。今天所谓的"黑天鹅"事件是说无论是自然界还是社会经济生活中都还存在着不可预测的重大稀有事件，纯属于偶然事件，它通常在人们的意料之外出现，一旦出现却可能改变一切，导致经济社会、企业发生难以逆转的变化。一般来说，"黑天鹅"事件是指满足以下三个特点的事件：偶然性、意外性、颠覆性。偶然性是指该事件的出现是没有任何征兆或很少有征兆的事件，例如2008年我国四川的汶川大地震，2020年的新冠疫情的全球爆发等就是如此事件，虽然后人有许多对此研究但至今没有统一认知。意外性是指该事件的出现出乎人们的意料之外，也就是这类事件是当时绝大多数人没有认知到的事件；但人的本性促使我们在事后为它的发生编造理由，并且或多或少认为它是可解释和可预测的。所谓颠覆性是指此类事件的发生会在很大程度上颠覆现有社会经济政治的运行方式与运行秩序，从此改变了人类生活与工作。美国的"911事件"发生后，全球各国认识到恐怖主义才是人类的大敌，全球各国必须放下原有的争端积极合作开展反恐怖主义的工作。"黑天鹅"事件的出现表面上看是十分偶然，纯属意外，实际上任何的偶然性的背后一定是有其必然性，只是这个必然性暂时还未被人们认知，人们不知道还会有这么一个事件的爆发，正如人们不知道天鹅居然也有黑颜色的那样。

概率事件是指人们常见的可以在较大程度上预测估计发生的事件，具体又有小概率事件和大概率事件两种。这样的事件存在于各个领域，无论金融市场、商业、经济还是市场竞争、企业生产经营甚至人们的一般生活之中都有这样的事件。例如商业周期的变化、四季气候的变化、生产供给的过剩、消费需求的不足、股票市场的波动、科技的进步等,这些事件有的大概率发生,有的小概率发生,这些事件一旦发生也会影响当下的经济社会状况,也会影响企业的生产经营与发展,只是这种影响企业在做了一定预防的条件下通常是可控的,就像人们在清明时节外出,带上一把雨伞总是不显得多余。大概率发生的事件又被称为"灰犀牛"事件。"灰犀牛"事件出于古根海姆学者奖获得者米歇尔·渥克的《灰犀牛:如何应对大概率危机》一书,书中把"灰犀牛"比喻为大概率且影响人类社会发展的巨大的潜在危机。"灰犀牛"事件通常指那些经常被提示却没有得到充分重视的大概率风险事件,这样的事件一般来说,它也有三个特征:一是可预见性,即"灰犀牛"事件实际上多少是人们可以预见或预测的,只是人们往往对此事件不是十分重视,例如2008年美国次贷危机(为本不该获得按揭贷款的客户提供贷款)是典型的"灰犀牛"事件。当时大家知道"次债"有风险,却并未足够重视。二是发生概率高,具有一定确定性;即知道该事件总会来,只是因为侥幸心理作怪。三是此事件一旦发生波及范围广、破坏力强。例如2020年开始的房地产泡沫破裂,导致了我国房地产整个行业出现了重大的问题,大量头部房地产公司资金链断裂,破产歇业,同时也连累了建筑行业建筑企业、金融行业金融企业,也给预付购房者带来巨大的困难。

"灰犀牛"事件的形成往往是众多小的不利因素集聚的必然结果,正是如此由于人们对此类事件爆发前那些微小征兆的不重视或长期的忽视,最后给了"灰犀牛"成长的机会,而一旦变成"灰犀牛"就能够横冲直撞,就给社会经济和企业造成巨大破坏。为什么如此?从企业家的主观认识来说,就是因为心存侥幸、麻痹大意,急功近利、不顾长远,认为"灰犀牛"离自己还很远,即使其冲跑过来也不一定能撞到自己。客观上说,企业已有体制机制的惯性、管理方式方法的疏漏、决策程序的不合理,应对迟缓等也会拖延企业正确行动的脚步,从而贻误处理和控制危机的最佳时机。总之人们对危机认知上的偏差,对风险出现误判,加上企业原有的运行方式没有应对危机的举措,结果"灰犀牛"来临就可能使企业陷入巨大的困境。

(二)内源性危机

内源性事件导致的企业危机叫作内源性危机,这类危机的产生或爆发往往是由企业内部的突发性事件的降临导致的,这些突发性事件如果从事件发生的原因多寡角度大致上可以分为两大类:单一事件和复合事件。单一事件即单一原因导致的事件,如产品生产质量问题、产品包装问题等;复合事件就是指诸多因素复合一起导致的事件,如产品的市场竞争力问题、产品成本控制问题等。判断突发事件的产生原因是认知该事件及其可能造成危害规模与范围的关键,也是给出正确应对策略的关键。单一原因导致的危机事件往往比较容易解决,而复合原因导致的突发事件则防范困难,解决也比较复杂。例如企业产品市场遭遇滑铁卢这样的事件,就不是一个简单的原因导致的,很可能与企业的研发战略、质量控制、价格策略、服务水平、销售渠道等方面相关,需要认真研究分析,才能找到解决的办法。

1. 内源性事件按发生的频率状况划分

内源性事件如果从发生的频率状况来看大致上可以分为:低概率事件和高概率事件。高概率事件是指大概率要发生的事件,例如竞争性市场上价格竞争就是大概率会发生的事件,人工智能进一步发展未来可能会替代许多人的工作也是大概率事件,等等。低概率的事件是指事件发生的概率比较小,如国有企业就很少有贷不到款的事件发生,民营企业则不然尤其是民营中小企业要获得商业银行信贷比较困难。企业往往会对大概率的危机产生加以留心加以防范,而对小概率事件导致的危机则比较忽视,其实虽然小概率事件发生的频率不高,但并不意味着其一旦发生对企业造成的伤害就小。更重要的是所谓事件发生的概率其实是人们的主观概率,作为有限理性的人们而言先前所得的主观概率也是难免有偏差的。

2. 内源性危机按危机对企业的伤害状况划分

对所有企业而言,内源性危机如果从危机可能造成的对企业伤害状况来看也可以将危机分为:系统性危机与偶然性危机两类。系统性危机是指由于企业内部存在的一系列缺陷引发某个事件使企业爆发危机,例如企业产权制度设置上的缺陷,引发治理结构、激励机制、管理方式选择等方面的系列问题,在一般情况下,企业家可以运用其智慧与能力甚至是其权威来保持企业正常运营,但当某个特定状况发生时,例如企业创始人突然离世,于是原来产权缺陷问题就可能导致的所有那些系列缺陷全部爆发,于是企业陷入股权、控制权争夺、财产分割、业务衰退等重大危机。偶然性危机是指由企业内部存在的某个缺陷引发的危机,例如企业对人才不重视,其结果在今天科学技术进步快速、市场竞争激烈的状况下就会导致企业缺乏有用人才支持企业发展,进而影响企业的成长与发展。一般而言,企业可能存在的系统性危机比可能存在的偶然性危机其危害性要大很多,防范与解决也要困难得多,前者的应对之道是企业要进行系统的改革创新才行。

3. 内源性危机按企业经营管理的事项划分

有研究把企业的内源性危机按照企业经营管理的事项不同进行归纳,大致形成如下几类：

（1）战略危机。战略危机是指企业因为在战略制定和执行过程中由于战略本身问题导致的危机。具体可能是由于战略定位不清、目标设置不合理、资源缺乏、执行力度不够等原因所导致。战略危机可能导致企业走错方向错失市场机会、产品竞争不力等后果。

（2）财务危机。财务危机通常是企业面临的常见危机之一，具体表现为企业融资困难、资金链断裂、利润下滑、债务偿还困难等方面。导致财务危机的发生原因较多，可能是投资决策失误、经营不善、市场以及政府政策变化等等多种原因叠加而成。

（3）市场危机。市场危机是指企业的产品在市场竞争中面临的危机，如市场份额下降、销售渠道受阻、客户流失等。导致危机一方面可能是市场需求变化或企业自身产品质量问题，另一方面也可能是竞争对手的强势竞争造成。

（4）品牌形象危机。品牌形象危机是指企业形象或企业产品品牌形象受到损害或突发负面影响导致企业的一种危机。原因也很多，可能是产品质量问题、服务质量不佳状况的爆发、公共媒体或大量自媒体的负面报道等。品牌形象危机如果得不到迅速纠正，会对企业声誉和消费者信任造成严重影响，进而威胁企业生存。

（5）管理危机。管理危机主要由于企业内部管理不善，如组织结构不合理、管理流程混乱、员工激励、管理方法方式不合适等导致。许多企业领导人对管理危机不太重视，认为管理只是软的方面，对企业成长影响不直接，其实管理的失当有可能导致企业运营效率下降、员工士气低落等问题的积累，最终会引发大的危机。

（6）人才危机。人才是企业最为重要的财富，对人才的不重视不维护，可能会导致人才流失、招聘困难、积极性不足、创新能力弱化等问题。企业对人才的管理其实是管理中的最主要工作之一，人才危机一定会导致企业众多事业开展困难，现有生产效率下降、持续经营障碍等等后果。

（7）法律危机。法律危机是指企业面临的法律诉讼、交易合规问题或违反法律法规事件等导致的危机。法律危机可能导致企业面临巨额罚款、业务受阻、公众形象受损等后果，对企业长期发展极为不利。

4. 企业危机的原因

导致企业危机的原因众多，有时是当外源性事件与企业内源性事件同时或交叉冲击企业，具体可以是多个内源性事件叠加导致危机爆发，例如企业的人才危机可能就是由激励机制失当，管理失误或企业文化老化等原因一并叠加导致。

也可以是外源性事件引发了企业内源性事件产生时,就会产生叠加效应,使企业的危机加重,甚至直接导致企业的破产失败。例如2008年美国次贷危机爆发,引发了全球金融危机,为全球经济带来了极其糟糕的影响,出乎大家意料之外,当时著名的全球汽车巨头美国通用汽车公司(GM)因为受到巨大冲击,不得不申请破产保护。GM自1908年成立起,努力创新积极生产,在设计、技术上都独占鳌头,并致力于实现全球化,丰富自己的产品链,GM已经蝉联了77年全球的销量冠军,已经是个百年企业。其实,GM的破产不能把所有的"锅"都往次贷危机上甩,次贷危机只是一个导火索,更多是GM公司自身原因导致的,次贷危机事件只不过加快了这个进程而已。

三、重大危机辨析

从众多成功或失败的企业来看,企业最主要的危机首先应该是企业家本人的认知偏差进而导致战略决策失误的战略危机,其次是企业制度设计或后期固化导致的制度危机,再次则是快速直接威胁企业生存的财务危机。产品问题导致的主营业务危机固然十分严重,但前文已经充分论述,而战略问题则要放到本书第二篇去研究,所以此处主要对前述两个危机进行辨析,以便企业领导人对此危机有充分的认知。

(一)制度危机

企业制度是指企业作为一个经济组织,为了实现企业既定目标和实现内部资源与外部环境的协调,在财产关系、组织结构、运行机制和管理规范等方面的一系列有序安排。其中财产关系涉及构成企业的产权关系,出资人权利责任、法人治理结构、公司议事规则等方面规定,这些通常由政府颁发的公司法、企业法等法律确定,而企业或公司内部的组织结构、运行机制、管理规范等则由公司的章程以及相关制度在符合国家法律条件下自行制定。企业制度一旦设立就成为企业生产经营开展的行为规范,也成为企业领导人和员工遵循的行为规范。行为规范很重要,它是确保企业在市场上的生产和交易行为符合公平竞争的原则,符合消费者最大需求特征,符合社会公德履行社会责任,也确保了企业内部有序分工合作、研发生产经营等活动的正常进行,提高生产效率、降低成本。因此,所谓企业的制度危机就是指企业的制度出现多种问题导致企业在运行过程出现问题形成危机,这些危机有时危害性较大,直接影响企业的短期和长期成长和发展。

1. 产权不清晰导致的危机

在一个较完备的企业产权中，通常包括四种类型的产权：所有权、使用权、用益权和让渡权。其中，所有权即财产的归属权，表明财产最终归谁所有，即所有者排他性拥有一项资产的权利。使用权即所有者具体运用财产进行营运的权利，它是指所有者在权利所允许的范围内以各种方式使用一项资产的权利，包括改变甚至销毁这份资产的权利。用益权是指在不损害他人的情况下凭借财产的归属和营运效果享受从事物中所获得的各种利益，如从资产中取得收入及与其他人订立契约的权利。让渡权是通过出租将收益权或使用权、所有权出售给别人的权利，集中表现为买卖和转移财产的权利。产权不清晰是指企业出资人和相关利益者的权利责任和其出资比例不对称，或出资人的权利长期遭到侵犯损害等状况。产权不清晰一般是企业创立初期出资人以及合作者的权利责任没有界定清楚导致的，例如早期许多自然人为了回避私人企业的法律限制，尽管完全是自己出资人，却借了集体或国有企业的名称，企业若失败则没有问题，若成长不错企业市场价值高，就可能引起法律纠纷。借用其他企业声誉其实也是一种投入，只是当时大家尚无如此概念。此外，企业设立时期的股权结构状况，直接影响对企业后继运行的控制和战略方向选择。

2. 委托代理关系导致的危机

股份企业即现代公司的产权结构发生了根本性变化，具体表现在：一是所有权分散在众多股东手中；二是所有权和控制权分离。股份公司产权结构变化的结果是它使企业股东不能直接控制公司的行为目标，而经营者的决策对公司目标的影响更大，甚至产生内部人控制的状况即经营者控制公司的状况。现代公司产权结构发生如此重大的变化的根本原因在于大规模的生产活动引起的交易成本的变化。所有权的分散使股东直接经营公司的交易成本很高，降低交易成本的一个方法就是让职业经营者代表众多股东进行管理。产生的问题是，如果让经营者控制公司，股东的利润最大化目标将受到损失，如果让股东直接经营，交易成本又很高。解决这一问题的原则是，如果利润损失小于交易成本则采取两权分离的形式，否则使用股东直接经营的形式。然而委托经营者经营需要付出代理费用，用以购买经营者的经营才能和经营成果。但是委托-代理关系天然具有三方面的特征：（1）信息不对称，作为代理人的经理阶层比作为委托人的所有者更了解企业生产、收益和成本等方面的信息；（2）激励不相容，能够使委托人利益最大化的决策与能够使代理人利益最大化的决策之间，存在显著差异；（3）责任不对等，在决策失误或经营不善时，代理人即经营者的损失至多是个人的工作机会，而委托人股东则可能失去所有交给代理人经营的巨额资产。因此，股东将其所有的资产委托给代理人时心有疑惑,因此需要监督代理人,并且要求信息公开披露。这样的股权分散直接导致的公司委托代理关系,如果委托代理关系系列制度规范设计出问题,或股东事前事后监督不力,内部人控制企业导致道德风险爆发,则企业危机发生。

3. 激励制度失衡导致的危机

所谓"激励"(Motivation),就是激发人的动机,使人有一股内在的动力,朝着所期望的目标前进的心理活动过程。从组织行为学的角度来看,激励就是激发、引导、保持、归化组织成员的行为,使其努力实现组织目标的过程,而组织成员的努力是以能够满足个体的某些需要为前提条件的。大多数管理学者认为,激励就是管理主体通过运用某些手段或方式让激励管理客体在心理上处于兴奋和紧张状态,积极行动起来,付出更多的时间和精力,以实现管理激励主体所期望的目标。激励的目的是调动组织成员工作的积极性,激发他们工作的主动性和创造性,以提高组织的效率。因此所谓激励制度失衡导致的危机,其实就是所设置的激励制度和激励措施不到位,不能够激励经营者与员工努力工作积极奉献,结果导致人心涣散、出工不出力,工作马虎效率低下,最终影响企业生存和发展。激励制度的到位与否,在于对人性的把握,对经营者和员工需求及其变化的把握。人需要的存在是促使人产生某种行为的基础,人的行为是由其当时的主导需要决定的。当一个人无所求时,也就没有什么动力与活力;反之,若一个人有所需要,就必然存在着激励的因素。马斯洛关于人的五个层次的需要是人生来就有的,但每一个人的需要强度、显露程度可能不同。即使是同一个人,在不同的情况下也会有不同的优先考虑的某种需要。正因为人的需要是不同的,所以要调动人的积极性,就必须针对不同的人,引导其满足不同层次的需要。对大多数人的共同需要,可以采用共同的制度与方法来激励,而对不同的需要则要采取不同的方法,切忌"一刀切"。另一方面来说,正确激励制度的设计应该遵循如下原则:当企业不断成长壮大,收益不断增长时,应该及时让经营者和广大员工分享企业成长带来喜悦,因为这里面有他们的努力和贡献,不能简单地把企业增长的剩余收益全部归于股东。

4. 管理制度固化带来的危机

企业管理制度规范是一个大的概念,涉及企业组织架构、业务工作与管理工作流程、各种业务管理运行制度规则,岗位职责规范等等方面。理论上说,企业管理制度规范应该有相当长的固化时期,以便企业生产经营管理有序,员工行为规范减少违规操作,不然的话制度也朝令夕改,则员工会无所适从不知如何工作才算正确。但是,随着企业的成长壮大,从雇佣员工 10 个人增加到 1 000 人,销售收入从几千万元增长到几亿甚至几十亿元,资产规模从几亿元增长到几千亿元时,此时的企业实际上已经发生了巨大的变化,企业内分工深化,合作协同复杂,研发创新、生产经营流程等改变很大,导致企业组织架构需要重置,企业流程需要改造,企业岗位职责需要重新确定等,这时企业早先的制度就需要改变,需要大规模调整,不然很难适应企业全新的发展态势,原来的制度规范可能就是束缚企业生产力增长的障碍。另一方面,如果企业的规模产出变化倒是不大,但外部的政策、营商环境发生了许多的变化,例如要求绿色低碳生产,要求企业承担更多社会责任,或带来新的法律要求,如新版劳动法实施等,均要求企业或公司修改其原有的制度规范,如若不然企业就可能面临各种可能的问题,甚至导致生存危机爆发。

(二) 财务危机

财务危机是指企业现金流量不足以补偿现有债务的状况。在现实中,当企业现有资产价值不足以偿还负债价值(净资产出现负数)或企业经营现金流量不足以补偿现有债务(包括利息、应付账款等)时(就是所谓的经营不善),在这种情况下,企业通常有破产和重组两种后果,这两种后果的任何一种都意味着企业的失败。导致企业财务危机的原因多种多样,仔细分析后大致可以归纳为以下三种:

1. 经营不善导致的财务危机

所谓经营不善是指企业的主营业务始终增长缓慢,问题多多,营收不多甚至还在减少,其结果克服不了企业已经投入的固定成本以及生产经营与管理费用支出,于是连续亏损经营现金流量枯竭,导致无法偿还债务,最终资不抵债企业失败。现实中大量中小企业的失败大都是因为经营不善陷入财务危机而破产的,即便是一些大企业大集团也会因为经营的问题,最终导致破产重组。前文所述美国的通用汽车公司 2009 年的破产重组,究其原因最根本的是其产品在全球汽车产业市场上竞争力弱化,营收下降管理不力等问题导致的。现如今通用汽车危机又迫在眉睫,2023 年在北美通用主市场上汽车销量冠军易主,丰田打败了通用。而通用花费巨资投入的汽车电动化转型,不仅销量寥寥,还结束了通用在美国市场长达 90 年的统治。有一组数据,让投资人感到十分愤慨。2023 年第四季度,通用在美国市场仅交付了 26 辆电动汽车,其中包括 25 辆雪佛兰 Bolt EV 和 1 辆纯电动悍马,这是自 2010 年推出首款电动车雪佛兰 Volt 以来最差的成绩。2024 年第一季度,通用旗下四个品牌的销量均同比下滑,销量数据依然不好看。如此经营状况,自然开启了投资人对通用公司财务状况的担心,其股价的下跌也就十分自然。

2. 财务策略失误导致的财务危机

财务策略实际上是企业重要的经营策略之一。其主要做法：一是如何降低支出增加收入化解现金流量不足；二是如何利用资本市场的力量运用资金杠杆使企业获得更大盈利；三是如何利用并购手段为企业获得更快成长等都是十分重要的策略。财务策略失误是指上述三个方面只要一个方面有重大失误，企业就会陷入财务危机。著名的海南航空就是犯了第三个财务策略错误。理论上说，正确的财务并购策略应该是必须保证第一轮收购的企业或资产能够合理经营和运行之后，甚至有了正现金流量时才能进行下一轮的收购。即企业在资本市场的纵横捭阖，可以冒险，绝不能冒进。然而当年的陈峰董事长并不如此，其一贯作风就是要做就迅速做成行业的引领者甚至是全球第一，他要的就是速度，忽视并购项目的质量，忽视收购后的整合与管理，以至于大量收购来的资产最终没有给海航带来正的现金流量，反而酿成巨大的债务危机。有这样一组数据可以看出：2009 年，海航集团旗下公司不到 200 家；2011 年初，集团旗下公司接近 600 家。两年时间，公司数量扩大 3 倍，这样的扩张、兼并速度堪称"疯狂"，甚至在爆发流动性危机的 2017 年，海航还在疯狂买入。当年，海航以 22.1 亿美元收购曼哈顿公园大道 245 号大楼；持续增持德意志银行股份，在 5 月份持股比例升至 9.92%，成为德银最大股东；以 20 亿美元收购香港惠理集团；以 7.75 亿美元收购嘉能可石油存储和物流业务 51% 的股权；以 13.99 亿新加坡元（68.72 亿元人民币）收购新加坡物流公司 CWT，等等后来都成为财务危机的隐患。2021 年 1 月 30 日凌晨，海航旗下 3 家上市公司海航基础、海航控股以及供销大集分别发布提示性公告。海航基础公告称，公司已被债权人申请重整。旗下国际旅游岛、海航机场控股和三亚凤凰机场等 20 家子公司同时被申请破产重整。海航控股公告称，因公司不能清偿到期债务，且明显缺乏清偿能力，债权人已提出重整申请。旗下新华航空、长安航空和山西航空等 10 家子公司同时被申请破产重整。

3. 投资规模连续扩大形成的财务危机

当企业处在成长期时一般都希望借助市场需求增长前景可期，加大投资加大生产加大销售，以尽快获得市场上可能大的占有和利润。这样的投资行为不能说是错误的，因为此时的企业遵循了市场需求导向的生产经营方针。扩大生产扩大销售就需要加大投资，就需要资本和资本市场的加持，此时就涉及企业的财务策略。现举例说明企业持续扩张和投资增长可能带来的负债压力和可能导致的财务危机。

设企业资本产出系数 $W=\Delta I/\Delta Y$，其中 I 为投资额，Y 为产出量，S 为销售量。ΔI 就是增加的投资，ΔY 就是增加的产出，ΔS 就是增加的销售额。这里我们假定产出等于销售，$Y=S$，所以 $\Delta Y=\Delta S$。不同的产业因为其产品构成不同，其资本产出系数是不相同的，同样企业也是如此，即便是同类企业由于资产配置和管理水平等不同其资本产出系数也不相同。一般而言：

当 $W>1$ 时，表明该产业是重资产行业，如钢铁、化工、汽车、房地产等。

当 $W<1$ 时，表明该产业是轻资产行业，如软件、广告、咨询、游戏等。

当 $W=1$ 时，属于中间状况。

某企业属于重资产行业，其资本产出系数为：$W=3$。今年该企业年销售 1 亿，其生产能力就是 1 亿。估计明年可以达到 2 亿。但明年的生产能力跟不上，于是今年现在就要投资，以便明年达成增长至 2 亿销售的目标，因为投资下去形成生产能力至少要一年时间，今年投资明年才可能有增量产出和销售。于是就有：

明年 $\Delta Y=\Delta S=1$ 亿，总体销售收入 2 亿，今年增加投资 $\Delta I=3$ 亿

估计后年 $\Delta S=2$ 亿，总体销售收入为 4 亿，明年增加投资 $\Delta I=6$ 亿

大后年 $\Delta S=4$ 亿，总体销售收入为 8 亿，后年增加投资 $\Delta I=12$ 亿

大大后年 $\Delta S=8$ 亿，总体销售收入为 16 亿，大后年增加投资 $\Delta I=24$ 亿

……

从上式可以看到当该企业每年产出和销售增长 100% 时（如果设定每年增长 20% 也是如此），其需要的增加投资是成倍的增长。这个倍数是什么？就是资本产出系数 W，这里就是 3 倍。此时该企业每年的财务状况是：每年的现金流入就是年销售收入；每年的现金流出是年投资额＋生产与管理成本，于是现金流出＞现金流入，净现金流量一直是负，且缺口越来越大，需要大量融资安排即大量的负债。这就是投资的乘数原理：当企业希望维持每年增长速度不变时，投资的增量将成倍增加，倍数就是资本产出系数。可见此时，一旦没有新增加的资金进入企业以弥补现金流量不足，则企业资金链断裂，财务危机爆发。著名的恒大在其"高速度、高杠杆、高周转"的策略下，在疯狂成为宇宙第一大房企的时候，其债务不断增加且增加速度极快，很快就背负了世界第一大债务。在房地产市场发生变化时，恒大营收大幅度下降现金流量枯竭，于是轰然倒地破产，成为企业投资持续扩张导致财务危机爆发的经典案例。

第五章

认知未来

　　未来将属于两种人：思想的人和劳动的人。

——雨果

　　《第三次浪潮》这本书于1984年正式出版,著名未来学家托夫勒在书中将迄今为止的人类历史划分成了三次浪潮。他所说的第一次浪潮是指大约从1万年前就开始的农业文明,第二次浪潮是指大约从17世纪开始的工业文明,而所谓的第三次浪潮是从20世纪50年代开始直至未来的文明。未来文明是什么样的文明呢？托夫勒认为：第三次浪潮的社会有五个重要的特征：一是生产工具在目前为以电子计算机、互联网为代表的高价值低价格工具；二是经济活动涉及的资源主要是人的知识；三是经济所需的主要能源为可再生能源；四是经济运作的典型主体目前处于萌芽状态,为小团体或个人企业；五是文化的主要表征包括去中心化,多样化和个性化。三十多年过去了,托夫勒于2016年7月2日在洛杉矶家中去世,享年87岁。然而他应该已经看到了当年他的许多预见在今天已经一一得到了验证。我们今天的生活与社会发展具有以下特征：一是计算机互联网已经成为人类生活的一部分,我们的社会已经离不开计算机与互联网；二是资本已经不再这么重要,而知识与人力资本已经成为最重要的生产要素,将来人工智能可能成为替代人脑的替代物；三是可再生能源已经是社会最重要的能源；四是今天海尔公司倡导的"人单合一"式的平台经济、小微经济正在快速发展；五是与互联网发展相关的数字区块链技术的出现正在导致去中心化。所有这一切均表明,未来有可以预见的一面,人类的未来正在加速到来。①

---

① ［美］阿尔文·托夫勒著：《第三次浪潮》,新华出版社1996年版。

正是如此，认知未来十分重要，因为企业与未来分不开，企业的发展过程就是从企业诞生的过去一步一步进入未来的时空。如此来看，认知未来与未来拥抱就是企业家最重要的工作。同样，因为企业这样的人群组织与每个人时下的许多行为都要涉及未来、延伸到未来甚至可能收获在未来，未来就与今天的企业和每个人密切相关。现实中的任何一个理性的企业家或一个家庭或一个人都会努力去认知与研究未来，试图把握未来可能带来的新机遇，开创未来发展的新空间。例如企业设定的发展战略规划，就是建立在对未来环境、政策、产业、技术、资源、能力等多方面的预见之上的有关企业未来的发展方案，而企业成长的目标设定，实际上都是企业家根据企业现今的状态与资源能力来推测它未来可能会达到的状况，至于企业或个人的所有产业投资、合作创新、市场交易合约等等其实都是在投资或运营未来，希望能够在未来获得更好的回报。

一、未来的本质与特征

历史与现实中的优秀企业家在领导企业发展时，都可以发现其对企业未来的发展思考，如管理方式与策略选择，业务成长壮大与竞争优势的确立，都是建立在对经济社会的未来、科技产业的未来、自身可能的未来的深刻认知与预见之上，例如乔布斯领导的苹果公司，马斯克领导的特斯拉公司，任正非领导的华为公司等等。可以说企业家认知未来，把握未来变化趋势，对数智时代的任何一个企业及个人的生存与未来的发展都是非常重要的，因为企业与个人今天的行为不仅仅会影响未来，还要延伸到未来，未来其实就在身边不远。

(一) 未来的本质

未来本质上就是一个尚未到达的状态。这个尚未到来的状况可以是社会的状态，可以是经济的状态，科技的状态、产业的状态，文化的状态，还可以是作为经济组织的企业的状态，每个家庭、每个人的状态。这个尚未到达的状态中隐含着未来的时间点以及现在到那个时间点的跨度甚至是极长的时间跨度，明天可以是企业的未来，明年也可以是企业的未来、一百年，一千年后也是人类的未来。以人类目前拥有的有限知识与科学技术，在浩渺的宇宙面前依然十分的浅薄，不仅不能完全认知现在的宇宙万物，更难论及认知未来的宇宙万物。那么是否人类在未来面前就束手无策，毫无可能认知未来？

人类历史告诉我们，人类一直在接受认知未来这个挑战，因为人类一直希望通过实践与认知把握自然的规律，活在当下能够预见未来，以便未雨绸缪帮助人类自身更好生存与发展。坦白地说，人类是有限理性的，人类虽然可以畅想遥远的未来，多半是空想而已。以人类目前的科学技术要准确判断近期的未来有时都十分困难，更不要说五十年、一百年之后。但人类又是极具智慧的，人类明白未来并不是凭空而来，就像人类也不过是从过去几十万年时间中进化而来的，实际上今天就孕育着明天也孕育着未来。既如此人类就首先可以把未来内含的时间跨度极度压缩，例如5年、15年、30年，也许就可以今天的状况推测近期的未来状态。其次是采取滚动认知的方式，即先认知今天，然后认知今天之后的明天或明年，等到了明年或某一个未来时点，再来认知下一个未来状况是什么，而且这样的滚动认知过程还随着人类拥有知识与技术的不断进步导致不断提高认知未来的水平。人类认知未来的目的是希望通过认知未来可能的发展状态，进一步认知未来可能的状态之背后的影响因素以及可能的规律，这样人类就可以从必然王国逐步走向自由王国。企业家认知未来也应该如此，通过认知未来把握未来趋势，领导企业逐步从被动应付发展转变为积极主动开创未来。

问题是今天孕育未来的过程如果时间比较长，这个过程中受到影响的因素就十分之多，许多甚至是无法预料的变化因素，例如数字技术、人工智能技术未来的变化以及其对人类未来的影响就很难把握，甚至都没有办法把握今天正在快速进步的人工智能技术。2023年11月1日，首届全球人工智能安全峰会在英国布莱切利庄园召开，会上包括中国、美国在内的28个国家及欧盟，签署了《布莱切利AI宣言》(Bletchley Declaration)。《宣言》呼吁和倡导以人为本，希望AI科研机构、企业等以负责任的方式，设计、开发和使用AI。《宣言》肯定了AI在改善人类福祉上的巨大潜力，也警告了在发展AI过程中有意或者无意带来的伤害，希望通过法规等方式避免相关风险。所以能够把握今天的变化不见得就可以把握明天的未来或者50年后的未来。但这个结论一定是肯定的，即今天的变化必然会影响到未来的发展，而且现在的变化越大，对未来发展的影响就越大，所以今天如果企业家要认知所谓的未来，恐怕首先要从经济社会、科技产业以及企业现在可能发生的变化开始讨论，这就是企业家认知未来的一个出发点。

未来这样的一个尚未到来的状态，其实与人类和人群组织的现在与未来的努力密切相关。作为一个国家一个社会的经济主体，企业的努力不仅可以在一定程度上预测和影响未来的发展趋势，还可以通过积极的行动和创新来创造更美好的未来。首先，企业通过努力，可以在科学研究和技术创新方面不断地开发出新技术和新产品，为未来的发展提供更多可能性，影响未来的社会、经济、科技与文化发展。其次，企业通过努力，可以加深对环境和生态问题的认识，可以通过采取行动来减少自身行为对生态环境的负面影响，通过减少污染、节约资源、保护生物多样性等影响未来的环境绿色发展,实现人类社会的可持续发展。第三,企业通过努力,积极参与社会活动、推动制度改革、倡导市场公平正义、推动实现共同富裕等来改变未来的政治和社会格局,创造一个更加公平、自由与和谐的社会,为社会进步、经济发展和人类福祉做出贡献。①

(二) 未来的特性

未来的发展之所以与今天世界发生的变化有关,也与人类自身的努力相关,这是由于未来具有的特性所决定的。人们要认知未来开创未来,自然就要认知未来的特性,从未来的特性中把握未来的本质,影响甚至开创未来可能到来的状态。未来究竟有哪些特性呢?

1. 未来的不确定性

未来这样的一个尚未到来的状态其实是不确定的,因为影响未来状态的因素与变量非常多,且存在许多不可预测的因素和变量,这些因素和变量的综合可能会导致未来的状态难以估计与预测。例如,全球政治不稳定、经济危机、社会变革、科技创新、自然灾害、气候变化等都可能导致未来的发展路径、未来的状态发生不可预测的改变。此外,由于人类本身的有限理性和决策行为的非一致性,导致人类时下的决策和行为对未来状态产生不确定性的影响。例如,政策制定、市场监管、市场竞争、企业选择等都可能对未来的趋势和结果产生影响。然而,这些影响往往难以准确预测。尽管未来具有不确定性,但未来的不确定程度是随着未来的时间跨度长短而变化的,近期的未来其不确定性程度相对低些,长期的未来不确定性程度肯定高。因此,面对不远的将来,企业家依然可以通过分析和预测未来的趋势和变化,可以制定相应的策略和计划,以应对未来的挑战和机遇。同时,也可以通过保持灵活性和适应性,不断调整和修正企业的决策和行动,以适应未来的变化。

2. 未来的可能性

既然未来是不确定的,这就说明未来状态的各种可能性也是存在的。问题是未来不同状态发生的可能性程度有多大。有人认为未来有无限的可能性,例如站在一万年前的时点来看未来的状态,今天的人类社会已经展示了过去无法想象的可能,因而站在今天展望未来,随着人工智能、数字技术、生物技术、新能源、新材料等领域科学技术的不断进步,未来人类与人群组织的发展可能难以预料,其社会生活和工作方式可能会发生翻天覆地的变化。另一些人则认为,未来并不是有无限可能的,未来的发展会受到许多限制和约束,例如资源的有限性、

---

① [加] 彼得·戴曼迪斯、[美] 史蒂芬·科特勒著:《未来呼啸而来》,北京联合出版公司 2021 年版。

气候变化的挑战、人口增长或者下降的压力，政治体制、文化传统、社会不平等，生产供给与市场需求等问题，都可能对未来状态产生许多的限制和约束，也可能会带来一些挑战和风险。未来状态发生的可能性程度也是与未来的时间跨度长短密切相关的，近期未来的变化可能性小，远期未来的变化可能性大，这是因为近期的未来与时下有比较大的路径依赖性。例如，今天的数字技术和人工智能技术尚在进步之中，一定会延伸至未来若干年的经济、社会、生产、文化等诸多方面，影响着未来数智社会的可能性。

3. 未来的路径依赖性

路径依赖是指人类和人群组织一旦今天做出某种选择采取某种努力行为，就会产生一种惯性，使之在未来的发展中不断自我强化，一直沿用难以轻易改变。这是因为现在与未来有时只有瞬间相隔，人类今天的行为是过去行为的延伸，未来则是今天行为的延伸，即便是原创性的创新也与过去的知识积累技术基础分不开。例如在社会层面来看，未来社会发展的路径依赖的现象也十分普遍。例如，一个国家的政治制度、经济模式和文化传统等一旦形成，就会在很大程度上影响未来的发展方向。社会的变革和发展通常需要克服许多既得利益和惯性思维，因此路径依赖可能会成为推动社会进步的障碍。同样在企业这样的人群组织层面来看，企业现在的决策和行动可能会影响未来的企业成长、成就和发展路径。例如，选择一个产业或进行一项投资后，就需要不断投入时间和精力关注，不断学习和创新，以保持在该产业领域的竞争力或获得好的回报。当企业在此产业领域中取得成就后，就会导致企业未来的发展将受到现在发展状况的影响，这就是企业成长的路径依赖，这种依赖性成为企业战略转型以适应未来的重要约束，也正是如此，企业转型变革十分困难和风险极大。

4. 未来的可预见性

既然未来与时下具有一定的路径依赖性，那么人类与人群组织就可以从现有的路径来预见未来的可能，进而为未来的发展做好自己的准备。尽管如此，由于未来不确定性的存在，通过路径依赖性可以对未来做出一些推测和预测，但并不意味着未来一定会按照人们所预见的方式发展。例如，突发事件、政策变化、人类行为等都可能对未来产生重大影响，而这些因素往往是难以预测的。例如，作为新一轮科技革命的核心引擎，类人脑革命即人工智能正在全球范围内蓬勃兴起，已成为国际竞争的新焦点。可以说，数字技术人工智能既是引领产业变革的战略性技术，也是实现产业转型升级的重要资源和动力。对人工智能技术目前发展的路径来看，一种是弱人工智能（Top-Down AI）发展路径，认为未来不可能制造出能真正推理（Reasoning）和解决问题（Problem_Solving）的智能机器，这些机器只不过看起来像是智能的,但是并不真正拥有智能,也不会有自主意识。一种是强人工智能(Bottom-Up AI)路径,认为未来有可能制造出真正能推理和解决问题的智能机器,并且,这样的机器能将被认为是有知觉的,有自我意识的。其实人工智能究竟未来会如何发展变化,现在还是难以断定,不过人们至少已经估计出了未来的两种可能,为此就可以做出相应安排与应对。①

(三)对未来的预见

企业家认知未来是希望能够更好地对未来有一定的预见,从而可以在一定程度把握未来发展变化的趋势,寻找企业未来更好发展的机遇。对未来的预见的确是非常重要的,企业家一定要在自己熟悉或相关的领域中对未来有预见,因为企业的战略规划,就是建立在对未来环境、政策、产业、技术、资源、能力等多方面的预见之上的,企业的经营目标设定,实际上都是根据现今的状态来推测它未来会是怎么样的过程,而企业的所有投资不就是投资未来,希望获得未来更好的回报吗?所以,从这个意义上来讲企业家必然要涉及对未来的预见,未来变化趋势如何,对企业生存发展是非常重要的。

然而对未来做推测是非常困难的一件事。一方面,人的理性有限;另一方面,人们通常会陷入过去的思维模式,从而以过去的经验来推测未来,结果导致判断失误。其中还有一个重要原因,就是世界正处在巨大的变革时期,很难想象未来的变化程度究竟如何。回顾人类社会的发展,GDP 的增速并不是社会进步的比较好的衡量标准。如果从社会进步的程度来观察人类社会发展状况,就有一个重要的问题可问:过去人类社会发展进步是线性的吗?未来呢?答案是不确定。但通常人们会认为,人类社会过去增长是线性的,则未来的增长可能也是线性的。实际上,中长期来看,未来人类社会发展进步的曲线可能是非线性的曲线,也可能是指数曲线,是加速成长进步的曲线。

未来学家库兹韦尔(Kurzweil)认为人类社会在某些条件下发展可能会加快。他把人类这种加速的发展的规律称为"加速回报定律"②。何谓"加速回报定律"呢?这一规律是说当一个社会进入发达阶段,它此时拥有的发展基础就更好,因此面向未来的发展速度可能更快,是加速地发展。19 世纪的人类社会显然比 15 世纪的人类社会发展来得快;我们现在的人,肯定比 19 世纪的人要懂得多,因为我们已经站在非常发达的社会基础之上。因此,按照公元 2000 年的速度来看,库兹韦尔认为,在 21 世纪百年的发展中,大概 20 年的时间就可以完成

---

① 芮明杰著:《认知未来,把握未来》,《管理视野》2024 年第 1 期。
② [美]雷·库兹韦尔著:《奇点临近》,机械工业出版社 2011 年版。

20世纪百年时间的增长。也就是说，2000年开始的人类社会经济发展速度，很可能是20世纪百年发展速度的5倍，甚至2000年开始，只要14年就能达成整个20世纪百年的进步。而2014年开始，只要花7年就能达到20世纪百年的速度。以此类推，以后的人类社会的发展会比现在速度更快，这就是加速回报定律。

这个定律说明，人类社会的发展服从指数曲线的增长。此时如果只按照过去的线性曲线对未来做预见，就会误以为未来的变化也服从线性曲线。而未来社会真正的、正确的发展规律，很有可能服从指数增长的曲线。今天的人类社会，目前很可能已经处在呈S形发展上升的曲线之中（见图5-3），只是目前人类社会正处于S形曲线的底部，人们尚未能真正预见人类社会的未来。可是当突破性技术的进步诸如数字技术、人工智能、互联网、智能制造、大数据、基因突破等，或新的范式如大规模定制生产方式、分散生产就地销售的生产组织方式等已经开始，它们会很快地成长，最终会带来爆发性的增长，带来人类社会的新未来。而一旦新的技术、新的范式慢慢成熟，又会形成新的成熟的S形底部，即未来下一轮爆发性增长的底部。

"加速回报定律"是我们预见未来的"道"吗？如果是预见未来的一种依据一种方法，那么对未来预见的一个重要逻辑就是：未来的若干年，数智经济、新实体经济会不会进入爆发式的增长时期？究竟什么是影响数智经济与新实体经济形成的因素？这些因素究竟在哪里可以辨识？新技术革命会不会导致新的生产范式的产生？进而导致人类社会发展指数爆发性增长？如果是这样，我们国家应该做好什么样的准备？我们的企业家又应该做好什么样的准备？

（四）把握未来长期趋势

未来是一个很大的时间范畴，不同的时间段需要有不同的预见方式方法，并没有一个普适的非常好的方式去认知未来。即便我们的认知水平很高，所能够推测和预知的未来也仅是一小部分而已。换言之，如果企业家对外界信息了解匮乏或者认知方面有一些缺陷（局限）的话，可能对未来的认知就更加困难。

如图5-1所示，当企业家们真的站在时间的坐标中时，对未来是看不清楚的。企业家们所能了解的是过去和现在。右边到底怎么样？人们是很难感知到的，只能进行推测。企业家们所谓的真实感觉实际上是对现在和过去的一种认知。但这种认知下经常出现的判断是什么呢？人们以为过去和现在是一个线性发展的状态，因此人们很容易就要犯一个错误即以为未来的发展也是一个线性的发展变化。

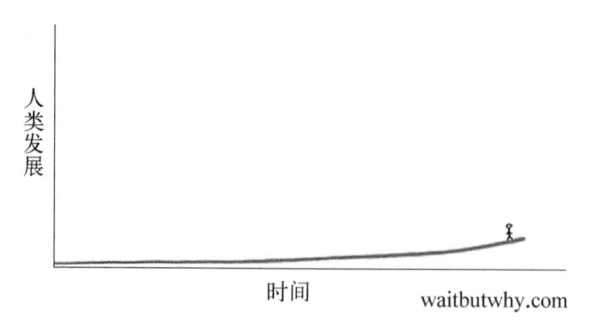

图 5-1　以为发展是线性的人们

我们对未来可能有这样两种判断方式。一种是按照过去的发展思路去估计未来,如图 5-2 所示,这条线可能就是一个错误的预测。另一种是按照现在的发展状态去推测未来,这条线也可能是一个错误的预判,因为未来的发展有可能是非线性的,而是按照指数级的发展速度来发展。如果我们就按照过去和现在的状态去推测未来的话,可能就会犯错。图中按照指数曲线做的推测的线才是真正接近未来发展的预测。

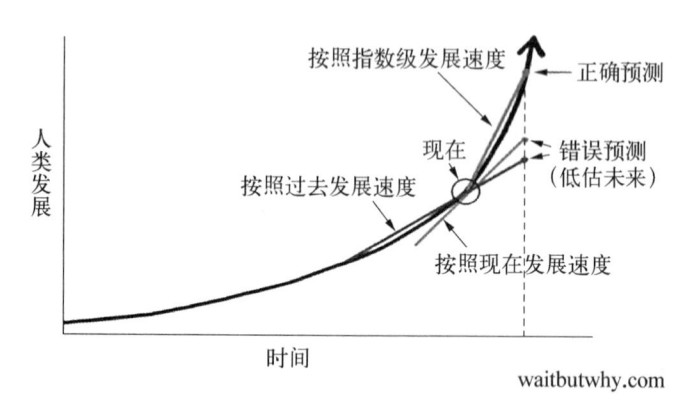

图 5-2　人类对未来的三种判断

人类社会的发展长期来看是服从指数级增长的,只是现实的增长通常是围绕着图 5-3 中的理想指数曲线呈 S 形上升。因此如果从人类短期历史来看,似乎人类社会的发展只是呈 S 形变化,周而复始,螺旋上升。

从图 5-3 中看一个 S 段,可以发现 S 形曲线的下端和上端似乎是线性的,为什么会是线性增长呢?因为我们正处于 S 形曲线的底部与顶端。S 形曲线的底部是前一个 S 段的顶端,所以我们只要解释这个顶端为什么是线性的。S 形曲线中部是由于突破性技术的进步或新的范式形成,带来的爆发性增长,是加速

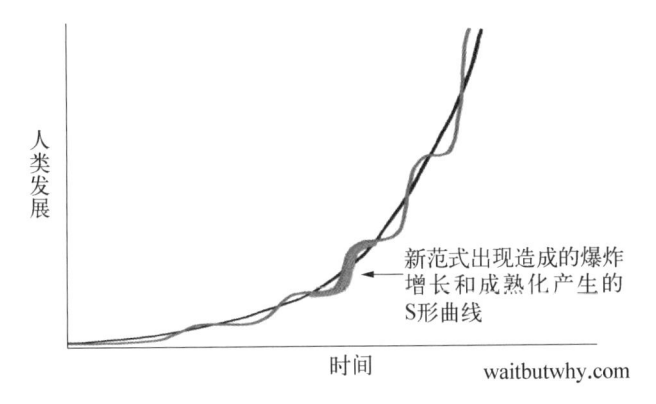

图 5-3 围绕指数发展的 S 形曲线

发展阶段。当新的范式慢慢发展成熟,增长就会放慢,形成 S 形曲线成熟的线性顶端,即下一轮爆发性增长的底部。特别重要的是 S 形曲线的中间段,它是指数级、爆发性增长的曲线,这样的爆发性增长是因为革命性技术进步导致新的范式出现并逐步占了社会经济发展的主体地位,比如说过去两次工业革命的到来造成了人类社会就曾经出现过如此的爆发性增长与发展。而每次工业革命完成以后,社会都又进入了一个相对比较平稳的发展,所以我们今天许多人会感觉我们目前正处在一个平稳发展的时代即线性发展的时代,而这影响了人们的价值理念与认知结构。[1]

二、影响企业未来的三大因素

(一)全球产业分工体系变化

20 世纪 80 年代以来,世界各国经济联系的加强和相互依赖程度日益提高,各国企业的经济活动日益超越国界,在全球开展生产贸易、进行资本流动、实现技术转移、提供生产服务,企业间由于产业关联与分工在全球各国之间相互依存、相互联系而形成了全球范围的产业链、价值链、供应链,形成了全球性的资源获取和价值创造的网络。这个过程后来被称为经济全球化,全球产业分工体系的形成。可以这样认为经济全球化是指以市场经济为基础,以先进科技和生产力为手段,以发达国家为主导,以最大利润和经济效益为目标,通过分工、贸易、投资、跨国企业和要素流动等,实现各国市场分工与协作,相互融合的过程,这个

---

[1] 芮明杰著:《未来的管理》,《经济与管理研究》2020 年第 3 期。

过程中全球产业分工体系逐步形成。全球产业分工体系形成的具体表现就是全球不同国家的产业、企业、供应商、创新机构参与合作形成的国际产业链、供应链和价值链。这些链上的主导者通常是资本、科技、创新实力巨大的跨国公司，随着作为链上主导者跨国公司在全球市场上的不断发展，就带动了链上其他企业和机构也逐步走向全球市场实现自己的发展，由于这些链上参与企业或机构通常是分布在他们的母国，于是这些企业或机构的发展就会带动他们母国经济的增长和产业的发展。

1. 学者们对此看法并不相同，大致上有"依附论"和"依附发展论"两种看法

劳尔·普雷维什（Raul Prebisch）(1950)认为国际经济体系实际上被分成了两个部分：少数发达国家处在国际经济体系的中心，广大的后发国家处在外围地带，核心和外围之间的经济关系是不平等的，核心国家通过不公正的贸易条件剥削外围国家，这正是导致不发达国家贫穷落后的根本原因。普雷维什的"核心—外围"概念，通过弗兰克（A. G. Frank）和阿明（Samir Amin）等人发展成为依附理论。经济学家弗兰克认为，第三世界国家被迫接受生产的专业化分工，它们的生产首先是为了出口，"依附的链条"从世界上高度发达的中心地区，通过附属于这些地区的城市最后大都会伸向贫困的城镇和农村，经济剩余就沿着这个链条向外转移，最终由穷国转移到富国（A. G. Frank, 1967）。在依附论者看来，发展中国家要阻止对经济剩余的剥削，唯一的办法是打碎转移这种剩余价值的依附链条。

然而，20世纪的发展经验表明，奉行孤立主义的国家没有建立起有活力的经济体系，反而是一些积极参与全球分工的新兴市场经济国家的产业竞争力得到了迅速的提升。依附与经济增长之间存在着较为复杂的关系，"依附性发展"既包括资本的积累，同时也蕴含着边缘地区的一定程度的工业化（Fernando Cardoso and Enzo Faletto, 1979）。为了获取全球性的资源优势和实现全球竞争战略，发达国家将价值链上的低端产业向海外低成本国家转移，集中精力发展处于价值链高端的产业。这导致了制造业与服务业向发展中国家大规模转移与外包，客观上促进了这些国家的产业升级。一些新兴市场经济国家不仅仅满足于劳动密集型与低附加值产品的生产，而是逐步提升自身在全球产业链、价值链中的地位，从而对发达国家在许多产业中的主导地位构成了有力的挑战（Amsden, 2001）。

发展中国家的这种"依附性发展"不可避免地受到限制。虽然许多发展中国家已在一定程度上降低了对初级产品生产的依赖，但由于其采用进口核心部件与技术，通过加工贸易大规模出口最终产品的方式参与国际分工，最终仍有可能沦为"世界组装车间"，无法有效地改变其在全球价值链中的边缘地位（Frobel

等,1980;Cramer,1999)。1980年改革开放以来,我国通过充分发挥低劳动力成本的比较优势,使得经济迅速发展,成为贸易大国和"世界工厂",但是也面临着越来越高的转变增长模式的压力。例如,中国企业融入世界生产体系的广度虽然可观,但深度严重不足,即大部分企业处于价值链的低端(Steinfeld,2004)。吴敬琏(2005)指出改革开放以来中国的经济增长并未完全脱离工业化国家早期的一般模式,在产业层面表现为技术创新动力不足、环境和资源关系的恶化、服务业发展受限制等弊端。金碚(2006)认为,以低价格资源投入为前提的血拼式竞争是中国产业成长的显著特征之一,在全球性资源价格高企和环境外部性成本持续增加的背景下,不具有可持续性。

2. 当中国等发展中国家通过"依附发展"已经达到较高层次,需要产业结构升级时候,发达国家可能会由支持转为"抑制"

如无得当应对举措,有可能落入持续滞后的"后发陷阱"(Gerchenkon,1979),主要表现为受制或依赖于外部产业结构升级。发达国家的大型企业以其核心技术与品牌为基础迅速成为全球产业链与价值链中的"系统整合者"(System Integrators),对其产业链上、下游企业的活动进行较大力度的整合与协调,从而继续维持其在价值链的顶端位置(Hobday等,2005)。Nolan等(2008)认为全球价值链从总体上形成了一种"瀑流效应"(cascade effect),这对后发国家产业升级形成了阻碍。发达国家强势主导下的全球产业结构整合,往往会迫使后发国家变更思路,调整部署,甚至被迫放弃自身的优势产业基础、打破既有的产业体系,违背经济成长阶段规律地去迎合发达国家的产业结构整合,成为发达国家低要素成本的加工生产基地(邱英汉,2004),引入的转移产业同时往往与原有产业结构体系脱节,而且优质资源分流导致传统产业升级更加困难。

近十年以来中国与美国经济贸易关系的变化印证了学者们的论断。出于对美国自身科技与科技产业全球竞争力的保护,同时阻碍中国科技进步与科技产业发展,打击中国经济增长的势头,近年来,美国不断发起对中国关键科技技术、高技术产业、相关科技企业封锁、制裁等系列发展打压政策与措施。2018年10月,"新美国"智库的高级研究员萨姆·萨克斯首次提出了对中国科技与产业防御新策略,被称为"小院高墙"。例如2022年9月1日,美国实施了对华芯片出口新的许可要求,禁止美国芯片公司如英伟达等向中国出口两种高端GPU芯片。2023年8月9日,美国总统拜登签署行政令,设立对外投资审查机制,限制美国主体投资中国半导体和微电子、量子信息技术和人工智能领域。截至2023年8月,美方已将1300多家中国企业列入各种制裁清单,而对外资在美投资进行国家安全审查的制度早已实施。美国政府对外投资的审查机制设立后，对相关高科技领域的美国企业对中国投资进行严格审查，违反者将受到严厉制裁。

3. 美国政府从特朗普时期开始对中国进入美国产品进行广泛的提高关税的措施，导致中国与美国的正常贸易秩序被打乱，中国产品进入美国困难重重

按照中国海关统计，2023年全年，中美贸易额为6 644.51亿美元，同比下降11.6%。其中，中国对美国出口5 002.91亿美元，下降13.1%；中国自美国进口1 641.60亿美元，下降6.8%，中国已经从对美第一大贸易国降为第三。此外近年来美国不仅仅继续对中国进入美国的产品征收高关税，同时还大力发展"近岸外包"即将美国需要的一般制造品从中国转移至靠近美国本土的墨西哥等国生产，"友岸外包"即美国需要的一般制造品从中国转移至对美国友好的国家生产如越南、印尼等，"离岸外包"即在中国的自由贸易区进行生产外包，大大减少对中国产品的依赖，甚至提出要重建全球产业链、供应链、价值链，要把中国企业排除出目前的全球"三链"之外，这些策略已经导致中国大量产品的出口竞争力下降，国际贸易总量下降，国内产能过剩国内失业增加，也导致部分产业和企业不得不把产能转移到海外去生产加工。

实际上全球市场上的产品、科技、人才、流通等的竞争，已经不仅仅是单个企业之间的竞争，而是这些企业所在的价值网络、所依赖的产业链、供应链和价值链之间的竞争。在产业链、供应链和价值链全球分布的今天，制造业产品的全球竞争表面上是制造企业之间的竞争，实质是制造业企业背后的产业链、价值链和供应链之间的竞争。表面上似乎在全球市场上谁的产品品质好，谁的产品产出效率高成本低，谁就在国际市场上就有强大的竞争力，其实这样的竞争力依赖支持产品品质与成本的国际产业链、供应链和价值链，因为时下制造产品的生产与研发实际上基本上都是全球"三链"上相关产业、创新者与供应商合作的结果。例如，移动手机制造企业苹果与三星的竞争，不仅仅看这两家公司的研发创新能力，还要看谁拥有和掌控高效的产业链、供应链和价值链，而他们各自的国际产业链、供应链和价值链参与者的状况如何就成为其全球竞争力的关键因素。

全球产业分工体系的变化最坏的可能是美国为首的西方发达国家破坏现有全球一体化产业分工体系，构建以美国为主的他们自己的新型产业分工体系，构建没有中国企业参与的国际产业链、供应链和价值链，与中国的产业与企业相对分离。与发达国家的科技与产业脱钩，对中国经济、对中国产业和企业发展来说是不利的，一方面失去了发达国家巨大市场，一方面失去了学习先进的机会。尽管我们并不希望如此，但未来这种可能性是存在的，中国企业家需要有所思想准备和应对的策略措施。我们固然可以实施自力更生进行自主创新，但要达到国

际领先的水平还是需要大量资本和时间投入,需要大量的人才和大量优秀的企业家和科学家。

(二) 消费需求结构与偏好变化

我国是一个拥有 14 亿人口的大国,尽管 2022 年开始人口自然增长率已经为负数,但在未来相当长的时间里还是具有超大规模市场的想象空间,因为人口规模是一个重要基数,当所有人口的收入水平和消费结构以及偏好的加持,才真正决定了国内市场规模量级。问题是目前我国居民的收入状况究竟如何?未来需要多少年其收入水平才能达到高收入国家居民的平均水平?其消费需求偏好又会如何变化,加上未来全球市场供给与消费的变化趋势?这些问题就成为影响企业未来成长与创新的重要因素,成为企业家不得不需要关注、分析研究的大问题,因为企业生产与服务产品的供给其最终目标是为了满足消费者的需求。

1. 收入决定消费

在改革开放初期,我国的人均收入水平极低,生产的许多商品国内居民消费不起,国内消费对经济增长的贡献比例长期较低,当时经济快速增长主要依赖出口产业的发展,我国的出口依赖度曾经超过 50%。近十年以来,随着技术进步与生产效率提高,我国居民的人均收入水平在不断提高,2022 年,全国居民人均可支配收入为 36 883 元,较 2021 年的 35 128 元增长了 5%;2023 年,全国居民人均可支配收入同比增长 6.3%,达到 39 218 元。人均收入的增长导致我国的市场规模不断扩张,2016 年、2019 年,我国社会消费品零售总额先后突破 30 万亿元和 40 万亿元,2021 年达到 44 万亿元,再创历史新高,是 2012 年的 2.1 倍。以新冠疫情状况下的 2022 年为例,2022 年我国社会消费品零售总额 439 733 亿元,仅仅同比下降 0.2%,其中城镇消费品零售额 380 448 亿元,比上年下降 0.3%,乡村消费品零售额 59 285 亿元,与上年基本持平。2023 年社会消费品零售总额 47.15 万亿元,同比增长 7.2%。2015 年,中国最终消费支出对经济增长的贡献达 66.4%,尽管有新冠疫情影响,2021 年中国最终消费支出对经济增长的贡献率也达 65.4%。2023 年最终消费支出对经济增长的贡献率达 82.5%。然而中国的居民收入比例仅占 GDP 的 38%而已,而美国、日本、英国、法国、加拿大等国的居民收入占经济的比重都在 60%以上,就连经济与我们相差甚远的俄罗斯也在 50%以上。

进一步考察收入水平分布可以发现,目前中国居民的人均收入存在较大的差异,按照月收入可以将其分为以下几个区间:

月收入在 1 000 元以下的群体人数约为 5.6 亿人。

月收入在 1 000～2 000 元之间的群体人数约为 3.1 亿人。

月收入在 2 000～5 000 元之间的群体人数约为 3.8 亿人。

月收入在 5 000～10 000 元之间的群体人数约为 0.8 亿人。

月收入在 10 000～20 000 元之间的群体人数约为 784 万人。

月收入在 20 000 元以上的群体人数约为 70 万人。①

综合以上信息,可以得出以下结论:中国目前社会中,人均月收入在 5 000 元以下的人数占比约为 90%,约 12.6 亿,月收入在 2 000 元以下的人数占比约为 62%,约 8.68 亿,月收入超过 5 000 的人数约为 8 854 万人,占比约为 6.3%。这些数据反映了我国居民收入分布的一般情况,但需要注意的是,这些数字并不能完全代表所有中国居民的实际情况,因为它们可能受到各种因素的影响,如地区差异、行业差异、教育水平差异等。但仅从这个收入分布结构来看,大致可以看到目前我国居民消费结构的形状,即低收入人群占比较大,导致社会总体消费结构偏向食品等生存性消费为主,偏向附加价值低的低价产品与服务为主的状况。也正是如此,我国在相当长的时间里,低水平均衡状况还会继续存在,见图 5-4。

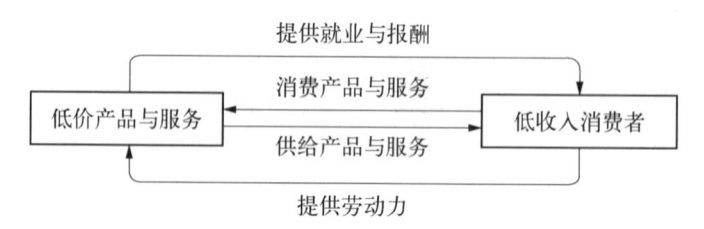

图 5-4 收入、生产、消费的低水平均衡

2. 消费结构状况

尽管近十年以来,我国的内需市场规模在不断扩张,经济整体上进入中等收入国家行列,但居民的消费需求结构依然偏向于低端产品。居民可支配收入状况以及消费偏好支出结构会影响到现实与未来的消费需求结构,进而影响产业体系内不同产业的成长与发展,最终影响产业体系的产业构成。石明明等(2019)的研究表明,"1998—2017 年,第Ⅰ类消费下降(食品等生存性消费占比下降)和第Ⅱ类消费升级(符号性和服务性消费占比上升)均在持续不断地进行,但乡村居民的第Ⅰ类消费升级效应小于城镇居民;2013 年以后,随着中国宏观经济下行压力增大,第Ⅱ类消费升级出现一定程度的放缓,居住类支出对其他消

---

① https://www.163.com/dy/article/ICAUKI2305388U6J.html.

费支出形成了较大的挤出效应。消费习惯层面的分析显示,城镇居民和乡村居民、恩格尔系数大于40%和小于40%的居民,其消费行为存在较大的异质性。"[1] 城乡居民消费的差异以及消费升级的困难,主要是因为我国14亿人口的收入结构目前存在以下几个问题:

(1) 居民人均可支配收入总体仍比较低,2022年,全国居民人均可支配收入为36 883元,虽较2021年的35 128元增长了5%,但整体仍然偏低,每月人均可支配收入只有3 073元,人均消费支出每月只有2 044元。2023年,全国居民人均可支配收入同比增长6.3%,达到39 218元。按省市层面看,有8个省市高于全国平均水平,剩余省市均要低于全国平均水平。有10个省份低于30 000元。

(2) 地区居民收入差异较大,同样以2022年为例,北京市、上海市2022年的人均可支配收入分别高达77 415元和79 610元;而经济发展相对落后的中西部省市居民人均可支配收入最低仅为北京上海等地区居民人均可支配收入的30%,如甘肃省、贵州省2022年人均可支配收入分别只有23 273元和25 508元。

(3) 城乡居民人均收入水平差距依然较大,2022年城镇居民人均可支配收入高达49 283元,而农村居民人均可支配收入只有20 133元,仅为城镇居民的40%。

人口结构变化影响消费结构变化。我国虽然2023年人口总规模有14亿,但人口结构发生了巨大的变化,老年化、少子化成为现在以及未来相当长时间内的结构特征。我国已经进入老年社会,2020年第七次全国人口普查的人口年龄数据为:60岁及以上人口为264 018 766人,占18.70%,其中65岁及以上人口为190 635 280人,占13.50%。与2010年第六次全国人口普查相比,0～14岁人口的比重上升1.35个百分点,15～59岁人口的比重下降6.79个百分点,60岁及以上人口的比重上升5.44个百分点,65岁及以上人口的比重上升4.63个百分点。10年后我国60岁及以上人口增长8 600万,增加5.5个百分点。速度很快! 截至2022年底,全国60周岁及以上老年人口28 004万人,占总人口的19.8%,我国已进入中度老龄社会。其中65周岁及以上老年人口20 978万人,占总人口的14.9%。另一方面,我国少子化趋势这几年已经十分明显,见图5-5。2022年、2023年人口出生率不到0.7%,少子化倾向十分明显,且已经低于当年人口死亡率,所以这两年人口自然增长率已经为负数,其中2022年人口自然增长率为-0.6‰,2023年人口自然增长率为-1.48‰。这表明我国人口规模进入了持续下降的历史性阶段。我国人口结构变化的这种特征必然影响我国

---

[1] 石明明著:《消费升级还是消费降级?——中国城乡居民消费行为的实证研究》,《中国工业经济》2019年第7期。

的未来相当长时间的整体消费结构变化,可以预见老年人消费需求大量增长,例如养老服务、护理、老年人用品等①,而少子化导致儿童消费品的萎缩,连学校都要因为入学人数减少进行大规模调整。

年 份	出生率	年 份	出生率	年 份	出生率	年 份	出生率	年 份	出生率
1978	18.25‰	1989	21.58‰	1999	14.64‰	2009	11.95‰	2019	10.48‰
1980	18.21‰	1990	21.06‰	2000	14.03‰	2010	11.90‰	2022	6.77‰
1981	20.91‰	1991	19.68‰	2001	13.38‰	2011	11.93‰	2023	6.47‰
1982	22.28‰	1992	18.24‰	2002	12.86‰	2012	12.10‰		
1983	20.19‰	1993	18.09‰	2003	12.41‰	2013	12.08‰		
1984	19.90‰	1994	17.70‰	2004	12.29‰	2014	12.37‰		
1985	21.04‰	1995	17.12‰	2005	12.40‰	2015	12.07‰		
1986	22.43‰	1996	16.98‰	2006	12.09‰	2016	12.95‰	二胎政策	
1987	23.33‰	1997	16.57‰	2007	12.10‰	2017	12.43‰		
1988	22.37‰	1998	15.64‰	2008	12.14‰	2018	10.94‰		

图 5-5 中国人口出生率(1978—2023 年)

根据上述数据可以判断:一是如果我国人口结构持续发生老龄化少子化变化,导致人口规模下降,进一步会导致未来消费结构总体性的变化;二是如果未来我国居民收入水平随经济增长而不断增长,则我国目前正在大力建设的现代产业体系所需要的市场规模还会不断扩大,这对建设现代化产业体系是十分有利的;三是目前我国居民可支配收入总体较低且存在较大差异的状况在短期内很难改变,因此,其整体消费实力与消费品需求状况并不能完全支持高附加值的高科技产品的消费,这就导致产业体系中的大量传统低价消费品与部分高附加值消费品并存的状况也很难在短期内改变。因此,我国现代化产业体系的建设有其自身的特殊性,既需要第一阵列传统产业转型升级产品迭代,新的产品价格又不能太高;第二阵列的新兴高技术产业实现技术与产品创新时,要兼顾高收入人群与中低收入人群的需求;第三阵列的未来产业布局除了考虑前瞻科学技术进步趋势之外,还应该考虑未来我国居民可支配收入提高且趋向比较均衡的状况。

3. 未来消费趋势

随着知识的增加,科技的进步,我国居民人均收入的提高,特别当月收入

---

① 芮明杰著:《"银龄时代",中国要发展现代"银发"产业群》,《第一财经日报》2022 年 2 月 22 日。

5 000元以上人群不断扩大，即便此人群总量只为总人口的1/3，其对新生活方式、美好幸福生活的追求，新的消费需求、消费理念、消费习惯必将导致我国消费市场总量和结构发生巨大变化。这些变化有三个重要的方面，即消费需求的个性化，集成化与便利化。

第一，个性化是指消费者按照自己的需求与消费偏好，消费仅仅为自己个人定制的产品与服务。个性化消费是人们最终最高的追求，也是幸福与满意的最高级阶段。至今为止的人类生产方式与技术仅仅是尽可能满足大众化一般的需求，至于个性化那是非常奢侈的个别。现在由于互联网与智能生产系统的成长，在互联网既是信息平台，娱乐平台和社交平台，又是交易平台和生产控制平台的情况下，海量消费者的不同需求数据能够被快速地收集与处理，进而由智能化的生产系统完成快速的个性化生产，满足消费者的个性化需求。如此符合个性化需要的个性化产品的大规模定制生产在技术上已经成为可能，部分已经成为现实，例如阿里巴巴的犀牛工厂就是面向服装定制化生产的新型智能工厂。

第二，集成化是指对服务需求的集成，消费者的需求能够一揽子得到满足。目前，由于生产与服务分工日益深化，各类企业只是提供专业化的产品与服务，企业的生产效率提高了，但对消费者的需求满足而言则带来不方便，因为消费者多样化的需求需要多个厂商提供产品和服务才行，为此需要消费者考虑这些多样性产品与服务的逐一选择以及中间的适配性，导致相当大部分消费者感到不方便和麻烦。为此消费者希望，能否有一个厂商给其提供优质适配的多样性产品与一揽子服务，这就是集成服务需求。目前伴随信息技术、大数据分析技术的发展，服务的横向与纵向均趋向融合，越来越方便在分工的基础上集成，以满足消费者对集成服务的需求，于是就需要有许多集成商来做这样的工作，为消费者提供更有效率，更有利于消费者体验的集成服务。

第三，便利化是指消费者会越来越追求有效率且方便的消费技术与消费方式。消费者总是希望能够便捷地获取想要的商品信息，或是快速直接定制商品，或直接快速获得想要的商品。未来的大数据分析技术已经描绘出消费者的消费特性与行为习惯，智能生产系统随时准备着可以为之定制产品或服务；消费者若是出行消费，那么信息系统也能准确根据消费者的需求，推荐最适合的地点与商品。消费者能够在智能城市中生活，可以有快捷的物流配送系统最有效率地送上自己想要的商品，使之达到消费的快速与便利，满足消费者所需要的消费。可以说目前我国一些互联网电商平台如淘宝、天猫、京东、美团、滴滴等支持了多样化商品与服务信息搜索、商品交易、快速配送，这方面的进步已经极大便利了消费者的消费需求实现。

（三）重大科学技术进步

重大的科学技术进步是影响人类社会发展与进步的最为重要的因素，也是经济增长与产业发展的关键因素，历史已经证明每一次重大技术变革与创新必然导致产业的创新发展，甚至导致所谓的工业革命，使作为经济主体的所有企业其成长方向与竞争力提升发生重大的变化。近年来由于信息通信技术、互联网技术、新能源技术、数字技术以及人工智能技术的快速发展，已经对全球经济、社会、产业、企业发展产生了极大的影响，导致全球各界一直在讨论新一轮工业革命、数智时代是否已经来临的问题。

工业革命是由于重大的技术革命、创新集群涌现导致了人类能源动力使用上的变革与大量新兴的制造产业的出现，主导了经济的快速增长，给人类社会带来了巨大的进步。工业革命本质上是因为重大技术进步导致了社会生产方式与生产组织方式的重大变化，进而使人类社会有了突破性的进步与发展。发生于19世纪英国的第一次工业革命最典型的代表物是蒸汽机与工厂制度，蒸汽机的发明给机器生产带来了动力，而在这之前只能靠人力。当时驱动蒸汽机的是煤炭。在蒸汽机及相关技术创新群的带动下，生产力大大提高。同时新的生产组织即工厂制度的成熟使大量的产业工人组织起来一起协作生产，使生产效率大大提高。发生于20世纪初美国、德国等的第二次工业革命是以电力的广泛应用、石油内燃机和新交通工具的创制、新通信手段等技术创新集群的发明以及生产流水线发明与运用为代表的。源于福特汽车公司的生产流水线的发明以及英美等国的现代公司制度的形成与发展使制造业生产组织方式进一步变革，新的制造模式为人类带来了大批量、廉价、标准化的产品，新通信手段使人们的信息交流迅速，生产交易更快捷。两次工业革命给我们人类社会带来前所未有的进步与发展，使人类社会进入了全新的工业文明时代，使人类的发展进入了一个历史新纪元。

1. 通用技术正在发生重大进步

通用技术是指基础性的可以支持很多科学和技术领域与应用发展的技术，例如早期蒸汽动力、电力等，今天的算法、数据获取与分析技术、人工智能技术、信息通信技术、生物基因技术、量子科技等。例如算法就是一个通用技术，今后凡是人工智能应用的方面，都跟基本算法技术有关系。而数据、大数据获取分析技术在数字经济条件下，几乎是所有的领域都要有应用这样的技术，所以它也是一个通用性的技术。有人把世界重大通用科技发展主要方向总结为：

（1）人工智能与机器学习

人工智能（AI）和机器学习是当前科技领域最热门的话题之一。AI已经在语音识别、图像识别、自然语言处理等领域取得了重大突破，而机器学习作为 AI 的核心技术，使得计算机能够自主学习和改进。未来，AI 和机器学习将在自动驾驶、智能家居、医疗诊断等领域发挥更大的作用，并有望为人类带来更为便利的生活。

（2）量子计算与量子通信

量子计算和量子通信是未来计算和通信技术的重要发展方向。量子计算利用量子比特进行计算，有望在密码学、优化问题等领域带来突破。而量子通信利用量子态进行信息传输，具有高度安全性和可靠性。随着量子技术的发展，未来人们有望享受到更加安全、快速的计算与网络通信服务。

（3）生物技术与基因编辑

生物技术和基因编辑的快速发展为人类带来了革命性的影响。基因编辑技术如 CRISPR 已经可以实现精确地修改生物基因，有望治愈一些遗传性疾病。同时，生物技术还在农业、食品、环保等领域发挥重要作用，例如合成生物学可以用于生产生物燃料和生物材料。未来，生物技术和基因编辑将继续发挥重要作用，为人类带来更加美好的生活。

（4）区块链与加密货币

区块链和加密货币是近年来出现的创新性金融技术。区块链技术通过去中心化、分布式账本的方式，保证了数据的安全性和透明性，已经在数字货币、供应链管理等领域得到广泛应用。而加密货币如比特币的出现，使得金融交易更加便捷和安全。未来，区块链和加密货币将继续改变金融行业的格局，为人们提供更加灵活和安全的金融服务。

（5）太空探索与宇宙研究

太空探索和宇宙研究一直是人类科技发展的重要方向之一。随着科技的进步，人类已经能够实现载人航天、探测器登陆火星等壮举。未来，太空探索将更加深入和广泛，有望发现更多的宇宙奥秘和资源。同时，宇宙研究也将在暗物质、暗能量等领域取得突破，进一步揭示宇宙的奥秘。

2. 影响企业发展的应用性技术

从促进产业变革创新方面来看，影响企业发展的应用性技术可归为两大类：基础产业类新技术与智能制造新技术。这些技术变革及其将来发展的趋势将决定新型工业革命的走向，也是决定企业发展变化的关键要素之一。

（1）基础产业类新技术，构成了现代产业与企业发展的技术装备与产品基础

① 互联网与物联网信息技术。传统的认识中，互联网信息技术仅仅是人与人沟通的工具。随着互联、数字、智能化的融合，智能工厂将孕育而出，成为新工

业革命的发展方向,而其核心正是互联网信息技术。互联网信息技术下的物联网、Wi-Fi技术、云计算技术打破了人指挥机器的传统模式,让机器学会学习,学会交流,学会自主变化,人只要提要求,机器就能自己完成制造。

② 信息、大数据分析技术及其影响。工业生产中形成的大数据成为工业大数据,它是由一个或多个产品制造流程或者一个工业体系生产过程中带出的数据。工业大数据分析研究以及应用可以使得产品带来更高的价值,每一个产品的生产过程的信息最后都能回馈至生产者手中,从而反过来影响之后的生产者决策与行为,也能提前为生产者应对突发情况做出提示,使得生产过程不断优化迭代。工业大数据的采集分析系统是成为新一代智能制造装备或工厂的核心部分。

③ 新能源技术及其影响。我们目前的经济与社会发展模式、人们的生产方式与生活消费方式基本依赖于化石能源的生产与使用,然而目前化石能源使用后对环境的污染已经难以忍受,人们开始以太阳能、风能技术、海洋能技术,核能技术为代表的清洁新能源来替代原有化石能源。新能源技术的发展。为人类生产与生活方式的改变带来了巨大的冲击,新能源生产、新能源汽车,新能源住房等领域都在深化发展,且正成为主流的工业品与消费品。

④ 新材料技术及其影响。新一代材料诸如碳纳米管、陶瓷基纳米复合材料和新型碳纤维等,会使未来的产品比现有制成品更硬、更轻、更节能、更耐用。如高分子材料与新型制造技术的结合将可以在原子精确度的条件下操控分子,形成前所未有的新材料。未来许多物质可以轻易地被准确地操作,进而改变其物理特性以及化学特性,由此带来全新产品与新型产业发展。

基础产业技术的革新改变了制造的方式,由人指挥机器向机器提出要求,变为机器智能自行生产转变,使得产品的制造更简单,更高效,更个性化。

(2) 形成智能生产服务系统的核心技术

① 智能制造装备技术。智能制造装备是实现智能定制化的生产的基础"工人"。目前,智能制造装备的前沿是3D打印装备和高端智能制造机床。以3D打印为例,产品是通过将三维数字模型分层切片,逐层叠加熔化材料(如塑料、金属等)制造而成的,这种技术称为增材制造。生产这些产品使用的是动力金属、塑料液滴和其他材料——是新材料类似于激光打印机的色粉盒。这一技术可在不使用任何工具或固定装置的情况下制造消费者个性化需要的物品,同时在制造过程还不会产生任何废料,也不会因为产品复杂而产生额外费用。高端智能制造机床实际上是一个超级一体化智能制造中心,它甚至可以成为一个智慧全自动制造工厂。

② 嵌入式电子、智能系统与软件控制。智能化生产系统及过程,以及网络分布式生产设施的实现需要嵌入式电子、智能系统与软件控制的帮助。它们是

智能制造装备的"指挥"。未来，各个工厂将具备统一的装备、电器和通信标准。以物联网和服务互联网为基础，配备有感测器、无线和 RFID 通信技术的智能制造设备可以对生产过程进行智能化生产与监控。由此，智能工厂能够自行运转，且工厂间零件与机器可以相互交换信息，修正各自行为保持高度匹配，同时还可以结合大数据技术，对正在进行的生产与调整做出有效的提示。

③ 智能定制生产与在线控制体系。智能定制生产体系需要操作系统，这就是与通过基础设施如互联网技术，大数据技术等综合而成的软件控制系统。这个系统是智能制造设备运行的前提也是运行质量的"监控者"。操作系统是软件，是智能工厂、智能装备、智能生产的核心，决定了生产的效率与生产的安全性。操作系统需要根据每个在制产品承载的整个供应链和生命周期中所需的各种信息，对其进行生产加工与服务的自组织优化调整，使所生产的产品本身是智能产品也是消费者个性化需要的产品或服务。此外，这个系统还能够辅助操作步骤与监测周围环境，实现生产的自我调整，透明化生产和个性化制造。

④ 资源与产品、服务配送技术与系统。未来，"配送系统"将与定位技术结合得更加紧密，实现资源与产品服务的运转监管，进而实现零库存，以及实时响应的供应链系统。这一系统是物联网的进一步运用，可以帮助监控实物的具体数据，运输的具体位置，实现实时生产，智慧快速送达的目标。与之对应，未来的交通系统也会受其影响，产生相应的革新。[①]

以上所列举的一些新技术新方式现在与未来的发展变化，一定对未来全球产业分工、产业与企业发展产生的重大影响，企业家必须关注与深刻研究。

三、巨变时代已经来临

今天的变化会影响未来的事物发展吗？我认为是会的，越是大的变化对未来事物发展的影响就越大。问题是今天至未来一段时间是否有巨大的变局，以至于我们要讨论未来的管理。那么，现在的问题是未来会不会发生巨大的变化？如果有巨大的变化，我们的企业是不是也要发生变化？因此，我们要讨论的就是未来新的范式会不会产生？如果有新的范式产生的话，可能巨变时代真的到来了。

（一）巨变的核心：新的生产方式产生

巨变正在发生，新的时代已经来临，且必将影响即将到来的未来。为什么这

---

① 芮明杰著：《双循环核心：建立有强大国际竞争力的现代产业体系》，《上海经济》2021 年第 1 期。

么说呢？从当下社会经济政治的宏观层面上看变局已经开始，从各方面的数据中可以判断，2018年开始的中美贸易摩擦不断升级导致时下全球经济衰退在加大，全球产业体系产业链正在或面临分裂可能，而以人工智能、大数据、5G通信、互联网信息技术、基因编辑、区块链等新技术的快速发展导致新一轮科技革命爆发的可能或导致所谓数智产业革命爆发的可能；另一方面由于各国国家利益导向变化使全球地缘政治发生可能大的变化等等，在这样的背景下，未来的人类社会发展可能完全不同于今天的人类社会发展的状况。

从微观角度上观察，导致未来巨变的核心是新的生产方式已经产生了，并且在不断地发展成熟，新的生产方式必然影响未来，甚至要改变未来。新的生产方式是什么呢？可以称为"互联网平台为支撑的智能化规模定制生产方式"。[①] 这一生产方式本质是创造一种为消费者个性化消费生产服务且可以大规模进行的全新模式，它不同于现今占主导地位的生产方式。现在的生产方式是机器生产机器，是大规模、大批量、标准化生产，这一生产方式的普及与应用，导致了人类社会的财富、价廉物美的消费品等大规模涌现，改变了人类社会的物质世界，同时也推进了人类文明与精神世界的发展，应该说前两次工业化的核心就是确立了这一生产方式的主导地位，最为代表的就是美国，大规模、大批量、标准化生产方式不仅应用于工业生产，还广泛地应用于农业与服务业，例如现代化大农场、连锁超市、连锁餐饮、连锁咖啡等，取得巨大的服务人群和经济效益。工业化的这一主导生产方式导致了人类社会发生了前所未有的巨大发展。

相对于农业时代的小生产生产方式，大规模大批量标准化生产方式曾经就是人类社会巨大进步的核心。但在今天，它已经不能适应时下与未来消费者的个性化为代表的消费需求变化，因为供应者应该是精准为消费者生产服务，而不是生产出来一些标准产品供消费者选择，消费者只能选合适的或选不到合适的就将就用之。更重要的是此新生产方式有诸多优势，例如：(1) 定制生产是供求直接结合，不产生库存，交易成本下降，可以避免供求不均衡的资源浪费；在大数据的分析判断下，可以让产品最大限度满足消费者需求，增加幸福感和价值获得。(2) 智能生产技术下可以实现生产效率更高，资源更加节约，如有人论证3D打印个性定制产品表现在原材料使用仅为传统生产方式的1/10；加上规模化定制技术的实现，可以预计生产服务总成本不断降低，资源配置效率更高。

从另一个方面来看，人类发展到了今天，收入水平与财富状况已经导致越来越多的人希望而且可以按照个性化的消费来满足自己的消费偏好与欲望。在这

---

① 芮明杰等著：《新经济、新企业、新管理》，上海人民出版社2002年版。

样的消费变化趋势下,新的生产方式就必然会产生。一旦产生与发展,这就是一个伟大的转变,是对人类消费需求的精准满足、是生活高质量开始的全新的生产方式。事实上目前我国制造业中一些行业和领先的企业如服装行业已经开始了这种生产方式的转换,山东青岛红领集团实施的大规模服装定制生产目前已经在我国服装行业中有口皆碑,是开始探索运用规模定制生产方式的标杆。

(二) 新生产方式的未来载体

互联网平台为支撑的智能化规模定制生产方式的有效运行依赖全新的生产服务供给体系,这是新的载体也是未来企业构造的重要的内在逻辑。这一载体我称为"数字智能化生产服务体系",见图 5-6。

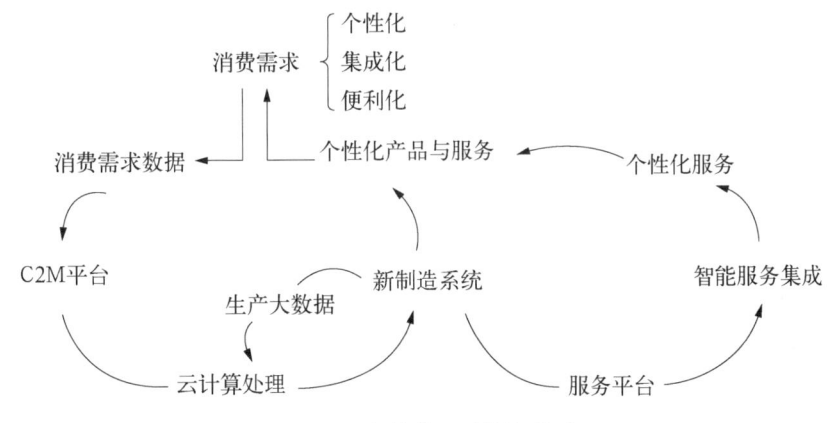

图 5-6 智能化生产服务体系

1. 消费者个性化需求的精确把握

由于消费者众多,每个人的需求不同导致需求的具体信息也不同,加上需求的不断变化,就构成了海量的消费者消费偏好、消费行为、消费心理、收入变化、价值理念等一系列大数据。这些海量的数据搜寻、收集、交换、传递与互联网、互联网平台分不开,也与其他数据收集设备的发展与互联密切相关。通过特定算法、云计算对这些海量数据进行分析处理,精准把握消费者个性化消费的产品与服务需求,进而自动传递给智能工厂和智能设备,进行运算,设备调整,材料准备与自动加工等步骤,生产出符合个性化需求的数字智能产品并可以通过工业互联网平台获得智能服务。[1]

---

[1] 芮明杰著:《新制造的本质及其未来发展》,《人民论坛》2021 年第 692 期。

2. 消费性大数据与生产性大数据处理的结合

上述过程中,消费者需求与行为产生的大数据除了通过互联网平台反馈至生产设备进行数据处理,开展个性化产品定制生产的同时,还将对这智能化生产本身进行进一步的调控,即上一轮智能生产所产生的数据(工业数据)同样经过快速处理、传递,反馈至下一轮智能生产过程及其涉及的产业链的链条中,从而使得生产过程可以不断优化以高品质进行。随着个性化规模定制生产的推进,产品生产所涉及的自然环境因素,突发因素,设备条件等变量会进一步增多,这些因素对整个生产带来的影响会被放大。例如,在过去的产品生产过程中,设备多次使用运行会导致磨损,而磨损本身会使下一轮产品的品质发生一定的变化。因此通过信息数据处理技术及互联技术,智能生产过程中的这些因素才能被精确控制,从而真正实现生产的智能化。

德国"工业4.0"与美国"CPS"所规划的战略方向与现实的推进努力,就是希望通过工厂层面的设备智能互联形成智能工厂,进行更广泛的产业链协作,实现消费大数据与工业大数据融合一体化处理,从而使得智能制造设备根据处理后的信息,进行判断、分析、自我调整、自动驱动生产加工、品质保持,直至最后的产出,使定制产品也能够不断优化为消费者创造更高的价值。可以说,智能工厂已经为最终的制造业大规模定制生产做好了准备。

3. 新生产方式的创新技术准备

例如,工业互联网介入到生产制造过程,可以对整个生产过程进行即时优化。智能装备研制形成智能工厂、形成具有自组织功能的定制流水线或分布式的3D打印技术等都是为个性化、规模化定制生产创造了条件。而大数据分析技术通过对客户需求大数据收集、分析判断,对客户消费偏好的把握,以及客户生产过程的参与,迅速调整生产方式来实施快速的定制。此外,5G的应用导致了基础通信发生了巨大的变化,智能定制生产线上的设备可以快速进行自组织调整生产。再比如说,为了提高智能制造、智能设备、智能过程、智能产品的自组织能力,AI研究及其应用已经深入展开。除此之外,人机协调开始了计算机与人脑的新型链接,这种生产协调和控制的新的方式的变化,都是为新的生产方式的变革和推进产生作用。智慧型供应链、区块链技术、信任交易技术等的发展都为生产方式和组织提供了一种技术上的准备。可以说现在很多的数字智能等技术创新与变革,都为新的生产方式所产生的这种巨变奠定了技术层面上的实现基础。

(三)巨变的支持：新型生产组织形态

1. 生产组织方式的变化

生产方式的变化必然导致生产组织形态的变化。这种新的生产组织形态(生产与流通的组织形态)将其归纳为："分散生产，就地销售"。而对应于传统的大规模大批量标准化生产方式，现今的生产组织形态可以归纳为"集中生产，全球分销"；即企业从事产品生产先是要买一块土地盖上厂房，然后到全世界购买原料，运送过来，进行大规模大批量标准化生产后，再运送到全世界各国市场上进行销售，并准备进行当地化的售后服务。这样的生产与分销需要全球来往运输，企业的运输成本很大，而且交通工具的排放直接污染环境，耗费许多额外资源；另一方面，消费者搜寻这些产品与服务的信息与交易成本也很大。对应新的生产方式，新的生产组织形态则是"分散生产，就地销售"，它不需要今天这样的工厂，只需要 3D 打印机或智能定制终端等这样的生产点，就可以真正做到在消费者家门口生产、配送与服务，即"销地产"。而且，智能生产地点的工作者也不需要集中某地工作，只需要有相应的互联终端设备，就可以在家中完成工作。

2. 新的生产组织形态

新的生产组织形态大致上三大类，一类就是我们现在所谓的大规模大批量标准化生产方式相应的智能化组织形态，这种生产组织形态是在智能工厂里面进行的，所有的设备都是甚至可以是无人工厂，所有的设备它可以自我调节，根据输入的信息来进行及时的调整生产，有相应的智慧供应链、工业互联网、信息通信技术配合支持。第二类就是目前与正在发展的初级智能化个性化定制化生产方式相应的生产组织形态，我称为模块化分工与集成的组织形态。目前由于智能化程度不高，所以现今的规模定制化生产与组织，通常采用对产品进行模块化分工，然后按照消费者个性化要求进行模块集成的方式来实现初步有限的个性化规模定制。新型服装企业做定制，就是如此进行生产组织的，先将服装按照领、袖、颜色、面料、款式等一系列模块分工，然后按照消费者不同的个性需求进行集成与服务。第三类就是以 3D 打印生产与服务为代表的生产服务组织形态，它必然依托网络平台开展 C2M，直接取消过去的中间销售流通环节，直接进行就地个性化智能生产服务，这样的新型生产组织形态，可以叫作"网络平台＋无边界"生产组织形态。显然这样的形态也已经开始诞生发展起来了。

3. 制造业主流制造模式变化

为了适应定制化的消费模式与生产模式，新的制造业主流制造模式也将会相应从削减式制造转变为添加式制造。现在制造业的制造模式是削减式制造，即先铸造毛坯,然后进行切削加工,最后形成零部件或产品。这种制造方式反应慢,生产线固定,且原料容易浪费。

而以 3D 打印机为代表的数字化叠加式制造是快速成型的制造模式,可以将有形产品一层一层叠加"打印"出来,而且完全可以按照消费者要求设计然后特别生产出来,它是个性化生产制造的一种重要模式,属于前面说的新的生产方式范畴。这样的制造模式变革不仅涉及制造母机的根本性变化,还涉及"打印"材料等方面的重大革命。它既可以大大节约材料、能源,又使得仓储与物流运输得到大量节约,降低排放降低环境污染。未来 3D 打印的生产制造模式,虽然它不能替代所有的个性化生产制造模式,但它一定是一种非常重要的模式。3D 打印现在的问题主要是在打印的材料准备、加工的精度和速度方面,这些问题的解决还有待技术上进一步突破。[①]

(四) 巨变的基础:全球消费者个性化时代已经到来

生产的目的是适应消费。所有生产方式的伟大变革都是为消费方式的巨大变化或真正改变现行消费方式而准备的。新的生产方式的产生是因为全球消费者个性化时代已经或将要到来。显然个性化消费广泛展开的基础就是在于全世界的财富、人均收入水平不断在增长,普罗大众有条件开始追求自己的个性化消费,可以断定未来的人类社会一定就是消费者个性化的时代。那么未来社会如何满足消费者个性化的消费呢?我认为有两个非常重要的条件。第一,供应者能够精准生产提供符合消费者个性偏好的产品或服务。第二,社会提供消费者可以个性化消费的空间与过程。这两个条件缺一不可。不是说谁有钱就可以买到个性化的产品,还需要社会做好这样一个准备,提供个性化消费的空间与过程。

由于消费者众多且每个人需求不同,就导致了每个消费者的需求的具体信息数据也不同。从这个意义上来讲,消费需求的不断变化构成了供应商所需要的大数据,对这些数据进行处理,把它传递到智能设备进行运算、设备调整、材料准备步骤,才能生产出符合个性化要求的智能产品。随着消费者个性化的发展,新技术革命将可能导致生产的同时就是消费,消费的同时就是生产。消费者可以自行安装太阳能发电板,实现能源自给自足,消费者可以买一部家用 3D 打印机,食品制造可以自给自足,生活用具可以自己设计,还可以通过互联网与云计算在家里办公等等,在这样一种条件下,企业可能要发生重大的变化,管理也要发生巨大的变化,其他如城市交通中为上下班而准备线路班次,进而道路交通方

---

① [德] 奥拓·布劳克曼著:《智能制造:未来工业模式和业态的颠覆与重构》,机械工业出版社 2016 年版。

式、交通工具、能源消耗、城市的管理可能都要发生重大的变化。未来的管理必然与今日之管理不同。

(五) 人工智能技术进步加速

人工智能是研究、开发用于模拟、延伸和扩展人类智能的理论、方法、技术及应用的一门科学技术,现在通常泛指为通过计算机计算、数据分析、神经网络科学等技术手段,使机器具备感知、分析、推理和决策等类人类智能的能力,进而使这样机器可以代替人类认知、分析、识别和决策等脑力活动,同时高质量高速度地控制完成人的物理技能所不能完成的生产或服务。目前来说人工智能如ChatGPT这样的生成式大模型还是处在对人类思维过程和人类意识的近似模拟之中。尽管如此,人工智能在人类社会各领域中渗透率已经显著提升,从语音控制、人脸识别、OCR等单点应用,到生产流程、产品、信息消费和服务业的智能化、高附加值创造,文本生产、美图绘画等都可以看到人工智能的杰作;作为一种通用技术,人工智能也已经在医疗、金融、安防、教育、交通、物流等多个领域渗透,开始实现了新业态、新模式和新产品的突破式应用,成为推动经济社会发展的强大引擎[1]。AI近年来在以下三个方面的巨大进步,令人惊奇或震惊的进步。

1. 以ChatGPT、Sora为代表的生成式大模型

ChatGPT(Chat Generative Pre-trained Transformer)是美国OpenAI公司于2022年11月30日正式推出的一种人工智能技术驱动的自然语言处理模型,拥有语言理解和文本生成能力,尤其是它会通过连接大量的语料库来训练模型自己,这些语料库包含了真实世界中的人们对话和文本资料,使得ChatGPT具备上知天文下知地理,还能根据聊天的上下文进行互动的能力,做到与真正人类几乎无异的聊天实现相互交流。该大模型一经发布就以其强大的功能引起全世界的瞩目,因为它能够基于在预训练阶段扫描的数据文本、模式和统计规律等来生成回答,能够快速根据问答的上下文进行互动,甚至还按照使用者的要求能完成撰写邮件、视频脚本、文案、翻译、代码,写论文等任务,其写出来程序代码可以媲美资深程序员,其绘制图画十分美丽大气,撰写的论文逻辑合理文笔顺畅,难以辨别真伪。Sora模型是OpenAI 2024年初推出的一款先进的文本到视频生成模型。它能够根据用户输入的文本描述,生成长达一分钟的高质量视频内容。这项技术的出现,不仅展示了AI在理解和模拟现实世界场景方面的巨大潜力,也为视频创作、广告制作、教育培训等多个领域带来了全新的创作方式。

---

[1] 王战、郭进著:《人工智能与新一轮科技革命》,上海人民出版社2023年版。

2. 元宇宙

元宇宙究竟是什么，学者们一直争论至今没有一个统一的定义。2022年9月13日，我国全国科学技术名词审定委员会举行元宇宙及核心术语概念研讨会，与会专家学者经过深入研讨，对"元宇宙"等3个核心概念的名称、释义形成共识——"元宇宙"英文为"Metaverse"，释义为"人类运用数字技术构建的，由现实世界映射或超越现实世界，可与现实世界交互的虚拟世界"。根据此定义，所谓元宇宙就是对现实世界的虚拟化、交互化过程，具体是通过对内容生产、场景状况、用户体验以及实体世界内容等进行大量改造后形成一个超越现实世界的虚拟世界。这样的元宇宙及其发展具有巨大的应用前景和商业机会。

3. 脑机接口

脑机接口有时也称作"大脑端口"（Direct Neural Interface）或者"脑机融合感知"（Brain-machine Interface），它是在人或动物脑（或者脑细胞的培养物）与外部设备间建立的直接连接通路。此通路有两类：一类是单向衔接，一类是双向衔接。在单向脑机衔接的情况下，外部装置只能或者接受脑传来的命令，或者只能发送信号到脑（例如视频重建），不能同时发送和接收信号。双向脑机衔接则允许脑和外部装置间进行双向信息交换。目前的脑机衔接主要用于人的神经修复，通过在人脑内设置的脑内装置使之与外部建立联系，然后外部装置发送神经信号至人脑内，刺激人脑相应神经使之恢复视觉、听觉、运动能力和认知能力。例如马斯克就专门成立了一家脑机接口公司 Neuralink，致力于将人脑和计算机相连，通过给人脑植入芯片与计算机建立联系，可以增强人类大脑的计算和记忆能力，并治疗疾病。2023年6月，Neuralink 获得了美国食品药品监督管理局的批准，得以进行人体临床试验，计划在一名四肢瘫痪或截肢的患者身上植入一个设备，以恢复患者的四肢运动功能。目前正在开展的脑机接口研究是利用人的脑机接口，通过特定频率的神经电刺激对大脑进行干预，从而帮助学生实现对正确科学知识的认知、强化记忆力等目标。可以预见未来脑机接口技术能够发展出无线、无切口的间接链接，从而极大地便利人类显性知识和隐性知识的传递，并对其智力、学习能力产生深远影响。

4. 人工智能应用前景极为广泛

图5-7展示人工智能的产业链，其中包括基础支撑、关键技术及应用场景。基础支撑指的是芯片、传感器、数据服务和云计算等计算机基础设施服务，以满足人工智能所需要的计算性能。而人工智能的关键技术发展主要方面有：一是语音识别和自然语言处理；二是机器学习和数据分析；三是计算视觉图像分析；四是自动化和智能控制；五是智能助手和虚拟人物；六是聊天机器人和语音助手；七是智能推荐和个性化设置等。产业链下游的应用场景方面，人工智能技术

在诸多方面的应用促进了我国经济、产业高质量发展，2022年7月29日科技部等六部门专门印发了《关于加快场景创新以人工智能高水平应用促进经济高质量发展的指导意见》，特别"鼓励在制造、农业、物流、金融、商务、家居等重点行业深入挖掘人工智能技术应用场景，促进智能经济高端高效发展。制造领域优先探索工业大脑、机器人协助制造、机器视觉工业检测、设备互联管理等智能场景。农业领域优先探索农机卫星导航自动驾驶作业、农业地理信息引擎、网约农机、橡胶树割胶、智能农场、产业链数字化管理、无人机植保、农业生产物联监测、农产品质量安全管控等智能场景。物流领域优先探索机器人分流分拣、物料搬运、智能立体仓储以及追溯终端等智能场景。金融领域优先探索大数据金融风控、企业智能征信、智能反欺诈等智能场景。商务领域优先探索多人在线协同会议、线上会展、盘点结算等智能场景。家居领域优先探索家庭智慧互联、建筑智能监测、产品在线设计等智能场景。消费领域积极探索无人货柜零售、无人超市、智慧导购等新兴场景。交通运输领域优先探索自动驾驶和智能航运技术在园区内运输、摆渡接驳、智能配送、货车编队行驶、港区集装箱运输、港区智能作业、船舶自主航行等方面的智能应用场景"①。

基础支撑	• 芯片：CPU、FPGA等加速硬件与神经网络芯片 • 传感器：对环境、动作、图像等内容的智能感知 • 数据服务：数据挖掘、监测、交易等 • 云计算：以分布式网络为基础，提高交易效率
关键技术	• 机器学习：以深度学习、增强学习等算法为主，提高计算性能 • 计算机视觉：静动态图像识别与处理，目标的识别、测量和计算 • 语音及自然语言处理：基于数据化和框架化，对语言的收集处理
应用场景	• 工业机器人、服务机器人、个人助手…… • 智能金融、智能医疗、智能教育、智能家居…… • 电商零售、可穿戴设备、智能驾驶、智能安防……

图5-7 人工智能的产业链

扩展阅读

对未来管理的预见

---

① 王战、郭进著：《人工智能与新一轮科技革命》，上海人民出版社2023年版。

第二篇 | 先 决

谋定而后动，知止而有得。

——《孙子·计篇》

第六章
战略定位

> 凡事预则立,不预则废。
>
> ——《礼记·中庸》

数智时代的企业与企业家面对的是一个瞬息万变、充满不确定性的全球市场;科学技术进步极快,人工智能、数字经济、量子计算、新能源技术等等已经或正在深刻影响人类社会发展和人类的生活;半导体芯片产业、机器人产业、太空产业、新一代互联网产业等为代表新兴高科技产业不断以前所未有的快节奏实现升级和更迭;全球地缘政治变化导致经济全球化、产业链、价值链和供应链全球一体化分布状况正在发生变化,全球贸易保护主义抬头;等等。所有这一切的变化既在意料之外又在意料之中,世界总是要变化的,未来总是不确定的,因此在这样巨变的环境下,企业家如何才能领导企业成功地生存和发展,关键在于企业家是否能够以全新的思维和认知,探寻建立适应于企业未来的新方向新战略新道路,以取代以往行之有效的战略和既有的传统成长模式。今天的企业可能很少没有战略规划,然而战略对于企业成长与发展的意义究竟有多大,并不是所有的企业家和企业领导人能够认识到的,也并不是所有的企业家和企业领导人能够认识到今天的变化与过去的变化究竟有什么不同,什么样的变化才需要企业改变过去的战略和发展模式。企业家与其他的人一样,总是愿意相信自己过去成功的模式和经验可以应对未来的挑战,因为创新性探寻数智时代企业发展新战略既困难也痛苦。

一、战略新认知

所谓企业战略是指在对现在与未来中长期影响企业因素的把握下,对企未来的成长发展的方向、道路、模式和策略的谋划。从这个定义来看,企业战略的设定一是需要对现在与未来影响企业的诸多中长期因素进行分析研究,去伪存真找到影响的关键因素,其中所谓中长期是时间的概念,至少5～10年;二是要在前述基础上进行高瞻远瞩的谋划,其中包括方向道路、模式与主要对策措施。这个谋划应该是企业行动的出发点,也是企业未来持续行动应该达到的目标。然而这两项工作是十分困难的,其中尤其是对企业未来的发展方向、道路、模式的谋划十分困难,因为未来经济、社会、政策等变化的不确定性太大,而企业家对未来的认知以及对企业战略本身的认知未必没有偏差。

(一) 对战略认知的六大误区

现实中企业的许多危机究其根本大都在于企业战略的失误,在于企业家对战略认知的偏差以及最终战略执行的失策。其中,企业家对企业战略的认知偏差是最为关键,因为对战略认知不足,自然就会导致之后战略不执行或执行的失当。企业家常见的对企业战略认知的偏差可以概括为以下六个方面:

1. "应景式"认知偏差

对企业战略和战略制定不重视,认为战略这种企业未来谋划是不可靠的,认为未来的变化谁也不知道,甚至认为战略太"虚"还不如企业计划来得实在,所以即便制定了战略,也只是应个景,往往只是做个样子给投资者或利益相关者看的,或者是"写在纸上,挂在墙上"但不去实施的奋斗目标或豪言壮语。

2. "一蹴而就"认知偏差

对战略有过高的期盼,以为一旦战略制定,企业就能够一蹴而就地超速发展、超常规成长。在确立战略目标或投资进入新的产业领域时,往往抱着"我想要实现什么,就一定能够实现什么"的理想化想法,从来不考虑竞争对手,也不考虑自身资源条件和现在未来环境的变化。甚至忽视战略制定后,企业所需要的持续扎实的战略推进行动,需要继续审时度势应对变化的市场和技术的进步。

3. 导向认知偏差

战略虽然是企业未来发展的谋划,但这个谋划也不是可以随心所欲,它首先受制于企业本身的定位即企业的愿景。愿景是企业战略的导向,愿景是企业作为一个整体所要回答的核心问题:"我们想成为什么?"它反映了企业家、管理者、员工等对自己未来的憧憬。愿景反映了企业利益共同体的一致追求,它可使员工的精神境界从单调的日常工作中得到升华。愿景也向员工指明了超越个人、局部和暂时需求的整体和持久的发展方向。它促使企业中不同层级、不同代的人们建立共同的目标和价值观。德鲁克(P. Drucker)曾经说过，建立一个明确的愿景是"战略家的首要责任"。企业明确的愿景及其所产生的内在驱动力对于战略的制定、实施与评价都至关重要。然而，确定和传播明确的企业愿景作为企业家最重要的任务之一，却往往在战略运作的实践中被忽视。许多企业往往没有明确的愿景目标，即使有的话也往往随意找一个时髦的名词出现在战略方案中，企业家并不知道自己的企业未来究竟要成为什么样的企业，究竟要到哪里去。

4. 系统性认知偏差

企业战略包含的内容其实是多元的，有层级的，具有一定的体系。从战略的层级来看，就可以把战略划分为公司战略(Corporate Strategy)、业务战略(Business Strategy)以及职能战略(Functional Strategy)等不同的层面，每一个层面都有不同侧重的战略管理核心问题，但每个层面上下承接相互关联体现了战略的整体性和系统性。其中，公司战略就是企业的总体战略，业务战略则是企业业务发展的具体战略，而职能战略则是企业职能部门响应或配合企业总体战略的部门战略举措。如果只有企业总的战略，缺乏其他的设定与配合，总体战略的实施以及实施效果的获得就会困难重重。

5. 迷恋教科书认知偏差

战略定位就是战略选择，不同的企业根据自身的资源状况以及所处产业、市场、技术等之中的状况，选择不同的战略。这样的选择不是套用教科书上所提供的基本战略之中的一个战略就算完成，如果这样的话企业家的战略选择太简单了，教科书给出基本战略是学者们研究过去企业战略事件的一般归纳，有一定科学性，但不见得适合一个个现实中不同状况的企业。企业家可以把教科书的战略类型作为思考的起点和选择参考，但更重要的是在此基础上深入研究现实、研究未来、分析自我，进行创造性思维找到自己独特的未来发展方向和道路。

6. 迷信竞争认知偏差

在企业成长过程中，人们常常引用和被广泛接受的一句话是：商场如战场。于是竞争就成了企业战略思考的出发点，为了企业的生存与发展就必须打败竞争对手，确立自己在市场上的竞争优势。竞争其实只是企业的一种手段而不是目的，单纯为竞争而竞争或者是消灭竞争对手，并不是企业战略的真谛。现实已经证明企业间的合作竞争一定优于企业间的不合作竞争，有合作有竞争是今天企业战略定位的基本思路，企业战略的制定、实施和评价的出发点不是为了消灭竞争对手，而应该是携手共进为社会和企业创造更大的价值，在此前提下也只是为了超越竞争对手。

(二) 树立战略管理新观念

数智时代是战略制胜的时代,新的时代需要新的战略思维、新的战略模式。一个明确的战略是企业成长和发展的基本前提。战略是企业前进的方向,方向正确,意味着企业所投入的资源和努力将会达到事半功倍的效果。战略上领先,意味着企业比竞争对手具有更大的机会抢占市场先机,把握产业全局,从而使自己的发展进入一个良性循环的局面。因此反过来讲,一个企业可以有任何失误,但绝对不能犯战略性错误,出现战略上的落后。打个形象的比喻,瞬息万变的外部环境使得企业之间的竞争历程越来越像是由一场场的百米短跑所组成,战略领先意味着起跑阶段速度的领先,而如果起步阶段落后了,后面的努力再多,往往也难以赶超。因此,面对更为复杂和充满不确定性的巨变时代,企业家与企业必须从战略误区中走出来,树立战略新观念,才能保证企业的长期生存和发展。

1. 战略首先是创造性思维的产物

战略的精髓在于创新,不存在包罗万象的、公式化的企业战略。正如哈默和普拉哈拉德所指出的,"一个企业若要增强其领先地位,最根本的办法就是不断赋予领先地位以新意"。[①] 好的战略总是独特的、个性化的,而这需要企业创造性地去思考、创造性地去行动。这方面的例证有很多。比如,改革开放初期,联合利华(Unilever)在刚刚进入中国市场时所采用的"借鸡生蛋"品牌战略。即初期借用中方相对成熟的品牌拓展市场,同时逐步培育起自己的新品牌以替代,最终在中国市场实现自己的战略目标。

2. 战略是对环境中根本性变化的积极反思

企业家的重要作用就是正确判断环境中的根本性变化,但这一判断很难科学化、定量化。英特尔公司原总裁安德鲁·葛洛夫曾以"战略转折点"的概念对这一种根本性变化作过经验性的描述。所谓战略转折点是指外部环境将要发生根本性的变化,同时企业的根基所在也即将发生逆转的时刻。在这一时刻,现有战略依然有效,企业业绩仍在上升时,但企业家必须就战略转移做出选择。这在技术进步剧烈的数字智能时代,尤其如此。在战略转折点上,旧的战略模式要被新的战略模式所代替,此时企业的发展也会面临重大考验。这种变化可能意味着企业有机会上升到新的高度,也可能预示着衰败的开始。如果不能够对数智时代环境中的根本性转变做出及时反应,那么就可能使企业陷入不可逆转的下滑局面。因此,成功的战略总是企业家对环境中根本性变化做出积极反思的结果。

[①] [美]加里·哈默尔、[印]C.K.普拉哈拉德著:《竞争大未来》,昆仑出版社1998年版,第20页。

3. 战略是理性和直觉结合的结果

战略设定可以被描述为是进行企业重大决策的一种客观的、逻辑的和系统的过程,旨在通过对定性的和定量的信息数据进行组织,以便在不确定的条件下做出有效决策。然而,战略设定不是一种可以采用精密、明晰、一加一等于二式的方法的纯粹科学方法可以完成的。企业家的直觉对于制定良好的战略至关重要。在具有很大不确定性或所做的事情没有先例的情况下,以往的经验、判断和感觉,先知先觉的认知状况对于战略决策尤为有用。因为在存在高度相关变量的情况下,当企业家就决策是否正确面对巨大压力时,以及必须在信息数据不充分的情况下就数种可行战略方案做出选择时,单纯的直觉判断往往显得捉襟见肘。而解决上述问题,取决于企业家对直觉与理性分析的有效的结合。众多案例表明,在制定战略时,正式的程序化分析和企业家的认知、悟性和果敢相结合,是正确的方式方法,二者不可偏废。

4. 战略是资源条件、顾客需求和市场竞争趋势综合的结果

任何企业战略的构想均须考虑三个重要方面:资源条件、顾客需求和竞争趋势。这三个方面可以用"战略3C"来概括,即公司(企业)自身(Corporation)、顾客(Customer)和竞争对手(Competitor),可以将其合称为"战略三角形"[①]。从战略三角形的逻辑来看,战略家的任务是要在决定经营成功的关键因素上取得相对于竞争对手优势的同时,还必须有把握使公司的力量能和某一确定市场的需求相适应。使市场需要与公司目的彼此协调,这对建立持续稳定的良性关系是必不可少的,否则,公司的长期活力可能将处于危险之中。日本著名的战略管理学者伊丹敬之指出,优秀的战略应该是"适应性战略",即要求战略内容与战略环境之间形成的"适应"关系。具体来讲,战略要与外部环境、资源状况和企业组织三个因素相适应。环境是企业的外部要素,包括技术、顾客、竞争三个变量;而资源和组织则是企业的内部要素。上述三种彼此间的适应关系缺一不可。根据"战略3C"的观点,所谓战略,其实就是资源条件、顾客需求和竞争趋势综合的结果,即一个公司(企业)在运用自己的有关实力来更好地满足顾客需要的同时,将尽力使其自身有效地区别于竞争对手。只有在战略与环境、组织和资源相互呼应、彼此契合时,企业战略才会变得可行。

5. 愿景是企业战略的先导

从外部环境看,技术创新加剧,国际竞争激烈,顾客需求日益多样化,不确定性对企业管理的挑战越来越大;从内部环境看,员工素质普遍提高、自我发展意

---

① [日]大前研一著:《企业家的战略头脑》,三联书店1986年版,第75-76页。

识日渐增强,组织趋向扁平化和弹性化等,这些都使得传统的战略管理范式面临挑战。时下,企业明确的宗旨或使命对战略管理的重要性进一步增强。而企业的共同愿景体现了企业的宗旨或使命,促进企业员工保持核心价值和核心使命不变,同时又使经营目标、战略与行动适应变化的环境,推动企业不断自我革新并取得长期优秀业绩。构建与贯彻有效的企业愿景则是企业战略选择与成功实施的关键先导。

6. 战略应使企业员工易于理解

真正的战略绝不仅仅是写给企业高层看的一份上百页的报告或计划,它应该明确、清晰、易懂,并成为使企业上下达成共识、激发员工积极性的重要工具。所以有人非常形象地说,如果一个企业不能把战略简明扼要地表现在一张纸或一个表上,那它就没有真正的战略。战略成功并不是来自详尽的战略计划,而是来自明确而雄心勃勃的战略意图以及创造一种团结互动、充满创新精神的企业文化,使员工能够积极主动地参与到战略行动中来,抓住机会来实现这些目标。当企业的战略目标被本企业成员认同之后,它就会成为一种黏合剂,从各方面把企业成员团结起来,在共同认识的基础上,使企业具有一种巨大的向心力和凝聚力。好的战略制定和实施过程应该让全体员工感受到与他们的前途命运、一言一行息息相关,因而才能对企业员工形成一种强大的吸引力,使员工乐于发挥自己的聪明才智,为企业战略目标的实现贡献自己的力量。

(三) 认知战略管理

选择制定正确战略只是领先了一半而已,后一半归结在战略的实施和实施后的评价及调整的过程之中。而这整个过程的有效管理就称为战略管理。企业家不能仅仅制定战略,企业家还要领导战略的有效实施,去实现战略目标。

1. 企业战略管理的过程模型

图 6-1 展示的框架是一种被广泛接受的、综合的战略管理过程模型,它清楚地描述了制定、实施和评价战略的方法,明确了战略管理过程中主要要素间的关系。

(1) 战略制定

明确和制定企业的战略和战略目标是战略管理合乎逻辑的起点。企业通过战略管理的作用,实现自身从现有位置向新的位置的转变。企业将走向何处在很大程度上取决于企业目前正在何处,因为企业现时的处境和条件会决定企业行动的特定路径和过程。因此战略制定的出发点主要表现为以下三个方面:① 企业定位发生了变化或者企业自身希望现有定位发生变化;② 外部环境发

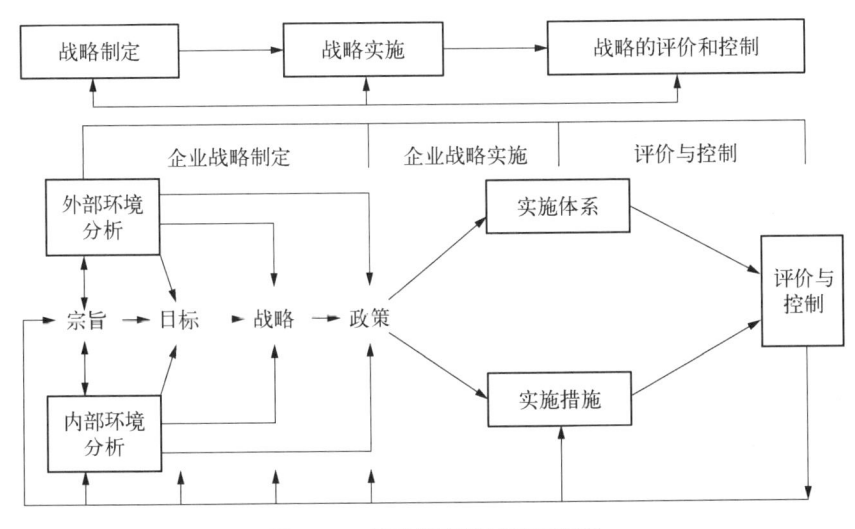

图 6-1 战略管理的过程及框架

生了根本性变化，如数智技术进步的影响、市场需求的转变以及运作模式的更新等，驱使企业做出新的战略选择；③ 企业内部资源条件发生了变化，如企业核心能力的积累水平、领导者风格的变化等。因此，战略的制定就是通过对企业内外环境因素的分析和组合，来确定企业宗旨、目标、方案和政策的过程。

(2) 战略实施

企业的战略方案要通过强有力的战略实施过程才能够得以实现，这需要一个实施计划体系提供保障。这个体系包括：① 中间计划，是介于长期战略行动方案之间的计划，时限期限为1~3年；② 行动方案，是完成某一次性计划的活动和步骤的陈述；③ 预算，以货币表达的行动方案，它体现企业对战略目标的资源投入和资源配置；④ 内部运作和控制程序，规定完成某一特殊行动或任务的步骤和方法。

(3) 战略评价与控制

这是对企业战略实施后进行反馈、评价以及采取必要行动进行控制的过程。其主要内容包括：① 监视和分析企业内外环境的变化，并重新评价企业战略；② 测定和度量企业的表现、成就及问题；③ 就战略实施过程中所出现的问题或意外情况采取必要修正和补充。战略评价和控制所采用的指标包括财务性指标和非财务性指标两大类。财务性指标主要有：① 用销售额、销售量、资产总值测定公司业绩；② 毛利率、纯利润、每元销售利润率等来测定企业效益；③ 投资收益率、自有资本收益率、每股收益等测定企业的资本利用情况。非财务指标则主要包括人力资源投入效率、经济附加值(EVA)、信息系统以及智力资本、客户关系资本等。

整个战略管理过程是动态的和连续的。模型中任何一个要素的变化都可以导致其他要素甚至所有要素的变化。例如,数智技术的变化可构成重大的机会并要求企业改变自己的长期目标和战略,一家主要竞争对手宣布进行战略调整也将要求本企业相应改变自己的战略。因此,战略的制定、实施和评价活动应连续进行,而不只是一年或半年进行一次。同时,在现实中的战略管理过程并不像上述模型所显示的那样界限分明,企业也并不是按部就班地履行这一过程,不同的企业在这一过程中也表现出各自的特点。

2. 战略管理的层次结构

一般来说,企业战略管理要考虑三个层面:总体战略、经营战略与职能战略。

(1) 总体战略

总体战略是企业最高管理层为整个企业确定的长期目标和发展方向。总体战略的主要任务是描述企业总的方向,确定业务组合和业务范围,合理安排和协调各类业务活动在企业总体运营中的比重、作用以及相互关系。

(2) 经营战略

经营战略又称业务战略或竞争战略。即由各业务管理中心根据公司战略决定的业务组合和各业务的地位和发展方向,确定本业务的具体竞争方式和资源使用重点。它通常发生在事业部或产品层次上,重点强调企业产品或服务在某个产业或事业部所处的细分市场中竞争地位的提高。业务战略主要包括以下内容:① 决定本业务对实现总体战略可做出的贡献、业务的发展方向和发展远景;② 本业务活动与企业内其他业务活动的关系,包括需要与企业内其他业务共享的资源种类和共享的活动方面;③ 决定本业务的涵盖范围,包括本业务在业务价值链上的位置和业务活动涉及的价值链长度、业务活动所采用的基本技术类型和技术扩散潜力、主要市场和用户群结构、要求和变化趋势;④ 业务的核心活动方面、基本竞争战略种类以及获得并控制价值的方式;等等。

(3) 职能战略

职能战略又称为职能支持战略,是按照总体战略或业务战略对职能活动发展方向进行的策划,如人力资源部的人力资源开发战略。相对于总体战略和业务战略而言,职能战略的内容要详细、具体得多,其作用在于使业务战略或总体战略的内容得以通过各职能的活动而具体落实,并实现与某特定业务有关的职能之间的协调。考虑的重点是如何最大限度地利用其资源去提高管理的效率,如何建立和培育能力,以给企业或事业部带来竞争优势,从而实现企业和事业部的目标和战略。

在一个企业内部,战略的三个层面是相互依存、相互配合的关系。三种不同层次上的战略及其实施的相互关系如图6-2所示。

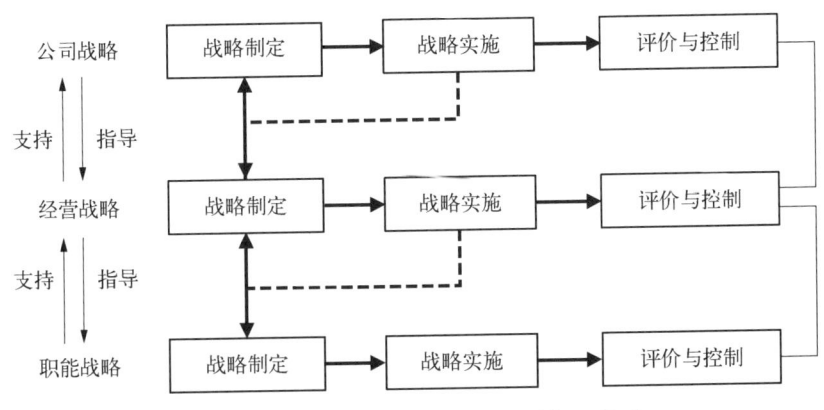

图6-2 战略管理的层次结构及其相互关系

二、制定战略的逻辑

(一)影响企业战略定位的因素

既然企业战略是指在对现在与未来中长期影响企业因素的把握下对企业未来的成长发展的方向、道路、模式和策略的谋划,那么制定战略的逻辑起点自然是对这些中长期影响企业发展的因素进行深入分析,判断其可能给企业未来成长与发展带来的机遇或威胁,认真分析企业自身状况判断究竟适合什么样的发展方向、模式和道路。未来影响企业的诸多中长期因素可以分为两大类:外生性因素和内生性因素。

1. 外生性因素

外生性因素是指发生在企业之外且不受企业干扰的因素,这些因素包括:国际国内的政治因素,如全球地缘政治的变化、政府的更迭、战争和平状况等;国际国内的社会因素,如社会人口数量变化、结构变化、老龄化少子化、社会安全、社会阶层变化、公共服务等。国际国内的科学技术因素,如人工智能进步、数字化状况、宇宙航天技术、量子技术、6G通信、新能源、核聚变技术、软件开源等;国际国内的经济发展因素,如全球经济增长、贸易全球化状况、产业发展、政府经济政策、资本市场、产品市场、供给与消费、收入状况等。这些因素非常多而且互相交织,影响现实中企业的今天与未来的成长与发展。但是由于不同的企业所处的生产领域、所采用的技术、开展的创新、面对的消费者并不相同,所以它们受到这些因素的影响程度和广度并不完全相同,再加上尚有一些"黑天鹅"事件是没有办法事先预见,因此要找到影响自己公司战略的最主要的中长期影响因素有时是比较困难的,需要一些科学的方法和资深的研究人员加持才行。

在所有的外生因素中有一个因素是任何一个企业在进行战略定位时一定要进行深入分析研究的,这就是企业目前所处的产业以及企业未来准备进入的产业。所谓产业实为生产同类产品,或具有相同生产工艺技术,或服务同类顾客的企业的集合。一般而论由于单个企业规模较小故对所处产业影响不大,所以也把产业看作是外生因素,尤其对希望进入的产业而言该产业是企业的外生因素。产业的成长状况与未来趋势、产业的技术发展状况与趋势、产业市场竞争状况以及变化,产业链供应链,产业空间的分布指向,产业的生命周期状况等等都要影响企业的现在与未来发展。迈克尔·波特教授曾经说过,企业成功有个先天的因素,这就是选择了一个可以给企业带来长期盈利的产业,此时即便企业后天的管理不怎么样,企业也没有什么大问题。反之,如果企业选择了一个正在衰落的产业,此时企业即便管理很努力很优秀,但总是处在岌岌可危的状况之中。① 此话是有道理的,说明战略定位过程中对产业的认知和深入的分析,进而选择的重要性。

2. 内生性因素

内生性因素是指属于企业内部的影响企业自身成长与发展的因素。这些因素也是很多,具体来说也有如下几类:

第一,企业的价值观与文化传统。价值观是指企业对世间万物、社会秩序、企业行为方式的看法,也是其在市场上的行为准则,因此这就限制了战略选择的部分空间,有些事战略上可行,但价值观告诉企业不可行。企业文化传统也是如此,一个企业的文化传统对于企业的成长与发展影响很大,会影响到企业家的思维方式、决策风格,影响员工的心智模式和行为,战略选择不得不考虑将来它实施成功的可能性。

第二,企业现有的未来可能持有的资源能力。战略实施是需要资源和能力的,没有资源就等于烧饭没有米,没有能力则等于不会烧饭。企业的资源包括人财物资源、关系资源、数据资源,显然没有这些资源一切发展均是一句空话,而未来究竟能否筹集到战略实施所需的资源是企业家在进行战略选择定位时必须考虑的因素。企业长期从事某个领域的生产经营,会积累经验发展能力,现有的能力特别是核心能力只能对从事某些领域生产经营有支持作用,如果仅仅从能力角度考虑,战略的选择空间也会受约束,但如果不从企业现有能力出发,之后的战略实施起来可能面临重重困难。

---

① [美]迈克尔·波特著:《竞争优势》,华夏出版社2005年版。

第三，企业现有的优势与劣势。企业现有的优势与劣势自然是企业战略选择与定位的出发点之一，因为无论在今天还是在未来的市场竞争中扬长避短自然是企业制胜的策略。企业的优势与劣势影响了企业现在，也会影响企业的未来，正是如此，许多企业家在进行战略选择与制定中均要认真分析自己的优势与劣势究竟何在，希望在未来的战略中发扬优势克服劣势，以己之长克敌之短。不同的企业有不同的优势劣势，有的企业有人才优势，有的企业有技术优势，有的有管理优势，有的企业有营销优势等等，也有许多企业有自己的短板，客观认知企业自身的优势劣势对企业家而言有时是困难的，这叫作当局者迷。更可怕的是有些企业家甚至把自己的短板误认为自己的长处，并以此去筛选发展的方向和道路。此外，当进入一个对企业而言是新产业领域时，原有的优势或许并没有什么支持作用，甚至反而成为思维和行为上的绊脚石。

（二）战略制定的过程

企业战略的制定涉及信息搜集、理性分析以及创造性思考等众多复杂工作和环节，这些工作和环节可以用一个整体性的框架来描述。为方便分析，可以把战略制定的整体框架（Strategy Formulation Framework）分为三个阶段[①]。

1. 信息输入阶段（Information Input Stage）

在第一阶段里，概括了制定战略所需要输入的基本信息数据，这些基本信息数据包括外部环境因素、竞争态势以及内部环境因素等。这一阶段得出的信息数据为战略制定过程中后续的匹配和决策阶段提供了基本的信息数据输入。

第一，外部环境因素分析（External Factors Audit）。外部环境因素分析又称为环境扫描（Environmental Scanning），其主要目的在于确认有限的可以使企业受益的机会和企业应当回避的威胁。即外部分析并不是要列举所有会影响企业经营的因素，而只是要确认那些关键的、值得做出反应的变化因素。战略管理分析所考虑的外部环境因素就是上述四大类加上产业因素：一是经济因素；二是社会、文化、人口和环境因素；三是政治、政府和法律因素；四是技术因素；五是产业竞争因素。这些因素所构成的外部环境及其变化趋势影响着世界上所有的产品、服务、市场和企业。可以使用外部因素评价矩阵（EFE，External Factors Evaluation Matrix）来归纳和评价经济、社会、文化、人口、环境、政治、政府、技术及竞争等方面的信息数据。建立 EFE 矩阵的思路是：列出在外部分析过程中确认的外部因素。因素总数在 10~20 个之间，包括影响企业和其所在产业的各

---

① ［美］弗雷德·R. 戴维著：《战略管理》，经济科学出版社 1998 年版，第 205—206 页。

种机会与威胁。首先列举机会，然后列举威胁。要尽量具体，可能时要采用百分比、比率和对比数字。赋予每个因素以权重，权重标志着该因素对于企业在产业中取得成功的影响的相对大小。确定恰当权重的方法包括对成功的竞争者和不成功的竞争者进行比较，以及通过集体讨论而达成共识。通过归纳和分析，确定出对企业战略制定影响最大的关键外部因素（机会或威胁）。

第二，产业竞争态势分析（Competitive Profile Analysis）。这方面主要是对产业内各种竞争影响因素以及竞争对手情况进行分析，基本内容包括：一是对产业市场结构及竞争对手的情况进行分析；二是确认竞争对手处于劣势的领域，并预测某些战略行动对竞争对手及产业发展产生的影响；三是确认竞争对手可能会采取的将威胁本企业市场地位的举动。竞争态势分析最为常用的工具是波特所提出的"五力"模型（five-forces model），根据该模型，特定产业的竞争性质由如下五种竞争力量所决定：一是产业内现有竞争对手之间的竞争；二是潜在竞争对手的进入威胁；三是替代产品（服务）的威胁；四是卖方（供应商）的讨价还价力量；五是买方（客户）的讨价还价力量。对产业竞争态势分析的结果，可以用竞争态势矩阵（CPM，Competitive Profile Matrix）来加以整理和判断。该矩阵用于确认主要竞争者相对于本企业的战略地位以及这些主要竞争者的特定优势与弱点，即通过列出产业竞争的主要关键因素，确定其不同的权重；列出本企业主要竞争对手，依据产业竞争的关键要素加以对比，判断不同企业间的相对优劣势。

第三，内部因素分析（Internal Factors Audit）。内部因素分析的主要任务在于分析和确定企业内部的资源条件、能力和主要优势和劣势所在，其过程与进行外部环境分析的过程非常类似。确定企业的优势和劣势需要来自整个企业不同层次人员的参与，同时需要收集和吸收有关企业的管理、营销、财务会计、生产作业、研究与开发及计算机信息系统等方面的信息。和外部环境分析相似，内部分析的目标在于找出包括优势与弱点的两方面的关键性因素。对内部分析进行总结的步骤是建立内部因素评价矩阵（IFE，Internal Factors Evaluation Matrix）。这一战略制定工具总结和评价了企业各职能领域的优势与弱点，并为确定和评价这些领域间的关系提供基础。

2. 匹配阶段（Matching Stage）

第二阶段"匹配阶段"通过将关键的内部及外部因素进行排列而集中进行可行备选战略的制定。第二阶段所采用的方法包括：优势—弱点—机会—威胁（SWOT）矩阵、战略地位与行动评价矩阵、波士顿咨询集团（BCG）矩阵等。战略决策者依靠在输入阶段得到的信息而将外部机会和威胁与内部优势和弱点进行匹配。将外部与内部的重要因素相匹配是有效建立备选战略的关键。例如，拥有过剩流动资金(内部优势)的企业可以通过收购有线电视产业的一个企业而得到该产业年增长20%(外部机会)的优势。这一例子反映了一种简单的匹配关系。而在绝大多数场合，实际的外部及内部关系要复杂得多。

3. 决策阶段(Decision Stage)

在第三阶段"决策阶段"中，战略管理者将根据第一阶段"信息输入阶段"分析得出的关键性外部因素和内部因素以及第二阶段"匹配阶段"所产生的备选战略方案，进行综合判断和决策。定量战略计划矩阵(QSPM, Quantitative Strategic Planning Matrix)[①]分析方法可以帮助战略管理者进行决策。QSPM可以揭示和确定各种备选战略或可行战略行动的相对吸引力，进而为选择特定战略提供客观基础。QSPM的基本思路是：首先，在前两个阶段分析的基础上，选择进入最后分析矩阵的关键影响因素(内部的和外部的)以及备选战略。也就是说，并不是所有的关键因素和每一种备选战略都进入最后的分析决策阶段，企业家应该用良好的直觉性判断来选择进入QSPM的因素和战略。其次，根据对关键外部和内部因素的利用和改进程度而确定各战略的相对吸引力。战略组合中各战略的相对吸引力是通过确定各外部及内部关键因素的总体影响而计算出的。备选战略组中各战略吸引力总分和之差，表明了各战略相对于其他战略的可取性。最后，在深入分析、比较和讨论沟通的基础上，确定最终战略方案。

综上所述，整个战略制定的整体框架和阶段可以图6-3来描述。

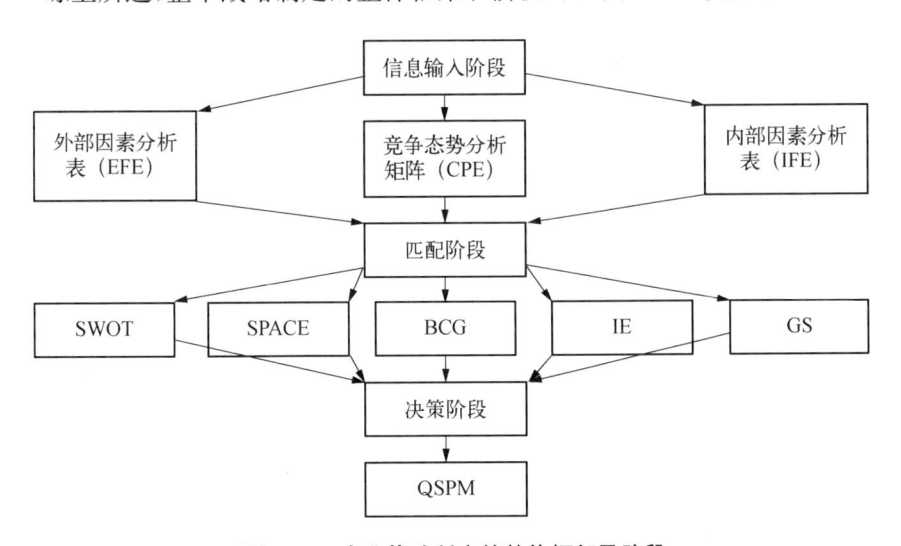

图6-3 企业战略制定的整体框架及阶段

---

① 徐飞著：《战略管理》，中国人民大学出版社2022年版。

必须着重指出的是，对战略决策负责的永远是企业家自己，而不是各种分析方法。每一阶段分析技术和方法的运用，都要求将直觉性判断与分析性判断相结合。战略制定过程中的各种分析方法都是促进理解、检验假设和增加企业认知的手段，企业家必须警惕由于片面采用定量化分析技术而减少内部对话、讨论和争论的这种可能性，并积极用分析方法促进而不是削弱企业内部的相互沟通。

三、可供选择的战略

可供选择的战略是指众多学者多年对企业战略长期研究归纳出来的一般战略，它们是在一些企业比较多采用战略的特征抽象，也经过科学的验证，因此这些研究成果对今天的企业制定战略时依然有参考价值。所以企业家需要对下述主要战略本质特性有较高的认知。

（一）专业化战略

专业化战略是指在企业一直专注在一个产业领域努力深耕，积极发展竞争优势，成就企业成为该产业领域领先者的战略。专业化战略被迈克尔·波特教授称为集中一点的战略，即企业将自己资源集中在一个产业领域努力最终形成该市场的竞争优势。专业化战略尤其适应中小企业选择，因为中小企业规模小，可以调动的资源和可以投入的资源相对薄弱，集中这些资源在一个产业领域恰恰可以做出许多创造性的工作，今天政府特别鼓励的广大中小企业向"专新特精"方向发展，其实就是希望中小企业关注自己的产业领域，成为这个领域中的专家，形成中小企业的竞争优势。专业化战略也可以被大企业采用，或因为采用此战略而企业从小规模成长为资源实力强大的企业。因为专注，可以深入发展这一领域的技术诀窍，形成特别的核心竞争力；因为专注，可以成为产业链上某个环节的独特供应商，进而成为不可或缺者之一；因为专注，可以发展出特别的产品使消费者满意创造更高的附加价值。先把企业现有的业务做大做强，企业才有了进一步大规模发展的机遇。苹果公司就是在数字智能手机上不断地专业化深入发展，才成就了今天全球最高市值的公司之一。专业化战略又可以具体化为两种类型：成本专业化和差异专业化。成本专业化是企业集中资源技术针对市场需求及其变化推动降低成本的生产与服务，同时在目标细分市场寻求成本优势。差异专业化就是企业针对市场需求采用努力发展与竞争对手不同的有自己特色产品或服务的集中战略。

(二) 多元化战略

多元化战略是指企业采取在多个相关或不相关产业领域中谋求扩大规模，获取市场，创造效益的长期经营方针和思路，它是企业持续成长过程中通常采用的一种战略途径和手段，其优势主要为：分散经营风险，产生协同效应等。因为是多产业领域发展，故可以防范由于单一产业领域中的重大变化或波动而导致企业彻底失败的风险；同时多元化使不同产业之间的关联性形成协同效应，有利于企业整体竞争优势的提升。相比专业化发展战略，多元化发展战略的实施对企业的战略能力提出更高的要求。多元化实施不当，也会给企业发展带来困难和风险，其具体表现为：

1. 资源配置过于分散

多元化发展必定导致企业将有限的资源分散于每一个发展的产业领域，从而使每个意欲发展的领域都难以得到充足的资源支持，结果在与相应的专业化经营的竞争对手竞争中失去优势。

2. 运作费用过大

运作费用主要包括从熟悉的经营领域转向另一陌生产业领域的学习费用，以及进入新领域之后为改变消费者原有认知态度的转换成本等。

3. 产业选择误导

采用多元化发展战略的企业往往是受到该领域预期投资收益率的诱惑，但事实上预期投资收益率只是产业选择的因素之一，关键还要看该产业本身的前景，以及本企业能否在这一领域中形成自己的核心专长。

4. 人才难以支撑

企业在进行多元化发展时，必须有多元化领域内相应经营管理和技术等方面专业人才的支撑，多元化发展才能成功；反之，则可能受阻。

5. 时机选择难以把握

多元化战略的优点其实是实施多元化战略成功后的结果，而多元化战略的缺点恰恰是多元化战略实施过程中遇到一系列难以解决的问题，可见缺点在前优点在后，如果实施多元化战略中因为缺点而失败，自然也就没有多元化战略的成功，也就没有所谓的分散风险、协同效应等效果。也正是如此，现实中采取多元化战略而成功的企业并不多，一般认为成功的概率最多只有20%。一般而言，多元化战略需要更多的资源支持，需要更多人才并掌握不同产业领域的运营方式，需要更高的管理方式方法和技能，因此资源实力不强的中小企业在选用此战略时要谨慎。

（三）有限相关多元化战略

当企业遇到现有业务激烈的市场竞争或遇到难以突破的成长极限时，企业家为了企业的持续成长与发展不得不考虑发展其他业务来实现新的增长，此时就进入了多元化发展的决策思考的过程，这个战略考虑不能说错。但是多元化战略实施的难度的确要比专业化战略实施的难度高很多，成功实施的风险很大，这就进入了进退两难的境地。可行的解决方案是选择有限相关多元战略。[①] 所谓有限相关多元化战略是指企业采取选择有限的与企业原来主业相关联的产业领域进行进一步发展的战略。这个战略可以简单地表达为"1+X"，1 就是指企业现有的主营业务，X 是指与主业相关产业的数量，一般不超过 4~5 个相关产业领域。采取这个战略的企业首先要把自己的主业做大做强或做到极限，只有当本企业在主业产业领域中的地位非常稳固，已具备良好核心竞争力，并有剩余资源寻求更大投资收益时才予以考虑进入相关的产业领域。然而，现实中的企业往往不是如此，他们在企业原来产业的业务尚有潜力充分发展时，市场也尚可进一步拓展时，为其他领域的高预期收益所吸引，于是便抽出资金投入新产业，结果势必削弱原产业业务的发展势头。

相关多元化的相关是指与主业相关的产业，可以是主业的上游产业、下游产业或上下游产业，也可以是同一产业的相关市场主体，还可以是与主业所在产业链的旁侧关联产业领域，例如整车制造产业链的关联物流、关联金融、关联供应链等领域。[②] 选择相关产业有利于克服企业需要投入大量资源和精力完全从头学习进入一个陌生产业领域的漫长过程，而有限性使得此战略对企业资源实力的要求不至于过大，导致许多企业成功的概率可以大大提高。而主业的继续强大有竞争力还可以给新业务发展以资源的支持，增强新业务发展的信心和动力。

采用此战略有三个必要条件：第一，企业领导人必须认知多元化的成功基础在于不同的业务需要用不同的运营方式和人才，千万不要把自己在现有主业上的成功经验用于其他的产业领域，即便是与主业相关的产业领域。事实证明许多多元化战略实施的失败，这是其中一个十分重要的原因。第二，只有当企业现有主业在维持住在市场上的竞争优势后，企业还有剩余的资源可以运用时，此时可以考虑将这些资源投入新的相关领域来发展新的业务，甚至突破成长的极限。第三，只有当企业领导人在领导现有主业不再需要他投入巨大脑力心力时，换句话说此时的企业领导人有时间和精力的剩余，那么就可以由他来亲自领导

[①] 芮明杰著：《中国企业发展的战略选择》，复旦大学出版社 2002 年版。
[②] 芮明杰主编：《产业经济学（第四版）》，上海财经大学出版社 2024 年版。

相关新业务的成长,此时成功的概率也会大大增强。这三条不仅仅有利于有限相关多元化战略实施的成功,实际上对其他相关的多元化战略或不相关多元化战略的实施也是十分重要的准则。2021年3月小米雷军正式宣布,小米决定从手机制造进入新能源汽车制造领域。这个消息引起了企业界的巨大关注,因为对小米公司来说它要进入一个自己完全陌生的产业,与现有主业完全不相关的产业。其实雷军已经做了充分的研究,他发现自己公司的资源可以支持发展这个业务,自己有精力能力尚可一搏。于是雷军亲自挂帅领导全新团队,全部精力投入小米SU7的研发和生产准备,2024年终于有了答案,小米的新车下线并广受消费者欢迎。雷军在2024年7月的一次年度演讲中,说道自己真正体会了"懂一行,爱一行,才能做好这一行"的道理。

(四)一体化战略

一体化战略是指在企业现有业务的基础上或进行横向扩展,实现规模的扩大;或进行纵向的扩展,进入上下游产业环节,实现企业业务经营范围的扩大。一体化战略其实就是相关多元化战略,它有两种基本类型:横向一体化战略和纵向一体化战略。

1. 横向一体化战略

指企业通过购并或创建处于同一生产经营阶段的一个或多个企业,实现企业经营规模的扩大。这种战略能使企业增强生产经营能力、扩大市场份额、提高资本利用率,减轻竞争压力,同时却并不偏离企业原有的经营范围和核心技术,因而不会引起管理上太大的困难。而且由于横向一体化所带来的优势基本上来自对企业现有资源和能力的重新组合,所以风险也较小。

2. 纵向一体化战略

包括后向一体化和前向一体化两种情况。企业向自身业务的下游环节扩展使之更接近于最终消费者时,就称为前向一体化。相反,企业向自身业务的上游环节扩张使之更接近于原料供应产业时就称为后向一体化。进行后向一体化的主要动机是为了原材料及其他生产投入物的及时供应和技术可靠性,特别是当企业投入物的供应商数量不多,而对投入物的竞争很激烈,投入物的价格有较强的上升趋势时,企业进行后向一体化的欲望就更强烈。而通过前向一体化,企业可以控制自身业务的下一环节生产经营过程,更好面向消费者本身。一体化战略有时也可以扩充为全产业链战略,即上下游产业全部一体化发展。全产业链战略的选择可以出于企业不同的目的,宁高宁在领导中粮集团时,就是出于消费者对食品安全的特别重视,而采取粮食食品从种植到餐桌全产业链战略,于是就有"产业链,好产品"的概念。

(五) 产业领先战略

上述战略仅仅关注既定的产业市场,它们都没有突破在已结构化的产业中寻求有利地位这一前提。在这些战略的指导下,企业易于形成"近视",即只看到现有市场上的竞争,而忽视了决定未来市场竞争的潜在竞争可能,这种潜在的竞争一般是发生于未结构化的产业中。所谓的产业领先战略,就是以创新未来产业或改变现有产业结构,以对自己有利为出发点来制定企业战略,这是企业战略定位的最高层次。制定与实施以产业领先为核心的企业战略,其关键是如何培育产业先见和新的核心能力。

1. 培育产业先见

企业应根据对人的需求欲望、技术趋势等进行前瞻性思考,打破长期形成的习惯和观念的限制,从完全设想的未来市场出发,构想未来的产业发展方向。一是摆脱既有产业市场、产品观念的束缚。企业家对产品、市场的观念应转变为从认识人的基本需求开始,以产品或服务为载体向其提供价值,例如可以想象数字智能产业、数字智能产品及其未来市场,进而考虑企业发展的未来。二是超越顾客导向。培育产业先见,企业家应超越顾客导向,以自己的专业知识与远见,引导顾客向其愿意却尚不自知的方向走。三是突破成本的限制。现有的产品成本观念往往限制了企业家对未来产业的构想。突破成本限制,扩大思考的空间,有利于构建产业先见。

2. 培育核心能力

核心能力的培育是将产业先见转变为现实的关键。一是借助资源杠杆。即企业家应该有效地将资源集中用于最关键核心能力的培育,有效地积累、整合集团的互补资源,以提高资源的运作效率。二是合理使用关键人才。核心能力的创新者是企业的关键人才,他们应由企业的最高管理层安排使用,而不能局限于某一个事业部或部门。关键人才可以深入到各个事业单位,可以跨越各个部门交流思想,集思广益,以充分发挥其创新才能。三是有效整合现有的核心能力。企业家不仅应注重从无到有的核心能力创造和培育,而且应采取措施整合企业现有的核心能力,从而形成新的核心能力。[①]

四、战略抉择的基点

所谓战略抉择的基点是指企业选择和制定自己战略的基本出发点,不同的

---

① 芮明杰、余光胜著:《产业制胜》,浙江人民出版社 1999 年版。

企业因为其所处环境和领域以及自身情况的不同,可以有不同的战略选择和制定的基点,从不同的基点出发会得出完全不同的战略。在对企业的内外环境进行全面而详细的中长期影响因素分析后,就必须考虑企业以何种基点来选择和制定战略。一般而论企业战略选择和制定的基点主要是三个:市场

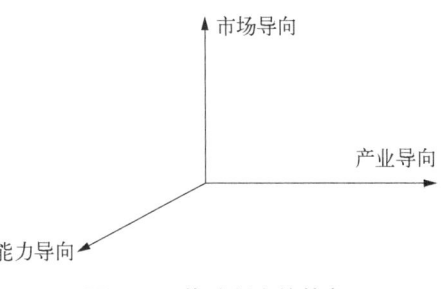

图 6-4 战略制定的基点

(顾客)、产业(竞争)、能力(资源),三者正好组成一个三维向量空间如图 6-4 所示。根据这三个不同的基点,就相应地就有三种以不同基点为基础的战略方向,即以市场为基础的战略(Market-based),以产业为基础(Industry-based)的战略和以能力为基础(Capabilities-based)的战略。

(一) 基于市场的战略

基于市场的战略曾经是企业实践中用得更最早也最广泛的战略,也是古典战略理论的重要贡献之一,其核心思想是通过合理和高效的资源配置以提高企业产品的市场占有率,从而适应环境的变化。"战略钟"是一个很好的描述工具,如图 6-5 所示。

1. 基于价格的战略(路径 1、2)

路径 1 就是"便宜但不好"的选择方案,这一方案要降低价格和附加值,重点关注对价格敏感的细分市场。它可能很有生命力,因为可能会存在这样的细分市场,虽然顾客认识到产品或服务的质量很低,但他们买不起或不愿买更高质量的商品。路径 2 是在寻找竞争优势时常用的典型途径,它在价格降低的同时努力保持产品或服务的质量不变。但竞争者易于对其进行模仿,也降低价格。因此,获得竞争优势的唯一办法就是保持比其他竞争者更低的价格,即价格低到使竞争者不能承受的程度。

2. 保持附加值或差异化战略(路径 4)

实际上,第一个可供选择的方案是广泛差异化战略:即以相同的或略高于竞争者的价格向顾客提供可感受的附加值,其目的是通过提供"更好"的产品和服务来获得更多的市场份额进而销售更多的产品,或者通过稍高的价格提高收入。

3. 混合战略(路径 3)

在某些情况下,企业可以在为顾客提供可感知的附加值同时保持低价格。在这种情况下,战略能否成功,既取决于理解和满足顾客的需求的能力,同时也取决于企业是否有允许保持低价格的成本基础并且很难被模仿。

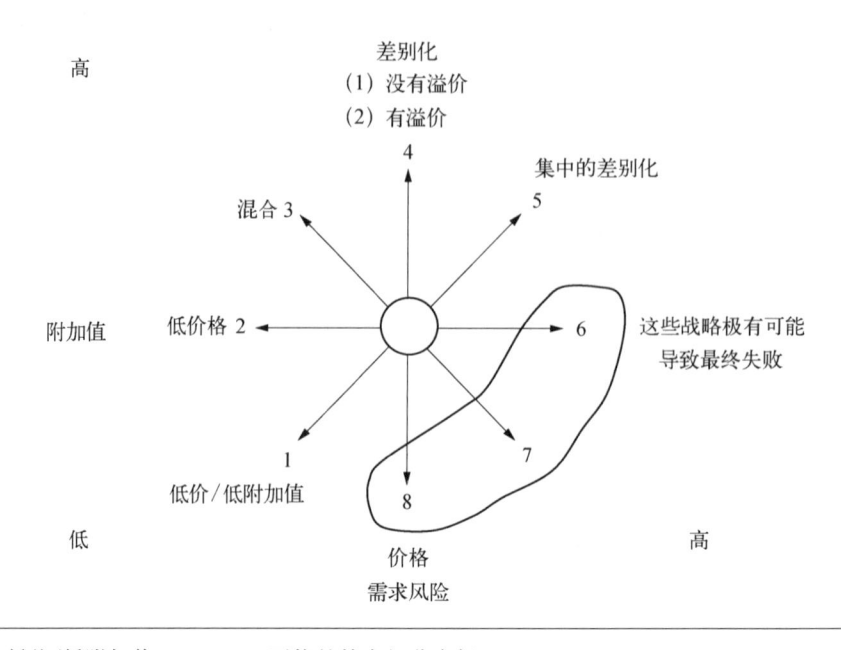

高　　　　　　　　　差别化
　　　　　　　　　（1）没有溢价
　　　　　　　　　（2）有溢价
　　　　　　　　　　4
　　　　　　　　　　　　集中的差别化
　　　　　混合 3　　　　　5

附加值　低价格 2　　　　　6　　这些战略极有可能
　　　　　　　　　　　　　　导致最终失败

　　　　　　　　1　　　7
　　　　　低价/低附加值
　　　　　　　　　　8
低　　　　　　　　价格　　　　　　　　高
　　　　　　　　需求风险

1. 低价/低附加值　　　可能的特定细分市场
2. 低价格　　　　　　有价格战的风险
　　　　　　　　　　低收入/需做成本领先者
3. 混合　　　　　　　低成本状况
　　　　　　　　　　对低价格和差别化的再投资
4. 差别化
　（1）没有溢价　　　用户接受附加价值，企业获得市场份额利益
　（2）有溢价　　　　所得附加价值足以承受溢价
5. 集中的差别化　　　对特定细分市场均有附加值，保证有溢价
6. 增加价格/标准价值　若竞争者不跟随则有高收入，有丧失市场占有率的风险
7. 提高价格/降低价值　只在垄断情况下可行
8. 降低价值/标准价格　丧失市场占有率

图 6-5　基于市场的战略：战略钟

4. 集中差异化（路径 5）

也许企业会以特别高的价格为用户提供更高的使用价值，并以此在行业中竞争。但是，如果采用这样的战略，就意味着企业在特定的细分市场内进行经营和竞争，事实上，这也许是一种真正的优势。

5. 失败的战略（路径 6、7、8）

路径 6、7、8 所表示的战略可能注定要失败。路径 6 提高价格，但不为顾客提供可感知的附加值，竞争可能会减少市场占有率。路径 7 是路径 6 的更危险的延伸：降低其产品或服务的使用价值,同时却在提高相应的价格。路径 8,保持价格的同时降低价值,虽然有企业采用这一战略,但也非常危险。

(二) 基于产业的战略

基于产业的战略建立对产业和竞争的详细分析基础上,波特教授的两本里程碑式的著作《竞争战略》和《竞争优势》就是基于产业方向战略的集中体现,而后来加里·哈默(Gary Hamel)、普拉哈拉德(C. K. Prahalad)的《竞争大未来》,芮明杰、张琰的《产业创新战略》[①]将这一领域拓展到一个新的高度——产业创新。基于产业的战略实际上可以分为两类：产业选择战略和产业创新战略。

1. 产业选择战略

产业选择战略的核心思想是通过对现在与未来产业体系分析来选择有吸引力的产业,进入此产业,利用成本领先地位或产品差异来取得竞争优势,运用价值链分析如何以最小的支出增加顾客认为有价值的产品特性(Perceived added value)来实现成本领先或差别化,最终实现后来居上。如图 6-6 所示[②]。

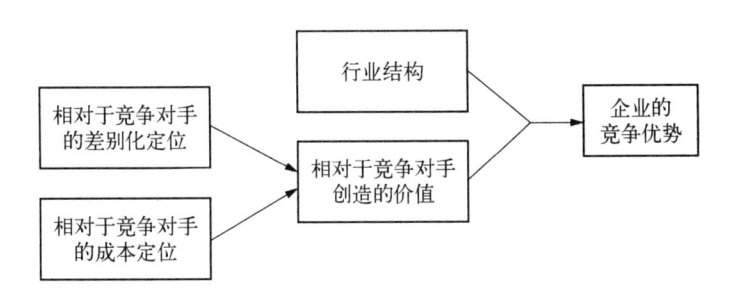

图 6-6　产业选择战略分析框架

2. 产业创新战略

产业创新战略不是基于原有产业和原有市场的竞争,而是从未来市场的层面上加以考虑,以产业创新为核心,即从培育产业先见和核心专长为手段创造未来新的产业,即通过技术和产品的原创,打造未来新型产业,从而为企业在未来产业领域和产品市场上奠定领先地位,同时为竞争取胜奠定坚实的基础。[③] 如图 6-7 所示。

[①] 芮明杰、张琰著：《产业创新战略》,上海财经大学出版社 2009 年版。
[②] ［美］戴维·贝赞可、［美］戴维·德雷诺夫、［美］马克·尚利著：《公司战略经济学》,北京大学出版社 1999 年版,第 373 页。
[③] 芮明杰、余光胜著：《产业致胜》,浙江人民出版社 1999 年版,第 174 页。

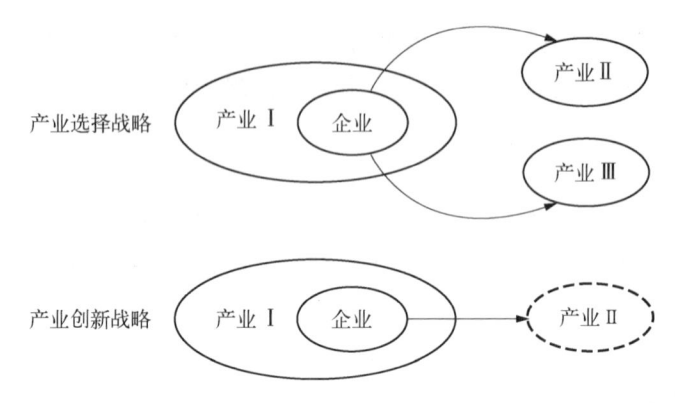

图 6-7 产业选择战略与产业创新战略

(三) 基于能力的战略

基于能力的战略是以企业能力理论为基础,企业能力理论把企业看成一个能力体系。与企业外部条件相比,企业内部条件——资源和能力对于企业竞争优势具有决定性作用。企业能力的储备参与决定企业的经营范围,特别是企业多元化战略的广度和深度。① 核心能力是企业取得竞争优势的源泉,因此,基于能力的战略的根本任务是识别、培养、维护和转换企业的核心能力,如图 6-8 所示。

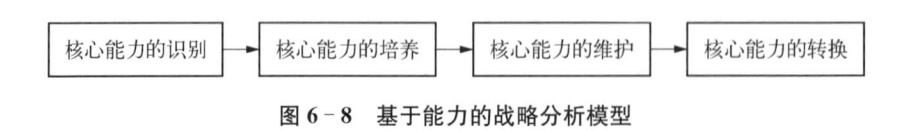

图 6-8 基于能力的战略分析模型

1. 长期优势培育战略

从能力出发的战略是超越短期市场的竞争格局,考虑如何培育企业长期的整体的可持续竞争优势。市场作为基点出发的战略通常以低成本或差异化进行直接的市场竞争,其战略视野主要聚焦于质量、成本、价格、服务、产品功能、品牌等,以赢得竞争、取得有利市场地位为方向。今天的企业无论大企业还是中小企业,应该超越于短期竞争层面,而是侧重考虑如何通过培育长期竞争优势,来实现企业整体的持续发展。

从企业资源基础论来看,企业的资源还可以看作企业拥有的资产(Assets)、

---

① [丹]尼古莱·J. 福斯、[丹]克里斯第安·克努森著:《企业万能——面向企业能力理论》,东北财经大学出版社 1998 年版,第 2 页。

技能(Skill)和能力(Capabilities)，这些实际上都是具有稀缺性、不可替代性、难以模仿性等特征，它们是构建企业竞争优势的基本材料。同时，这些资源还决定了适合企业利用的市场机会范围或企业的生产经营行为的范围。因此，最有价值的资源是那些使企业能够在一个以上的市场上成功地展开竞争并取胜的资源。企业长期竞争优势的培育和维持取决于三个方面：一是企业资源、业务和结构等每个要素的水平和品质；二是企业组织各构成要素形成的有机系统的运作方式；三是企业各要素所形成的整体系统对不断变化的外部环境的适应性。从企业战略管理角度看，企业家应把整个企业看作由资源、业务和组织结构三个基本要素组成的协调一致的系统，这一系统构成了企业长期竞争优势的基础。基于能力基本点选择的战略就是如何保证这一系统有效运作，不断创造出竞争优势，产生出更大价值，从而实现企业长期持续发展目标的战略方案。

2. 技术领先战略

在全球人工智能技术、数字技术、通信技术、量子计算技术等快速进步的今天以及未来，导致企业如果要在现在与未来的市场上获得竞争优势，必须实施技术领先的战略。企业不仅要把技术与技术创新能力作为企业的核心能力加以培育，还要通过大力的研发投入开展全球合作创新发展自己独特的技术，使之成为企业不可外传或只可以在此基础上延伸应用的诀窍。数智时代的企业唯有在数智技术上领先才有可能在市场上领先，才可能创造出高的附加值的产品或服务。今天世界一流的高科技企业如美国的英特尔、苹果、微软、谷歌、仙童、英伟达、特斯拉，中国的华为等无不采用数智技术领先的战略，也正是它们在各自领域的技术创新能力极强，成就了它们世界级技术创新领先企业的今天。某种意义上说，持续保持企业在自己的某领域技术始终领先是非常不容易的，因为这个战略的持续实施不光需要资本投入，更重要的是知识的投入和顶尖科技人才的投入。

技术领先战略就是以打造"世界级"创新型企业为目标的。所谓世界级创新型企业是指以重视技术研发和拥有核心技术为主要驱动力，拥有全球研发体系和国际化研究团队，具备强大的自主创新和持续创新的能力，整个组织的创新文化氛围浓厚，能够高效地整合企业内部和外部资源，适应市场变化能力强，创新成果具有强大的辐射效应的企业。从这个定义可以看出，世界级创新型企业并不一定指规模大的企业，中小企业如果能够创新影响全球产业界的成果，就也可以称为世界级创新型企业。选择技术领先战略的前提，首先是建立在企业现有的较强的技术基础之上，也就是建立在较强的创新能力之上。其次是拥有或合作拥有足够多的科技资源，有优秀的创新制度机制和创新文化氛围，再次是拥有一流的创新人才。打造中国的"世界级"创新型企业应该是中国企业家的宏图大略,因为创新型企业是新质生产力的代表,对经济高质量发展的影响力更为显著,是未来全球衡量一个国家和地区整体竞争力强弱的有效标准。

扩展阅读

恒大"折戟",原因几何?

第七章

产业选择

> 任其事必图其效；欲责其效，必尽其方。
>
> ——欧阳修

企业的战略定位一定包含产业选择与定位，因为所有的企业无论大小一定是在某一或某些产业之中成长，随着这些产业的发展而发展。企业的成长推动了其所在某一或某些产业的发展，甚至还可能成为该产业的领军者，领导产业继续发展。产业如汽车、通信、纺织、食品、种植、畜牧、金融、房地产等等都是一些产品相同，或生产技术相同，或生产工艺相同，或服务对象相同的企业的集合。所有产业的主体就是全社会所有的各类企业，为人们与社会提供所需要的相同产品与服务，是社会生产的供给方。一些企业在一个产业内发展，它们就是专业化发展的企业，一些企业在多个产业内发展则是多元化发展的企业。然而尽管产业本质上就是一个同类企业群，但它与单个企业并不相同，它的技术演变、关联性、空间集聚性以及市场结构变化等等反过来对产业内企业的成长与发展产生重大影响，正如迈克尔·波特所说："一个具有优越竞争地位的企业，可能会由于栖身于一个前景黯淡的产业，从而获利甚微，而且即便努力改善其地位也无济于事。"[①]企业家需要对自己所在产业的特性、生命周期、竞争与创新等方面有深刻认知，需要思考所在产业的状况，甚至需要选择其他产业作为企业发展的业务领域。

一、产业与产业体系

进行产业选择决策自然需要了解产业的本质和特性，唯有真正把握了产业

---

① ［美］迈克尔·波特著：《竞争优势》，华夏出版社2005年版。

和产业体系发展演化趋势,企业才能在产业的舞台上演出精彩绝伦的剧目,才能获得观众的喝彩与信任。

(一)产业基本特性

产业通常是指具有某些相同特征的企业集合,这种相同特征可以是生产同类产品,或是使用了类似的生产技术工艺,或是拥有同一个市场领域。产业一旦形成,就成为国民经济的组成部分,是社会产品或服务的供给部门,其状况极大程度上影响整个产业体系的演化与国民经济的增长。另一方面,由于产业是由众多相同特征的企业集合而成,没有这些企业也就没有了产业,但产业不同于单个企业,产业有其自身的特性与发展规律,而且这些特性与规律反过来影响产业内的这些企业。可见认知和把握产业的特性与规律十分重要,是企业家进行产业选择的前提。

1. 产业的资源依赖性

这一特性是指产业对不同生产要素的依赖程度是不同的,而且随着技术的进步与时代的变迁,产业对生产要素的依赖程度也会发生变化。由于目前生产要素已经从土地、资本、劳动力扩展至土地、资本、劳动力、技术和数据,所以从现实产业投入产出过程中依赖上述要素的最重要程度来看,就有土地密集型、劳动密集型、资本密集型、技术密集型、数字密集型产业之分。产业由于依赖不同要素的程度不同,所创造的附加价值不同,今天以及未来技术密集的产业、数字化产业其创造的附加价值已经远超过传统的土地密集型、劳动密集型、资本密集型产业所创造的附加价值。也正是如此,这两类产业显示了巨大的发展前景。

2. 产业的关联性

此特性是指在全社会分工深化的条件下,产业具有与其他产业之间密切的投入产出技术经济联系,即供给与需求的关系。然而每一个产业与其他产业的关联度和方式是不同的,并且每一个产业与其他产业的供给关系与需求关系从关联度来说也是不一样的,这是因为产业产出的产品或服务的技术特性、产品构造不同导致的,也是产业分工深化的结果。于是就有产业链的概念,所谓产业链是指在一种最终产品的生产过程中——从最初的矿产资源或原材料到最终产品到达消费者手中——所包含的各个不同性质的产业,按照生产逻辑构成的一个完整链条,其中的生产逻辑就是指产业链上的这些产业之间存在着投入产出技术经济联系。产业的不同其所在的产业链是不同的,有的复杂有的相对简单,也正是如此某一个产业的产出并不由本产业自身可以决定的,还需要看整个产业链的现实及未来状况。

3. 产业的空间集聚性

此特性是指产业具有在地域空间上集聚在一起的特点,这种集聚既有部分纵向关联性产业集聚,也有部分横向关联性产业集聚,形成产业集群等。此特性出于产业的本性,因为第一,不同的产业需要相对有利的地域空间才能节约成本,有利于生产过程,例如水资源状况对不同产业的影响是不同的,有些产业需要大量的水所以必须坐落在水源附近。第二,当产业链上下游产业集聚一个特定空间,可以降低协同成本更好发展合作,还有利于人才引入等,于是就有了产业集群。产业集群是指"通过协同定位赢得竞争优势的地理集中的一群产业"[①]。产业集群一旦形成,对当地的国民经济发展影响很大,因此通常会受到当地政府的特别关注,甚至给予一些优惠政策,如补贴、税收减免等。如今的产业园区、产业城等实为政府推动的产业集群形成发展的空间载体。

4. 产业的技术特性

此特性是指产业自身的技术特质,不同的产业由于生产产品或服务的技术复杂程度不同,导致了不同产业的技术特性的不同,于是不同产业就有高技术与低技术等之分。产业的技术可以分为两大类:一种是有助于产品本身不断变化革新的创造性技术;一种是有助于产品或服务有效产出的工艺技术。这两大类技术与产业的成长密切相关,可以说没有创新的技术就不能创造出我们现在熟悉的小轿车、移动电话、数字式照相机、音响等一流产品或服务。同样,如果没有生产工艺技术,就不可能将这些产品大批量低成本地生产出来以满足人们巨大的需求。所以这两类技术缺一不可,即光有创造性技术而没有生产工艺技术,那么新产品将永远停留在实验室,而光有工艺技术而没有创造性技术,那么人们只能被迫接受那些自己不喜爱的东西。因此可以说第一类技术帮助了产业的诞生,而第二类技术的发展完善推动了产业的成长壮大。一个产业从成长到成熟实际上可以说就是第二类生产工艺技术从不成熟到成熟的过程。但每个产业因其提供的产品构造及需求潜力等因素的不同,这两类技术均有自己不同的技术进步空间,却是一个不争的事实。反之,当这个产业的技术进步速率下降之时,可能就是该产业的成长极限即将到来之时。

5. 产业的成长性

产业的成长性是指产业内生的成长特质,是指该产业市场潜力的状况,并不是指每个产业都具有的成长阶段,因为在成长阶段每个产业都在成长,只是快慢不同和成长的空间不同。显然这种特质与技术、需求、产品本身有关,如今天的

[①] 芮明杰主编:《产业经济学(第四版)》,上海财经大学出版社 2024 年版。

互联网产业、人工智能应用、5G通信产业等等就有与生就有的成长性特质。这些产业的背后实为依托了指数型新技术的支持,创新型企业由此推动产业创新的成功,从而在该产业市场上获得新产品新服务需求的爆发性增长。指数型技术成长有三个阶段(见图7-1):① 长期低增长阶段(结束至忍不住点),听上去新奇、投入资本需求大,长期不增长或者增长很低、没有重大应用技术创新。最后可能被淘汰。② 平缓增长阶段(增长点),增长平缓,增长加快,商业化基本成功,但很快可能到达顶峰,进而开始逐步下降。如此就不是指数增长技术,依然有商业价值。③ 指数式爆发增长阶段(开始于奇点),技术应用面突然爆发,商业化前景明朗,市场规模可预见大幅度扩大;大量资本、企业进入,产业创新速度加快,市场增长速度大幅度提高。

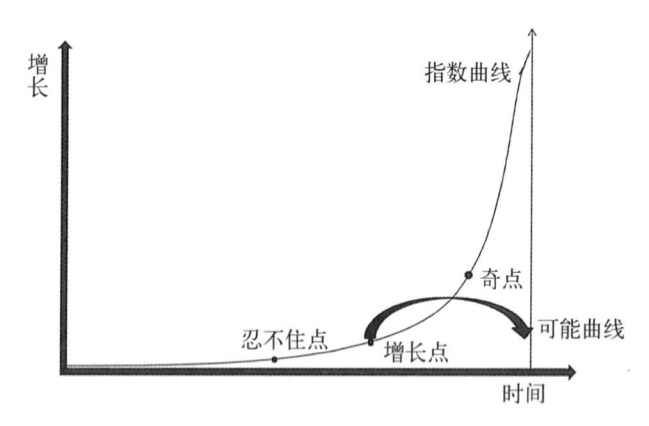

图 7-1　指数型技术成长

6. 产业的竞争性

该特性是指产业在全球范围内与其他国家或地区相同产业相比较的竞争优势特征,它首先是其自身状况的反映,如技术水平、资源配置效率、生产成本、生产效率等整合形成其国际国内市场上的竞争力,其次有时还与该国家的自然生态、资源条件,政策制度密切相关,或者就是这些要素的成功组合。最近几年,我国的新能源汽车即纯电动汽车技术进步极快,生产成本大幅度下降,而汽车的性能却大幅度上升,在全球市场上极具竞争力,甚至成为欧美国家极力阻碍进口的产业产品。显然,选择具有竞争力的产业对企业来说是比较合适的,会提高企业的相应能力。

7. 资金流动特性

所谓产业的资金流动特性是指产业的一个投入产出过程所占用资金的周转速度快慢特征。不同的产业其生产占用的资金周转速度是不同的,重资产产业与轻资产产业不同,耐用消费品产业与快速消费品产业也不相同,至于基础设施产业更是资金周转缓慢,回收缓慢。例如属于耐用消费品产业的汽车整车制造产业,需要从生产线安排、零部件制造或采购零部件,然后组装下线,物流配送,然后到4S店分销,车子卖掉后,然后回收资金流量。这样的一个生产周期比较长,产品比较复杂价值含量高,占用资金多的产业,其资金周转速度与其他产业相比较就慢。例如属于快速消费品产业的啤酒制造业,生产到销售啤酒的过程比生产一辆整车的周期要短,只需啤酒花采购、酿造、流水线装瓶,商店分销,然后就可以较快回收现金流量。

8. 自然垄断特性

现实中的产业多种多样,某些产业要实现垄断比较困难,因为这些产业进入壁垒非常低,非常容易进入,例如许多生活服务业就是有这样的特性,例如餐饮业、理发业、洗浴业、导游服务业等等。但是还有些产业因为生产对象的自然特点,其生产规模需要在很大才可能持续,于是需要在相应的巨大的资本和设备运行水平上,才能实现成本效益。因此,整个产业通常被赋予少数几个企业来开发和生产,以满足市场需求。如此而导致的市场垄断称为自然垄断。这种自然垄断现象在诸如自来水、电力供应、电信、邮政、矿产资源等行业中较为常见。现代经济学研究表明,自然垄断的根本属性是生产成本的次可加性,即单一企业生产所有产品的成本小于多个企业分别生产这些产品的成本之和。

(二) 产业的寿命特性

产业是有寿命的,正如企业也有寿命一样。产业的寿命特性与企业的寿命特性有一致性,但又不完全相同。产业内一个企业的寿命不能决定该产业的寿命,产业内的企业由于市场竞争以及自身发展的问题,生生死死,并不影响产业的寿命有时反而是产业演化发展的内生动力。决定产业寿命的根本因素,第一是人类社会对该产业提供的产品或服务的需求变化,如果人们不再对该产业的产品或服务有需求时,该产业的寿命就要终结。第二是该产业提供的产品或服务被新技术催生的更好的产品或服务替代时,该产业的寿命也终结了。例如,马车作为普遍的运载车辆产业已经完全被现代的运输产业所替代,尽管我们偶尔还能看见旅游用的个别马车,应该说马车产业已经寿终正寝了。第三是该产业的生产环境生产条件发生了巨大的变化,以至于该产业无法生存与成长,例如产业所需要的特殊投入品没有了,或因为社会政策与法律约束或禁止,这些产业也就寿终正寝了。

然而在一个国家一个社会中已经难以生存发展甚至寿命就要终结的产业,

并不意味着这个产业就退出了人类社会的历史舞台,就不能在其他国家或地区生存与发展。因为不同的国家与地区的自然资源状况、生产要素供给的状况以及产业发展的制度与法律,经济与居民收入水平等是不同的,有些国家的特殊自然禀赋会导致特殊的产业形成发展,例如南美的哥伦比亚有适合种植咖啡豆的气候与土壤等条件,于是咖啡种植业就一枝独秀,同样中东地区的国家石油储备极其丰富,于是采油产业异常发达。而在我国大陆就禁止博彩业的发展,而我国的澳门博彩业是它的最主要的产业,是其经济发展的支柱。另一方面,在一国或一个地区已经不再有前景的产业,还可以通过跨国跨区域转移到其他适合该产业发展的地方去发展,这是延长产业寿命的产业自救方式。

1. 产业生命周期

所谓产业生命周期是指该产业从诞生成熟到衰退消亡的全过程。这一过程也可以划分为四个阶段(见图7-2)。第一阶段为产业的诞生时期,此时期由于所提供的产品一方面尚未被消费者认识,另一方面生产工艺技术也有很大的缺陷,故供给量小,需求量也小,产业中企业很少,产业规模甚小。第二阶段为产业的成长时期,此时期产业所提供的产品已被消费者认识,消费者的消费需求被激发了起来,而生产工艺技术的进步也为供给增加提供了可能,此时大量企业开始进入此产业领域,分享市场推动市场扩大,此时产业规模开始迅速扩大。第三阶段为产业的成熟时期,此阶段产业的产品已广为消费者使用,生产工艺技术也很成熟,市场需求量的增长速率放慢甚至于负增长,此时产业内集聚的大量同类企业竞争激烈,产业规模已达到极限水平。第四阶段为产业衰退期,此阶段中由于消费者需求改变,其他替代品增加,导致消费者的需求下降导致市场面缩小,生产技术也没有大的进步的可能,产业盈利能力开始大幅度下降,原来的供给能力开始过剩,许多企业开始退出或失败。

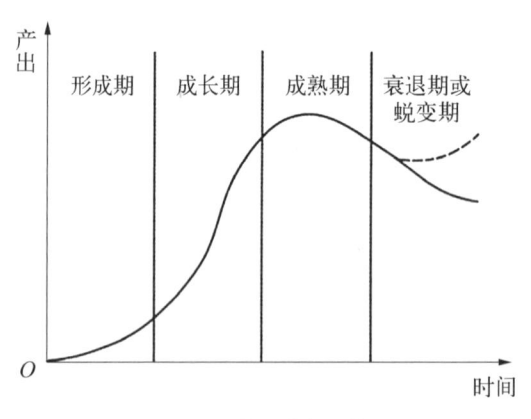

图 7-2 产业生命周期图

2. 产业生命周期的演化

虽然说每个产业都有这么一个生命周期,但它们所经历的时间是长短不一的,特别是当产业中的企业努力延长本产品或服务的生命周期时,实际上也延长了该产业的生命周期,而且由于世界上的消费者各种各样,需求与消费习惯各种各样,在主导消费需求变化的同时,也还会有一些不变其需求的人,如喜欢吃泡饭的人过几十年还总会有这么一些的。因此,尽管我们可以说某产业已到了衰退期,但尚不可以说它完全应该消失一样。事实上,从大类来看,可以改变其中一些产品以适应消费需求变化,达到延长产业生命,然而这也不过是权宜之计而已,更何况这样的做法严格来说已属于产业的蜕变。

由于产业是由生产具有某种同类特性产品的企业所构成,这就导致了在产业生命周期曲线和产品寿命周期曲线之间的某种相似性,但两者的构成并不相同。产业的生命长短不是产业生产的那个产品的寿命的长短,而是在于该产业生产的此类产品不断迭代发展的寿命总时长,上述 S 形的产业生命周期曲线其实是该产业每一代产品寿命周期曲线切点的连线即包络线,如图 7-3 所示。一般而言一个产业的寿命远大于该产业生产的一个产品的寿命。

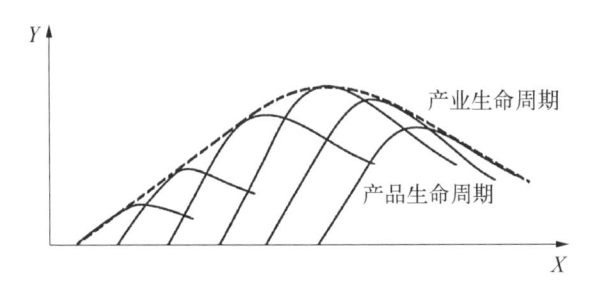

图 7-3 产业生命周期与产品生命周期的关系

一个产业生命周期演化本质上是这个产业内同类企业动态竞争与创新导致的,产业的先行者企业从产品创新开始进行生产工艺技术、生产组织创新开始,不断拓展市场,当产品逐步为消费者接受时,由于显示了极大的市场前景,于是就会有许多后来者企业进入这个产业,为了在市场上获得顾客青睐,这些后来者必然通过自己的技术创新改善市场上已有产品的功能、品质,降低成本降低售价,于是新一代产品产生甚至逐步替代先来者生产的产品。而先来者为了维持自己在该产业的领先地位,也不得不继续推出新一代产品来竞争。正是如此,导致了产业的技术不断进步,产品的不断迭代发展。例如作为智能手机产业的后进入者华为公司与产业内领先者苹果公司展开激烈的技术创新竞争和产品竞争,华为针对消费者对手机照相功能的偏爱,别出心裁和著名照相机莱卡公司合作,进行新一代手机照相功能的全面提升,结果赢得了巨大的成功,产销量大幅度增加,也迫使苹果公司也不得不在其新的手机上改善其照相拍摄功能。也正是产业内企业如此地你追我赶创新竞争,该产业不断成长发展,其产品也越来越受到消费者的喜爱,显示了极大的产业生命力。

3. 产业生命周期的逻辑

产业是有生命周期的，这说明：第一，产业的发展呈现出有规律的阶段性，每个产业都不能保持永久的繁荣。第二，在产业生命周期的不同阶段，生产要素投入、产出规模和市场需求的发展变化不同，利润率有升有降。第三，产业生命周期的各个阶段是紧密相关的，前一个阶段为下一个阶段奠定基础，下一个阶段又是上一个阶段的必然延伸。产业只有正常形成才能为产业的成长、成熟创造基础条件。产业成长不正常，出现成长过度或成长不足都会导致产业早熟或早衰现象。因此，产业应当在每个阶段正常进行，充分经过每个阶段。第四，产业经过生命周期的各个阶段，还必须在每个阶段实现合理及时的转换。当然，合理及时的转换必须依靠市场机制，人为干预不会有好的效果。

（三）产业体系及其特性

产业体系是众多产业构成的体系，是社会总产品或服务产出的体系，是经济增长的核心力量。历史上看，产业体系是随着人类社会发展而变化的，从只能够生产提供所需求的生活日常消费品，逐步发展到可以生产提供时下极为复杂上天入地的科技产品和多样化服务，产业体系的产业品类规模、生产技术水平、产业之间的关联复杂性均有了极大的变化。企业选择的一个或多个产业总是在现行产业体系或未来产业体系即包括了未来产业的现代化产业体系之中。

产业体系，就是所有产业相互关联衔接的系统，它既是全社会所有产品投入产出相互关联的体系，也是所有产品供给流通与消费的一体化体系，还是不同产业分布区域空间的体系，它是国民经济发展的核心。作为国民经济的总产出和总供给，产业体系状况决定了产出品的数量与产出品的质量，决定了产出的增长、价值的增长和社会财富的增长，甚至在很大程度上影响国民经济发展和人民生活幸福状况。

产业体系还可以分为现行与现代两种定义，现行产业体系是指目前正在运行的产业体系；现代产业体系是指全球领先的代表未来发展方向与竞争力的新型产业体系。现代产业体系的现代化是一个动态的与时俱进的概念，但一定带有这个国家或地区先天的自然资源禀赋或后天的知识技术资源、产业存量、发展路径、社会文化、生态环境等方面的烙印。

1. 现行产业体系

改革开放以来我国现行产业体系发展取得了很大的成就，形成了全球各国中最为完整的产业生产体系生产协同配套能力强大，许多产品产出量为全球第一，制造业规模在2009年超过了美国，成为世界上最大的制造业国家。我国有

220种制造业产品的产出规模是世界第一的,其中许多产品的全球市场份额也是世界第一的。产品的品质也有了极大的提高成为全球消费者喜爱的产品,涌现了一大批诸如华为这样的科技领军大企业,以及许多优秀作为产业"隐形冠军"的中小企业。现行产业体系中的重要组成部分新兴高技术产业,比如高铁的车辆制造、智能手机、5G通信、半导体芯片、智能装备制造等等,这些产业都在快速发展,有的已经成为国际上有竞争力的产业如新能源汽车、北斗卫星导航等,成为我国现行产业体系的亮点。

但是,我们现行产业体系与结构尚有一些不足之处,产业体系尽管比较完整,产出规模很大但全球竞争力总体看还不是很强,还有许多卡脖子的零部件不能生产,许多关键技术不能掌握,制造业产业链、价值链与供应链上的控制力弱,产品与服务的附加价值不太高。因此在我国经济与产业高质量发展的今天,推进现代产业体系建设和产业创新就成为时下最重要的任务,企业当然是此任务实践中的主力。

2. 现代产业体系

我国目前正在全力建设现代化产业体系,现代化产业体系是一个动态的与时俱进的概念,现代化产业体系是指具有当代领先的具有竞争优势的又面向未来发展趋势的产业体系,对我国而言也可以称为新型现代产业体系。这样的产业体系一定带有这个国家或地区的先天的自然资源禀赋或后天的知识技术资源、产业存量、发展路径、社会文化、生态环境等方面的烙印,具有当时强大的国际竞争力。建设中的现代产业体系具体有五大本质特征:

(1) 现代产业体系是低碳、环保、智能化、互联网化的投入产出体系,是互联网、大数据、智能技术与实体产业的融合,并以互联网为基础的大规模智能化定制生产方式为主导的体系。现代产业体系是与环境友好的、城市发展相互依赖的,是以低碳、环保为特征的体系;同时随着全球化与数字化的快速发展,互联网、人工智能、数据分析等已成为现代产业体系的基础性产业,渗透到各个产业,同时生产方式需要及时的信息交流、处理与沟通,包括人跟人、人跟机器、机器跟机器之间的信息交流与沟通,从而支持大规模定制化的生产模式。

(2) 现代产业体系是实现全球资源有效配置的体系。现代产业体系是高度开放的产业体系,产业体系能够进行全球资源配置,这个资源包括了资本、服务、创新、数据、文化等方面。现代产业体系中的部分核心产业在全球分工条件下,具有产业链、价值链的控制力、创新能力强,附加价值高;具备关键环节的核心竞争力,能够作为"链主"掌握产业链,成为全球产业领先标识。

(3) 现代产业体系是新型的产业跨界融合的体系,是数字智能制造与智慧服务融合一体为主的体系,形成不同于现行产业体系的结构。现代产业体系的结构是数字基础上的制造业服务化、服务业制造化的智能融合结构,是各类纵向产业链或价值链与各类横向产业链或价值链交织而成的网络状结构,其中心节点是各类互联网多边平台。

(4) 现代产业体系的产业组织体系是形成以各类平台为基础的产业生态圈、大企业主导的生产服务协作网络,以及中小企业组织群等有序有效组织体系。根据现代产业协同发展以及企业合作竞争的趋势,现代产业体系的微观基础就是核心产业组成的产业集群、产业生态圈、生态体系构成的。围绕这些核心产业的领军企业形成了一系列中小企业协作网络,网络开放分工合作,投入产出效率高,实现高的社会资源配置效率。

(5) 现代产业体系是动态演进的产业体系,动态演进的核心是强大的技术进步与产业创新能力,动态演进的结果就是产业体系在不断自我更新,不断进行技术进步与新兴产业的诞生与发展,具备现代最领先技术的各类产业生产服务体系。因此现代产业体系应该是全球创新与高技术产业发展高地,在技术进步、产业创新与时俱进,能力强大,同时有完整,高效率技术进步与产业创新的服务体系。

3. 产业体系构成

一般而论,产业体系的构成可以从三个角度观察,一是从产品或服务生产的关联角度观察,产业体系表现为所有产业相互关联衔接的系统,它既是全社会所有产品投入产出相互关联的体系,也是所有产品供给、流通与消费的一体化体系,形成产业体系的部门分工结构。二是从产品或服务生产的空间分布角度观察,产业体系表现为所有产业在自己国家或地区甚至在全球不同国家地区的空间分布状况与关系,形成产业体系的空间结构。三是从产品或服务生产的技术水平角度观察,产业体系表现为所有产业整体在全球市场或国内市场上的竞争力,形成产业体系的技术创新结构。这三个结构实为产业体系十分重要的关系结构,被称为产业结构。产业结构调整优化,就是要对产业体系的这三个方面的结构进行优化调整,以适应社会发展的需求、消费者消费需求的变化以及国际市场竞争的需要。

产业体系是社会生产体系,由不同的产业构成就是由生产不同产品或服务的部门构成。在消费需求发生重大变化以及新技术革命已经爆发的今天,一个国家现行产业体系实际上可以以适应新需求新技术进步的一类发展势头迅猛的新型产业和现有的已经发展成熟的产业来做大致的划分,前者我们称为新兴产业,后者我们称为传统产业。当一个国家的产业体系中新兴产业逐步发展成为国民经济的支柱成为国民经济发展的主要力量时,此时就可以把产业体系认定为是新型体系;反之则还是传统体系,需要进一步调整转型,需要创新驱动。目前我国的产业体系就是正在从现行的以传统产业为主的体系开始向以新型产业如智能设备、数字产业、5G通信、航空航天、生物医药、半导体芯片、新能源等为主的现代产业体系转换,这是产业体系动态演化的大趋势。

二、抓住产业大趋势

进入21世纪后各类科学技术取得了巨大的进步如互联网、智能制造、新能源技术等的进步,以至于许多学者开始讨论新一轮工业革命爆发的可能。因为产业是经济发展的发动机,产业的状况直接决定了经济发展的状况。特别当技术发生根本性变革时,产业革命就会爆发,而产业革命直接导致了生产力的更大规模发展,导致了经济大规模的增长。全球各国已经充分认识到技术、创新、产业发展的未来对谋求未来全球经济、政治、产业竞争力的重要性,发达国家纷纷启动了科学技术发展、新兴产业、未来产业发展的新战略,全球产业新一轮竞争已经箭在弦上。

(一) 全球产业竞争新趋势

实际上,在21世纪初,新一轮以数字技术、人工智能技术、5G通信技术等为主的科技创新、新兴产业发展竞争已经开始,而已然发生的各种贸易摩擦已经提示我们,贸易摩擦的背后是产业体系、产业链与产业的竞争,也是科学技术与创新的竞争,更是高端人才的竞争。这样的竞争态势是过去从来没有过的,可以说是全新的、更高层次的全球竞争。

1. 产业标准制定的竞争

新一轮产业竞争的最大特点是新兴产业标准、技术标准、产品标准建立的争夺,即谁能够建立起新兴产业的标准尤其是技术标准、产品标准、生产标准,并获得足够大的市场,那么这个国家的产业就赢了,企业就赢了。一些国家围绕对华为公司的阻击,主要是因为华为成为全球采用非独立的3GPP-5G新无线标准制定的主要公司,且拥有一系列相关技术专利,是因为5G通信技术及其应用将会对未来新兴产业发展的重大影响。过去中国一直是发达国家产业标准的遵循者使用者,进而只能在产业链、价值链的低端位置上发展,现在随着技术进步我国企业开始成为重要产业技术标准制定者,这当然是竞争对手不愿意看见也是不愿意接受的事实。

2. 产业链、价值链、供应链治理权的竞争

所谓产业链、价值链、供应链治理权是指能够掌控产业链、价值链、供应链上下游、相关产业与供应商的软实力。在产业链、价值链、供应链全球分布的今天，产品尤其是高端高技术产品的生产与研发实际上是全球产业链、价值链、供应链上相关产业供应商合作的结果，虽然这种合作是基于全球市场与多边贸易信用的，但拥有产业链、价值链、供应链治理权的企业就掌控了产业链、价值链、供应链上的关键资源、核心技术和广阔市场，例如半导体产业链上的芯片加工设备、芯片设计、高端芯片制造技术等就是如此。因此一旦竞争力趋于恶性，谁拥有产业链、价值链、供应链治理权谁就可以卡他人脖子。

3. 产业发展的平台竞争

平台已经成为产业发展最重要的组织者。产业发展的竞争已经表现为平台的竞争。平台是产业发展的各种要素交易、信息数据交互、创新等的一个重要的组织者，平台的竞争已经展开。虽然我们有BAT等大型互联网公司，但是BAT只是在消费领域，在工业、制造、其他的平台领域，如在工业互联网平台方面我们与发达国家仍有距离，例如工业互联网是制造业智能化发展的最重要的平台，工业互联网的标准制定者领先者是GE公司。工业互联网目前已经成为全球制造业转型发展的最重要平台，我国只是从2018年才开始推进这一平台的建设发展。而未来另一个重要的平台就是C2M即顾客直接对着制造商的平台，这样的平台我国才刚刚开始起步。可以发现，全球产业发展的平台竞争已经全面展开，未来会更趋激烈。

4. 产业技术创新的制度竞争

新兴产业发展与竞争的背后首先是产业新技术与创新的竞争，是新技术新产业创新的效率竞争，也是推动新技术新产业创新发展的制度效率的竞争，好的制度可以激发创新主体的创新合作巨大积极性，激励多出创新成果快出成果。例如自20世纪90年代起，日本政府开始对其科研院所等开展"独立行政法人"改革，使其由"国家机构"转变为具有独立"人格"的"行政法人"，其核心特征是转变政府职能，下放权力，赋予用人单位自主权，结果取得了显著技术研发成果。在此基础上，2015年日本政府对"独立行政法人通则法"进行了修订，首批31家"国立研发法人"被正式批准设立，其目标是提升日本产业技术在国际上的综合竞争力。目前，日本又在积极探索"特定国立研发法人（超级法人）"制度的设立，以期打造具备世界最高研究水平的研发机构，出更多新产业新技术成果，保持日本产业未来领先地位。

又如美国的国家实验室科技创新体制与管理方式也在不断变革完善中。美

国的国家实验室有 720 多家,类似我国的科学院体系,但又有自己的特点。其建立以来,一直以满足美国国家重大科技创新战略为使命,以"任务导向"为原则,根据美国的战略性科技创新需要,由美国国家资本介入到国家实验室的筹建与运营,实施一套完整的预算与绩效评估管理体制,成为美国国家科技创新的核心力量,为科技与产业发展作出了巨大贡献。这些国家实验室经费全部来自联邦政府的职能部门,如能源部、国防部、国家航天局以及国家科学基金会等。其中预算与绩效评估管理体制是国家实验室成功与否的关键,因为绩效评估结果决定着实验室获得拨款的情况,决定了实验室科技创新成果质量的判断。

5. 产业创新人才的竞争

人才的竞争已经从争夺产业创新人才、产业高科技人才,到今天在高技术产业领域设置障碍隔离竞争对手国家的人才,不接受其教育,不接受其工作这样的竞争手段以保护技术的领先性,尽管这不利于全球科学技术发展和产业发展,但至少保护了自己的技术秘密。从美国的近期表现可以看到,对产业创新人才的竞争已经到了如此阶段,因此我们必须对现有教育体系与制度进行重大改革,培养未来科学技术与新兴产业技术人才;同时建立新的人才引进、使用体制机制,如深圳已经宣布海外人才到深圳工作,可以减免(补贴)个人所得税至 15%,为此可以预计未来发展不可限量。

(二) 现代产业体系发展趋势

我国正在建设的现代化产业体系,不但需要把当前的新兴高技术产业发展壮大,使之逐步成为产业体系中的核心,还需要依赖技术创新对现行的传统产业进行转型升级,使之成为现代化产业体系中不可或缺的组成部分。此外,随着科学技术进步,新技术、新产品、新企业的不断诞生会催生数字化、智能化新型未来产业,需要超前谋划布局。正如《中华人民共和国国民经济和社会发展第十四个五年规划和 2035 年远景目标纲要》中特别提出要前瞻谋划未来产业,"在类脑智能、量子信息、基因技术、未来网络、深海空天开发、氢能与储能等前沿科技和产业变革领域,组织实施未来产业孵化与加速计划,谋划布局一批未来产业"。从产业体系的组成内容看,现代化产业体系与现行产业体系有较大差别,数字技术、人工智能技术等发展进步将极大改变现在与未来产业的特性和产出,催生更为前沿、先进、新型的高技术产业,且依赖的基础产业也将发生巨大的变化。因此,从全球产业中长期进步发展看,我国现代化产业体系具体构成内容趋势呈现为三个阵列与一个基础("3+1"),即现代化产业体系是由数字化转型升级后的部分传统产业、目前正在成长的战略性新兴产业以及正在谋划布局的未来产业这三个阵列组成,一个基础是指数字新基础产业。

1. 第一阵列：数字化转型升级后的部分传统产业

从现代化产业体系建设的三个产业阵列来看,现代化产业体系建设的重要构成内容之一是对现行产业体系中占比80%的传统产业进行大规模转型升级。例如现行的纺织服装产业、食品加工业、种植业、建筑业、零售业、交通运输业、能源产业、住房建设、生活服务业等,因为涉及人们的基本生活需求,这些产业在现代化产业体系中依然占有一席之地,但其提供的产品与服务必须适应收入水平提高导致的消费偏好变化后的消费者要求。为此,此类现行传统产业需要经过持续研发投入、加大创新,通过产业技术进步实现转型升级,必须经过数字化智能化改造后才能成为现代化产业体系的重要组成部分。另一方面,并不是当前所有的传统产业都可能转型成为现代化产业体系的一部分,因为消费者需求的重大变化、科学技术进步取得的重大突破都可能导致现行部分传统产业在产业体系演化中被淘汰。可以说,数字化转型升级成功的这部分传统产业,就构成了现代化产业体系中的第一个产业阵列。

2. 第二阵列：成长中的战略性新兴产业

现代化产业体系中的第二个阵列是现行产业体系中正在发展的新兴高技术产业,该产业的基本特征是技术含量高、产品附加价值高、特别依赖创新能力和高端人才,这些产业关系到国家安全和科技进步,是时下全球产业竞争性分工的关键。我国正在成长的新兴高技术产业中,相当部分是时下发达国家产业体系中有巨大优势的产业,虽然我们已奋起直追,但在技术、产品、创新等方面还有相当大的差距。例如我国新兴高技术产业阵列中正在大力发展的半导体芯片制造业、软件产业、人工智能应用产业、数据分析产业、医疗设备产业、飞机引擎制造、新型材料等产业,从全球来看尚处在成长的"幼稚期",与欧美发达国家的同类产业相比还有不少的差距。但这些产业从现在到未来一定是我国现代化产业体系的核心产业。因此,应该充分认识到,在当前全球科学技术进步速度加快、产业技术迭代速度加快的背景下,第二阵列产业面临全球市场竞争激烈、发达国家在技术与人才双重封锁的压力,不仅在先进技术如人工智能、数字技术、新材料技术、基因技术等方面被"卡脖子",甚至在许多先进制造的制造技术、工艺装备生产等方面都面临断供的状况。可以说,第二阵列产业发展建设的状况直接影响着我国现代化产业体系建设的规模与质量,虽然艰难但必须取得进步。

3. 正在谋划布局的未来产业

未来产业是现代化产业体系建设中的第三阵列。未来产业是指未来相当长时间(15～30年)内形成的新兴产业。未来产业是面向未来人类社会美好需求的,由突破性关键技术驱动的,可能会发展成战略性、前瞻性的新产业。它代表未来科技和产业发展的新方向,对人类经济社会可持续发展具有促进和引领作用。对目前刚刚处在技术萌芽状态,要在若干年后才有可能成熟的前瞻产业进行布局与扶植、争取率先取得全球领先地位,是现代化产业体系建设中前瞻部分的内容。例如2022年12月上海发布了《上海打造未来产业创新高地发展壮大未来产业集群行动方案》,提出上海要全力打造具有世界影响力的未来产业创新高地,选择确定未来健康、未来智能、未来能源、未来空间和未来材料为上海未来产业五大方向,争取到2030年,形成五大产业集群,未来产业产值达到5 000亿元左右。方案的发布正式开启了上海未来产业培育发展的宏大进程。

全国目前正在谋划布局的未来产业是未来国民经济中的重要组成部分,是我国目前发展的新兴高技术产业阵列之后的面向未来的中长期发展的战略性新兴产业群,严格地说这部分产业也属于产业体系二元构成中的新兴高技术产业阵列。只是从时间上看,我们今天布局的未来产业应该是未来15~20年之后替代今天的新兴高技术产业,成为那个时代的战略新产业集群的产业。彼时,未来产业将引领国民经济、产业体系发展,为当时的消费者提供高质量、高品质的产品与服务,在全球市场上具有强大的竞争力,成为全球产业发展的领先产业。可以预计,未来产业的发展与当前新兴高技术产业发展有较大的不同,这是因为未来产业发展更具有不确定性,需要新的投入机制与发展模式,所以可以特别将其列为现代化产业体系建设的第三阵列。

4. 数字新基础产业

从相当长的时间来看,现代化产业体系的三个阵列中无论是产业的转型升级或创新发展都应建立在数字新基础产业的高质量发展基础之上。因为从现在到相当长的未来,数据已经成为新型生产要素,数字技术、人工智能技术等快速发展,所有现代化产业与企业的生产运营都与数字智能技术密不可分,可以说现代化产业体系建设绕不开数字经济的发展,离不开数字新基础产业的支持。所谓数字新基础产业是指支持数字经济与社会高质量发展,满足人们美好生活需要,支持传统产业数字化转型升级、新兴高技术产业和数字智能产业发展以及未来产业成长的新型基础产业。数字新基础产业也属于新兴高技术产业阵列,只是由于其具有对其他产业广泛的支持作用,所以特别列出。

数字新基础产业具体可以划分为"硬、软、联"三个方面:一是以5G基站、传感器、数据中心等为代表的所有产业发展的"硬基础";二是以大数据、人工智能、IT软件、算法等为代表的产业发展的"软基础";三是以工业互联网、智能物联网等为代表的"互联网基础产业"。在数字基础产业中,"硬、软、联"三大基础产业技术相互融合、互相协同,共同构成了数字基础产业集群的核心,支撑数字经济和传统产业数字化应用的进一步发展。其中,"硬基础"中的5G基站、传感器等硬件是数字技术的物理支撑要件,也是信息传输、数据存储的最基本单元,由此生产并采集了更多可交互、有价值的数据信息,支撑数据处理功能的实现;"软基础"中的云计算、人工智能算法、数据分析则通过软件和算法进行数据的处理和挖掘,赋予了数据更多的价值;"互联基础"中的工业互联网以及智能物联网等技术则将虚拟世界和物理世界相连接,承载了信息传输主体的作用,提高生产效率、改变传统产业的生产方式。因此,"硬、软、联"三个部分必须相互融合,共同发展形成现代化产业体系三个阵列建设的新型基础。而数字新基础产业必须先行发展,现代化产业体系三个产业阵列的建设才能顺利展开。

三、产业选择决策

企业的产业选择决策是企业战略定位中的一部分,非常重要且与战略定位的重要分析方法SWOT密切相关,见图7-4。产业选择分析除了需要考虑准备选择的产业与产业体系阵列的特性和未来发展趋势之外,还必须考虑进入该产业的环境状况、企业自身能力状况等等因素。所谓进入产业的环境状况分析除了宏观环境之外,从产业本身的角度具体看就是进入该产业是否有障碍?有多大的障碍?考虑万一需要中途退出的话有无退出的障碍?更重要的还要考虑进入的时机,因为对于企业而言尽管选择的产业是正确的,但如果时机过早或过晚都可能给企业带来额外的困难,甚至几无成功的可能。产业选择的正确基本上成就了企业战略定位的成功,等于给了企业谋划了未来成长与发展的巨大空间。

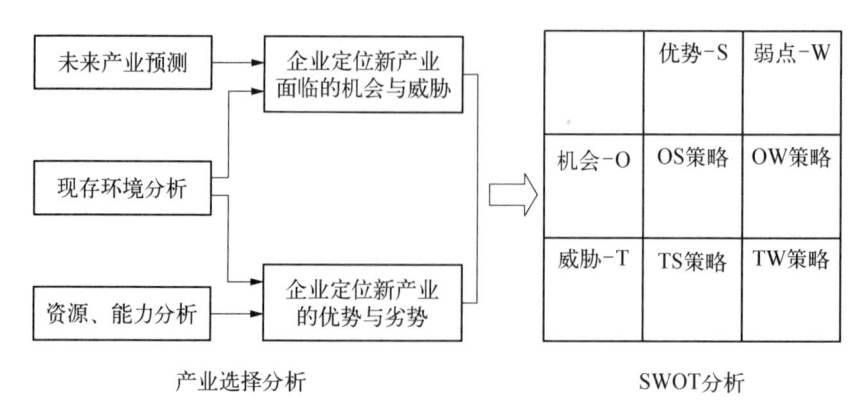

图7-4 产业选择分析与SWOT分析

(一) 产业进入障碍分析

产业进入壁垒也可以称为进入门槛,是指企业准备进入或正在进入某产业时所遇到的客观阻碍或不利因素。因为每个产业是不同的,所以其进入门槛是不同的,而且会随着时代的变迁、环境的变化和技术的进步发生相应的变化。企业选择一个自己希望进入的产业,就必须考虑这个产业的进入门槛有多高,自己是否有能力跨过这个门槛,而且进入后还能够有所作为。因为产业的进入阻碍或不利因素会导致的进入企业大量资本投入、增加的生产成本和工艺技术约束等,这些只能由新进入企业承担,而在位企业无须承担。产业的进入壁垒由众多因素形成:

1. 规模经济壁垒

由于规模经济的存在,每个产业的进入者只有达到该产业生产的一定规模,才能保持盈亏平衡,并开始有盈利可能。新进入的企业只有在生产规模基础上并取得相当的市场份额之后,才能获得生产和销售的规模效益,在这之前,新企业的产出成本一定会高于原有在位企业,如果企业不能够迅速扭转此局面,则难以与在位企业竞争。

2. 必要资本量壁垒

既然该产业生产需要一定的规模才能获得规模效应,则企业此时的最小最佳经济规模,即生产销售导致成本最低的规模就成为最佳的规模,这个规模的最低限度资本量就是进入该产业的必要资本量。也就是说新进企业必须投入如此规模的资本量,才能够达到保本有盈利可能的生产规模。例如燃油小客车整车制造的经济批量一条生产线为年产10万至30万辆,这样一条生产线投产需要的资本量就是必要资本量,如果没有这些资本或筹措不到这些资本那么千万不要进入该产业。

3. 技术障碍

是指进入该产业进行发展必须掌握的一些关键技术,这些技术就构成了进入技术壁垒,这也就是说该产业的关键技术本身就成为其他企业进入这个产业的一个门槛。例如想加入5G通信行业却不掌握关键技术,那么即便花钱买了技术,也会困难重重。因为进入此产业后,新进企业还必须不断进行技术进步的投入、创新研发投入、跟上6G的步伐,才能保证企业在此产业领域内不至于技术上停滞不前或落后,

4. 绝对优势障碍

这个障碍是指现有产业内企业因为在该产业领域多年耕耘,在原材料采购

和控制、技术专利、分销渠道、品牌知名度以及与客户的密切合作等方面具有许多优势,甚至已经掌握一个或多个关键资源。例如这些企业已经有了相当成熟的合作配套产业网络、供应链体系、技术创新圈等,这些都成为进入该产业的门槛高低状况。尽管后进入者有其自身的优势,但后进入者则在该产业领域方面的优势方面相对比较贫乏,需要建立全新的良好的合作配套产业网络,否则要进入该产业显然是十分困难的。短期来看,该产业领域的先行者优势就是后来者的进入障碍,需要充分认识。

5. 人为性进入壁垒

这是指该产业在位企业为了维持它们在该产业市场上的竞争格局和各自利益,为了防范潜在的竞争对手进入该产业市场,它们可能悄悄通过相互协调或联盟,实施控制产业利润率、形成过剩产能、针对新企业的歧视性价格等竞争手段,来提高本产业市场的进入门槛,阻止新企业进入。有的国家不惜动用国家的力量,提高关税壁垒或非关税壁垒,阻止他国相同产业领域的企业进入该国产业市场,实施市场保护产业保护。

(二) 退出障碍分析

当企业产业选择错误或进行战略调整需要实施产业退出时,就会遇到产业退出障碍。其实,企业在考虑进入该产业时不光要考虑进入的障碍,还需要考虑退出障碍,如此想明白了的决策才可能是理性的。产业的退出障碍是由以下一些因素造成的。

1. 资本专用性障碍

资本专用性障碍包括物质资本的专用性和人力资本的专用性障碍。物质资本的专用性障碍是指投入产业的企业的生产性资产由于专用性强,只能用于特定的生产和服务,并且具有不可移动性和不可复用性的特征。这样在企业希望退出某产业时,一方面资产专用性会降低企业退出时的清算价值,造成大的退出损失;另一方面专用性的资产必须转让给同一产业的企业,此类买主通常是寥寥无几且明白其价值。这样,企业从原有产业中退出时就难以收回其投资,就形成了专用性物质资本退出障碍,也称沉淀资本退出障碍。人力资本的专用性障碍是指企业中员工的知识、技术能力和操作技能的专用性,这些人由于长期在一个产业,或一个技术工作岗位工作,加上行业和岗位自身的专业化程度较高,形成了较强的人力资本的专用性,当该产业的企业退出该产业时,这些员工的人力资本的专用性造成了他们再就业的困难,为此企业需要额外补偿。

2. 员工安置障碍

企业退出某产业领域，必须安置从事该产业领域的员工，安置员工的费用也是形成退出障碍的因素。企业退出该产业后要对员工重新安排工作或重新培训如果不辞退的话，而重新培训员工的费用和转移费用往往很高。此外，当一个企业准备放弃该产业领域生产经营的决定若为人所共知，员工的生产率就有可能下降，供应商和客户会迅速撤出，此时企业财务状况也就会快速趋于恶化。

3. 关联性障碍

如果退出某产业生产经营部分只是企业业务的一个组成部分，那么退出时可能遇到关联性障碍。这些关联性障碍主要有：（1）损害企业内其他产业的生产经营单位的利益。某个生产经营业务退出，可能要损害企业与主要销售分配渠道的关系或可能要削弱与供应商的关系，可能使与生产经营业务共用的设施或其他资产闲置起来。（2）影响资本市场的融资。某个生产经营业务退出，可能会降低资本市场对该企业的信心，降低企业的财务信誉。（3）影响垂直一体化。如果退出的生产经营业务与企业内另一个生产经营业务是垂直一体化，一个生产经营业务的退出，就会影响整个垂直链。例如，在乙炔行业中，乙炔生产经营业务的退出，就使得处于一体化下游的化学合成单位去寻找一家外部供应商时，可能处于不利的竞争地位。

4. 体制性障碍

体制性障碍主要有：（1）产权障碍。在我国现行国有产权制度下，形成了以政府干预下的内部人控制为特征的治理结构，政府和企业经理成了国有企业事实上的控制者，并从中获取一定的控制权和收益。国有企业退出就会损害内部人的利益，甚至使经理人员失去其工作，这就构成了企业退出的产权障碍。同时，职工的住房、医疗和养老保险等利益也与国有企业联系在一起，许多老职工也会反对退出。（2）产权市场不完善形成的障碍。我国产权市场还存在许多不完善的地方，企业从某些产业退出时，不能很好地利用产权市场实现资产的变现。（3）法律法规不健全形成的障碍，如《中华人民共和国破产法》《中华人民共和国劳动法》等还有很多不完善的地方，增加了企业退出的难度。

5. 政府及社会的障碍

企业退出某些产业时不仅仅意味着使员工失业，还意味着减少了税收贡献，增加了社会负担，削弱地方经济，如此地方政府考虑到就业问题和地方经济发展的问题，可能会给退出该产业的企业施加压力，阻碍其退出。另一方面，由于破产企业的最大债权人一般都是银行，如果该企业负债很大如恒大地产，则通过破产方式退出银行就难以承受，银行的坏账率可能大幅度上升，信用等级下降，甚至发生危机,如此银行也会采取维持现状的政策阻止该企业退出。

(三) 进入时机决定

选择了一个或多个欲进入的产业,并不是说随时就可以进入,从企业的持续发展的角度看,还要考虑产业进入的时机,产业选择正确加上进入时机选择恰当,企业成功的概率大大增加。产业进入时机是指企业正式进入选择的产业的时间点,这样的时间点需要从两个方面确认:第一是从该产业发展的阶段来看何时进入比较合适;第二是从当前的经济所处经济周期的阶段来看何时进入比较好。

1. 从产业生命阶段考虑

产业是有寿命的,每个生命阶段的特点不相同,一个企业选择进入某产业的时点,应该从该产业目前处在的生命发展阶段来分析进入时机。理论上说一个产业的任何一个生命阶段均可以进入,主要是看企业进入该产业的目的和企业相应的资源实力状况。例如在产业初创期,如果仅仅是看好其长期未来趋势而投资进入,则此时的投资就带有风险投资的含义,因为产业初创时期技术在成长、产品不成熟、市场没有响应、失败的风险比较大。反过来说,长期努力一旦成功或许可以成为独角兽企业也未为可知。

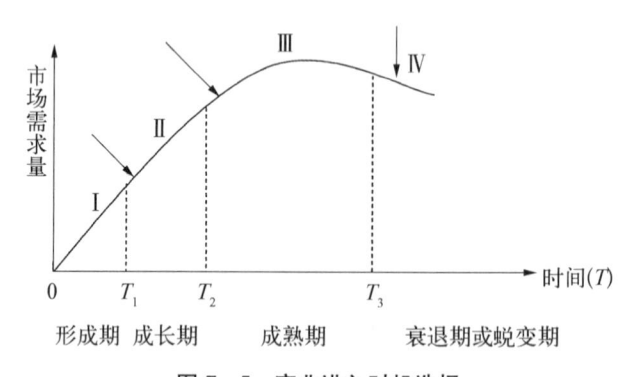

图 7-5　产业进入时机选择

从图 7-5 可见,一般来说从产业的生命周期来看产业进入的最好时机是在该产业的成长期,或成长期的早期。因为此时产业的技术已经基本稳定;产业市场已经有了一定的发展,产品需求正在上升,未来前景比较明晰;更重要的是,此时进入可以模仿领先者技术与产品,并在此基础上进行再创新,既节约前期技术开发的费用,又推出了竞争性的第二代或第三代产品,从而后来居上。例如,海尔的白色、黑色家电发展就是如此的过程,先是模仿发达国家特别是日本的家电,然后进行自主研发,不断推出新一代产品,最终成为该产业领域的佼佼者领先者。

选择某些产业的成熟期进入也不失为一个好的策略,特别如果此产业的成熟期估计比较长的话。当一个产业处于成熟期时,其产品或服务市场需求稳定、技术成熟、竞争格局也相对稳定,利润回报也不错。只是此时进入会夺走别人的一些市场份额,于是往往会受到该产业内在位企业的抵制甚至是一致性抵制,进入障碍被人为抬高,导致进入时发生困难。一般而言,成熟期进入比成长期进入要困难些,因为那时市场在成长之中,产业也在成长之中,企业比拼的是谁能够快速成长为产业的领头羊。

当产业进入衰退期时,一般的企业都不能忍受激烈的竞争微薄的收益而决定退出,但也可以有企业反其道而行之在产业衰退时反而进入此产业,因为产业衰退并意味着所有的产业内企业都要衰退,甚至可以发现机会对产业进行改造或升级,例如进行智能化数字化改造使之焕发新春。

2. 从经济周期角度选择

经济周期也称商业周期、景气循环,经济周期一般是指经济活动沿着经济发展的总体趋势所经历的有规律的扩张和收缩,通常表现为经济增长率、国民总产出、总收入和总就业的波动,表现为国民收入或总体经济活动扩张与紧缩的交替或周期性波动变化。一个经济周期通常的时间为 40 个月或 48 个月左右,依次经历四个阶段。这四个阶段分别是:(1) 繁荣阶段(波峰)即经济活动的扩张或向上的阶段;此时期经济活动活跃,生产增加,投资扩张,价格水平上升,就业增加,公众对未来持乐观态度。(2) 衰退阶段即由繁荣转向萧条的过渡阶段;此时经济从繁荣的顶峰开始下降,但仍然高于正常水平。表现为投资减少,生产下降,消费减少,价格下降,企业利润减少。(3) 萧条阶段(谷底)即经济活动的收缩或向下的阶段;此时期经济活动处于较低水平,生产急剧减少,投资减少,信用紧缩,价格水平下跌,企业破产增加,失业严重,公众对未来悲观。(4) 复苏阶段即由萧条转向繁荣的过渡阶段。此时经济从萧条的低谷开始回升,生产和销售逐渐增加,就业增加,价格有所上涨,整个经济呈现上升势头,见图 7-6。

单从经济周期来看企业的产业进入时机,一般而论企业应该选择在经济复苏期进入比较好,因为一方面企业进入投资到产品或服务产出正好需要一段时间,而此段时期正好恰逢经济的复苏时期,需求开始逐步增长,等到企业产出能力形成,经济已经处于高涨时期,此时需求旺盛、产品或服务价格上升,产能完全消化,于是企业获得最好的收获。当企业在经济周期高涨期的初期选择进入也还是不错,因为很快就会进入经济高涨时期,至于衰退时期企业应该略有收缩,

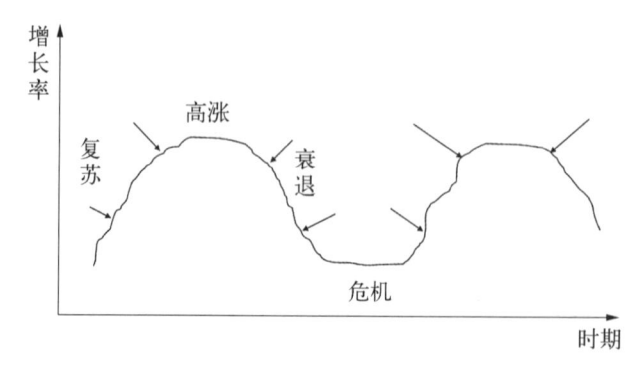

图 7-6　经济周期性变化

准备安全度过市场萧条时期，争取下一个发展时期。企业发展需要有一定的节奏，有张有弛才行，显然企业的这个节奏要与商业周期的阶段变化相吻合。

产业进入时机的把握其实应该从产业生命阶段和经济周期阶段两个方面同时考虑才行，最佳的时机自然是产业处在即将快速成长、经济处在上升阶段的叠加，然而这样的时机通常可遇不可求，因此现实中企业应该更多判断产业的发展时机，注意在经济衰退时期实施保守的策略，以求平安度过经济危机时刻，以利下一步更好成长与发展。

扩展阅读

"银龄"时代，中国要发展现代"银发"产业群

第八章

逐利市场

>如果操作过量,即使对市场判断正确,仍会一败涂地。
>
>——索罗斯

  企业家无论是在既定产业体系中选择产业还是准备创造新的产业,企业的产业定位主要是以产业发展趋势、竞争对手以及技术进步为分析主线的,因为在一个夕阳产业(衰退的产业),如果没有其他竞争者,同样可以获得丰厚的利润回报,除非这个产业彻底被淘汰。而在一个朝阳产业(成长成熟中的产业)中,由于众多对手的激烈竞争很可能导致新进入企业一直处于竞争劣势地位,如我国正在快速发展并领先全球的新能源电动汽车产业就是一个朝阳产业,然而已经有一些新造车势力如威马、奇点等几百亿元的投入并未带来在此产业市场上的成功,产品有产出却未见得有多少销售,终于在2023年进入破产清算阶段,令人惋惜。尽管如此,朝阳产业总是给选择进入的企业带来更多的机遇,因为该产业的市场正在扩张之中或正在成熟之中,也正是如此企业家能否找准企业在该产业市场中自己的位置,认知自己的产品究竟是什么,究竟是给什么样的消费者消费就显得十分重要。

  产业选择只是确定了企业希望进入的一个或多个产业,并未保证企业能够在这个产业或这些产业的市场中占据合适的位置并获得竞争优势。这些产业提供的产品与服务虽然是消费者所需要的产品或服务,但由于消费者的年龄、民族、消费偏好和收入水平的不同,依然会对该类产品或服务有多样性的具体要求,就像人们对餐饮业提供的食品或服务有许许多多的不同要求一样,有人偏爱米其林星级饭店提供的美食,有人觉得路边摊也是香艳可口,更有许多人总是惦记着家乡母亲做的饭菜;也有人热爱粤菜和川菜,有人喜欢上海菜与江浙菜等等。一家餐厅很难做出所有人都喜欢的菜肴和口味,这就是所谓的众口难调。

同样现实中的其他企业进入一个或多个产业，也是很难以自己的产品或服务满足所有消费者的不同需要，因此从企业的长远发展来看，除了需要考虑选择合适的产业之外，还必须进一步考虑在所选择的产业市场中提供什么样的产品或服务来满足一部分特定消费者的需要，形成自己的专长同时为这部分消费者提供特殊的价值，这就是所谓选择合适自己的细分市场，或说是逐利目标市场。

一、认知市场

（一）市与市场

早在中国上古时期便有市的概念，也称作"市井"，这是因为最初的交易都是在井边进行的。《史记·正义》指出："古者相聚汲水，有物便卖，因成市，故曰'市井'。"古时在尚未修建正式的交易地点之前，常是"因井为市"的。古代的市其实就是天下买与卖的人聚集在某个时点进行交易的地方，后人称为市场。可见市场本意实为交易的场所，是买卖双方进行商品交换的地方，即在这个空间地点，一个愿买一个愿卖，经过讨价还价过程，最终在某个大家都接受的价格上完成买卖实现交换。今天的商品交换可以在物理空间中的某个地点进行如商店、购物中心、小商品市场等等进行，称为线下交易；也可以在互联网虚拟空间的场所（平台）上完成，如京东、美团、苹果商店、顺丰、各种 App 等等，也称为线上交易。由于互联网可以把分散于全球的消费者和供应商凝聚在那个虚拟的买卖场所，这就导致那些平台的商品交易方式有了非同以往的变化，商品交易额也有了巨大的增长，也出现了专门提供网上商品交易场所的企业即平台供应商。[①]

时下企业家经常说自己企业生产的产品或服务有市场，其实是说自己的产品或服务在交易场所会有许多人愿意买，也正是如此有市场就逐步被引申为有需求，有市场的需求。逐利市场的本意实为企业选择一个最能够把自己产品或服务销售的交易场所，要选择这样的交易场所，企业自然要估计这个交易场所究竟会有多少顾客或消费者前来。更进一步地来看，企业就要估计自己生产或提供的产品究竟会有多少人喜欢，这就是所谓的产出产品或服务的市场规模。所以产品或服务的市场规模则是指有市场的需求规模，是企业生产的某种产品或服务为消费者需要且其同时能够购买的总量，是由该产业市场上的所有消费者这样的需求累加而成。企业的有市场的产品或服务首先一定是消费者所需要的，其次一定是消费者愿意和能够购买的。企业的无市场的产品或服务则不一

[①] 芮明杰等著：《平台经济——趋势与战略》，上海财经大学出版社2018年版。

定是消费者所不需要的,很可能只是消费者以目前收入水平无法购买的。可以把消费者需要但目前无力购买的产品或服务看作是生产和销售此类产品或服务企业的潜在市场需求,因此随着该类产品或服务的价格逐步下降,购买者就可能逐步增加,企业的生产供给就可以逐步增加,甚至实现盈利。

企业生产的产品或服务其市场需求通常受众多因素影响。这些因素可以分为两类:外生性影响因素如经济发展水平、人口结构、社会文化、产业特性、技术变化、市场竞争等;内生性影响因素如企业价值观、产品的品质、功能特性、技术含量、生产工艺、定价状况、销售渠道等等。当这些因素变化时,必然影响消费者的购买欲望和购买能力,此时该产品或服务的市场需求就会发生变化,为此企业需要不断地跟踪市场需求变化和调整自己的生产供给。企业自然希望自己生产或提供的产品或服务有大的需求,即有比较大的市场需求规模。特定市场上某种产品或服务的可能的最大需求量就是指这种产品或服务的市场规模。市场规模最简单的计算公式为:市场规模＝人口数量×购买力水平×购买欲望。其中,人口数量是指目标市场所在地的总人口数,购买力水平是指消费者在购买商品时的支付能力,购买欲望是指消费者对商品的购买需求程度。一般来说这三个因素相互作用,基本决定了某产品或服务市场需求容量的大小。然而这三个变量中人口规模与购买力水平是客观性指标,易于统计把握,而购买欲望则比较难以估计。因为消费购买欲望源于人的内在生理和心理的本性,一方面,人的欲望具有无限性和多样性,一种欲望得到满足,更高层次的欲望也会随之产生,人们在可支配的资源既定的条件下,会尽可能多地获取商品,以便使自身的欲望得到最大满足。一个产品或服务的可能市场规模是企业进入该市场和市场竞争性的重要指标。把握市场规模及其变化趋势,通常可以判断市场的潜力和发展空间,为企业制定相应的市场行为提供依据。

我国是拥有着14亿人口的大国,目前全世界人口排名第一。虽然我国现在的GDP高居世界第二,但2023年人均GDP尚未到13 000美元,尚未到达发达国家的水平,人均消费能力也还比较弱。2023年我国人均可支配收入只有39 218元,美国2023年人均可支配收入为3.88万美元,差不多是我国的7倍。有数据显示,美国的人口只有3.3亿,但是总体消费水平却超过中国。在2019年,美国全年消费总额高达6.23万亿美元,相比于上一年涨了3.6%,其中,零售品类的消费达到了5.46万亿美元,食品的消费达到了近7 700亿美元。再看我国,2019年的消费总额大约为5.96万亿美元,比美国少了2 700多亿美元。可见人口规模固然重要,但消费者的收入水平和购买力状况更为重要,收入水平和购买力既决定了消费者的生活质量,也是决定消费总需求规模的关键变量之一。

未来如果要提高我国的消费总量,则应该努力提高我国消费者的收入水平和购买力,而提高消费者的收入水平和购买力关键在于提高全社会生产效率,提高全社会产出产品或服务的附加价值,提高产品或服务的技术含量和国际竞争力。

(二) 需求与欲望

需求是指在一定时间内和一定价格条件下,消费者对某种商品或服务愿意而且能够购买的数量。需求的构成要素有两个:一是消费者愿意购买,即有购买的欲望;二是消费者能够购买,即有支付能力。两者缺一不可。需求与通常所说的需要是不同的。需要则是消费者对某些商品的消费欲望,这种消费欲望即"需要而没有",指一个人想要但还没有得到某种东西的一种心理感觉。消费欲望是消费行为付诸实施的前提,一般而言人们对此商品没有消费欲望,自然也不会打算去购买,企业生产的产品或服务之所以能成为可以用于交换的商品,原因在于这些商品恰好具有满足消费者某些方面消费欲望的能力。消费者的消费欲望不一定能够全部实现,因为受到消费者的购买力和消费偏好的约束。没有购买力自然不可能帮助消费者实现消费欲望,有一定购买力时这一消费欲望是否实现则受到消费者消费偏好的影响,消费偏好决定了消费者在一定购买力下的消费欲望实现的先后次序。

消费欲望源于人的内在生理和心理的本性。按照马斯洛的需求(需要)层次理论,[①]人的欲望首先表现为无限性,凡是可以看到的、想象的,与人的生存和发展相关的物品、环境、权利、收益等等可以成为其欲望,成为其需要。其次人的欲望具有层次性,一类欲望得到满足如衣食住行,则更高层次的欲望也会随之产生如安全、尊重、权利、名声等等。现实世界和企业们要满足人们无限的欲望其实是不可能的,一方面是因为在一定的科学技术和生产技术条件下企业生产不出满足所有这些欲望的物品;另一方面是地球本身的资源也是有限的,有限的资源不可能支持无限的生产供给。因此,企业家需要决定在可支配的资源和既定的生产技术条件下,尽可能多地生产符合消费者消费欲望和有购买力的商品,以便使自身的欲望也得到最大满足。人类的消费欲望是无限的,但在收入水平和购买力约束下,对特定的商品而言,每个人的欲望又是有限的。随着一个人拥有或者消费某一特定商品的数量越来越多,消费的边际效用递减规律开始起作用,于是人们想要而未得到这种商品的不足之感和求足之愿就会越来越弱,于是影响这一商品市场需求规模的扩张。

---

① Maslow, A. H. (1970), *Motivation and personality*, New York: Harper & Row.

消费欲望是消费者对商品需求的动因,企业生产或提供的商品应该具有满足消费者欲望的能力。在收入约束下,消费者则依据商品对欲望满足的程度以及其价格水平来选择不同的商品及相应的数量,实现其消费效用的最大化。所谓消费效用是指消费者拥有或消费商品或服务对欲望的满足程度。一种商品或服务效用的大小,取决于消费者的主观心理评价,由消费者欲望的强度所决定。而欲望的强度又是人们的内在或生理需要的反映,所以同一种商品对不同的消费者或者一个消费者的不同状态而言,其效用满足程度也会有所不同。消费者购买各种物品是为了实现效用最大化,或者也可以说是为了消费者剩余最大。当某种物品价格既定时,消费者从这种物品中所得到的效用越大,即消费者对这种物品评价越高,消费者剩余越大。当消费者对某种物品的评价既定时,消费者支付的价格越低,消费者剩余越大。因此,消费者愿意支付的价格取决于他以这种价格所获得的物品能带来的效用大小。消费者为购买一定量某物品所愿意付出的货币价格取决于他从这一定量物品中所获得的效用,效用大,愿付出的价格高;效用小,愿付出的价格低。因此,企业在决定生产什么时首先要考虑产品或服务能给消费者带来多大效用。随着消费者购买的某物品数量的增加,该物品给消费者所带来的边际效用是递减的,而货币的边际效用是不变的。这样,随着该商品供给的增加,消费者所愿付出的价格也在下降。因此,企业的产品要不断创新迭代,即使是同类产品,只要迭代出新产品性能有所不同,就不会引起边际效用递减,甚至还能保持产品价格不变或增加。

（三）两类市场

有购买力的需求或消费欲望的消费者就是企业的市场。可以将消费者分成两类：一类是企业现有的顾客,即这些消费者有购买力也有明确的对企业产品或服务的消费欲望；另一类是企业潜在的顾客,即这些消费者有购买力但还没有明确的对企业生产的产品或服务的欲望。这两类消费者数量相加是企业产品或服务的总的消费购买力。将消费者的消费需求分成两类：一类是目前已知的需求,即购买力约束下消费者当下既定的需求,如衣食住行等需求；一类是目前未知的需求,即在消费者未来的购买力约束下的对未来提供的产品或服务的需求,如人工智能技术进步和产品创新未来可能带来的消费品。两种分类集合在一张图上就有如下类型的市场(见图 8-1)。

从图 8-1 中可见,现有的顾客与其已知的需求构成图中一块白色区域,这就是所谓现在的市场。现有的顾客与其未来的需求构成左上方灰色的区域,这就是未来的市场。潜在的顾客自然也会有未来的需求,这也构成了未来的市场,

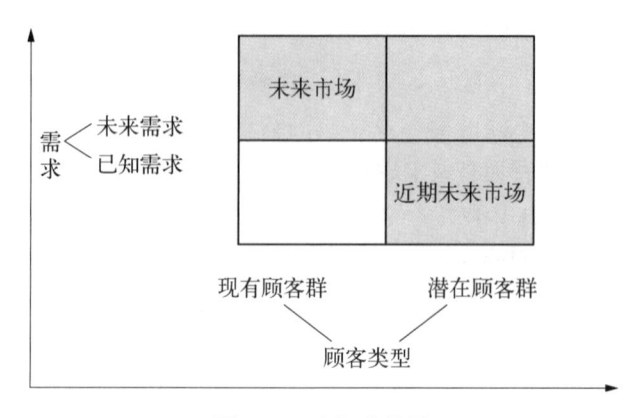

图 8-1 市场分类图

潜在的顾客是否有现在的需求呢，在一定条件下可能有也可能没有，于是构成了近期的未来市场，既可能成为现在市场的延伸，也可能是未来市场的延伸。这两个类型市场的特点不相同，现在的市场实际上就是企业家目前看得见摸得着有购买力的消费者需求，短期内是确定性的，因此通常是企业生产经营决定的市场需求导向。问题是当绝大多数企业以此作为导向时，投资生产扩大规模，最终的结果是供大于求产能过剩，企业陷于市场激烈的竞争之中，困难重重。而未来的市场上充斥着消费者对未来的憧憬和消费欲望，但消费者并不清楚未来自己真正需要什么样的消费品，如果未来的企业提供的产品或服务符合了消费者的欲望成为其喜欢的商品，那么就会积极购买之；反之则反是。例如，100年前的消费者并不十分清楚未来会喜欢互联网、喜欢智能手机等等商品，并购买之。未来市场是一个充满创造性的市场，也是高度不确定的市场，更是很少有企业存在的市场，在这个市场上自然也就没有竞争，有人将其称为蓝海。

时下有购买力的消费者构成了今天巨大的消费市场，有购买力的厂商构成了今天巨大的投资品市场，而消费者或投资者对未来的需求或投资欲望则构成了未来的市场，对未来有欲望才会对未来有希望，才会形成真正的未来市场和未来产业。由于存在这两类市场，企业家就面临抉择，究竟是在现在的市场努力或携资本进入现在的市场，还是准备进入未来的市场大干一场，通过创新将消费者的欲望变成实在的未来产品或服务，在未来市场上谋求领先。《蓝海战略》一书的作者强烈建议有远见的企业家，应该避开红海（现在市场），通过创新进入蓝海、开拓蓝海。因为已知市场空间中的残酷竞争只能制造血腥的"红海"，令企业深陷其中，只能与对手争抢日益缩减的利润额。企业若要取得持久性的成功，不能单靠与对手竞争，因为红海市场上即便竞争取胜也一定是杀人一千自损八百；而是要通过创造新产品开创"蓝海"市场，即蕴含庞大需求、能带动企业快速增长的未来新市场空间。①

(四) 企业的选择

现实的企业可以分为三类：一类企业是企图将顾客引导向他们不愿意去的方向走，正是这些企业会发现顾客至上是了不起的观念。第二类企业是听从顾客的需求了解顾客需求并满足其需要，这类企业是遵循"顾客至上"原则的。第三类企业是引导顾客朝他们愿意却尚不自知的方向走，即创造顾客未来的需求，把握产业先机，而且更能经常地带给顾客以惊喜。真正优秀的企业，通常是处于第二类、第三类之中，而真正具有未来或能够把握未来的企业是第三类企业。这类企业通常不十分重视市场需求的调查，而是花大力量研究人的本性需求及欲望，研究在此基础上的人类生活方式的基本变动趋势，并由此得出人们目前尚不清楚的但又是他们未来一定需求与喜欢的物品和服务。例如，日本的东芝公司设有"生活方式研究所"，他们在这些方面的研究取得了很好的成果，为公司提供了几项重要问题的答案：顾客对明日的商品会重视哪些方面？企业应该如何创新以抢先对手在市场上为顾客提供这些重视的方面？如何迅速形成一个产业率先供给这种产品或服务？等等。这类企业本质上就是所谓的创新型企业，瞄准未来市场的企业。

二、逐利行为

企业家组织生产要素进行产品或服务的生产，其目的是所生产的产品或服务在市场上找到买家，从而获得收入并可以克服成本，显然利润最大化是符合企业家最基本的利己要求。尽管现实中的企业家未必一定追求利润最大化，但能够在市场上获利应该是企业生存与发展的基本要求。在市场上的企业的逐利行为有两大类：套利与创新。所谓套利行为是指企业主要源于对市场上可能存在的同一产品不同价格的状况，进行运作而获利的大类行为。这类行为古已有之，如专门从事商品买卖的店家，就是去某些地方低价买入那里的货品，然后组织到其他需要该货品的地方市场上加价出售，从而获得价格差，于是就有获利的可能。可以说贸易行业的企业是从事此类套利行为的最典型历史最悠久的企业，至今尽管具体套利的方式变化了，但贸易企业依然到处在服务于社会。所谓创新行为是指企业主要针对消费者现实和未来的需求及其变化，创造适合其需要和购买力的新产品或新服务，供其购买消费实现销售收入，进而可以克服成本获

---

① [韩] W. 钱·金、[美] 勒妮·莫博涅著：《蓝海战略》，商务印书馆 2016 年版。

得利润，以便继续进行下一轮创新生产。此类行为也是古已有之，只是最早的生产单位是部落、家庭和手工作坊。从历史遗留的文物来看，古代许多产品均有创造性和艺术性，即便给普通百姓消费的产品今天看来也是十分实用且品质不差。今天这样的企业代表如华为，如苹果，如谷歌、微软等，其科技领先生产技术领先，创造了非常适合消费者需求的产品，真正改变了消费者的生活，同时这些企业也由此获得了巨大的利润。由于客观上存在不同的可以获利的市场，对企业家来说就有两类逐利行为的不同偏好，于是就形成了两类不同的企业，从事产品或服务套利的企业和从事创新创造产品或服务的企业。应该说这两类企业本质上并无理论上的高低之分，也无道德上的高低之分，因为这两类企业均是社会所需要的，是消费者实现消费所需要的。

（一）套利市场选择

所谓套利市场是指这类市场主要为企业提供因为交易可以套利并可能获利的市场，例如国际国内贸易商品批发零售市场、金融市场特别如股市债市等。套利市场的存在本质上还是因为这类市场上交易的商品或服务为消费者或顾客所需要。问题是消费者或顾客在购买时为什么愿意或不经意愿意给企业提供套利的空间呢？这是因为有以下几个原因：

（1）信息不对称

消费者与商品生产商的信息是不对称的，消费者希望获得那个商品，但不知道谁在生产那里有售，此时如果有人来帮助解决这个问题，生产商和消费者均愿意让渡一点利益作为回报，于是利差就出现了，套利就有成功的可能。

（2）空间不对称

消费者分布在全球全国不同区域工作生活，生产商也总是在某个空间地点进行生产，消费者与生产商在空间分布上不一致，于是需要一些企业把商品从产出地组织运送至消费者所在地进行交易，如此该商品就会有个价格差以克服这些企业的成本开支甚至获利。

（3）时间不对称

时间不对称首先是指企业生产时间与消费时间并不一一对应，通常生产在先购买消费在后。其次是指投资购买时间与投资回报时间的不一致。由于时间的不对称就可能形成时间差，在这时间差中就有可能形成利差。例如，投资买某个公司的股票，过一段时间股票涨了将其卖掉，就可以形成获利。在互联网发展迅速的今天，买卖双方信息不对称的状况已经有了很大的改善，互联网交易平台的虚拟空间也使得空间不对称状况得到了缓解，但不管技术如何进步，这三个不对称状况始终存在的,因此产生的套利市场始终存在,只是要在此市场上获利今天比过去困难得多,付出的努力要更多才行。

其实在所有的商品市场、金融市场、服务市场等均有套利的机会,但不能说这些市场就是套利市场,套利市场应该特指某些特殊产业市场。这些产业中的企业主要都是以套利为其商业模式,例如国际贸易、国内贸易行业。更具体地说,商品批发零售业就是这样的行业,这些行业中的企业就是利用消费者与供应商之间三个不对称,进行商品在不同时间不同地点进行不同价格的交易,进而获得利差。同样,金融行业中银行业吸收储蓄,发放贷款,进而获得资金进出的利率差,进而获得利差。至于股票市场上的,买者与卖者的一系列交易行为,也是看重股票价格的波动从而从中获得利润收益。期货市场更是如此,套利是主流,套期保值则是某些生产厂家为了规避所需要商品价格离奇波动的风险。所谓量化对冲交易其实目的也是更好地套利,即用现代工具来帮助套利企业降低风险更好套利。现实中还有一种套利行为,这就是政策套利,即抓住政府政策对产业、对市场不同对待,进行套利。例如政府为了绿色环保低碳生活曾经出台支持新能源汽车发展的政策,给予从事新能源汽车研发生产的企业以产品补贴,产量越大补贴就越大,于是就有一些原本不是从事该产业的企业或与此产业沾点边的企业看中了补贴机会,进行所谓转行以便套取政府补贴。政府也有直接对消费者的补贴政策,如消费者购买了一辆车就可以享有相应补贴。根据《财政部 工业和信息化部 科技部 发展改革委关于2016—2020年新能源汽车推广应用财政支持政策的通知》,"新能源汽车的购车补贴为:一是纯电动乘用车。3 000元/千瓦时,最高不超过60 000元;二是插电式混合动力乘用车(含燃料电池乘用车)。3 000元/千瓦时,最高不超过60 000元;三是纯电动客车。40 000～65 000元/辆;四是插电式混合动力客车(含燃料电池客车)。40 000～65 000元/辆;五是纯电动专用车。10 000～250 000元/辆;六是插电式混合动力专用车(含燃料电池专用车)。10 000～250 000元/辆。具体的购车补贴金额还需要参考当地的政策和实际情况。"[①]

选择套利市场就是说企业决定以套利作为其商业运营基本逻辑,以套利行为作为其主要的盈利手段。进行套利的资本起步时可以比较小,例如做点小商品批发零售,开个小商铺,甚至到股市开个账户也无须很大的起始资本,只是资本量小只能做些小买卖,不要企图能够获得巨大的回报。所谓白手起家,其实是指企业家当初以自己很少的资本,或借了别人很少量的资本,逐步积累逐步成长,最后成长为著名大企业。复星集团董事长郭广昌在复旦大学本科毕业后,本

---

① https://www.yiche.com/baike/652269.htm.

来打算留学国外的他,却看到了国内赚钱的机会。于是,他从亲朋好友那借来了3万元钱,放弃了留学开始了自主创业。在创业早期企业为了活下去,复星主要就是从事简单贸易套利业务,获利不大。直到开始接触到房地产行业,郭广昌发现了房产中介业务的套利空间。彼时,因为一处开发的楼盘无人接手,觉得套利机会来了,复星创业团队在郭广昌的带领下果断拿下了该楼盘代理销售权。凭借这门生意,最后净赚1000万元,这也成为他和复星集团日后崛起的资本。[①]今天要在套利市场上白手起家,是比较困难的,一方面市场上已经充斥着许多资本大鳄,竞争已经十分激烈,它们可以以其资本实力为了长期获利而忍受短期损失,而资本拥有量不多的企业或自然人则连一次损失也承受不了。另一方面,今天科学技术进步快速,数据分析技术、交易技术等已经赋予套利手段的技术含量很高,需要人才需要高级人力资本方能驾驭这些手段,才能实现套利。套利市场有其自身的运行逻辑,选择套利市场就是选择这样的逻辑,企业家要有充分的思想准备和深刻的认知才行。

(二) 创新市场选择

所谓创新市场是指该市场由一些企业生产提供过去创新的产品、现在创新的产品或正在开发新产品或服务形成的市场,例如消费品市场(各类衣食住行等消费品)、投资品市场(各类原材料、零部件、生产设备等)。现今人类的消费品或投资品其实都是人类过去与现在创新生产提供的,我们今天消费的电视机、洗衣机、汽车、住房、电话等等都是人类发展科技发展生产技术创新的结果,即便是我们今天吃的粮食、肉类,甚至是鱼虾都是在自然界提供的基本品种上改良驯化创新的产物,今天的那些电影、电视剧、音乐、互联网、软件、操作系统等等并无实质物理特性的产品也都是人类创新的结果,已经成为人类现代生活工作不可分割的部分。今天市场上的产品或服务即便还很受欢迎,也会随着时间的推移逐步变得不怎么受欢迎了,甚至被淘汰了。原因是科学技术在不断进步拓展了消费者的消费视野,经济增长导致消费者收入和购买力的提高,消费者自身成长导致消费需求偏好的变化等等。所以今天这个市场上的成功者通常是持续不断地创新者,对其现有产品或服务的迭代就是一种创新,推出全新的产品或服务并赢得市场更是一种创新。

1. 超越顾客需求

按照熊彼特教授的看法,企业家是具有创新精神的生产要素组织者,企业家

---

① https://baijiahao.baidu.com/s?id=16519131502207178317&wfr=spider&for=pc.

才是经济增长的推动者。因此可以说企业家领导下的企业不断地推陈出新,不断地创新产品或服务,今天的人类才拥有了如此丰富地消费品和投资品,并还将获得更多的新型产品或服务。然而在创新市场上是否应该按照需求来定义生产和创新呢?一般人的答案一定"是的",其实这个答案不一定准确。现代市场经济条件下的一般企业主张企业生产应以顾客需求为导向,向员工强调"一切以顾客为准""顾客至上",并且不断地询问顾客"您的需求是什么?对我们的产品和服务是不是满意?"等等。但在创新的市场上,有时却不一定对。为什么呢?这是因为创新的产品是过去消费者从来没有见到过的产品,今天的消费者有未来的需求,但并不确定需要具体什么样的产品或服务,正如哈默尔和普哈拉教授认为:"顾客向来是缺乏先见的。10年或15年前有几个人想要行动电话、家用传真机或影印机、24小时折扣、证券经纪账户、多汽缸汽车引擎、影像电话机、激光唱盘、有自动导航系统的汽车、掌上型卫星定位接收器、自动柜员机、MTV或电视家庭购物?"[1]他们认为顾客本来就缺乏先见,并不知道他们自己未来需要什么,那么以顾客为导向又有什么用处?他们的这一观点也得到了一些优秀现代企业与优秀企业家的认可。日本索尼公司著名领导人盛田昭夫曾这样指出:"我们计划引导大众接受新产品,而不是征询他们需要什么产品。大众不知道有哪些可能性,可是我们知道。因此我们不会大张旗鼓地做市场调查,我们把对产品概念及用途的想法不断改善,然后设法教育大众,与他们沟通,好为这个产品创造市场。"[2]索尼公司曾经是当今世界非常成功的现代企业之一,它的著名原创产品随身听(Walkman)曾经在市场上取得巨大成功,该产品却并不是"顾客导向"的结果,而是"导向顾客"的结果。其实许多原创性产品都是如此,例如苹果的智能手机、微软的视窗操作系统、电视机、计算机、影视剧等等。所以在创新市场上,企业家真正要做出原创性的产品必须超越顾客目前的需求导向,新产品新服务的真正含义是"引导顾客",即引导顾客朝他们愿意却尚不自知的方向走,接受企业为他们准备的全新物品和服务,进而开创一个新的产业。

2. 开创未来需求的起点

消费者有时并不知道他们未来需要什么,但是当一些以前他们并不知道的需求物出现时,人们又会热烈地欢迎它,甚至大量地消费它(在收入水平允许的条件下)。也正是如此,消费者现在正在消费的各种商品和服务中许许多多是过去从未想到过的东西,如肥皂、牙刷、电灯、电话、电视机、汽车、飞机等。换句话

---

[1] [美]加里·哈默尔、[印]C. K. 普拉哈拉德著:《竞争大未来》,智库文化股份有限公司1995年版,第106页。
[2] [日]盛田昭夫著:《日本造:盛田昭夫和索尼公司》,三联书店1988年版。

说，人们现在正在消费的商品和服务在100年前或200年前的人们看来是不可思议的，甚至是大多数人从未想到的。因此从这个意义上可以说，消费者并不知道他们自己未来需要什么。人们并不知道他们自己未来需要什么，是不是意味着企业家可以随心所欲地创造一些物品或服务出来，然后告诉消费者"这对你好，消费吧"。现实中确有这种企业自以为创造了一种极妙的产品，消费者一定喜欢，于是不遗余力地宣传介绍，希望消费者购买。结果最终赔了夫人又折兵，在市场上不仅毫无收获，甚至还大大亏损。事实上，尽管消费者并不知道他们自己未来具体需要什么，且他们总是在翘首以待新的消费品，但仔细分析，消费者在愿意消费新的未来商品和服务时除了购买力约束之外仍有一定的规则，因此现代企业在创新产品或服务满足消费者未来需求时并不能随心所欲。

这一规则或原因是什么呢？其实规则源于人的自利本性以及由自利本性产生的各种欲望。人的自利本性首先是维持生存，其次是延续物种，第三是追求美好与发展。马斯洛所说人的五个需求层次，实际上是由人的自利本性所决定。人从自己的本性出发，一方面努力适应现有的环境以便"适者生存"，另一方面则努力改造现在的环境为自己创造更好的生活环境，这一点非常重要，这是人区别于动物的最重要方面。人类愿意努力改造现在环境的动力，则源于人类对未来的渴望，对现实的不满足。因为人们希望有更好的环境，更好的物品来更好地维持人类的生存、延续物种和进一步发展。也正是如此，考察和分析现有市场上还受消费者欢迎的产品或服务可以发现，这些为人们所欢迎的消费品一定是在某些方面符合了人类的自利本性以及消费欲望。例如，肥皂用以清洁衣服或人的身体就是因为它可以更好地保持人的清洁卫生从而健康生存发展，同样电话可以用来保持不同空间的人们之间的信息交流，从而有利于人们生活工作的顺利进行，甚至满足人们情感交流的需要。所以消费者尽管不知道自己未来需求什么，但只要企业提供的创新的消费品能够符合人之本性要求及其延伸的特性，那么这种未来的物品就可能成为消费者的需要，企业就可以大胆地去创造。事实上，现有的消费品和投资品是人们本性需要及其延伸需求选择的结果，而那些已被淘汰的东西要么已经被更好的商品所替代，要么消费者现在已经认识到这个商品的使用好处不多甚至有害。

3. 把握消费者的本性欲望

从人的本性需求及其具体延伸出发，去考虑创造未来的产品或服务，去开拓一个新市场，是企业家以及企业在创新市场上谋求企业成长和发展的正确起点。为此需要充分了解和把握消费者本性和需求欲望，例如今天的人类追求美好的生活，追求财富自由是最为基本的欲望，具体来看还有如下方面的追求：

舒适（Amenity）——追求舒适的生活

美观（Beauty）——求美的倾向

文明（Culture）——追求文明教养的倾向

优雅（Delicacy）——讲求格调的倾向

经济（Economy）——希望以较小的成本获得较大的收益

时尚（Fashion）——追求时尚、流行的心理

美食（Gourmet）——喜好美食的心理

健康（Health）——重视健康的心理

观光（Tour）——欣赏风光美景

智慧（Intelligent）——追求知识、变得更聪明的心理

交往（Communication）——追求信息交换、人际沟通与理解

技术（Technology）——喜好技术变化

人类的消费欲望很是强大，只是受到收入水平和消费偏好的约束，从而在不同的经济发展阶段其不同的需求欲望有一个先后顺序，马斯洛的需求层次理论说的就是这个意思。

三、目标市场定位

选择现在市场或未来市场，选择套利市场或创新市场是企业家进行逐利市场的第一个重要的抉择，市场细分则是在上述市场决定下选择具体的市场也即具体的特定顾客群的过程，或可以称为目标市场定位。

（一）市场细分依据

需要对选择的市场进行细分的原因本质上有两点：一是顾客和顾客的需求的异质性；二是企业资源的有限性和为了进行有效的市场竞争，也就是企业资源和能力是异质性，应该与顾客的需求相适应。如果说顾客需求的异质性是市场细分的内在依据，那么企业资源和能力的异质性是市场细分的外在要求。进一步的市场定位是从有效的市场细分开始。很多企业经营失败是因为没有考虑到其他国家和地区市场上的竞争者。相反，许多企业的成功来自对全球市场的关注。随着科学技术的进步和互联网的不断普及，原来遥不可及的世界现在变成一个地球村，企业逐利市场一个深刻背景就在于人工智能、数字经济时代的到来，全球化与逆全球化、地缘政治变化、科技创新竞争已成为企业决策时必须加以考虑的因素。对选择的市场进一步细分就不能再局限于传统思维和领域，而

应把目光投向全国、全球。因此,市场细分定位时至少需要考虑三个层次:全球、地区和国内的细分市场。[①] 从细分市场的变量看,消费品市场和投资品市场是不完全相同的,就消费品市场而言,变量可分为两大类:一是依据自然属性细分市场;二是依据行为属性来进一步细分市场。

1. 自然属性变量,即按照下面的变量进行市场细分

(1) 地理细分变量(如地区、城市或独立统计区大小、人口密度、气候等)。

(2) 人口统计变量(如人口规模、人口年龄与阶段、性别、种族、民族与宗教信仰)。

(3) 社会经济变量(如收入状况、教育背景、职业社会阶层等)。

2. 行为属性变量,即按照下面的变量进行市场细分

(1) 心理分析变量,包括消费者的生活方式和个性。

(2) 产品使用量变量,如销量大的市场或小的市场。

(3) 效用细分变量,即产品或服务使用效用状况进行细分。

(4) 其他行为变量。包括消费者或顾客认知和偏好、环境/事件、媒体曝光度、营销组合因素。

对投资品市场的细分变量与消费者市场有些不同,投资品主要是生产资料,其顾客主要为其他厂商企业。这个市场的细分需要考虑投资品所在产业链、价值链和供应链的环节,生产技术特征、产品构成等新的变量。细分市场本质上需要找出哪些最能影响消费者或企业顾客购买的变量,称为影响购买关键因素(CPI,Critical Purchase Influences)。企业可以运用市场调查数据或经验判断,重新按对顾客购买行为影响程度大小对变量进行排列,以选出影响购买关键因素。一个有效的市场有效细分必须具备五方面的特点:(1) 可衡量性,即用来划分细分市场大小和购买力的特性程度,应该是能够加以测定的。(2) 足量性,即细分市场的规模要大到足够获利的程度。一个细分市场应该是值得为之设计一套生产经营规划方案的尽可能大的同质顾客群体。(3) 可接近性,即企业能有效地到达细分市场并为之服务的程度。(4) 差异性,细分市场在企业与顾客观念上能被区别,并且对不同的营销组合因素和方案有不同的反应。(5) 行动可能性,即为吸引和服务细分市场而企业系统地提出有效计划的可行程度。

(二) 市场细分吸引力

整体市场细分完成后,所面临的关键问题是哪一个或哪几个细分市场对企

[①] [美] 菲利普·科特勒;[美] 凯文·莱恩·凯勒著:《营销管理(第15版)》,格致出版社 2016 年版。

业更具吸引力,即在哪一个市场中,企业更有发展前途。为此需要分析决定所细分市场具有吸引力的因素。其中最主要的考虑因素有:

1. 市场增长率

它是指那个细分市场销售的年平均增长率。市场增长率高,说明市场正逐步扩大,顾客的需求不断增加,市场有利可图,所以市场吸引力较大。在产品进入成长期,市场增长率就是比较高的时候。

2. 进入和退出市场的壁垒

它是指企业进入和退出那个细分市场的难易程度,企业进入市场时若需具备雄厚资金、管理经验、拥有先进技术等条件,那么进入壁垒就较高。企业想要进入这种市场除非具有进入优势,否则企业进入成本将很高。当然,也有一些市场的进入壁垒很低,如零售业市场。此外,若市场发展到无利可图时,企业有意退出市场,但由于固定设备投资大,资金占用较多,无法一时兑现,或是由于规模较大,市场收敛较慢,所以退出市场较为困难,这种市场吸引力就不是太大。

3. 市场容量

有吸引力的市场必须具有足够大的市场需求容量,市场需求容量的估计方法是在选定时期内统计这个细分市场总的销售收入情况。如果销售收入少,市场规模或容量就小,这种市场就不太值得进入。

4. 收益潜力

收益潜力是指盈利可能,它与市场竞争结构有关,市场竞争结构是影响细分市场吸引力的重要因素。例如,如果细分市场中已包含许多实力雄厚且颇具竞争实力的竞争对手,市场中的供应者对所定购的产品价格或服务,质量和数量有控制权时,这个市场对新进入者来说吸引力就不大。供应者力量的强大主要体现在产出规模大、市场占有集中,较少的替代品或较强的生产控制。

5. 企业目标和资源

即使细分市场拥有恰当的需求规模增长率,具有吸引力的市场竞争结构,企业也必须结合细分市场其他有关的要素仔细考虑它自身的目标和资源。由于所有企业长远目标不一致,一些具有吸引力的细分市场可能很快就会消失,即使这些细分市场可以一试,但是这只会使企业将注意力和精力从主要目标上分散出去。如果一个细分市场适合一个企业的目标,那么也必须确定它是否拥有应具备的技术和资源。如果企业缺少这种竞争实力而且不能获得时,最好不要进入此细分市场。为了能在细分市场中取得优势,企业应该进入一个能提供超额利润并赢得优势地位的细分市场。

6. 时间期限

此外,对于细分市场吸引力的分析,确定一个时间期限是必要的(如三年)。因为一个细分市场现在有吸引力不等于未来同样具有吸引力。如市场规模有可能发生变化,一些市场有可能萎缩,而另一些市场则保持吸引力。因此,企业应该设立一个市场发展时期,预测在这个时期内目前企业提供的产品或服务,及现阶段计划推出的产品或服务的销售前景。之后的工作就是开展对细分市场的评估,以便最终确定适合企业的细分市场。评估细分市场的方法很多,矩阵分析法是一种简单的检验细分市场的方法,主要的矩阵分析法有波士顿矩阵分析法、GE 九方格矩阵分析法等,矩阵分析为市场竞争环境分析提供了详细的结构框架,它一方面使用指示图测算了细分市场吸引力的大小;另一方面,估算了企业的竞争实力,为企业进入细分市场及制定相应细分市场营销战略提供了依据。[1]

(三) 选择目标市场

1. 目标市场选择的五种模式

企业在对不同细分市场进行评估后,就必须对进入哪些市场和为几个细分市场生产经营服务做出选择。企业可考虑的目标市场模式有五种:

(1) 密集单一市场。最简单的方式是企业选择一个细分市场集中营销。企业通过密集营销,更加了解本细分市场的需要,并树立了特别的声誉,因此便可在该细分市场建立巩固的市场地位。另外,企业通过生产、销售和促销的专业化分工,也获得了许多经济效益。如果细分市场补缺得当,企业的投资便可获得高报酬。但是,密集市场营销比一般情况风险更大。个别细分市场可能出现不景气的情况。由于这些原因,许多企业宁愿在若干个细分市场分散营销。

(2) 有选择的专门化。采用此法选择若干个细分市场,其中每个细分市场在客观上都有吸引力,并且符合企业的目标和资源。但在各细分市场之间很少有或者根本没有任何联系,然而每个细分市场都有可能盈利。这种多细分市场目标优于单细分市场的吸引力,企业可继续在其他细分市场获取利润。

(3) 产品专门化。用此法集中产生一种产品,企业向各类顾客销售这种产品。

(4) 市场专门化。是指专门为满足某个顾客群体的各种需要而服务。

(5) 完全市场覆盖。是指企业想用各种产品满足各种顾客群体的需求。只有大企业才能采用完全市场覆盖战略,例如国际商用机器公司曾经采取计算机

---

[1] [美] 菲利普·科特勒、[美] 加里·阿姆斯特朗著:《市场营销:原理与实践(第 16 版)》,中国人民大学出版社 2015 年版。

市场全覆盖、通用汽车公司则在汽车市场上全覆盖,比亚迪公司则在新能源汽车市场上采取全覆盖策略。

2. 目标细分市场的选择策略

一般而言企业目标细分市场的选择有以下三种策略:

(1) 无差别营销,即对目标细分市场所有顾客不加区别地采用同一生产营销计划。这种方式的优点在于品牌专一便于组织大批量生产,从而降低成本获得规模效益。但是,忽略需求差异可能会使企业长期利益受损。

(2) 差别营销,即通过市场细分区别目标顾客的需求,对于需求不同的各细分市场采用针对性的不同的生产营销计划。这种方式的优点是有利于增强企业对各细分市场的控制力,从而能够获得较多的销售额,不足之处是差别营销需要较多的资源作为保证。

(3) 集中营销,即选择对企业最有利的细分市场,作为目标细分市场,对目标细分市场采用统一的生产营销计划。这种方式的优点是可顾全市场差异性和生产营销经济性两方面的要求,从而提高企业的经济效益。

3. 评估和选择细分市场的其他因素

在评估和选择细分市场时,必须考虑三个因素:

(1) 目标市场的道德选择。企业确定的市场目标有时会引起争议,引起公众关注,企业应该具有社会责任,不能对容易被侵入群体(例如儿童)进行不公平的生产销售手段,或对有弱点的群众(如老年人群)促销潜在的虚假的甚至有害产品。

(2) 细分相互关系与超级细分。企业在若干个服务的细分市场中进行选择时,应该密切注意在成本、经营管理或技术方面的细分相互关系。企业在产品分销过程中可能增加产品的售价,如外卖快餐价格常常会加上包装盒等的成本以及附加的快递成本,为此就需要调查这些因素对顾客购买的影响。另外企业应考虑在多个细分市场联动营销,而不是在孤立的细分市场中经营,因为在孤立细分市场与那些利用细分市场协同性的厂商进行竞争时企业将处于不利地位。

(3) 需要不同细分市场进入的计划。当企业计划要进入不同细分市场时,明智的做法应该是一次进入一个细分市场,并将全盘计划保密。一定不能让竞争者知道本企业下一步将要进入哪个细分市场。

事实上许多企业都没有把选择细分市场、进入细分市场的顺序和时间安排在企业的长期战略规划之中,小米则不然。观察小米手机的发展历史,可以看到最早的小米是在低端智能手机生产,进入竞争激烈的智能手机市场之中,通过研发创新技术投入,以产品的性价比吸引消费者,抓住低收入人群这一细分市场,结果取得了很大的成功,但盈利状况不佳,2018年,小米毛利率仅为12.69%。市场变化了,伴随国内越来越多的手机厂商崛起,小米原本的低价策略生存空间被压缩,竞争优势不再明显。于是雷军高端战略的口号喊起,宣布小米未来选择高精尖技术的创新与使用,争夺手机中的高端市场。2022年现场新品展示环节,小米以小米手机和红米手机两款产品、两条产品线,分别走极致性价比和高端无短板2条生产发展路线,开始进行多细分市场的策略。在现场放出的新产品中,红米手机仍然维持极致性价比,称在10周年之际回馈米粉,在上一代3 599元的基础上,反而猛然下降,报价2 599元起,比10年前创立之初的799元,也仅涨价1 800元。让现场米粉欢呼阵阵。而小米新款折叠手机则继续向上走高端路线,报价8 999元起,但配置是上述小米的全部新技术与高性能。雷军在现场宣布,未来5年,小米在技术方面投入将达到1 000亿元人民币。[①]

扩展阅读

美团的新挑战

[①] https://baijiahao.baidu.com/s?id=1774301156032707132&wfr=spider&for=pc.

第九章

商业模式

> 当今企业之间的竞争,不是产品之间的竞争,而是商业模式之间的竞争。
>
> ——彼得·德鲁克

2023年底苹果公司的市值破天荒地突破了3万亿美元大关,折合成人民币约为21.8万亿元,苹果的这个市值几乎相当于整个法国股市总和的一半,甚至达到了中国股市总值的1/4。与此同时,与苹果相比,曾经号称互联网巨头的阿里巴巴的市值则大幅下降,目前市值仅剩下了1.35万亿元人民币,相当于苹果的1/16。苹果2023财年的财务报告显示,在该财年,苹果的营收达到了3833亿美元,与2022财年相比有所下降,但是净利润却达到了969亿美元。可以说,苹果近5年每个财年的净利润都接近1000亿美元,折合人民币约为7000亿元,这是一个巨大的数字,这个数字几乎超过了全球99%的企业,即使是号称宇宙最大银行的中国工商银行当年的净利润也只有苹果的一半左右。[1] 苹果公司现任CEO蒂姆·库克对此贡献巨大,2011年库克执掌苹果之前,公司的市值仅仅为3490亿美元,年销售额只有1080亿美元,净利润不到300亿美元。

2024年2月4日,市场调查机构Counterpoint公布了2023年全球智能手机榜单:出货量榜单、平均销售价格和收入(盈利)榜。凭借强悍的实力,苹果在三个榜单中均排名第一,特别是收入榜再创新高,占全行业市场惊人的50%。2023年全球智能手机出货量下跌4%,出货量约为11.7亿台。排在第一名的是苹果,它的市场份额为20%,出货量约为2.37亿台。2023年苹果手机平均销售单价为890美元,约合人民币6400元,远高于全球智能手机平均单价的350美元,约合人民币2517元的水平,甚至同比还增长达到了2%。2023年苹果在收

---

[1] https://baijiahao.baidu.com/s?id=1785725775964030484&wfr=spider&for=pc.

入方面也是遥遥领先，以全行业50%的收入排名第一，排名第二的三星占比仅为16%。出货量为全行业的20%，但收入却为全行业的50%，说明苹果的盈利能力十分强大。为什么苹果公司多年来盈利能力如此之强？仅仅是因为苹果公司的技术先进和创新能力导致的吗？其实苹果成功的背后有一个十分厉害的商业模式。CEO库克在2012年就提出创新型分销模式，他说"产品才是至高无上的，是焦点。但我们意识到不同分销渠道还有购买力之间的不同。不像许多人，我不同意这样的前提：预付就只能是预付。我们说服中国联通尝试一下后付款的销售方式。他们试过之后发现效果非常好。后付费是一种双赢的方式，因为消费者可以更低的价格购买到机子，而运营商也可以将消费者绑定到他们的网络"。此外，苹果首创的苹果商店、"饥饿营销"模式，同样为苹果公司带来巨大的品牌效应和大量的购买者和"果粉"。

今天，商业模式真的很重要！创新商业模式是企业家的首选职责之一，也是领先型企业的必要创新方面，它与技术创新、产品创新、管理创新等一样重要。

一、商业模式剖析

（一）商业模式定义

究竟什么是企业的商业模式？学术界企业界的说法不同，并无统一的概念，有的认为商业模式是一个非常宽泛的概念，包括运营模式、盈利模式、B2B模式、B2C模式等，似乎商业模式就是一种简化的商业逻辑。有的干脆认为商业模式就是企业通过什么途径或方式来赚钱，例如饮料公司通过卖饮料来赚钱，快递公司通过送快递来赚钱，网络公司通过点击率来赚钱，通信公司通过收话费赚钱，超市通过平台和仓储来赚钱等等。尽管说法多种多样，但都不否认商业模式与企业如何为客户和利益相关者创造价值的逻辑有关，都不否认企业如何持续获得盈利十分重要。

美国沃顿商学院商业模式研究专家拉斐尔·阿密特（Raphael Amit）多年研究商业模式问题之后，把商业模式定义为："一个由中心企业与其合作伙伴采取的互相依赖的行动以及链接这些行动的机制所构成的系统。"[①]这个定义把商业模式看作全球分工条件下企业运行获利，看作是企业与其合作伙伴的合作机制与相关合作行为的系统，因为今天企业的商业运行不可能完全独立运行，而是与其他企业如供应商、顾客、政府机构合作有成效的结果。因此如何选择合作伙

---

① ［美］拉斐尔·阿密特、［美］克里斯托夫·佐特著：《商业模式创新指南》，电子工业出版社2022年版。

伴,如何与之有效合作即什么样的机制下以什么方式合作,就是形成企业自己独特的商业模式的主要内容。但这个定义没有把价值创造及其逻辑明确下来,尽管在他的书中有进一步相关的论述。为此,本书作者给出了修正后的商业模式定义:为了实现客户价值最大化,把影响企业运行的内外相关各要素关联整合起来,通过一系列不同商业活动创新组合,与合作者一起形成一个完整的高效率的有特色的运行系统,创造价值实现价值并持续达成盈利目标。这个定义有三个关键点:

1. 商业模式的目的

商业模式的目的是企业为客户创造、交付他们所希望的最大价值,而不是简单盈利。首先,商业模式的目的是帮助企业去实现客户价值最大化,是要求企业为客户创造它所希望获得的价值,而不是企业自认为的价值,许多企业自认为了解客户,了解消费者,因为自己生产提供的产品或服务就是客户所需要的东西,其实不然,所需要的不一定是消费者愿意购买的。其次企业创造价值后,还要能够有效交付这样的价值给客户,今天所谓对客户的服务包括对客户的前服务、后服务等,其实也是企业在给客户交付价值的内容之一。通过创造具体的商业活动组合,实现客户价值的最大化,企业自身以及企业的相关合作者均获得客户回馈的收益。只有帮助客户实现价值最大化,客户才会持续重复地购买企业提供的产品或服务,企业才有可能实现持续的盈利。持续盈利很重要,因为没有持续的盈利就意味着企业的成长不可持续,此时的商业模式一定有问题。

2. 商业模式中商业活动的创新组合就是创造价值交付价值并获利的方式

所谓商业活动是指企业中相对独立的各类工作,如生产方式、工艺技术管理、人力资源、研究开发,成本核算、筹融资,市场研究,营销推广、公共关系、信息数据分析、海外拓展、售后服务等,这些工作是按照不同企业的不同投入产出过程,以及不同企业面对不同市场竞争的需要进行有序衔接,组合形成一个系统,形成合力将投入的资源要素转换成客户需要的最大价值。因为企业是不同的,产品不同、生产技术不同、人员不同、要素投入不同等等,导致了上述商业活动并非企业都需要,也并非都要企业自己承担。企业创造性地进行商业活动的组合安排,可能收获极大的价值创新。例如今天企业的生产可以是自己完成,也可以外包,同样,今天企业产品的分销可以是自己进行,也可以完全外包给分销商分销;今天到资本市场上进行筹融资可以有各种不同方式,等等,因此这就给了企业商业活动组合可以有众多不同,由此导致了降本增效、价值创造等等的极大空间。

3. 商业模式是企业与合作伙伴形成的价值创造网络

在产业链、价值链和供应链全球分布的今天，一个企业的产出可以是全球众多合作者或供应商共同协作完成，企业的商业活动的参与者既是企业选择的结果，也是参与者选择的结果。在商业模式中企业众多的合作者实际上都在参与价值创造，参与为客户创造最大价值。所以企业商业模式关联的众多合作者就形成了一个价值创造的合作网络，其中的主导企业就是领导和控制这个网络的核心企业，例如苹果公司就是其商业模式中价值网络的核心企业或称为主导企业。苹果的 iPhone 手机的商业模式中，产品所有零部件也都不是苹果公司自己生产的，产品本身也不是自己装配的，而是外包给富士康公司组装生产，作为价值创造主导的苹果公司主要是研发设计新产品，提供自己的安卓操作系统，建立自己的分销体系，并以此成为苹果商业模式的主导控制者，以此获得客户价值回馈中的大部分。

（二）商业模式的重要地位

1. 商业模式是盈利方式

商业模式是一种创造价值交付价值并持续获利的方式，这就决定了商业模式在企业成长与发展过程中的重要地位，因为没有一个企业可以在持续不盈利条件下生存，更不用说发展了。图 9-1 简单明确地表达了商业模式在企业成长与发展中的重要性。

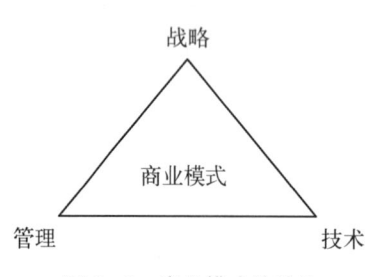

图 9-1 商业模式的地位

企业成长与发展有个稳定支撑的三角形：战略、技术与管理。其中战略决定了企业发展的方向路径，是企业成长与发展的导引，而技术与管理则是企业开展有序生产运营、提高生产效率、实现价值创造的主要力量。俗称企业发展三分靠技术七分靠管理。也就是说，企业健康持续成长与发展过程中，技术与技术进步的重要性不如管理的重要性，因为管人十分困难，管得不好时企业上下没有工作积极性，此时固然设备先进、工艺流程先进也发挥不了其的效用。链接这三个重要因素的是商业模式，在商业模式的这个价值创造系统中，战略依然是方向性的导引，所谓持续性盈利就说从今天至未来都要盈利，因此没有战略的导引，商业模式的构造设计甚至创新都是有问题的。同时，也正是商业模式的有效运行支撑了战略的实施与实现，技术与管理是被商业模式应用在商业活动过程以及不同商业活动的组合与衔接过程之中。换句话说，技术、管理是围绕着商业模式这个商业活动价值网络展开,进行创新资源配置,支撑企业的战略与目标愿景的实现。

2. 商业模式不同导致盈利状况不同

不同的商业模式导致企业的价值创造不同,导致了企业盈利状况的不同。不同产业的企业由于其产品、技术、市场占有率等的不同,导致这些企业之间的商业模式不同,价值创造与盈利状况自然不同,例如石油开采企业与新能源汽车制造商的商业模式不同,价值创造不同,一个是开采出来运输出去,一个是整车生产加工制造然后分销。但同行业的企业尽管生产的产品基本一致,生产工艺技术基本一致,但由于在商业活动组合的创新安排方面,合作者的合作机制与合作方式等方面的不同,就会导致商业模式的不同,其结果就是盈利状况有很大的差别。例如,例如特斯拉与比亚迪都是生产电动汽车的企业,其中特斯拉曾经是电动汽车的领先者,比亚迪则后来者居上,产出量正在超过特斯拉且受到越来越多消费者的欢迎,但两者的商业模式有相似之处但又完全不同,例如特斯拉自己不生产锂电池需要外购,而比亚迪则自己生产,于是就导致供应链效率、成本等的不同,最终影响商业模式的差异,导致最终盈利状况的不同、市场竞争力的不同。也正是如此,一个企业是否拥有自己独特的商业模式关系到企业成长的健康与否,关系到企业发展的速度快或慢,关系到企业资源配置的效率高或低,关系到企业是否有比较强大的竞争力。企业商业模式的独特性表现为企业对自己所处产业的特性的深刻理解上,表现为企业对自己商业活动及其创新组合的深刻理解与把握上,表现为企业家对企业成长未来的理念与信心上。

3. 商业模式是企业市场价值的基础

企业商业模式的重要性还在于它直接影响了企业的收入与利润,导致资本市场对企业的市场价值估值不同。资本市场对企业的估值判断,首先是看企业商业模式状况即商业模式带来的现在与未来的盈利以及盈利可能,因为资本市场对企业价值的判断不仅仅看目前的盈利与否还看未来可能的盈利空间,例如瑞幸咖啡当初在美国上市时并不盈利,但它的商业模式以及连锁店已经开设的规模,足以导致投资者的关注,导致其高的市场估值。其次是看企业拥有的技术先进程度和创新能力以及在市场上的占有份额,因为这些可能给投资者带来比较高的利润回报,也使企业有较强的偿债能力。在数字经济、互联网发展的时下,如果企业采用的比较常规的商业模式如单体酒店就是以住宿服务为主商业模式,其市场价值 PE=4 的话,那么采用比较特别的商业模式如连锁式商业运行为主模式,则其市场价值 PE=30;如果采用互联网平台模式的企业其市场则可能价值 PE=50。美国的一些高科技企业苹果、谷歌、微软等以其特别的技术创新型商业模式令世人瞩目，盈利能力极强前景极好，他们的市场价值都高达 2 万亿美元以上，连排名第四的英伟达公司 2023 年末的市值高达 1.78 万亿美元（约合 12.81 万亿元人民币），远远超过许多国家一年的 GDP 总量。

（三）商业模式的基本架构

商业模式是一个系统，这个系统的基本构成要素是企业的各类商业活动，不同的商业活动分类组合就形成了商业模式这个系统的子系统，这些子系统的关联与关联方式是商业模式的一种构成，形成了商业模式的基本架构。从图 9-2 中可见，商业模式这个系统是由融资模式、生产模式、营销模式和收入模式等子模式（子系统）构成，其基本的关联遵循了投入产出基本过程（企业基本运作过程），形成商业模式系统。图 9-2 的下方展示的企业投入产出基本过程，可以看作是钱转化物，物再转化为钱的过程。所谓钱转化为物，就是说企业需要有资金，用资金去购买生产要素、各种物料部件、软件、设备等，然后企业把这些投入生产过程，将其转化为既定的产品或服务，然后分销给消费者，消费者购买之后企业就有收入，然后进行收入的分享并开始下一轮的生产过程。

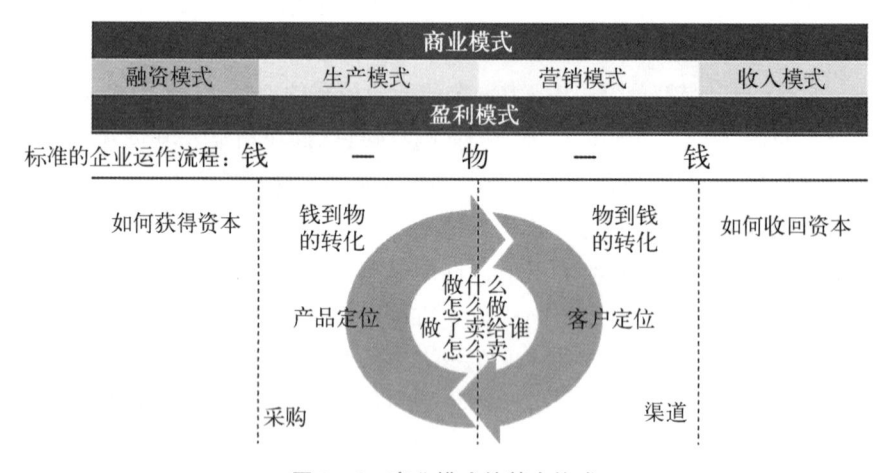

图 9-2 商业模式的基本构成

商业模式包括四个子模式。第一是融资模式，所谓融资模式是指具有普遍意义比较固式化的企业融资方式。融资模式就是要解决企业如何获得资本的问题，企业如果没有资本当然就没有可能开始投入产出的过程。融资模式基本有两大类：直接融资模式是指直接从有资金的主体手中融资，如通过上市融资，或接受各类投资者或投资基金的直接投资等等；间接融资模式主要是指通过中间机构如通过银行或其他金融机构而不是直接从有资金的主体借钱融资。第二是生产模式,它是指具有普遍认可的比较模式化的企业生产方式。生产方式总体上也可以分为两大类:自行组织生产方式和委托他人生产方式如OEM,即自己生产或外包生产。生产方式还有其他不同的区别选择,因为生产方式的背后是生产技术和生产工艺,即便是同行业企业生产同类型产品,也是可以采用有差异的技术工艺来进行生产,这样的不同就会导致企业成本结构和产出效率的不同。生产模式中还包括了供应模式即具有普遍认可的比较模式化的企业生产过程物料供应模式,涉及供应链供应商状况。目前企业可以采用自行组织供应模式、第二方供应模式、第三供应模式、第四方供应模式等。第三是营销模式,是指企业的一些相关市场分销活动的具有普遍意义的比较模式化的组合方式。营销的本质可以概括为通过一系列计划和执行的活动,包括设计、定价、促销和分销,以满足个人和组织的交换需求,从而创造价值并达成商业目标。所以营销模式包含了市场研究、市场策略、分销渠道、品牌塑造等方面的商业活动。由于这些商业活动的不同组合导致营销模式很多元化,例如从分销角度看这些商业活动组合不同,就有代理分销、自行销售、连锁分销、网络分销等等不同模式。第四是收入模式,这是指商业模式中具有普遍意义的比较模式化的营收方式。企业的收入是企业投入产出的结果,是商业模式创造价值后的结果。由于企业商业活动参与的主体并不只是企业本身,是有多方主体参与,例如供应商、合作生产者等等,所以企业最终为顾客创造价值之后的收入是需要分享的,于是就有不同的分享方式,例如有自产自销、有供应分享、有参与者分享收入、有交易抽酬等方式。收入方式的选择既要考虑有利于企业本身成长与发展,还要考虑企业商业模式中商业活动参与者和合作者的利益,以保持长期稳定的合作网络。

(四)商业模式的基本构成要素

构成商业模式基本要素是指所有商业模式的形成与创新都离不开的构件,这些构件的组合再加入其他,就形成多种多样的商业模式。那么这些基本要素有哪些呢?

1. 客户需求

客户需求是商业模式构成的最基本要素,没有客户需求就没有为此而进行生产创新、为此进行服务提供,也就没有必要开展任何商业活动,商业模式的建立与运行是在满足客户需求的基础上展开的。表面上看,客户的需求是客户希望从企业获得的产品或服务;实质上,这是客户在获得和使用该产品或服务时,所获得的使用价值满足以及心理上的愉悦感受。因此商业模式就是在实现客户价值最大化过程中实现自己获利的方式。

2. 商业活动

商业活动实际上是商家或企业实施投入产出进行生产创新或进行服务套利时必要的所有业务活动的总称，如信息收集、研究开发、材料准备、生产制造、市场开拓、品牌塑造、资金筹措、市场推广、分销开展、套期保值、股权投资、售后服务等等。商业活动不包括商家或企业的管理活动，如计划、组织、指挥、协调、控制等等工作。并不是所有的商业模式都需要上述具体的商业活动，但一定的已有商业活动一定要形成一个有机的价值合作网络使得模式运转自如。

3. 合作网络

是指与企业有密切合作或有密切利益关系的诸多合作者或合作关系者形成的价值创造利益共同体。因为今天商家或企业的生产运营需要众多相关者，如银行、投资基金、供应商、渠道商、代理商、政府、平台商、媒体等等协同，因此它们就成为企业利益共同体。企业需要与利益相关者深度合作创新生产、赢得竞争，获得价值共享价值。价值合作网络的形成与展开尤其是与企业所在产业链、价值链、供应链、创新链上相关企业协同密切相关。

4. 基本运行规则

商业模式是建立在基本商业逻辑之上的，所谓商业逻辑是指企业面对客户需求与市场竞争还能够持续营收获利的内在基本规律，具体来说就是创新生产的获利逻辑，就是提供服务套利成功的逻辑。因为存在这样的基本获利逻辑，因此依据商业目标组合创新商业活动，形成价值网络进而能够获利。生产与合作的有序进行需要有一定的基本运行规则，例如价值创造后价值的分享方式就必须遵循一定规则甚至是法律，才能使所有合作者得到激励，才能使这个模式高效持续地运行下去，持续地获利。有商业活动与商业活动的衔接与组合也需要遵循一定规则，这个规则首先是投入产出流程效率的规则，其次是客户价值最大化优先的规则等等。

二、商业模式的类型分析

企业家在市场上有三类基本行为：一是套利行为，一是创新行为，以及由这两类行为衍生出创新套利融合行为。企业之所以会有这样的行为，这是因为商业模式使然。套利是企业获利的一种方式，于是就会有许多企业采取相应的商业活动及其组合在市场上进行套利行为，同样创新是企业获利的另一种方式，于是也会有许多企业采用相应的商业活动及其组合在市场上进行创新获利行为。因此，商业模式的基本类型，就有套利模式、创新模式和创新套利融合模式。只是随着技术进步、生产经营活动的进一步分工协同、经济的全球化等使得三大类下的商业活动的创新组合多种多样,于是现实中的具体商业模式就多种多样,有时很难区分套利还是创新商业模式。

(一) 套利类商业模式

套利类商业模式是指其获利方式主要通过产品或服务价格差,或者以资产出租等获利的方式。因为由于为客户提供的产品或服务因为地域上的不一致,例如生产商在日本,客户却在中国;或生产和消费时间上的不统一,如现在生产提供但消费确在未来某一时段;或者顾客与生产商信息不对称等原因导致产出产品或服务的价格与消费者最终购买价格的不同,存在价格差而导致的利差空间。当然这个价格差是最终得到消费者或客户确认的,因为这里面有从事套利企业为客户创造的一定价值,例如能够帮助客户买到他所希望得到的产品或服务,其实也就是为客户带来了价值。此外将自己的资产出租给其他人消费使用以获得一定租赁收益,其实也是套利的一种方式,本质上是出租者资产使用的机会成本变现,因为资产能够出借出去那是因为这个资产的使用可能给租赁者带来更大的收益,于是租赁者就愿意偿付一些占用资产的费用,这就形成了出借者的获利。

1. 简单的套利模式

最简单的套利模式就是从古至今一直有效的以商品买卖实现价格差获取,最终商家可以获利的商业模式。今天的各种商品销售商铺,贸易公司、百货公司、便利店、水果店、蔬菜摊、水产店等等均本质上都是这种商业模式的运用者。这些商家运用这个模式时,至少要开展以下几个商业活动:一是需要分析判断商铺所在地市场上消费者对准备分销的商品的需求,需要分析当地消费者的购买力状况;二是决定自己商铺或摊位的地理位置,以便方便消费者购买同时也方便自己进货销货;三是寻找供应商组织货源,尽量以低价买入,低价运送到商铺;四是货品展示和推广以便需要者周知;五是说动消费者乐意高兴购买,并承诺保障质量;六是获得销售后的收入,计算盈利与否,如果此过程是获利的,自然坚定了进一步如此做买卖的信心。这个模式的上述商业活动都是很重要,互相关联形成系统,这一模式的核心是低价进货加价出售,从价格差中获利。商家在开展这些商业活动时当然要付出智力成本和劳力成本,当所获得价格差不能克服所付出的成本,那么商家就要亏损,特别原本预计可能是可以盈利的,但实际过程中因为许多意料之外的事件如自然灾害、道路交通不畅、政令变化、员工不力等等,均可能导致商品出现问题或运送出现问题,导致销售价格下跌,运营成本大增。

2. 复杂的套利模式

随着商品经济的发展，对资本的需求逐步衍生出了以金融业为核心的虚拟经济，后来又随着互联网技术、互联网的迭代进步，以互联网为基础的虚拟空间平台形成，于是形成了虚拟平台交易、实体线下配送的新运行方式，这些变化导致今天的套利模式变得十分复杂，有巨大的创新空间。复杂的套利模式是指上述变化下形成各类新型的套利模式，但尽管其模式构成复杂，本质上依然最终靠商品的价格差来获利。

（1）期货套利模式

简单的套利模式中商家组织的商品通常是现货交易，在交易中获得价格差。然而有些商品很明显是未来几天几个月几年所需要的，为了防止未来组织不到所需要的货源，商家就会提前在当下向供应商下单订货，并提前锁定价格，然而供应商虽然也愿意接到未来的订单，但也希望有个好价格。其他的商家则对此看法不同，对当前的锁定价格则并不愿意，于是就发展出期货交易市场。期货交易并不是交易的现实商品，而是购买未来商品的合约，在某些时点上买的合约其价格在一段时间后，由于各种外部条件变化如天气导致粮食增产可能，于是此时的合约其价格就会上升，套利空间出现。反之则反是。再加上金融杠杆可以放大价格差获得量的增加和一些防范风险的手段，于是就有许多商家只是从事期货交易从而谋求价格差而获利，并不是真的买卖这个商品，当然也有一些商家只是到这个市场购买一定价格的未来商品，以防范未来商品价格的变化，这就是所谓套期保值。

（2）借贷套利模式

金融系统中的银行业是主要的商业主体，其源于古代的钱庄票号。银行的基本商业模式是从广大的商家和百姓手中暂时不用的闲钱以比较低的付息的方式借入，然后以比较高的收息方式把钱借给急需使用的商家或个人，从而获得息差来克服其运营成本进而获利。所谓利息实为借贷资本的市场价格，息差其实就是借贷资本的价格差。除了银行外，金融系统中其他各类金融机构，如信托公司、借贷公司、信用合作社、P2P网络信贷等等凡涉及资本借贷，本质上均是采用此银行套利模式，只是在此基本模式上的变化创新。例如曾经红火的P2P网络信贷，原本是由平台提供商组织社会上的有闲钱的资金提供者与需要资金的需求者在平台上直接借贷成交，由于一般是小额借贷，息差一般高于金融市场上的基本息差。后来就有了以大项目融资，高息差吸引，最后兑付不了等重大风险产生，最终导致大量P2P公司破产失败。

(3) 股票套利模式

股市的发展也是商品经济高度发达的结果，其本质就是把那些通过筹集社会资本来成立公司，发展业务推动公司成长获利，并不断回报这些出资人的股份公司，把其出资人的出资凭证规范化，然后在一定规则下，允许其在市场上交易，这就是股票市场上公司股票的交易。这个交易不是交易实体资产，而是交易出资凭证，可以说这是一种虚拟交易。由于这些凭证拥有者拥有了那个公司的未来收益的权利，所以凭证有价值，未来收益可能的变化和市场的供给需求状况决定了这个公司股票的价格及其变化。因此买卖股票是看中了股票所代表的价值变化，以及由价值变化带来的价格变化最终带来的利差。既然股票买卖也是一种套利模式，所以其本质盈利可能就是价格差带来的利差，于是低价买入高价卖出就是基本的生存获利之道。尽管获利之道很简单，但由于怎么才能断定二级市场上的股票价格孰低孰高，何时才能获得高价，特别当市场上有实力雄厚的买家或卖家（如各类大基金、大资本公司）时，市场信号可能被扭曲时，更是难以决策。

(二) 创新类商业模式

创新类商业模式是指商家或企业主要通过生产提供过去创新的商品或服务、现在创新的商品或服务以及未来的商品或服务实现销售进而获得收入，获得利润的模式。这样的商业模式是建立在熊彼特教授论述的企业家创新概念上的。在熊彼特教授看来，所谓企业家的创新就是要建立一种新的生产函数及生产要素的重新组合，就是要把一种从来没有的关于生产要素和生产条件的新组合，引入到生产体系中去，以实现对生产要素和生产条件的新组合，企业的新产品其实就是这样的一种新组合，这种组合的目的就是获得潜在的利润，甚至是最大限度地获取超额利润。显然企业家的创新不同于科学家的科技创新，企业家的创新就是把生产要素重新组合起来，不断地推动企业生产技术进步，形成新的生产函数即形成新的生产力和新的生产方式，使企业可以获利以维持和推动自身企业持续发展。这类商业模式获利的基本过程是筹措或购入生产要素，商家在既定的生产技术工艺技术条件下对此进行整合转换，产出既定的预计符合消费者需要的产品或服务，然后销售获得收入，在克服生产销售成本后获得利润。其中，为生产提供商品或服务的商家或企业，如各类制造工厂、各类软件生产商、各类服务提供商、各类研发企业、各类采掘企业、种植公司或农户、养殖公司、捕捞公司等均是这类商业模式的实践者，只是有的比较简单，有的比较复杂。

1. 简单的创新模式

简单的创新模式是指最为简单、最为基本和直接地以生产和创新生产产品或服务并实现销售，从而获得利润的商业模式。例如最早的手工业商户生产打造农具、生产武器、生产饰品；一些食品铺子生产成品食物，如糕点、包子、面条，农民生产粮食、瓜果等，并以此获得一些利润，维持生存与发展。在这里，这些商家需要的商业活动至少有：一是分析判断市场的机会即分析判断消费者究竟在什么价格上需要什么消费品；二是筹措资金，购买生产要素如原材料、生产设备、雇佣劳动力等等；三是选择设定生产或提供服务的场所，组织生产或服务的过程；四是对生产的产品或服务的品质进行管控；五是对生产出来的商品或服务进行市场推广，组织安排销售；六是对售后的产品或服务进行维护，以实现顾客的价值最大化；七是获得收入后扣除成本，进行利润分配，实现激励承诺。在这些商业活动中，商家生产的产品或服务是否可以获得大量消费者的关注十分关键，因为尽管组织生产前已经预计了消费者的购买意愿，但等产品或服务生产出来进行销售时，因为种种原因消费者原来的购买意愿可能发生了很大变化，结果生产出来的产品或服务销售情况不好，于是生产的产品或服务要么库存积压，要么只能抛弃浪费。所以，如何防范此类由于市场变化带来的获利风险以及生产不能顺畅的风险就是此商业模式运用时特别需要考虑的方面。

2. 复杂的创新模式

所谓复杂的创新模式就是指在简单的创新模式上的创新变化所形成的各类复杂模式，但尽管再怎么复杂总离不开为消费者生产提供产品或服务并成功销售进而获利的基本范式。复杂的创新模式是建立在研发创新基础上产出，企业的创新研发有两类：一类是渐进式创新，即在原有的技术或产品或服务上通过研发技术进步逐步改进产品或服务的形态、功能、品质、品牌，从而为更多的顾客提供最大价值。一类是原创式创新有时也被称为突破性创新，即通过研发创新从无到有地创造出全新产品、全新服务，进而开拓新市场新顾客，实现产业化生产，最终获得利润或资本市场肯定。这两类创新中无疑后一类创新成功的概率比较小，因此需要特别的商业活动安排才能够支撑此类商家持续创新，例如需要多次融资安排、科创板上市准入等才能支撑较长期且成功概率大的原创，直至最后商业成功。复杂的创新模式在今天的金融发达、技术进步、数字智能技术、互联网等的加持下出现许多种类，为商家的运用及其成功获利提供了有利的空间。

(1) 生产制造＋模式

生产制造产品或服务就是简单的创新模式，但如果生产制造增加了其他重要的商业活动就会使原本的简单创新模式复杂化，成为复杂的创新模式一类。生产制造加研发创新的模式是最基本的复杂商业模式，因为今天的研发主体不一定是商家企业自身组织进行，而是可以外包，也可以开放式合作进行，于是就有相应的一系列商业活动安排与协同，也有一系列价值创造和价值分享的方式产生，于是就形成了较原来复杂的商业模式。

生产制造加服务的模式是一个可以获得双重盈利可能的模式，因为消费者购买产品后在使用过程中可能需要这样那样的服务，于是服务收费成为可能。此模式生产制造产品给顾客是一种盈利的可能，对顾客在使用该产品时实施服务收费则是另外一种盈利的可能。在此基础上，商家还可以有许多创造性的变化，例如产品销售的价格较低，产品使用后服务可能不便宜，许多数字产品、生产设备等生产销售与使用服务收费就是采用如此模式。又如商家根据产品使用的匹配特性，产品本身价格不贵以争夺顾客，但使用产品时所需要的耗材却被锁定且不便宜，例如复印机现在越来越便宜但其墨盒价格却保持高价位；又如每年需要换一次的净水机内胆是净水机器本身的价格一半。这样的模式有时也被称为"剃须刀模式"。生产制造还可以加互联网，即形成线下生产线上（互联网平台）销售，甚至自己直接进行线上销售，如直播带货模式。

(2) 价值链创新模式

生产制造创新过程是投入产出创新过程，也是价值创造的过程，这个过程可以按照价值创造的环节分解成为如图 9-3 所示的基本环节。

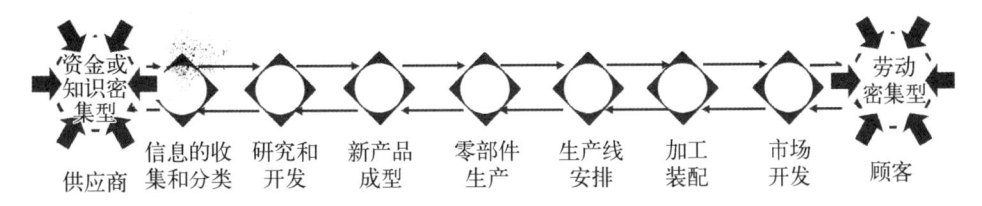

图 9-3 基本价值链构成

典型制造企业的投入产出创新过程分为信息收集和分类、研究和开发、新产品成型、零部件生产、生产线安排、加工装配和市场开发共七个环节。这个七个环节每个都是价值创造的环节，环环相扣形成一个链条，所以称为价值链。对价值链上每个环节价值创造过程中对生产要素依赖的程度分析，可以发现价值链的各个环节价值创造时所要求的生产要素投入组合是不同的，价值链上游环节的组合则呈现"资金或知识密集型"的倾向，价值链下游环节组合呈现"劳动密集型"倾向，也正是如此，价值链不同环节的创造附加价值也是不同的，因此价值分享回报就可以不同，其价值创造分布状态的一种表达就是"微笑曲线"，见图 9-4。

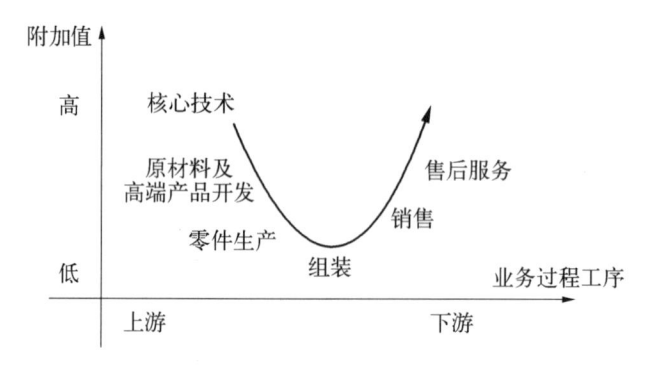

图 9-4　价值链上的价值创造分布

因为不同国家的自然禀赋不同、经济发展程度不同，导致其拥有的自然资源和生产要素充裕程度不同，在全球市场一体化条件下，其要素价格就有很大的差异，发达国家的人力资本价格很贵资本价格却相对低廉，发展中国家资本稀缺价格昂贵但劳动力价格便宜，这样就给商家企业进行原本自己全价值链生产与销售完成的商业模式，转变为控制价值链进行价值链全球分布合作的生产销售的模式，以充分利用不同区域或国家要素价格的差异为企业创造更高的价值，获得更大的利润。例如苹果公司在生产制造创新方面的商业模式就是采用价值链创新模式，具体是把产品创新设计、技术研发等环节放在美国本土，因为美国科技发达，科技人才集聚，创新能力强，而生产组装则交给富士康公司，此公司则把生产加工之地选择在劳动力充裕价格便宜的地区或印度等国家，销售则由其组织安排在全世界主要市场上分销。

(3) 合作创新模式

合作创新的模式是指领头自然人或企业主持领导组织相关商家、科研机构甚至自然人(有专长的人、有资本的人)进行合作研究合作创新，以获得商业性成果然后在市场上转让出售，进而获利的商业模式。这样的商业模式在美国的创新创业市场上相当多，通常是一批创新创业者努力合作，谋求资本支持研发，经过多年努力终于获得具有应用价值的重大科技成果，使成果或初创企业的市场价值很高，然后将其转让给愿意出高价购买者，例如 ThousandEyes 公司就是如此。据美国的 CNBC 在 2020 年 5 月 9 日的报道，位于旧金山创新创业公司 ThousandEyes，已经被美国的著名思科公司看中，这是因为它的创新产品可以用来告诉客户互联网服务的终端用户是否达到服务预期，还可以跟踪对终端用户的服务，看看互联网所提供的服务是如何交付的，存在什么问题等等。这对思科公司未来进一步在软件服务业进军和领先都十分重要，思科公司在声明中表示，预计将会以 10 亿美元收购 ThousandEyes 公司，交易则会在一财季结束之前完成。① 当然,合作创新模式的获利方式还可以有许多变化或创新,例如商家企业只出售成果的部分股权,其他的则进行应用性开放以期获得未来更大的收益回报等等。

(三) 创新套利融合模式

现实的市场经济中商家企业在利润最大化驱动下,并不会简单地或刻板地把自己的商业模式只能设为套利模式或创新模式,进行所谓的二选一,而是怎么能够最大化获利就怎么来。这就是实用主义的方针,这样方针导致了现实中商家或企业的商业模式创新变化,这些多样化的商业模式,可以统称为创新套利融合模式,其中又可以分为简单的融合模式和复杂的融合模式两个子类。

1. 简单的融合模式

此类模式是指商家或企业采用生产创新产品或服务的创新模式与分销贸易等套利模式的简单融合。此类模式中主要的商业活动一方面包括生产创新方面的产出活动,一方面还包括套利的活动,且两者有机衔接融为一体。例如制造厂家生产创新产品或服务提供给市场上的消费者购买,但由于地域空间的广大和差异,由于各国经济发展程度不同消费者购买力不同,导致所生产的产品或服务在不同地区不同国家的市场上分销有较大的价格差,或者商家或企业可以通过设定不同价格策略导致不同的价格差,于是不妨自己开展套利活动,进而获得分销渠道控制以及获利增加等好处。例如著名德国汽车制造商在美国设厂生产的SUV车宝马5X,在美国市场上销售价格为5万美元,但出口到中国市场,在中国的宝马汽车4S店中却要卖10万美元以上,当然这里面含了关税。

(1) 套利与创新融合的模式

此模式主要是指利用已有的套利商业活动基础积极拓展创新生产活动最终形成套利与创新融合的模式。例如:贸易商的商业模式就是在商品交易过程中获得价格差继而获利的基本模式,此类模式如果要稳定下来,贸易商需要建设或控制进货渠道和分销渠道,以便长久地维持自家供应商和顾客群,能够方便今后持续地获利。当渠道建设成功,但如果只进行现有商品的交易,则成本大获利小,为此开展这些商品的生产并提供在现有渠道上分销,如此就形成了套利与创新生产融合的商业模式。例如阿里巴巴旗下的盒马鲜生公司是连锁生鲜为主的

---

① 网易编:《思科斥资近10亿美元收购网络监测公司ThousandEyes》,www:m.163.com/dy/article/FDR4KLSL0511D6RL.html。

大卖场，在上海、浙江等地开设后发展加快，受到消费者的欢迎，这个公司就是采用集中大批量进货，加价零售的套利商业模式，但最近以来它开始定制生产盒马自有品牌的家庭生活用品，并在自己的连锁超市中分销，此时其商业模式开始逐步向套利和创新融合的简单模式发展。

另外一个典型的案例就是美国著名的奈飞公司。奈飞公司（Netflix）成立于1997年，其联合创始人里德·哈斯廷斯和马克·伦道夫突发奇想，利用互联网与数字技术在录像带租赁行业中进行变革创新，一反行业中开租赁店出租录像带的传统方式，而是让消费者在网上选择和告知所需求的影片，然后由奈飞公司请DVD公司进行影片刻录，再直接邮寄给顾客，导致顾客不必前往租赁店借与还，同时还可以保留以后再看。这是一种全新的经营方式，背后的商业模式就是套利与生产创新的融合，因此该模式一推广立刻受到广大消费者的欢迎。奈飞公司还以此获得了美国的商业方法专利。

（2）创新与套利模式融合

生产创新过程中实际上可以嵌入许多套利的商业活动与方法，形成一种生产创新与套利有机融合的商业模式，为企业创造更好的获利空间，或更健康的运营方式。例如在今天全球经济一体化弱化，地缘政治变化、技术进步极快的不确定时代，生产制造企业为了稳定大宗原材料的价格和供应，通过期货市场进行期货买卖和套期保值，对自己生产的产品和未来价格进行投保以防范风险，等等都是一种融合模式，采用这种模式特别需要商家或企业能够开展此类商业活动的能力。那些从事生产创新的上市公司其股票价格虽然与其现在的盈利状况与未来的盈利能力有关，但也与整个宏观经济大势相关，当股票市场大幅度下跌时，上市公司在二级市场对自己公司的股票进行回购以稳定股价，稳定投资者对公司现在与未来的信心，有时是必要的策略。这个方法实际上还隐含着套利的可能。此外，一些公司在自己的主营生产创新业务之外，另设相关的套利业务，形成融合的商业模式。例如，进行多余资金拆借他人以获得息差，或进行冗余资产（如厂房、设备、技术等）出租他人以获得租金收入。或者开展合作创新合作生产的过程中开展一些合作套利活动，以分享合作套利或合作生产创新的成果。

2. 复杂的融合模式

复杂的套利与创新融合模式在当下由于商家企业的大量创新实践下显现出复杂商业活动构成的多种多样的形态，无论其多么复杂构思多么巧妙，本质上依然是创新与套利模式的融合，只是融合的具体方式各有奇妙之处。复杂的融合最为代表首先是产融互动融合模式，其次是生产商与顾客合作模式，第三最重要的是互联网平台模式。

(1) 产融互动融合模式

这个模式是指产业资本与金融资本融合的商业模式,这个模式本质上就是生产创新模式与套利模式的融合,因为产业资本实为投入生产创新过程中的资本,是希望通过创新生产出供消费者欢迎的产品或服务,进而获利的资本。而金融资本则仅仅为资金需求者通过资本融通资本借贷的资本,目标是通过提供资金服务获得利差进而盈利的资本。所以两者的融合商业模式就是创新模式与套利模式的融合。目前已经越来越多工业企业的商业模式中开始将金融业中的多种融资手段、金融工具、收入模式融合进入生产创新过程之中,从而形成产融互动融合的新型商业模式,如贸易商的模式中加入了订单融资、出口信贷,融资租赁等形成新的商业模式。制造商的生产创新模式中加入了股权投资、信托委贷、资金拆借、供应链金融等形成了新的产融合一的商业模式。又如做供应链管理服务的公司,利用交易流量导致资金流量大的状况,为供应链中的一些供应商提供供应链金融服务,就可以获得供应链服务获得的利润之外,还可以获得资金拆借的收益等等。

(2) 生产商与顾客合作模式

这一模式的出发点是生产商在进行创新生产时把顾客引入研发或生产过程,或把顾客引入产品使用价值最大化的过程,实现生产商与顾客合作融合,最终帮助生产商实现创新与套利的双重盈利的目标。例如企业在进行新产品开发过程中,实施开放性创新策略,将顾客中有创新才能、有创意的一些人吸引至企业合作共同研发,吸纳他们好的创意和贡献并给予一定回报,使企业创新的新产品更具特色品质,而把顾客引入企业产品的使用过程中,共创最佳使用范式就可以以此形成模式,影响更多的消费者购买和参与使用。例如乐高公司的商业模式就是如此,乐高公司生产的乐高玩具十分有特点,玩具本身只是一些可以拼装的基础件,但这些基础件可以在公司的指导和顾客的创意使用中产生许许多多的人形、建筑等形态玩具,既益智又好玩,是一款十分畅销的"世纪玩具"。此外随着其产品的不断迭代,可以拼装的构件增加,乐高公司又开始设立乐高乐园,提供场地进行服务指导,让大人小孩以及其他人一起互动创意拼装,快乐一天。在此过程中,乐高公司则获得了生产创新产品的收益,又获得了分销服务的收益,还获得顾客参与创新的成果。

(3) 互联网平台模式

平台是指形成和促进买卖双方交易的场所或互联网空间。互联网平台是由第三方或第二方主体提供并组织运行的信息交换、人际沟通和虚拟交易场所,由于平台提供者的目标和平台功能偏好,现实中就有以文字图片为主的信息交换平台,如网易、搜狐等,也有以发布自制短视频内容为主的信息交换平台,如抖音、小红书等,还有以社交为主的信息交换平台,如脸书;商品分销为主的平台,如阿里巴巴淘宝、天猫、京东、拼多多等;以及提供生活服务的综合平台,如美团、饿了么、滴滴等。这些平台的基本构造如图9-5所示。

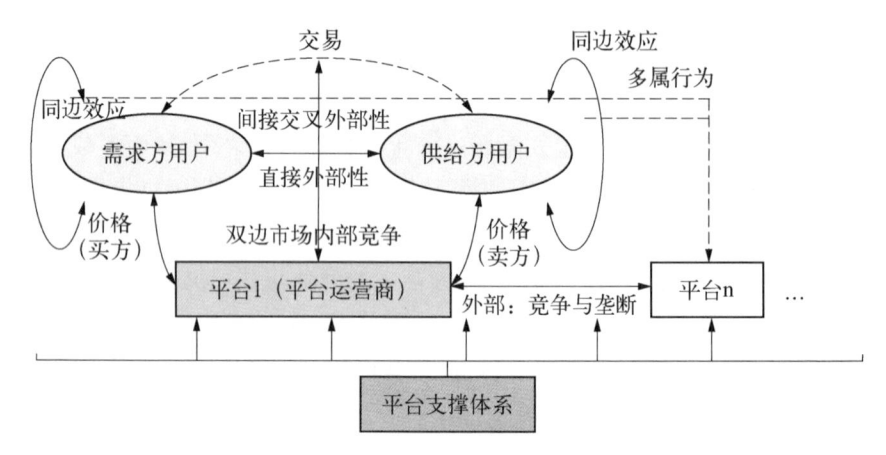

图9-5 互联网平台的基本构造

互联网平台的商业模式是建立在互联网特点和互联网技术基础之上的,互联网最大的特点:一是可以把分散的信息、分散的供应商或顾客集聚在平台上,使交易价格相对透明,加上配送货服务,导致交易便利;二是克服现实中地域空间的物理阻隔,实现商品、信息与交易跨地域或国别的流动;三是互联网平台具有的网络外部性特征,即一个平台的某一边顾客用户数越多,就越能吸引对边的供应商用户,而对边供应商用户数的增加反过来又会进一步吸引一边的顾客用户,如此反复,这就是平台独特的"交叉网络效应"。因此,一个平台的某一边用户数越多,再开发某一边的一个用户所需的成本就越低,也就是说用户开发的边际成本呈递减规律,如此互联网平台就能积累大量用户实现爆发式增长。这也解释了阿里巴巴的淘宝为什么在早期短短几年就形成如此规模的供应商与顾客的集聚,形成如此大的交易量。第四,由于两边用户的增加以及交易量的增加,其交易过程中留下的数据痕迹就越多,即数据积累也呈现爆发性增长,形成互联网平台提供商的数字资产,这个数据十分宝贵,对供应商和用户的数据进行分析,是精准生产和精准分销服务的基础,可以为他们创造更大的价值。今天来看,互联网平台是生产创新与套利活动不可或缺的产业链、价值链、供应链这三链关联衔接的关键核心,也是互联网平台价值创造网络的中心节点:它把分散的供应商、客户、第三方服务商等集聚平台,集聚生产供应需求等各种信息于平台,然后撮合上下游客户生产经营沟通与交易,以及交易后交割等系列物流等服务,实现创新生产和套利的复杂系统,而这就是互联网平台商业模式。这个模式利用现代互联网信息技术,数字智能技术,以商品流通为核心,以资源优化配置和提升生产交易效率为目的,建立和形成新的规则体系和生态制度,创新商品生产流通价值获取活动,为用户创造最大价值。

三、商业模式的创新

随着消费者需求的不断变化,科学技术、生产技术、商业技术的不断进步,今天的企业要在市场中竞争获胜,企业家就必须不断思考如何为顾客创造最大的价值,不断满足顾客消费要求,同时还必须考虑企业在现代商业环境中如何更好地持续性获利,为此就需要创新商业模式,形成自己企业独特的别人难以复制的商业模式。

(一)商业模式创新的理论前提

1. 价值链理论

1985年,波特教授出版其著名的《竞争优势》著作,在著作中他提出了"价值链"概念,认为现代企业如果拥有了独特的价值链就拥有了在市场上的竞争优势。在全球价值链分工协作的条件下,企业自己不一定要拥有所有的价值链环节,只需要能够在企业投入产出价值链上的某一关键环节上有特别之处,如研发环节,或生产加工环节,或分销环节等有独特的方面能够给价值链带来特别的价值,使该投入产出价值链离不开企业在这一环节贡献,企业就有了竞争性。例如富士康公司是一个电子产品代工企业,公司的口号"只要你能够设计出来,我就能够生产出来",而公司的代工品质和交货效率完全达到委托方的要求,导致全球主要消费电子产品公司如苹果等均愿意与之合作,几经发展目前富士康已经是这个领域全球最大最有竞争力的公司。价值链理论强调的是在全球分工条件下,企业只要在某个价值链环节上发力,形成自己的专长,形成特色,就可以成就企业竞争优势。这个理论颠覆了传统企业竞争优势的"木桶理论"。"木桶理论"认为企业若要获得市场上的竞争优势,企业就应该像个木桶,不能够有短板,因为一旦有个短板就装不了最多的水,从而不能获得最大的价值和优势。

2. 长尾理论

美国《连线》杂志主编克里斯·安得森在研究了众多互联网公司和传统商业公司后,于2004年发表了观点,他认为在互联网时代,由于互联网本身的技术特点——互联互通信息优势、分散的可以跨物理空间集聚等可以导致产生新的商业模式,他提出互联网商业模式创新的基础就是所谓的"长尾"理论[①]:即只要存储和流通的渠道足够大,需求不旺或销量不佳的产品共同占据的市场份额,完全可以和那些数量不多的热卖品所占据的市场份额相匹敌,而且可能创造的利润更大,见图9-6。

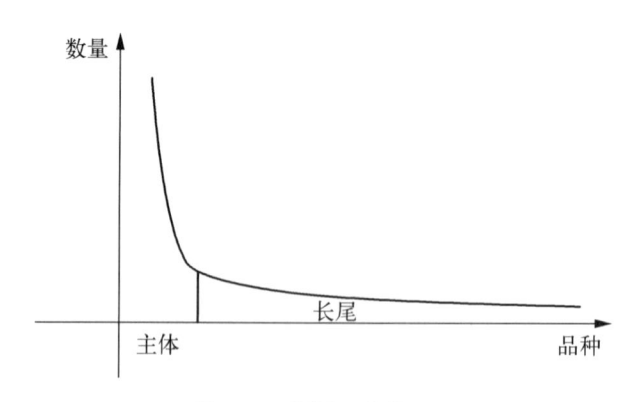

图9-6 长尾理论的图示

从图9-6中可见,所谓长尾是指企业生产的品种多但销量较低的产品,这些产品市场上不是没有需求,只是需求量比较小。在传统的线下渠道分销这些产品时,由于渠道空间有限,这些产品不被重视甚至连摆放出来的机会都没有,因为企业家们都知道,在传统的管理模式中有一个经典的"二八法则",即企业20%的产品能带来80%的销售额,而另外的产品只能带来20%的销售额,并且这部分产品几乎不能为企业带来利润。因此,企业应该花大力气把管理的重心放在这20%的产品上面。但是互联网形成的虚拟空间则不同于物理空间,虚拟空间可以无限大,且打破了物理空间的地域隔绝,因此再多的产品品种都可以在网上展示出来,如果加上搜索引擎,消费者就可以享受多样化产品的选择,结果就是这些产品都会有消费者光顾,销售量增长甚至盈利。今天的互联网商业平台公司如淘宝、天猫、京东、拼多多等等其基本商业逻辑就是建立在长尾理论之上的。

3. 经济一体化理论

经济一体化是指经济活动超出了地域国界限制,使世界各国和地区之间的经济活动相互依存、相互关联,形成世界范围内的有机整体;或者说是指世界各地区各国均参与全面的经济合作,其中任何一国经济领域的变动均会引起世界

---

① [美]克里斯·安得森著:《长尾理论》,中信出版社2006年版。

经济整体的变动。其中互联网、信息技术、数字技术、人工智能技术的发展和其在经济领域的广泛应用,为经济一体化提供了物质技术基础。特别是互联网技术的发展,为各国企业进行全球信息沟通和操作提供了极大的方便。例如在世界500强公司内几乎找不出一家企业是完全在国内生产、在国内销售的,它们几乎都是拥有遍及全球网点的超级企业。这些大公司为谋求自身的发展,如今正在进一步调整自己的经营方向和组织结构,希望把自己建设成为一个在组织内部进行国际化分工的公司。《世界是平的》作者托马斯·弗里德曼说,由于互联网的出现和交通工具的改善,已经把地球变成了一个村,经济全球化、经济一体化已经成为现实。今天如果去硅谷寻找创业投资基金,说打算成立新公司,但不考虑外包或离岸生产,他们会马上送客。[①] 现在有很多几十人的小公司,虽然人不多但也是全球分工合作,一部分人在硅谷,一部分人在印度,合作者分布全球各地。而公司生产的产品不止一种,有些制造可能会在中国大陆,有些设计会在中国台湾,后勤支援在印度与菲律宾,工程在俄罗斯及美国。这样的变化导致构成商业模式的商业活动发生了重大变化,导致商业活动有效组合发生了变化,商业模式自然也就要变化,要形成新的特别的商业模式。

4. 数字经济发展

数字经济的核心是数据已经成为新的生产要素,数字技术智能技术正在广泛渗透到经济社会、产业、企业诸多方面,数字技术(算法)创新是数字经济的核心推动力。算法被认为是数字经济的基础和核心,支持着工厂生产、流程控制、超市货架摆放和网约车公司的司乘匹配等各个领域的生产和服务效率。对于产业来说,数字技术不仅创造了新的高效生产方式,还改变了行业价值链,促进了经济结构的优化。数字技术直接催生了数字产业。数字产业是指以数字生产要素为主要配置要素,以数字技术运用于整个生产经营或商业模式,从而产出数字产品或服务的新型产业。它分为三个部分:数字基础产业、数字产品或服务生产产业和数字化转型成功的现有产业。在工业经济时代,经济活动以物理基础设施为基础,如"铁公机"。随着数字技术的发展,网络和云计算成为必要的信息基础设施,数字基础设施的概念也扩大了,包括传统的数字基础设施和新型数字基础设施,如5G和工业互联网。数字技术本身也催生了一系列新兴产业,如智能数字电子消费品、元宇宙、共享经济、平台经济、直播带货等。这些新兴产业产生了新现象,提出了新问题,也呼唤新的商业模式。例如电商平台对零售业的变革体现在,通过数据留存和分析,可以有效地定制个性化产品营销策略,也可以

---

① [美]托马斯·弗里德曼著:《世界是平的》,湖南科学技术出版社2006年版。

获得数字资产转化的机会；而数字支付机制有助于建立商家信誉，使得市场的固有缺陷通过市场本身的发展得到部分修复，提高了资源配置效率（Li and Xiao，2014）；等等。

今天的数字经济是一种融合性经济，数字产业作为其核心组成部分，数字技术也推动了传统产业的数字化转型。在制造业中，数字技术可以将生产过程转变为数字虚拟过程，例如西门子提出的"数字化双胞胎（数字孪生）"概念，通过可视化和模型化的方式模拟整个生产过程，从而提高了产出效益并更好地满足了消费者需求，为顾客创造更大的价值。

(二) 商业模式创新的目标

今天企业之间的竞争已经从单一的产品或服务的竞争，上升到资源掌控的竞争，上升到产业价值链的竞争，上升到企业合作网络之间的竞争，这些必然影响商业模式的创新与变革。商业模式创新的目标简单地说就是要创造一个适合企业成长与发展，可以给企业带来长期盈利，能够为既定的客户创造最大价值特别的好的商业模式。何为特别的好的商业模式？这是一个简单但又不易回答的问题，因为特别的好的商业模式一定是在一定的商业环境与有能力的企业家或职业经理人手中才能真正创造和表达出来。商业模式创新目标的实现，需要先判断当时与未来的商业环境及其变化，需要企业对选定的顾客需要的价值有充分的理解和把握，需要企业家有设计创新商业模式的理念、素质与能力。商业环境特指企业发展的外部环境，它包括了许多方面，如法律环境、社会环境、产业环境、宏观经济环境、政策环境、资源环境、生态环境等等。

创造一个好的商业模式就事论事地说，应该达到如下要求：（1）定位准：是指创新的商业模式的市场定位准，能够找准目标客户群，能够把握客户的价值需求及其特性，并能够针对其价值需求及其特性设计出实现其价值最大化的产品或服务或使用平台。（2）需求大：是指针对创新的商业模式所选定的顾客群，企业提供的产品或服务为顾客创造的价值较大，可以激发顾客的需求欲望，导致现在与未来都具有较大的市场潜力。（3）可持续：是指创新商业模式是可持续的，其中收入模式是可靠的，成本结构是可控的，收入来源是可持续的。（4）能延展：是指创新商业模式是可以自行复制的，进而可以延展自己相同的业务，发展企业规模，成就竞争优势。别人虽然可以观察这样的商业模式，但难以模仿其精髓。（5）独特性：是指创新商业模式是与同行企业的商业模式比较有其独到性有新意，能够把握所进入产业未来发展的趋势与现代科学技术发展演化的趋势。

(三) 商业模式创新的工具：九宫图

1. 商业模式创新工具

商业创新工具其实非常少，现有的九宫图（见图 9-7）又称为画布，可以简单用来表达企业现有的商业模式，也可以作为商业模式创新的基本构想的图示，为进一步创新提供基本框架。

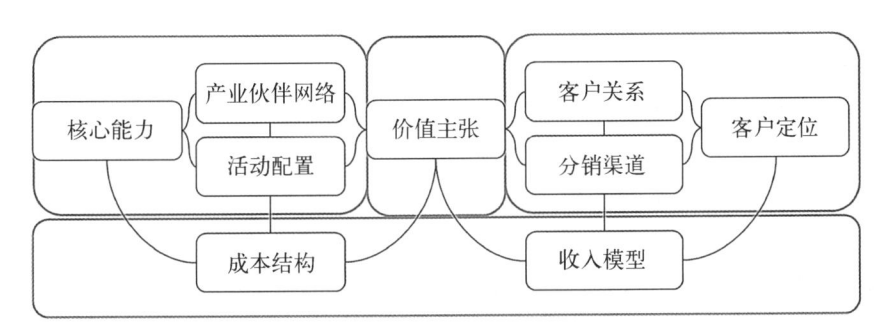

图 9-7 商业模式创新九宫图

图 9-7 是典型的商业模式九宫图，所谓九宫就是根据商业模式定义用九个格子形成的关联体系来基本表达商业模式的基本构造。九宫图的中间一格是商业模式的核心称为价值主张。九宫图的右边是围绕目标客户，处理客户关系、建立分销渠道，实现销售收入。左边是围绕价值主张，开展投入产出、进行商业活动配置、建立合作伙伴网络、培养核心竞争力等以便真正创造价值。价值主张（Value Proposition）是商业模式创新的核心，所谓价值主张是企业通过其产品和服务所能为消费者提供的价值。企业的价值主张并不是企业凭空想象的自己能够给顾客创造的价值，而是在充分理解顾客价值需求的基础上，挖掘出顾客想要又难以表达的内心深处的价值需要，这样的价值主张就是顾客价值最大化的体现。

2. 价值主张右边的四个格子

它们分别为：(1) 客户定位，又称目标客户（Target Customer），是指企业所瞄准的那部分消费者群体。这部分群体具有某些特别共性，如学龄前儿童、女白领、男职工等，瞄准这部分群体可以使企业针对这些特别共性创造相应特别的价值。企业的价值主张其实是针对目标客户群而言的，当企业转变成为定制生产厂商时，其目标市场是单个客户，企业甚至可以针对每个不同客户有不同的价值主张。(2) 分销渠道（Distribution Channels），即企业建立或依托用来接触消费者分销产品或服务的各种途径，目前有线下和线上之分，线上渠道就是指建立在互联网平台基础上的各类分销渠道,线下渠道是指物理性的渠道。企业需要建立或依托渠道把自己产出的产品或服务销售给目标客户,从而获得销售收入,还需要依赖它来进一步开拓市场和实现创新营销策略等诸多问题。(3) 客户关系 (Customer Relationships),即企业同其客户群体之间所建立的联系,这种关系需要企业进行有效管理,这就是所谓的客户关系管理,客户关系管理是重要的商业活动和管理工作,因为关系的好坏决定了企业持续经营持续获利的可能。(4) 收入模式 (Revenue Model),是指企业通过各种收入流 (Revenue Flow) 来增加价值的固定方式。从图 9-7 中可见,价值主张给定目标客户,但客户关系管理的不同、分销渠道的不同等都会导致收入流的不同,于是就形成所谓的收入模式不同。

3. 价值主张左边的四个格子

它们分别为:(1) 活动配置,也可以称为价值配置 (Value Configurations),是指商业活动选择与配置,这些活动的配置需要围绕企业的价值主张,围绕着目标客户的价值取向展开,而且要形成一个闭环系统。形成一个闭环系统是商业模式运行的前提,并不意味着闭环了就有效率,所以如何使闭环系统有效运行更为重要,就需要建立企业的核心竞争力。(2) 核心竞争力 (Core Capabilities),就是企业长期形成的、蕴含于企业内中的,企业独具的,支撑企业过去现在和未来竞争优势,并使企业在竞争环境中能够长时间取得主动的核心能力,换句话说,核心竞争力是企业的默会知识,就是企业能够为顾客创造特殊价值的特别能力。这种能力也可以说是运行其商业模式实现企业价值主张所需的能力。(3) 产业伙伴网络 (Partner Network),是指企业的合作伙伴网络,这个网络对于企业价值创造十分关键。在全球经济一体化条件下,企业的价值主张已经并不需要完全靠自己力量完成,而是可以由企业与其他有专长的合作企业进行分工合作,形成稳定合作网络,一起为顾客有效创造价值提供价值,一起实现共同商业目标。也正是如此,需要企业在商业模式创新时,考虑如何对合作网络进行有效治理。(4) 成本结构 (Cost Structure),是指为实现企业价值主张开展的所有商业活动及其组织(包括合作网络治理)所产生的费用及其支出比例状况。由于合作伙伴选择的不同,合作的方式不同;商业活动的选择与组织的不同等都会导致企业的费用支出不同,进而导致企业整个投入产出成本结构不同。

在九宫图的基本结构中,左边是商务费用支出形成企业的生产成本,右边是销售等收入形成企业的营收,营收减去成本就是基本的盈利。九宫图左边与右边均是围绕企业的价值主张形成循环逻辑,这个逻辑必须能够保持有持续不断的营收和盈利,此时这个商业模式才是可取的,企业才能可持续的成长。所以商业模式创新的核心是要找到有持续的稳定且能够扩大的收入源,找到找准这个收入源是很重要的,这是企业战略的问题,是产业选择的问题,也是市场机遇把握的问题,更是企业家的认知问题。

(四) 商业模式创新的路径

商业模式创新的路径是指现今条件下商业模式创新一些可能途径,具体有以下几个方面:

1. 重新定义顾客,提供特别的产品和服务

随着收入的变化,技术的进步顾客需求会发生不断变化,所以企业需要根据这种变化重新思考既定的目标顾客群,重新衡量这些顾客的价值取向,发现其新的价值取向;也可以对原有顾客群进行新的细分,寻找其新的特点,从而创新或改进企业的产品和技术,为顾客提供全新的特别的或改进迭代的产品和服务。如此,就需要企业重新设计商业活动组合方式,从根本上创新的商业模式。如春秋航空,避开了与大航空公司的竞争,发掘了部分客户群的价值需求,重新做出了这些顾客的定义,即抓住了观光度假旅客和中低收入商务旅客的需求,仅仅对顾客提供最基本的服务,如在飞机上仅提供一瓶免费的矿泉水等,以此来实现降低机票价格"省之于旅客,让利于旅客",创造了国内唯一的"廉价航空"商业模式。又如,瑞幸咖啡把喝咖啡的目标顾客群从办公室人群扩张至其他人群,并以低价位咖啡品种以及新产品如茅台咖啡,数字技术用于精准定位推送分销,创造了与星巴克咖啡公司不同的商业模式,成就了今天的发展。

2. 改变提供产品/服务的路径

这一创新的途径就是从改变分销渠道入手进行商业模式的创新。工业化时代的生产模式是大规模标准化大批量生产,是集中生产全球分销的模式,大规模生产必然依赖大规模分销,于是分销商作为独立商业主体成为渠道的控制者。然而这样的产品或服务提供方式,无法满足现代消费个性化的需求,而基于信息与数字时代的、开放的、包容的、具有个性化选择功能的"解决方案"才能满足现代顾客个性化的需求。因此,从现在开始至未来,企业的产品将是一个或一种"解决方案"即企业的产品将不再是有形的实物或完整的服务,而只能也必将基于顾客个体的、个性化生活方式的"解决方案"。因此调整和改变企业大规模生产方式,改变提供产品或服务的路径就是时下商业模式创新的重要途径之一。这方面最经典成功案例是戴尔公司,戴尔开创性地取消了计算机生产后委托中间分销商的模式,创造了根据客户要求定制计算机,然后直销无库存的商业模式。又如互联网平台上的商品分销模式一直是不同商家或产品陈列,然后由消

费者搜索比较,然后进行交易。但如今的互联网平台直播模式则是改变了上述模式,转变为网红博主出镜直接介绍推销产品,使之下单购买,无须顾客再去自己搜索商品或服务。直播模式实为一个创新的套利商业模式。

3. 从收入模式的改变入手

企业可以通过改变交易方式,如是否采用信用交易,是否实行竞标等改变收入,也可以通过改变计费方法方面,如选择不同的计费单位,是否分期付款,折扣,捆绑定价等改变收入,更可以创新收入方法导致收入增加利润增加。例如互联网信息平台公司当年一直困扰的问题就是如何可以创造收入进而盈利,直至Google公司首先创造了"竞价广告"的商业模式问题才被解决。"竞价广告"商业模式其核心是依据客户购买的关键字,以纯文本的方式把广告安置在相关搜索页面的右侧空白处,只有有人点击广告时才付费,使它的搜索引擎变成企业推广的利器,给企业带来了高额的利润,也为谷歌公司带来了巨大的收入和利润。而连锁快餐企业麦当劳的收入结构中,主导利润并不是汉堡包销售额带来的,其90%的利润令人惊讶地来源于房地产。麦当劳一直将租来的房产转租给加盟店,通过赚取租金差额来获得大量的利润,增强了公司的获利能力,也给了合作者相应的价值回报。可见,通过改变收入模式来创新商业模式是一种可行的路径。

4. 改变顾客的支持系统

改变顾客的支持系统,其实是改善企业的客户关系、提高客户的价值获取的满意度,帮助企业商业模式中价值主张的实现。所以这也是商业模式创新的一个途径。国内对顾客支持系统方面做得最好的莫过于海尔,其依靠庞大而有效的信息化组织保障,海尔建立的闭环式的服务体系,服务创新每次都走在行业前列,如顾客拨打"海尔全程管家365"的热线,就可以预约海尔提供的家电产品安装、清洗、维护的全方位服务。在服务过程中还考虑不同顾客的需求,提供各种不同的增值服务,如保险、延长保修范围、提供其他服务等,同时也为海尔的收入增加创造新的可能。"制造+服务"已经成为海尔的商业模式中不可缺少的部分,成为海尔商业模式创新发展的主要部分,一提到海尔公司的商业模式,人们就会联想到海尔优质的顾客服务。今天随着数字技术人工智能技术的快速发展,数字化、智能化产品和服务的提供已经越来越普遍和广泛,定制化产品和售后服务的提供、顾客一揽子需求方案的解决等,都需要从维系顾客的角度出发考虑,从而为客户创造最大价值,实现企业的价值主张。

5. 发展独特的合作价值网络

发展独特的合作价值网络,就是根据技术进步、产品创新、客户需求等对企业已有的合作伙伴价值网络进行调整或改变甚至新设,通过这个变化或创新导致企业商业模式的变化或创新。例如,华为作为世界一流的科技公司,其商业模式也有其特别之处,其中最为关键的是其复杂的合作网络,网络治理和价值分配系统。华为在多个领域与企业高校、科研机构均有深度合作,涉及科技公司众多,如中芯国际、灿勤科技、思瑞浦、东芯股份、杰华特、天岳先进、美芯晟、源杰科技、华海诚科、华丰科技等;这些公司业务涵盖芯片制造、微波介质陶瓷元器件、存储芯片设计、模拟集成电路设计、高功率半导体激光产品、宽禁带半导体衬底材料、高性能模拟及数模混合芯片研发、光芯片行业、半导体封装材料、连接器生产等多个领域,为华为的发展提供了强大的支持。例如,在全球家电产业中,格兰仕自定为"全球名牌家电制造中心",为国外知名企业进行微波炉贴牌生产,不断地积攒实力,实现了超大规模和专业化生产,极大地降低了产品成本。在国内格兰仕则以自有品牌为主,专注于研发和制造,将物流外包给专业公司,采用区域独家代理的经销商制度。格兰仕在价值链中选取了合理的定位,发展出独特的价值网络,创造了"低成本超大规模生产"的商业模式,将微波炉做到了全球市场占有率排名第一。

6. 数字化智能化转型入手,创新商业模式

所谓数字化智能化转型就是用数字技术智能技术改造原有生产,实现数据要素在生产经营过程中的收集、分析、研究、交换,达到提高资源配置效率、竞争力和收益水平,降低生产成本优化产出品,实现顾客价值最大化的目的。数字化转型智能化转型可以帮助传统企业提高生产效率和管理效能,实现生产过程的智能化和优化,从而减少人力和资源浪费,降低生产成本、提升生产效率。数字化智能化转型使得传统企业能够更好地应对市场变化,更快速地开发新产品和新服务,增强市场竞争力,其中制造业的数字化转型(工业4.0)使得企业可以实现大规模大批量定制化生产,更灵活地最大化满足客户需求。在数字经济全面发展,数字技术人工智能技术不断渗透产业的各个方面的状况下,现有的企业都面临应对数字经济发展、数字技术、人工智能技术等的进步导致的企业必须转型变革的问题,因此企业商业模式的创新过程中,例如在商业活动的选择组合中,如何加入数字要素,如何运用数字技术智能技术,增加企业的数字资产,进而创新形成生产合作结构和多元收入结构,从而实现持续的盈利等等都是必要的创新考虑。

扩展阅读

宁德时代的"巧克力"

第十章
激励安排

> 财聚则民散，财散则民聚。
>
> ——《大学·第十一章》

近几年中国的零售业发生了巨大的变化，首先是外商零售企业纷纷败退中国市场，例如法国的家乐福。1995 年到 2007 年，家乐福进入中国的最初十几年，在大润发、麦德龙、沃尔玛等一众超市中抢占了高位，一度坐上了外资零售头把交椅。然而在 2017 年、2018 年，家乐福中国地区的净利润分别为 -10.99 亿元和 -5.78 亿元。2018 年底，家乐福中国资产价值 115 亿元、负债 138 亿元。2019 年，家乐福中国以 48 亿元的价格将 80% 的股份卖给了苏宁易购，至此家乐福集团正式退出中国大陆市场。国内的连锁零售企业日子也不好过，除了胖东来超市之外，其他的如曾经叱咤全国的联华超市、永辉超市等等均困难重重，有的破产有的重组或求助。有媒体报道 2024 年 5 月 7 日，永辉超市董事长张轩松、CEO 李松峰等人携团队前往河南许昌拜访胖东来公司董事长于东来。随后，胖东来公司董事长于东来决定帮扶永辉超市。2024 年 3 月 31 日至 4 月 2 日，胖东来董事长于东来率高管团队抵湘，考察了长沙、湘潭部分步步高门店、物流中心，正式启动主导步步高超市调改行动。

为什么胖东来公司能够在萧瑟的零售业中"风景这边独好"，能够像雷军说的"在中国零售业是神一般存在"？其实胖东来超市规模不大，只开在河南许昌、新乡两个四线城市，但年营业额却有数十亿元，盈利可观。许多研究发现其成功的秘密在于胖东来公司设定的激励制度与机制十分特别。胖东来的激励安排的确不同凡响，公司一方面通过高薪激励和专业培训，来确保服务团队和每个员工的高效率。多年前河南许昌当地的职工的基本月工资在 1 500 元左右，而胖东来的基层员工能拿到 3 000 元左右——这 3 000 元包括基本工资和绩效奖金（因部门不同和岗位不同,数额有所差别)。所有员工到年底还可以拿到一笔分红,这笔钱来自公司的净利润再分配,哪怕是胖东来的一名保洁员,年收入也高达四五万元。从2000年开始,于东来决定把公司股份分给员工,如今他自己只保留10%的股份。于东来一直坚持拿出50%净利润对员工进行财富再分配,多赚多分,少赚则少分。另一方面,胖东来还十分重视对员工的人文关怀和心理激励。公司制度中"规定员工每年强制休假40天""员工想请假,不许不批假""中高层如果18:00后还在公司,发现一次罚款5 000"等一系列看似很"反常理"的硬规定,更是企业里的一股清流,实际上目的是要让员工能够快乐工作、快乐生活。这些制度规则的设定和安排本质上是对员工真实需求的尊重和满足,导致员工更加珍惜现有的工作机会,进而产生极大的工作积极性,以更高的工作热情和创造力为企业的发展贡献自己的力量。

胖东来公司的激励安排是一个选择,是企业家于东来的一个重要的选择,选择正确并有效实施,果然成效显著。可见,企业家选择什么样的制度机制和激励方式方法使企业内的所有人,企业外的与企业有关联的人或机构在做出贡献后得到相应的合理的甚至出乎意料外的回报(薪酬、精神、心理、发展),导致这些人或机构有动力为企业目标的达成,继续努力贡献自己的才智或提供企业所需要的协力,实为企业生存发展成功与否的重大抉择之一。其实现代经济学已经证明,企业激励安排不同,企业最终的生产效率就会不同。而管理学则从更多现实的企业案例中发现,企业激励制度和激励方法不同导致企业成本收益、员工满意度、市场竞争力等均有较大的差异,影响企业的现在和未来的生存与发展。

一、激励安排的本质

一般地说,所谓"激励"(Motivation),就是激发人的动机,使人有一股内在的动力,朝着所期望的目标前进的心理活动过程。从企业组织行为学的角度来看,激励就是激发、引导、保持和规范组织成员的行为,使其努力实现组织目标的过程,而组织成员的努力是以能够满足个体的某些需要为前提条件的。大多数管理学者认为,激励就是企业管理主体通过运用某些手段或方式让管理客体在心理上处于兴奋和紧张状态,积极行动起来,付出更多的时间和精力,以实现管理主体所期望的目标。激励的目的是调动组织成员工作的积极性,激发他们工作的主动性和创造性,以提高组织的效率。[1] 既然激励有如此功效,企业家自然

---

[1] 芮明杰主编:《管理学——现代的观点(第四版)》,上海人民出版社2022年版。

就要充分理解激励的原理,思考本企业的激励方案安排,促进和保持企业高的生产经营效率,实现企业发展的目标。

(一)激励的本质与过程

激励的基本组成因素是需要、驱动、动机和目标导向的行为。所谓"需要"(Need),在生理和心理学意义上是指人个体在生存和发展所必须具备的内在要素或外在条件得不到满足时,大脑神经中枢所感知的生理失衡或心理紧张状态。例如,物质生活条件缺乏会使人感到生存环境"紧张"而痛苦,从而产生"挣钱"改善物质条件获得幸福生活的"需要"。需要是任何行为受到激励的前提。人们有各种各样的需要,而且不同需要的程度也不同。人的大多数需要,尤其是工作背景下的需要,都是后天的次生性需要,是外界环境诱发的。可以认为,需要是人与客观环境之间积极相互作用和交往过程的产物。著名的马斯洛"需求层次理论"把人的需求划分为由低到高五个层次,并认为人的最低的生理需求是人的基本需求,只有当人低一层的需求满足后才会产生高一层次的需求,激励应该针对人们的不同需求进行,如此才能收到好的效果。[①]

所谓"动机"(Motive),则是由需要引起的、促进个体采取某种满足需要行为的内在驱动力,它与个体的人性属性和社会文化环境约束有关。"动机"与"需要"紧密相关,动机以需要为基础,有动机必有需要;许多情况下,很难区分何者是"需要",而何者为"动机"。动机实质上是由需要驱使、刺激强化和目标诱导各种因素相互作用的一种合力。它具有三个特征:(1)动机与实践活动有密切关系,人的一切活动、行为都是由某种动机支配的;(2)动机不但能激起行为,而且能使行为朝着特定的方向、预期的目标行进;(3)动机是一种内在的心理倾向,其变化过程是看不见的,通常只能从动机表现出来的行为来逆向分析动机本身的内涵和特征。

在特定的社会环境约束下,一个人的系列动机中在某一时刻最为强烈的动机即为"优势动机",该动机就会变成其"目标",目标引导人们去采取行动,这就是所谓"行为"(Behavior)。行为的结果无外乎两种情况:达到目标,动机实现,需要满足,产生"满足感"或"成就感",从而紧张心理得到松弛;否则,就会产生"不满足感"或"失落感"。然后,反馈结果会影响下一周期的行为。当一个目标达到后,新的需要就会出现,紧接着又伴随着紧张,等等。因此,需要的满足是一种持续的周期性过程,如图 10-1 所示。

---

① Maslow, A. H. (1970), *Motivation and personality*, New York: Harper & Row.

图 10-1 个体的基本行为模型

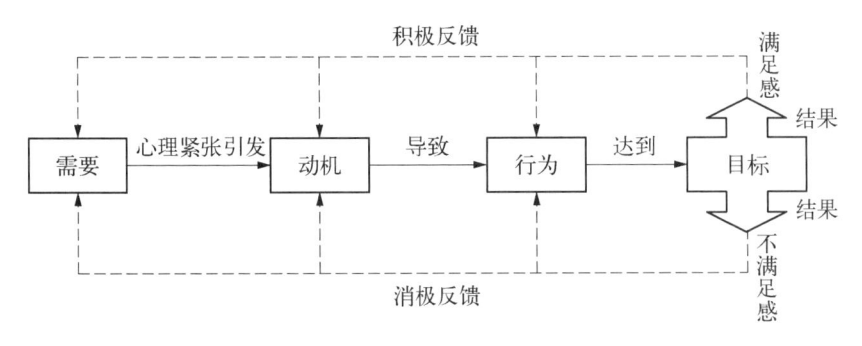

从图 10-1 个体的基本行为模型来看,激励实质上就是动机的激发过程。激励就是要把内驱力、需要、目标三个相互影响、相互依存的要素衔接起来,构成动机激发的整个过程,从而最终影响人们的行为。从这一过程看,激励由下列五个要素组成:一是激励主体,指施加激励的组织或个人;二是激励客体,指激励的对象;三是目标,指激励主体期望激励客体的行为所实现的成果;四是激励因素,又称激励手段,或激励诱导物,指那些能导致激励客体去进行工作的东西,可以是物质的,也可以是精神的。激励因素反映人的各种欲望;五是激励环境,指激励过程所处的环境因素,它会影响激励的效果。

综上所述,激励的实质就是通过设计一定的制度规则,对组织成员的需要和动机施加影响,从而强化、引导或改变人的行为,使个人与组织目标最大限度地一致起来。激励可以看作是这样一种过程:从满足人的多层次、多元化"需要"出发,针对不同个体设定绩效标准和奖酬值,以最大限度地激发组织成员的工作"动机"和热情,调动个人的精神动力,使他们按照组织所要求的"行为"方式积极、能动和创造性地运用其人力资源,从而最大化地实现组织的预期目标。①

(二)激励安排就是机制设计

企业的激励安排实为企业家选择或新设系列规则和方式使企业目标实现的参与者如经营者、员工、相关利益者的个人利益目标和企业目标保持基本一致,并能够激发其积极努力为企业目标实现贡献自己聪明才智。激励安排本质上就是所谓的机制设计,选择设计系列规则和方式形成一种机制使众多不同利益主体协同合作成就社会、组织或企业发展的目标。机制设计理论起源于美国明尼苏达大学经济学教授利奥·赫尔维茨(Leonid Hurwicz)、普林斯顿高等研究院

---
① 芮明杰主编:《管理学——现代的观点(第四版)》,上海人民出版社 2022 年版。

教授埃瑞克·马斯金(Eric S. Maskin)以及芝加哥大学经济学教授罗格·迈尔森(Roger B. Myerson)1960年和1972年的开创性工作,三人并因此获得2007年诺贝尔经济学奖。机制设计理论讨论的一般问题是,对于任意给定的一个经济或社会目标,在自由选择、自愿交换、信息不完全等分散化决策条件下,能否设计以及怎样设计出一个经济机制,使经济活动参与者的个人利益和设计者既定的目标一致。具体来说,机制设计就是把社会目标例如资源配置效率最高或全体人民共同富裕作为已知,试图寻找或设计出实现上述既定社会目标的经济机制,即在满足经济活动参与者各自条件约束的情况下,通过设计行为博弈的具体形式,使参与者在自利本性下选择的行为策略相互作用,最终能够让资源配置结果与预期目标相一致。

在机制设计理论中,经济活动参与者是自利本性的人,其行为以实现自身利益最大化为目标;而社会目标则可能是社会中不同价值理念、意识形态或大多数人最终利益的反映。由于社会目标并不等同于经济活动参与者的个人目标,因此,如何通过有效方式使个人目标与行为与社会目标相容,进而达成社会目标便成为一个重要问题。这个理论显然可以应用于一切企业组织,因为企业目标是在国家法律框架下股东们和企业家设定的,与企业其他成员以及相关合作者的个人利益目标并不完全一致,而企业成员以及相关合作者都是自利的人,都是企业活动的参与者,于是企业家同样面临如何使企业运营过程中这些参与者为企业贡献其聪明才智,使其行为与企业目标相容,从而更好实现企业目标这个重要问题。

因此在企业之中,激励安排是企业家(或股东、投资者委托人)为减少或避免不对称信息造成的资源配置的无效率损失而对企业经营者、员工和利益相关合作者的一组激励机制的设计。因为在市场经济中,每个理性的企业活动参与者都会有自利的一面,其在企业组织中的个人行为也会按自利的规则行为和行动;而企业的生产则是团队合作的生产,需要所有企业活动参与者分工合作协调一致才能较好完成生产任务,实现企业既定的目标,为此企业就必须有一种制度安排,使企业的参与者在追求个人利益的过程中,其行为正好与企业的利润最大化或价值最大化的目标相吻合,这一制度安排,就是"激励相容",就是激励安排,如果说设计就是机制设计。企业的激励机制设计是基于企业和合作参与者双方合意的非强制性契约,合作参与者从契约中获得的期望效用不能低于不接受契约时的最大期望效用,即保留效用。例如劳动者雇佣合约中,自然人之所以愿意签约是因为合约给他的薪酬和福利已经达到了其基本预期的效用。如果企业发展得好,或者贡献突出,给予其一些激励就会超出其原来预期,于是产生激励效果。

现实中企业采取的种种经营者激励、员工薪酬安排、愿景引导、企业文化建设等等对策措施的背后，其实就是企业设计的激励制度机制的外在表现，都是为解决企业目标与企业员工目标相向相容的问题，以便成就企业更好更健康成长与发展。

(三) 激励安排的成因

为什么企业的激励安排十分重要，这是因为企业是一个多元利益主体构成的经济组织，其生产经营是一个复杂的团队生产过程，企业的生存与发展以及最终目标实现需要众多相关者的合作参与，需要相关参与者在生产经营过程中各司其职各尽其能通力合作，才可能把企业发展成为在市场上有竞争力的企业。现代企业是由四大类利益主体构成：第一类是企业的出资人或投资者，其基本利益目标通常是企业发展带来长期回报的目标，因为如果不是这样就没有人愿意出资成立企业，推进开展生产经营以获得预期收益；第二类是从事企业生产经营领导和管理的人员，最具代表性的就是职业经理人如董事长、总裁、总经理；第三类是从事企业生产经营各个具体工作岗位的员工如技术人员、工程师、研发人员、销售人员、簿记人员、基本工人等，第四类是各种相关合作者如银行、供应商、分包商、分销商、顾客、会计师事务所、律师事务所等等。这四类人员或机构本质上都是自利的即以自身利益为首要考虑的人或机构，它们都具有一定的理性，有各自不同的追求，各有自己的利益目标，在企业里面也各有自己的位置和责任，并决定他们的基本行为。

1. 出资人

出资人又可以称为投资人或股东，出资人如果同时担任企业的领导人或管理者，这就是原本意义上的企业家，在企业初创时，一般情况是出资人同时担任企业的领导人，亲力亲为推动企业成长；到了企业规模很大，生产经营十分复杂时，股权分散或个人其他原因时，就需要聘用职业经理人来从事企业日常经营管理的重任，此时就是所谓企业所有权和经营权的相对分离，委托代理关系形成的时候。委托人为企业的出资人，代理人为雇佣的职业经理人，两者之间的关系本质就是委托代理关系。出资人作为企业原始资本的提供者，首先要承担了此部分资本使用的机会成本，其次还要承担万一企业失败这部分资本可能不能回收的风险，自然期望这部分出资在企业运营下可以获得尽可能高的回报，这在现实中被经济学假定为利润最大化或价值最大化（最终转化为个人收入最大化）。为此，出资人有时不得不亲自担任企业领导人，决定企业发展的战略方向、选择产业与目标市场，决定生产什么样的产品或服务，选择什么样的员工和合作者等等，从而降低成本降低市场失败风险，争取竞争获胜，实现期望的目标即自身利益最大化或收入最大化。

2. 职业经理人及管理者

职业经理人通常是指企业出资人或股东雇佣的企业日常经营管理的最高领导人，董事长或总裁。管理者是指董事长或总裁之下的各类管理人员，如副总裁、总工程师、部门总监、高级经理、经理等，其中具体又可以分为高级管理人员，中级管理人员和初级管理人员。职业经理人通常被委托从事企业的日常经营管理的重任，为此也获得了企业家或出资人或股东们的授权，职业经理人也是自利的人，追求其职业生涯的完美和收入的最大化。受人委托从事领导一个企业生产经营是其职业生涯的展开，也是其收入最大化的基础。聘用职业经理人以及其他管理者均是需要付酬的，好在经理人市场给出了一个基本的市场价格，一旦双方合意签约则形成委托代理关系，这些薪酬以及其他福利（包括职务消费）就成为出资人委托他人领导企业的代价，加上职业经理人可能的机会主义行为导致的费用损失即所谓的代理成本。代理成本是计入企业总成本的，代理成本越高总成本就会高，在销售收入既定条件下，成本高的话企业剩余的利润就会少，股东们分红就会减少，因此与股东的利益产生冲突。在美国，一些著名科技大公司聘请的职业经理人年薪有的高达千万至上亿美元，十分吓人，显然这些公司的股东之所以愿意花这么大的代价聘请职业经理人，是相信他可以给公司带来更大的发展，给股东带来更大的利益。职业经理人拿了更高的年薪，也是对他的一种考验，因为天下没有免费的午餐，高薪与要承担巨大的职业风险是对等的。

3. 企业广大员工

企业员工是企业成长与目标实现的重要力量，企业需要他们在各自的岗位上积极努力工作、贡献自己的聪明才智。企业的员工也是人也是自利的人，受雇佣到企业工作是希望通过贡献自己的劳动力或智力才能获得相应的报酬，尽管劳动力市场给出不同职业不同岗位的基本工资水平，但总希望自己所在的企业能够不断成长，甚至可以给出超过市场一般水平的薪水和福利，从而改善自己的生活和提升个人未来发展的空间，进而养活自己和家人，甚至过上体面的美好的生活。然而，员工们的薪酬与福利同样是企业总成本的重要组成部分，员工们的薪酬增加就是总成本增加，就可能导致企业提供的产品或服务失去价格竞争力，导致企业的剩余即预计的利润减少，这样就会使股东期望回报减少，也会使职业经理人经营企业的业绩不是很好看，影响其未来的职业前途和收入回报。但是当企业发展还不错时，如果不考虑给予企业员工收入增长需求的一定满足，不给予一些激励的话，经营者又会忧虑其可能会出工不出力，结果使生产效率下降，产品或服务数量与质量下降。其实经营者的这些忧虑是正确的,现实中企业员工的确可能采取这样的行动。

4. 企业相关利益者

企业的相关利益者其实也是企业生产经营活动的合作者参与者,例如供应商提供生产经营需要的原材料、零部件等,银行提供信贷资金,分包商协助企业承包部分生产或销售等等,这些利益相关者与企业在市场上签订相应合约,通过提供协助获得回报。显然这里的交易价格,就成为企业总成本中的另一重要组成部分。交易价格的变化就会影响企业的生产经营总成本,进而影响企业的产品或服务成本,影响它们在市场上的竞争力。更重要的是有些供应商是企业有序开展生产经营活动不可或缺的合作者,那么他们可能会采取机会主义行为即不一定遵循当时的合约,对企业进行要挟以获得更大的利益。如果是这样,对企业的发展影响是巨大的。因此企业家或职业经理人一方面要构建本企业稳定的合作网络,一方面还要防范网络破损的可能风险。企业最大的利益相关者是企业的顾客,顾客的持续购买才能导致企业有稳定的现金流入,才能最终克服成本获得剩余利润。因此如何真正为顾客创造最大的价值,稳定并不断开拓企业的忠实顾客群,是企业家或职业经理人的最重要工作之一,也是企业最为重要的目标之一。

企业中的四类利益主体形成了企业多元化的利益格局,这些利益主体的各自利益最大化追求都会导致其他利益者利益的减损变化,甚至导致企业生存发展的不可持续。因此需要有人对此进行调整,就是要找到一个利益均衡点,使大家明白只有企业长期健康生存发展才能有助于各自利益一定的满足和增长。这个人就是企业的出资人或股东,这是因为企业出资人或企业家是企业诸多契约的核心签约人,其利益获得主要是依赖企业不断健康发展、市场价值增长以及持续的剩余收益。如果企业长期健康发展、收益不断增长,那么企业所有的参与者与合作者均可能分到一杯羹。因此,以企业长远发展和利润最大化为目标,是可以为所有的企业生产经营合作者参与者找到利益均衡点并维持动态均衡,使大家态度积极行为一致。这就是所谓的激励相容、激励安排或机制设计。

二、经营者激励安排

对经营者的激励安排就是企业所有者(出资人、股东)作为委托人,寻求最优的激励方案,或设计最优的激励机制,使作为代理人的职业经营者按照所有者自己的利益目标(企业的长远发展目标)选择合适的行动经营管理好企业。对经营者的激励,广义上说是通过某些适当的激励方式方法作用于经营者之后,使企业所有者期望的某些经营管理行为(或结果)发生,使企业所有者不期望的某些行为(或结果)不发生。可以把前者称为直接激励,就是通常所说的激励,把后者称为间接激励,即约束。对经营者来说,直接激励与约束性激励两者是互补的,不可偏废。如果说激励机制对于经营者起到加速器的作用的话,约束机制对经营者起到的是方向盘和制动器的作用,从而保证经营者驾驭企业在正确的方向上高速前进。激励约束机制必须同时在经营者身上起作用,使经营者既有完成经营目标而享受成果的诱惑力,又受到完不成经营目标就会受到惩罚的威胁。[①]

(一) 直接激励(激励)

直接激励通常就是指报酬契约,包含薪酬和非薪酬契约设计两个大方面,如图 10-2。

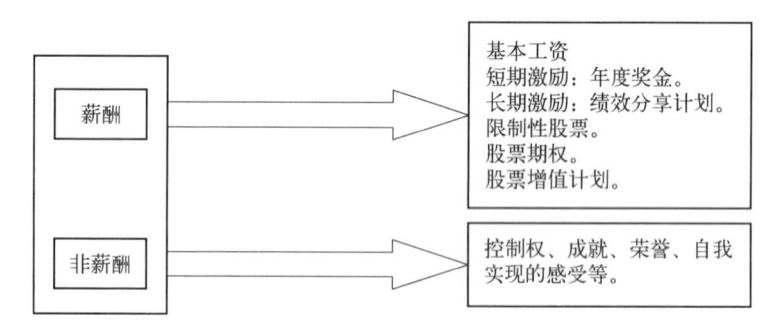

图 10-2 对经营者的直接激励的内容

对经营者的直接激励通常就是指企业与经营者的报酬契约。报酬是公司对经营者为公司所做的贡献,包括他所实现的绩效、付出的努力、时间、技能与创造等所付给的相应的回报,这实质上是一种公平的交换或交易。一个整体的报酬方案又分为薪酬的和非薪酬的方式两种。

1. 薪酬激励方式

狭义地讲,企业家决定的激励机制是指企业家设计的报酬激励机制,建立企业激励相容机制的核心内容是设计出合理的经营者报酬方案。通过薪酬安排来激励经营者就是通过报酬契约(Incentive Contract)设计来诱导经营者做出所有者(出资人、股东)所期望的行为。这里,薪酬应该是一个薪酬组合或称为薪酬包(Compensation Package)的组合概念。

---

① 芮明杰、袁安照著:《现代公司理论与运行(第二版)》,上海财经大学出版社 2006 年版。

企业经营者的薪酬由三大部分组成：基本工资、短期激励和长期激励。短期激励和长期激励都是变化的酬金，其变量是一段时期内公司的绩效，其中短期激励是指由公司年度绩效决定的年度奖金计划，长期激励则是在一个更长的时期内给予的奖励，包括绩效分享计划、限制性股票、股票期权和股票增值计划等。

在西方国家的大公司中，不同职位的人的薪酬组合的结构是不一样的。比如蓝领工人的长期激励部分相对较小，而高层经营管理人员的长期激励所占的比重很大。目前，美国有50%以上的公司制企业使用长期激励计划，而且股票期权收益已占总收入相当大的比重。如表10-1。近三十年来美国企业竞争力的提高，这种长期激励功不可没。

表10-1　2018年美国部分大公司CEO的年收入　　　　　　单位：美元

2018年美国主要大企业CEO的年收入汇总表			
公司名	人名	年收入	备注
苹果（Apple）	蒂姆·库克（Tim Cook）	1.36亿	基本工资300万+股票奖励1.33亿（基于绩效股权）
特斯拉（Tesla）	埃隆·马斯克（Elon Musk）	未领取工资	仅绩效股票期权（薪酬完全与特斯拉市值和运营目标挂钩，需达成市值目标，2018年未解锁股票奖励）
沃尔玛（Walmart）	董明伦（Doug McMillon）	2390万	基本工资130万+股票奖励1700万+奖金550万
摩根大通（JPMorgan）	杰米·戴蒙（Jamie Dimon）	3100万	基本工资150万+股票奖励2500万+现金奖金500万
谷歌/Alphabet	桑达尔·皮查伊（Sundar Pichai）	约1.5亿	股票奖励为主（2016年皮查伊获得长期股权奖励，2018年因部分兑现计入当年收入）
微软（Microsoft）	萨提亚·纳蒙拉（Satya Nadella）	2590万	基本工资150万+股票奖励1980万+奖金460万
迪士尼（Disney）	鲍勃·艾格（Bob Iger）	6560万	基本工资280万+股票期权3580万+奖金2700万
英特尔（Inter）	鲍勃·斯旺（Bob Swan）	1380万	基本工资125万+股票奖励1100万+奖金155万（鲍勃·斯旺于2019年正式担任CEO，2018年数据为临时任职期间薪酬）

续 表

2018 年美国主要大企业 CEO 的年收入汇总表			
甲骨文（Oracle）	萨弗拉·卡茨（Safra Catz）	1.08 亿	基本工资 95 万＋股票奖励 1.07 亿（因公司云业务增长）
高盛（Goldman Sachs）	大卫·所罗门（David Solomon）	2 300 万	基本工资 200 万＋股票奖励 1 600 万＋奖金 500 万

资料来源：作者收集上述公司 2018 年年报资料汇编。

(1) 基本工资

经营者的基本工资是固定的现金收入，一般由职位或个人资历决定，不随企业的绩效变化而变化。工资一般是刚性的，很少下降，因此，工资仅仅是一种保险收入，不具有激励的作用。无论公司业绩如何，基本工资都是固定的，因而它是最具保险性的收入方式，同时，它丝毫不涉及股权的转让。在实践中基本工资是很重要的。首先，它是企业经营者薪酬契约中的关键条款，薪酬契约中常常需要载明未来一定时期内每年工资的增长幅度；其次，薪酬的其他组成部分往往以基本工资为衡量标准，如年度奖金、养老金、离职安排等都是以基本工资为基数的。

在美国，CEO 基本工资每年以一个相对固定的比例上涨，一般在 10% 以下，随行业的差别而有所不同。CEO 基本工资的制定标准几乎完全依赖全行业工资水平调查报告(公用事业类企业和金融企业除外)，它们依据的是行业特有的工资标准)，采用"竞争性类比"(Competitive Benchmarking)原则制定的，并且会在对目标行业与目标市场中同行的工资水平进行详细分析后予以修改和补充。工资水平低于 50% 水平线的企业会被认为"低于行业标准"，而工资水平位于 50%~75% 之间的企业会被视为"具有竞争力的"。

(2) 年度奖金计划(短期激励)

短期激励是指企业每年根据经营者的业绩考核情况实施激励。短期激励是与企业经营绩效挂钩的年度奖金计划，它具有一定的风险性。通常企业预设一个企业绩效的最低标准(如净资产收益率等)，当年终时企业实际业绩低于此标准时，经营者没有奖金，当达到此标准时可以领最低奖金，超过时可领取目标奖金，一般情况下企业对年度奖金实行封顶，即设置一个经营者能够获得奖金的最高数量。在最低奖金额和最高奖金额之间的部分被称为"激励区间"，表明在一定范围内公司的经营业绩越好，经营者可以获得更多的奖金。如图 10-3。

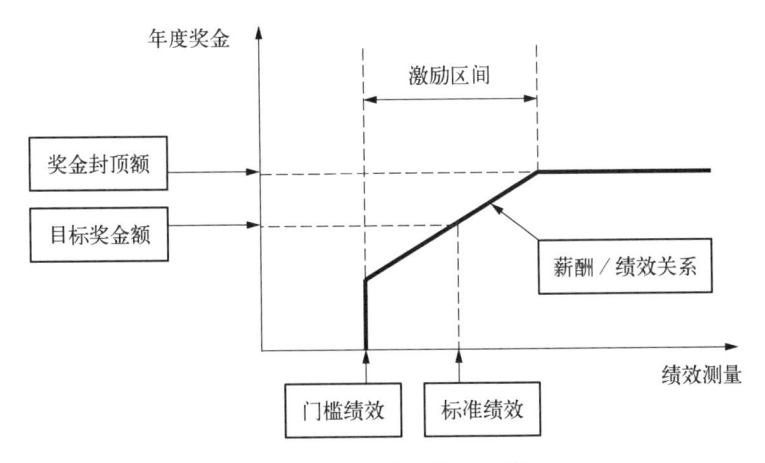

图 10-3 年度奖金的激励管理

资料来源：Jense M. C., Murphy K. J.（1990），"Performance pay and top-management incentives", *Journal of Political Economy*, no.2, pp.225-264.

年度奖金计划与基本工资之和构成了经营者的年度现金收入。表 10-2 列出了美国 1998 年各行业的 CEO 年度奖金相对于基本工资的比例。

表 10-2 美国各行业 CEO1998 年度奖金相对于基本工资的比例

行　　业	年度奖金/基本工资	行　　业	年度奖金/基本工资
建筑	100%	金融服务	78%
电讯	100%	多角化综合经营	76%
保险	97%	贸易-零售	72%
电脑	86%	通信	69%
商业银行	81%	贸易-批发	67%
制造	80%	电力	65%
运输	79%	公用事业	56%

资料来源：美国大企业联合会编：《1998 年 CEO 薪酬调查报告》，1999 年 6 月 5 日。

实施年度奖金计划主要取决于以会计指标衡量的企业业绩，常用的指标有：利润总额指标，这一指标通常用 EBIT（息税前利润）衡量，每股收益（EPS），边际利润率（包括总资产回报率 ROA，净资产收益率 ROE，销售利润率等）和新增价值（EVA），增长率指标（如 EPS 的增长率）也常常作为企业绩效的评价指标。有时，年度奖金计划也用到非财务性指标，包括有关人士对经营者行为和态度的主观评价，以及客户满意度、营运目标和战略的实现（如市场份额的扩大，新产品推向市场时间的缩短等）和企业的社会效益指标。当实施年度奖金计划的会计指标选定后，经营者十分清楚其经营活动对年终业绩指标产生怎样的影响，因而会产生两个问题：第一，经营者有可能会操纵会计利润指标，如将盈利在各个经营期间进行转移以改变会计指标的数值。第二，经营者会为短期业绩指标的提高而牺牲那些会带来长远利益却会减少当前利益的活动。

（3）长期激励

长期激励的功能是要实现所有者与经营者利益一致性，主要作用是鼓励经理人员在任职期间努力工作。与短期激励相比，长期激励是给予经营者长于一年的薪酬方式。为了强调薪酬组合中的变化部分，企业往往使用长期激励，目的是克服短期激励可能造成的各种"短期行为"，使经营者能考虑企业的长远发展和持续生存，一切从长远利益出发。长期激励主要包括限制性股票、长期绩效分享计划和股票期权等。①

第一，限制性股票（Restricted Stock）。限制性股票是一种长期激励方式，是指企业为了实现某一个特定目标，无偿将一定数量的限制性股票赠与或以较低价格售与激励对象。限制性股票是专门为了某一特定计划而设计的激励机制。所谓"限制性"是指企业高级管理人员在出售这种股票的权利受到限制，亦即经营者对于股票的拥有权是受到一定条件限制的（比如说，限制期为三年）。经营者在得到限制性股票的时候，不需要付钱去购买，但他们在限制期内不得随意处置股票，如果在这个限制期内经营者辞职或被辞退或因其他原因离开公司，那么他将丧失这些股票；一旦限制期满，经理人员没有离开公司，那他可以自由处置这些股票。在限制期内，拥有限制性股票赠与的经理人员和其他股东一样可获得股息，可行使表决权。很明显，由于限制性股票这种计划通常要求经营者在企业工作几年，因而有时这种计划又被称为经营者的"金手铐"。

第二，长期绩效分享计划（Long-term Performance Unit/Share Plans）。在年度奖金计划之外，许多公司还提供"长期绩效分享计划"。长期绩效分享计划通常以 3 年或 5 年滚动平均累计业绩为绩效评价标准向经营者发放奖金，它是一种长期激励。对获得长期绩效计划奖金的 CEO 而言，这些奖金额为他们总报酬的 10%～20%。在一个典型的长期绩效计划中，其报酬——绩效结构与年度

---

① 芮明杰、袁安照著：《现代公司理论与运行》，上海财经大学出版社 2006 年版。

奖金计划中的报酬——绩效结构非常相似,但效果有所不同。

第三,股票期权(Stock Options)。股票期权是企业所有者(出资人或股东)对经营者实行的一种长期激励的报酬制度。标准的股票期权是指经营者享有在与企业所有者约定的期限内以某一预先确定的价格购买一定数量本企业股票的权利。行使本企业股票期权的经营者,在约定期限内,按照预先确定的价格购买本公司股票,如该股票价格届时上涨,那么,经营者在他认为合适的价位上抛出股票,就能赚得买进股价与卖出股价之间的差价。具体来讲,股票期权是指公司给予期权接受者以当前获得期权时确定的某一价格(执行价格),在未来某一特定时间购买一定数量的公司股票的权利。当从获得股票期权到期权兑现时的这一段时间内股票价格上涨时,期权接收者将获得期权兑现时的市场价格与购买价格其中之差价的盈利。股票期权实际上是企业所有者赋予经营管理人员的一种特权,购买价格是一种优惠或锁定价,它是一种未来概念,只有经企业经营者若干年努力,使企业得到发展,每股净资产提高,股票市价上涨后期权价值才真正体现出来,从而使企业经营者个人收益与企业经营状况高度相关,有利于激励经营者对企业的责任心;另一方面,期权拥有者只有等企业股票价格上涨到一定程度后行使这种权利才有意义,因而股票期权制度也成为一些企业留住经营人才的一种措施。

2. 非薪酬激励方式

自亚当·斯密开始,经济学中一直把声誉机制作为保证契约诚实执行的重要机制。在管理学中,荣誉激励被认为是一种重要的激励手段。在管理学看来,追求良好的声誉,是企业经营者成就其职业发展的需要,或者说是尊重或自我实现的需要。作为具有利己心的个人,企业经营者追求自身经济利益是很自然的,但这种"利"是广义的,可能是经济利益,用货币收益衡量,也可能不是。正如众多心理学家所描述的,人并不是纯粹的"经济人",在很多场合下,它们表现为"社会人""自我实现的人",他们重视工作给予的非经济利益的回报。对于经营者来说正是如此。他们一方面有追求经济利益的动机,另一方面也非常看重非经济的利益,即从工作中得到乐趣,得到内心的满足,追求长期的发展,渴望从出色的工作成绩中体验到成功,同时也赢得他人的尊重并得到自尊。

非薪酬激励是指企业给予经营者非经济利益以满足经营者社会性需要,从而使之努力为企业目标达成而工作。非薪酬激励主要表现为企业给予的权力与地位,即对于做出出色成绩的经营者以更多的权力和升官晋职、社会地位的回报,以及工作所赋予的成就感、自身价值通过工作成绩得到显现等。对经营者非薪酬激励的主要方式有:

(1) 控制权扩张

控制权扩张是指赋予经营者更大的资产支配权利，满足经营者的权力欲，从而激励起经营者努力工作，创造业绩。在实际工作中，许多企业规模扩张实质上与经营者的权力欲有很大的相关性。

(2) 社会地位提高

社会地位提高是指赋予经营者在社会公众中更高大完善的形象与名声，满足其追求名誉，提升人力资本价值的需求。

(3) 成就感提升

满足经营者因努力工作而获得成就的感觉，自身价值实现的快乐，社会责任履行的高尚体验，从而使之获得内在激励。

(4) 在职消费

在职消费是指经营者在任期内为维持行使经营者管理职能所消耗的费用。在职消费包括经营者的各种福利、办公费（办公用品、电话费等）、交通费（小汽车、油耗等）、招待费（公款宴请、公关、联谊等）、培训费（培训、学习班、参观、考察费等）、信息费（为获得各种信息如参加订货会、信息发布会等所耗费用等）、带薪休假和经营者以公务名义进行的其他消费。在职消费可以理解为在此职位可以享有的诸如优越的办公条件、签单权、豪华公车、外出旅行的特殊待遇、秘书助理、运动场所享受等。在职消费的特点是，有一部分是纯粹为公司业务或经营者的工作所需要的，有一部分则难以界定是为公司还是为了经营者个人的需要的；在职消费的开支也存在着经营者的主观随意性的问题。在职消费实质上是保健型因素，激励效果不大，但在职消费的标准往往是经营者表明自己身份的一种象征的需要，经营者往往将其与权利、地位的象征混为一起作为追求目标，故有时有一些激励效果。

(二) 间接激励（约束）

对经营者的间接激励就是指对经营者的约束。现代企业中的两权分离，使企业所有者和经营者成为两个相对独立的行为主体。所有者追求的是最大的投资回报，他的一切利益都来自企业的发展，而经营者的行为目标是多元的。除了个人的经济利益目标外，还有名誉社会地位、权势、自我价值的实现等个人目标。经营者对其经济利益及其他个人目标的追求有可能损害所有者的资本收益。因此，企业构建一种所有者利益和经营者利益相容的经营者行为的约束机制也是至关重要的。对经营者的间接激励（约束机制）包括两个方面：内部约束与外部约束，如图 10-4。

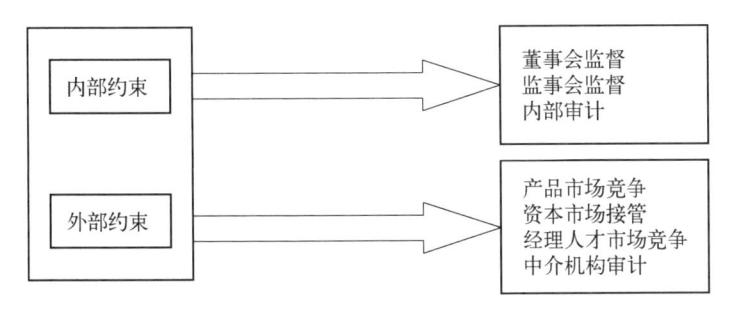

图 10-4 对经营者的间接激励的内容

1. 内部约束

所谓内部约束，就是在当事人双方的契约约束之外，由企业治理结构等安排的经营者道德准则和行为规范。内部约束主要通过股东大会、董事会和监事会实现。企业股东作为剩余索取权的拥有者保留了对董事的挑选、审计师的挑选，合并、增资及新股发行事项的审批以及否决权。其他的管理功能授权给董事会，董事会再把大多数的决策管理功能和许多决策控制功能给予经理阶层，但董事会保留对经理人员的控制，包括公司的决策酝酿和决策审批，以及对高层经理人员的聘用、解雇及工资决定权；监事会主要代表全体股东对董事和经理人员行为进行监督、审查，监事人员有权查阅任何财务资料，索取有关问题的汇报，参与董事会决议等；股东选举制度给予股东决定董事和经理人员的终判权，如果对董事会工作不满，有权重组董事会，如发现经理人员经营不力、不负责任或攫取公司财富，董事会有责任和权利去处分和撤换经理人员，同时要求企业运作的高度透明，通过信息的及时、有效披露，便于股东和董事会对企业经营行为的监督。

(1) 董事会监督

企业或股份公司由于投资者人数众多且分散，要对经营者的行为给予直接的和经常性的监督，这是很难做到的，因此需要董事会及作为常务机构的执行委员会来代表他们行使对企业经营者的监督权。董事会既是股东的代理人，又是经营者的委托人，当经营者经营企业有问题时，董事会也难辞其咎。因此董事会必须对经营者及其行为进行监督，使之努力为公司最大利益贡献。董事会监督是公司内部治理的一大制衡力量。一般而言，公司董事会至少负有三大方面的职责：重大经营问题审议和决策，经营成果检查和评价；高层经理人员任免和奖罚。这些职责权限的行使，是确保董事会履行其作为企业所有者的"信任托管人"角色的重要条件。

(2) 监事会监督

根据企业或公司法规定，监事会是法定的企业或公司运行以及董事、经营者个人及其行为的监督者，监事会可以以企业或公司的名义追究那些违反公司股东利益的董事、经营者行为，起诉那些侵害公司利益的董事和经营者。一个企业监督机制是否有效，最根本的就在于监督机构的独立性及监督人本身的独立性。只有当监督机构独立于监察对象时，才能保证监督工作的客观性和公正性。公司监事会成员主要由外部监事组成，聘请懂经营、财务审计或某些方面的专家，同时，还应在较大范围的社会股东中聘任监事人选。监事在认为有必要的情况下，随时可以实施监督手段，不受董事或经营者的干扰。

(3) 内部审计

内部审计是企业自我独立评价的一种活动，内部审计可通过协助管理当局监督其他控制政策和程序的有效性，来促成好的控制环境的建立。内部审计虽然是在董事会和经营者领导之下，尽管很难对经营者进行审计，但对一般财务会计状况的审计，会使内部信息为董事会所知，进而对经营者产生一定的行为约束。内部审计的有效性与其权限、人员的资格以及可使用的资源紧密相关。内部审计人员必须独立于被审计部门，并且必须直接向董事会或审计委员会报告。

2. 外部约束

对企业经营者行为的外部约束即来自企业外部环境的约束，其效果与整个市场体系、法律体系、政策环境、营商环境状况等密切相关，并不是企业家或企业可以左右的，但企业家依然可以判断外部的约束力度，辅之企业内部约束方式方法的调整，以实现比较好的间接激励的效果。经营者的外部约束主要来源于以下方面：

(1) 产品市场竞争

在竞争性市场中，购买者的选择和竞争者的压力将决定企业的产品能否畅销，并对企业的经营行为形成一种客观的和最终的评价机制。若产品市场竞争激烈，企业若要获得良好业绩就要付出更多的努力和更大的智慧，从而使经营者不得不努力工作。因为如不努力，企业则可能被淘汰，企业一旦被淘汰，经营者不仅职位不得、收入不得，而且其人力资本有贬值的可能，从而影响其未来的就业与收入。

(2) 证券市场的约束

资本市场对于企业经营者的行为也具有不可忽视的约束作用。尤其是股票上市的公众公司，其资本投资者"用脚投票"的自由权力，随时都在对公司经营者发挥一种鞭策和牵制的力量。在股票市场上，股价的涨跌与企业的盈利能力和资产状况有着密切的联系。公司经营状况看好，股价就会上涨，经营状况不良时股价就会下跌。经营业绩差的公司股票在证券市场就会遭到投资者的抛售，股价下跌，董事会就可能因经理表现不佳而解雇之。此外，资本市场上企业间的收购兼并也是对经营者一种约束，因为如果企业或公司被收购、兼并后，则经营者的职位不保，因此这是对经营者的一大威胁，这可以逼迫他继续小心谨慎，努力认真。

(3) 经理人才市场

经营者无论职位多高，都是企业的雇员，如果一个经营者因行为不当造成企业效益下降，董事会便会到经理市场另觅他人，如果企业内有人能提出可以使公司利润有更大增加的计划和方案，或企业外部有更高素质的候选人，则"经理替代"行为就有可能发生。当经理人才市场完善，竞争激烈时，说明经营者的替代者较多，因此董事会容易以经营者的过失使之回家，选择替代者来接替，这样就给了现任CEO极大的压力。来自经理市场的压力迫使在职经理为了公司的利益，也为保住自己的职位而努力工作，否则会被其他经理人员所取代，而且可能造成自身"人力资本"的贬值乃至身败名裂。

(4) 中介机构监督

良好的中介服务体系以及有信誉的中介机构(如会计师事务所、律师事务所等)，是对公司进行监督、披露公司实际信息的重要力量。它们使经营者的重大决策行为、行为结果、关联交易、资金流、负债状况、收益情况等能够及时被股东与社会公众知晓，从而对经营者进行有效的监督，施加压力，约束其不良行为。

(5) 完善的立法、执法体制

所有企业的商业活动都应该符合法律符合商业道德。健康的社会只有立法完善、执法如山，才能给那些经营腐败，将股东利益据为己有的经营者以震慑，形成足够预防约束压力。

三、员工的激励安排

企业的员工是企业商业活动最基本的参与者，在企业生产经营的过程中，员工的工作态度、投入程度、能力发挥等都是影响企业效率、影响企业竞争力的重要因素，因此对员工的努力付出的认可和激励是企业健康可持续发展的重要工作。所谓员工的激励安排是指企业通过各种有效的方式方法，对员工的各种需要予以不同程度的满足或者限制，以激发员工的需要、动机、欲望，从而使员工认定和承担某一企业需要的特定目标如岗位业绩目标的过程中，保持高昂的情绪和持续的积极状态，充分挖掘自身潜力，全力达到企业的预期目标。[①]

[①] 芮明杰主编：《管理学——现代的观点(第四版)》，格致出版社、上海人民出版社2022年版。

（一）员工激励的基本准则

企业的员工群体由不同的个人组成，来自五湖四海，每个人的学历、专长、性格、家庭、需求等均不相同，各自利益目标也有较大差异，要设计一个照顾所有人使所有人均得到激励的激励方案是比较困难的，但应该是员工激励安排设计所追求的目标。为此需要有设定激励方案应该遵循的基本准则：

1. 物质激励与社会激励相结合

物质需要是人们赖以生存的物质基础，人们关心自身的物质利益是必然的。但人不仅追求物质需要的满足，还未追求社会需要的满足。由于物质需要和社会需要是个体需要的两个方面，因此，物质激励如奖金、奖品、股票、福利等和社会激励如认可、荣誉、出名、地位等可以从不同方面来满足员工们的不同需要，从而调动他们的积极性。可以说，物质激励和社会激励两者密不可分，不可偏废。只强调物质激励而忽视社会激励或只承认社会激励而忽视物质激励，都是片面的。只有把两者结合起来使用，才能达到较好的激励效果。

2. 正激励与负激励并举，以正激励为主

正激励和负激励作为两种相辅相成的激励类型，从不同的侧面对人的行为起强化作用。正激励是主动性的激励，用来培养正确的行为，如荣誉确认、奖金发放、股权授予、职位提升等均是正激励的手段；负激励是被动性的激励，用来抑制和消退不正确的行为，如犯错受到处罚、降级使用、不得奖金等均是负激励方法。就两者的作用来说，正激励是第一位的，负激励是第二位的。因为激励的实质就是为了调动人的积极性，因此，在对员工使用激励时，应以正激励为主，辅之以负激励。

3. 差异化和多样化相结合

所谓差异化，就是根据企业员工每个人的不同需要，有区别地进行激励；所谓多样化，就是企业不应拘泥于一种激励方式，而应视情况不同，灵活运用多种激励方法对不同员工进行针对性的激励。在某些情况下，多样化的激励还可以引导员工需要产生变化，并加以利用，从而激发企业员工更大的潜力。这一准则使用的前提是要充分了解企业员工每个人的需求差异，了解他们的价值偏好和性格特征。

4. 保持激励的公平

激励的公平原则要求企业应该遵循社会的道德准则和公平规范，或者是企业成员普遍接受的公平规范，选择合适的激励方式方法。具体来说：一是所有企业成员在获得或争取奖酬资源方面机会要均等；二是奖惩的程度要与企业成

员的功过相一致，奖惩的原因必须是相关事件的结果如既定的客观绩效指标；三是激励措施执行的过程要公正，激励的实施也要做到过程的公开化和民主化。

5. 激励成本的预算控制

做好对员工的激励工作，并不意味着企业应该无限制地满足企业成员的各种需要。激励是需要企业支出的，所以激励是有成本的。因此设计员工激励方案时，应该计算激励的投入产出效果，因为激励归根到底是为了实现企业目标而采取的手段。因此，激励方案不能凌驾于企业目标之上，实现企业目标本身就是要谋求投入产出效果最大，这也就是说，企业要用尽可能少的资源投入，来最大限度地完成企业的预定任务和目标。显然，尽管对企业成员的某种激励方式比较有效，但当激励方案需要支付的代价大于它所能带来的效益时，就需要慎重考虑。

(二) 员工激励的基本方法

对员工激励的方法有两类加一：一类是外生性激励，即企业通过工作任务结果评估，然后进行给予提高工资、奖金、提升、福利和社会地位等外生性物品或条件来进行激励。一类是内生性激励，即通过提升员工个人自身变化，来促进企业员工工作中的成就感、影响力、胜任感、愉悦度、幸福度等进行内在的激励。今天来看这两类方法都十分重要，对今天的"00"后员工的激励而言，两者都是他们需要的缺一不可。所谓加一，就是指其他难以分类的激励方法。

1. 外生性激励方法

对员工外生性激励的方法很多，但其激励是建立在员工在企业岗位上工作完成既定工作目标并获得较为突出成果的基础上的。主要的方法有：

(1) 额外奖金

金钱的激励作用在人们生活达到宽裕水平以前是十分明显的。额外的奖金包括超额奖金、工作津贴、货币性福利、特别奖励等。显然，如果能将金钱激励与员工的工作成绩紧密联系起来，它的激励作用将会持续相当长一段时期。

(2) 持股奖励

许多企业的实践证明，一旦员工变成所有者之一，他们就会以股东的精神投入工作，并基本不会做出损害公司效率和利润的行为。

(3) 带薪休假

带薪休假对很多员工来说，都具有吸引力，特别是对那些追求丰富的业余生活的员工来说，更是情之所钟。

(4) 认可和赞赏

认可和赞赏有时可以成为比金钱更具激励作用的奖酬方法。在企业实践中,可以采取多种灵活的形式如授予荣誉、晋升职级、宣传表彰等,对有成绩和有贡献的员工实施不同的认可和赞赏,以此作为奖励。

(5) 授权,享有一定的工作自由

对能有效地完成工作的员工,可以给予相应的权利,允许他们选择工作时间、地点和完成工作任务的方式,或者允许他们选择自己喜欢干的工作,减少或甚至撤销对他们的工作检查监督。

(6) 提供个人发展和晋升的机会

员工因为努力和贡献,企业给予其晋升,无论是工作岗位提升、管理职位晋升或职业职称晋升对几乎所有员工都有吸引力和激励作用。因为晋升既是企业对员工过去贡献和努力的认可,也是对员工能力水平的认可,此外更重要的是晋升还可以使员工获得薪水等的增加进而提高收入,也使员工有了一个进一步发展的机会和平台。

外生性激励的另外一个重要的激励方法就是所谓的工作激励,工作激励是指通过修正企业成员的工作行为、工作时间和工作设计来规范并激发企业员工工作积极性的一种激励方法。具体形式也有3种:

(1) 修正员工的工作行为

修正员工的工作行为,即通过修改其工作行为降低其劳动强度或提高工作效率,从而使员工提高工作满意度。一般来说,修正员工工作行为要经过5个步骤:一是认真分析每个成员的工作行为;二是对其具体的工作量进行具体分析,以建立有效的行为标准;三是要对这些行为表现规定合理而明确的报酬;四是具体分析其工作环境,以协助企业成员有效地完成自己的工作;五是对既定目标的本身以及实现目标的全过程进行总结,以便今后改进这方面的工作。

(2) 变更工作时间

变更工作时间就是变更正常的每周5天制工作时间的安排。如:压缩每日工作时间或每周工作日,即把每周的工作压缩到少于5天;灵活机动的工作日,即把每个工作日内的工作时间分为两段,一段为固定时间(不能离开工作岗位),另一段为灵活时间;分担同一个工作,即由两个企业成员分段时间地衔接,合作完成一项工作。这些方法可以满足企业员工多方面的需要,有助于提高他们的满足度,并产生不同程度的激励作用。

(3) 工作再设计

工作再设计的主要形式有:一是工作轮换,即在企业内对企业员工从事的工作岗位进行调换;二是工作扩大化,即横向扩大企业员工的工作范围;三是工作丰富化,即纵向扩大企业员工的工作范围;四是自治工作群体,即实行自治管理的小型劳动组织形式。越来越多的企业都把对工作进行重新调整或设计看作是一种有效的激励方法。研究表明,工作再设计有利于企业员工提高工作兴趣,激发工作热情,增强工作责任感和改善人际关系等。

2. 内生性激励

内生性激励是通过对倡导或支持企业员工进行自我训练自我提高,从而改变自己的价值理念、提高自己的道德文化修养,提升自己的工作技能或能力,从而提升了员工自身的工作满意度、成就感、愉悦度,进而产生工作的积极性。内生性激励的方式方法很多,而且企业可以根据本企业员工的特点进行创新,实现对员工的良好的激励。具体的方式有:

(1) 建设企业独特的文化

建设企业独特的文化是一个企业在长期的经营过程中提炼和培养出来的一种适合本企业特点的亚文化,包含了企业所有群体所共同认可的本企业特有的文化传统、学习氛围、价值观念、行为规范及奖惩规则等的总和。一个优良的企业文化可以创造出和谐的企业人际关系与合作创新文化氛围,能促进企业员工的积极性、主动性和创造性的发挥。如今通过特别的企业文化建设影响企业员工的观念、行为方式已经越来越受到企业家们的关注。

(2) 价值观确立

尽管今天的企业价值观发展呈多元化和个性化的趋势,但杰出企业员工群体的共同价值取向是树立成为优秀企业优秀员工的崇高目标、追求群体共识和追求卓越的重要事项。因此,企业确立自身良好的价值观能增强企业的凝聚力,形成企业奋发向上的精神,并对每个企业成员的具体目标和行为产生导向和激励作用。

(3) 不断学习不断提高自己

在今天科学技术进步快速、市场竞争激烈、环境变化很快条件下,企业应该成为一个学习型组织,应该支持和帮助企业员工不断开展学习,采取个人自我学习和团队学习等多种不同方式,提高自己的文化素质、道德品质、知识水平、工作技能等等,实现企业员工在这里可以不断成长不断发展的事实,而这就是最大的一种内生性激励方法。

3. 其他的激励方法

对员工的激励方法有很多,不同的企业在不同的时间里,针对不同的激励对象,可采用不同的激励方法。其他常见的激励方法有:

(1) 目标激励

指把员工个人的目标与组织的目标协调一致。通过目标激励,使员工将自身利益与企业的集体利益融为一体,使员工在实现组织目标的过程中,实现自身的目标和价值,获取工作的满足感和其他利益。

(2) 参与激励

指通过一系列制度和措施,使员工在企业的重大决策和管理事务中发挥作用。培养员工的参与意识,鼓励员工参与管理,可激发他们工作的热情,调动其工作的积极性,从而促进组织目标的实现。

(3) 支持激励

此法主要用在管理者和被管理者的关系上。企业管理者在激励员工的工作积极性时,不是靠发号施令为主的命令方式,而是主要以支持员工工作,相信员工的能力,发挥他们的工作主动性和创造性为主的方法。这样,就能激发员工工作的热忱,调动其工作的积极性。

(4) 关怀激励

指企业通过关心员工的工作、生活和家庭等情况,帮助员工排忧解难,从而为员工创造良好的工作环境和生活环境,从而实现员工努力工作的激励。

第三篇 | 先　行

知之愈明,则行之愈笃;行之愈笃,则知之益明。
　　　　　　　　　　　　　　——朱熹

第十一章

构建愿景

> 世界上最快乐的事,莫过于为理想而奋斗。
>
> ——苏格拉底

曾经担任多家中国的世界 500 强企业领导人的著名企业家宁高宁以其亲身的经历证明了企业设置愿景、价值观对于企业发展尤其是转型发展先行的重要性。他在一次演讲中说:"使命、愿景、价值观是公司最重要的元素,如果不明确这些内容,我是不会讲其他的。从确定公司的使命,到设计 Logo,再到确定司歌,一直串下来,最后到设置业务和绩效指标,我觉得只要大家在公司的使命、愿景和价值观上达成共识,其他事项自然而然就会理解。当然,一开始这样做的时候也会遇到很多阻力。我逐渐意识到,大部分人之所以不思考公司的使命,是因为他们没有意识到,实际上人们是很容易被激发起来的。当个人的利益与公司、社会的利益相结合时,人们通常会积极行动起来。你可以想象一下,一百个人同在一间房的情形。虽然两个人在一起可能会做出不好的行为,但当一百个人在一起时通常是要做好事,因为人都有向往崇高的一面。就这样,我们的使命和愿景在不断地宣传、回顾和重复中得到强化。逐渐地,它们已经深入人心,成为每位员工的信仰。"[1]

的确,一个优秀的企业家不仅仅是要有前瞻性的战略眼光,果断抉择的底气和能力,还应该是一个行动家,一个能够率领企业所有员工和企业相关合作者努力实现企业目标的领袖。每个企业都是由众多的成员所组成,企业目标达成的资源配置过程是全体员工与相关合作者一起参与的过程。尽管进入企业的成员都承诺要遵守企业运作的规则,为企业目标实现尽力,但企业的成员仍然带有各

---

[1] 宁高宁著:《用使命和愿景驱动组织变革》,《管理视野》2023 年 11 月 24 日。

自的其他目的和要求,在企业实际运作过程中,他们各自的其他目的和要求的有时还会与企业既定目标与管理目标等产生矛盾和冲突,这些矛盾和冲突有时甚至会对企业运行产生重大影响。要解决这些问题,增强企业成员和相关合作者的凝聚力,从而使大家为企业目标的实现极尽所能,这既是企业有限资源配置效率提高的要求,也是提高企业在今天这样竞争激烈市场上生存竞争能力的必要,解决这些问题的先行方式就是在企业内塑造共同愿景,以此作为企业行动的指南。

一、共同愿景及其效用

(一) 共同愿景的概念

共同愿景英文原文为 Shared Vision,本意是大家共同分享的、共同愿望的景象。企业共同愿景就是指企业所有成员共同的愿望和共享的景象,且还获得了企业相关合作者的认可。那么企业全体员工所拥有共同愿望的景象究竟是什么呢?企业的战略是描述企业未来发展的行动方案,换句话说,战略方案本身是描述企业未来的一种景象。从这个意义上看,企业战略算不算是企业的共同愿景呢?企业的使命如"IBM 就是服务""产业报国"等,表达的似乎是企业员工共同需要的产物,表明特定企业的一种价值取向,这算不算是企业的共同愿景呢?一个创新的想法,一个绝妙的主意,对企业而言可能非常重要,例如负责上市,拓展市场的新方式采用等,展示企业未来的一个方面状态,这又算不算企业的共同愿景呢?准确地说,企业的战略、企业的使命、一个创新想法都不能算作企业的共同愿景。所谓企业的共同愿景是指企业中所有成员所共同发自内心的意愿,这种意愿不是一种抽象的东西,而是具体的能够激发所有成员为之努力奉献的一种远景图像,它能够创造巨大的凝聚力。[①] 共同愿景概念实际上包含着以下几层含义。

1. 共同愿景所表示的一种景象实为企业未来发展成功的目标、任务、事业或使命

它不一定包含具体的行动方案或行动策略,但它一定是比较具体的,未来通过努力是可以实现的。如果这种景象虽然描述得十分漂亮宏伟,但是无论如何努力都无法实现,那么它便难以成为激发企业成员为之努力的内在动力。就好像目前年销售收入不到 20 亿美元的企业,说要在未来 3 年中进入世界

[①] 芮明杰编著:《管理学》,上海财经大学出版社 2005 年版。

500强,景象固然不错,但由于其不可能性就难以使其成为企业所有成员的愿望。反之,如果这种景象描述得并不十分宏伟,但争取一下便可实现,那么它反倒成了激励的力量。从这个意义上说,战略未必能成为企业的共同愿景是由于它可能过于超前或抽象,可能仅仅代表了股东或投资者的看法或追求。

2. 共同愿景是全体企业成员共同发自内心的愿望或意愿

每个企业成员都有自己的个人愿望或意愿,在这样的愿望和意愿中,有许多是不相一致的,也有许多是一致的,但这许多的一致中未必能表达出企业的根本利益和根本的要求所在,因此,找到或构建这样一种共同的发自内心的愿望就显得十分困难。

3. 共同愿景的第三层含义

共同愿景的第三层含义是:真正的共同景象或愿望能够使全体成员紧紧地连在一起,淡化人与人之间的个人利益冲突,从而形成一种巨大的凝聚力。只有当人们致力于实现某种他们常常关切的事业、任务或使命时,他们才会忘掉自己的私利,他们才会不顾一切地团结起来。凝聚力不是嘴上说一说就有的,它产生于共同愿景,就好像"劫富济贫、替天行道、有难同当、有福同享"成为梁山好汉的共同愿景时,才会产生犹如兄弟般的凝聚力一样。我们有些企业也提出了自己的理念、精神口号,什么"团结、奋斗、创业",什么"服务顾客",什么"创造幸福"等等,不可不谓用心良苦,但到其企业一看便可知,这只不过是口号而已,员工照样拖拖沓沓,精神不振,管理者照样一张报纸、一杯茶。

(二) 共同愿景的特征效用

具有上述内涵的企业共同愿景概念,表明它的非同一般,这还可从其特征效用中具体体现出来。

1. 孕育无限的创造力

由于企业的共同愿景是企业全体成员发自内心的愿望,并由此产生了对全体成员长久的激励,如果全体成员真正把这一共同愿望当作自己努力的方向,那么此时此刻全体成员就会真正发出无限的创造力。彼得·圣吉博士在其著作《第五项修炼》中指出:之所以如此,是因为"共同愿景会唤起人们的希望,特别是内生的共同愿景"。工作变成是在追求一项蕴含在企业的产品或服务之中,比工作本身更高的目的——苹果电脑使人们透过个人电脑来加速学习,AT&T借由全球的电话服务让全世界互相通信,福特制造大众买得起的汽车来提升出行的便利。这种更高的目的,亦能深植于企业的文化或行事作风之中。"愿景令人欢欣鼓舞,它使企业跳出庸俗、产生火花。"①

当年日本企业在学习了美国的企业管理方法手段之后,曾创新了许多新的管理方式方法,如 TQC、JIT,为日本企业竞争力的提升提供了巨大的支持,也帮助日本企业开发拓展了巨大的国际市场。这些成功给人巨大的启示,这就是日本企业在确立本企业管理模式时注重了全体员工的集体主义观念,并用"年功序列制""终身雇佣制""企业提升制"等制度把全体员工融为一个大家庭,结果员工们把企业看作是自己的家,使得员工们有了创造力的持久激励源,尽管当时日本的企业尚未明白共同愿景为何,但现实中它们确实在向这方面努力,因而也就有了日本企业曾经在世界市场上的成功,也就有当年所谓日本企业"不可战胜"的神话。

2. 激发强大的驱动力

无数的事实可以证明这么一个真理:如果没有一个强大的拉力把人们拉向真正想要实现的目标,维持现状的力量将牢不可破。事实上一个共同愿景通常要建立一个高远而又可逐步实现的目标,它引导人们一步步排除干扰,沿着正确的方向达到成功的彼岸。正如管理学家弗利慈所形容的:"伟大的愿景一旦出现,大家就会舍弃琐碎之事。"若没有一个伟大的梦想,则整天都是些琐碎之事。另外,共同愿景培育出承担风险与试验田精神。美国赫门米勒家具公司总经理赛蒙说:"当你想达成愿景时,你知道需要做哪些事情,但是却常不知道要如何做,于是你进行实验。如果行不通,你会另寻对策、改变方向、收集新的资料,然后再实验。你不知道这次实验是否成功,但你仍然会试,因为你相信唯有实验可使你在不断尝试与修正之中,一步步地接近目标。"②

好的共同愿景可以产生强大驱动力,驱动企业的全体成员产生追求实现目标愿景的巨大勇气,并把这种勇气转化为自己发自内心的行为动力。宁高宁曾经讲过这么个故事:"我在中粮也致力于确立公司使命愿景。记得第一天上班,领导送我去,我们在开座谈会的时候,我要求每个人介绍自己的成长经历和家庭背景。待大家逐一介绍完,我们再开会时,我便提出关于使命、价值观、愿景以及人生定位的问题。当时有一位资深副总发表看法,认为'这个人过来就是搞虚的'。尽管遭遇了这种质疑,我并未着急,而是逐渐引导团队成员,使他们看到实现个人人生目标必须以公司的成功为基础,个人和公司的目标应当保持一致。逐渐地,大家认识到自己的重要性,意识到公司的使命愿景不是虚无缥缈的,它直接关系到他们要做什么,以及如何去做。中粮的事业不仅是单纯的商业活动,

---

① [美]彼得·圣吉著:《第五项修炼》,上海三联书店 1994 年版,第 239 页。
② [美]彼得·圣吉著:《第五项修炼》,上海三联书店 1994 年版,第 241 页。

而是关系到食品和粮食安全,承载着对国家和社会的责任。我们必须积极承担这份责任。当然,这份责任的承担也将为我们带来回报,包括薪资、福利、职业发展等。这种思维的转变花费了大半年到一年的时间,这段过程还算较为迅速。因为实际上人性是相通的,只要找准了共鸣点,一切就顺了。"①

3. 创造未来的机会

共同愿景是全体成员发自内心的、未来希望实现的愿望或景象。这种具有未来特性的愿望与景象,实际上为企业未来发展提供了方向与机会。系统科学已向人们证实,许多短期看似不错的对策或策略,可能会产生长期的恶果;而仅仅采取消除企业近期不良症状的对策,可能会导致人们舍本逐末的倾向。例如,如果对产品的价格大战不加以限制的话,实际上将导致社会资源配置的低效和低效益。因此,企业共同愿景必须为企业提供一个长远的、经得起推敲的未来,而这种未来应该是充满了挑战、机会和风险的,不是一般的战略规划所能给定的那种未来。

战略规划(Strategic Planning)原来应该是企业长期前瞻性的思考,但它经常是反应式与短期性的。对当代战略提出最尖锐批判的两位学者,伦敦商学院的哈默尔(Grary Hamel)与美国密歇根大学的普拉哈拉德(C. K. Prahalad)指出:"虽然战略规划被认为是使企业变得更能掌握未来的方法,但大多数的管理者都承认,在压力较大时,他们的战略规划解决今日的问题,多于创造明日的机会。"典型的战略规划过于强调分析竞争者优劣势、市场利基和公司资源等,都无法培育出长期行动所需要的一种哈默尔与普拉哈拉德所谓的"值得全心追求的目标"。② 从这个角度看,战略规划与共同愿景依然有很大的区别,但战略规划本应也提供企业未来发展机会。

(三) 共同愿景的构成

1. 共同愿景的组成

一般而言企业的共同愿景具体由以下四个部分组成:

(1) 景象

所谓景象就是企业未来所能达到的一种状态及描述这种状态的蓝图、图像。例如"GE 永远做世界第一",这是通用电气公司希望未来达成的状态,具体描述这种状态则可以从产品、市场份额、销售收入、员工收入、利润等具体方面进行。显然,景象应具有宏大的气魄和诱人特性,它应该给人以希望,应该给人以激动,

---

① 宁高宁著:《用使命和愿景驱动组织变革》,《管理视野》2023 年 11 月 24 日。
② [美]加里·哈默尔、[印]C. K. 普拉哈拉德著:《竞争大未来》,智库文化股份有限公司 1995 年版,第 129 页。

而不应该给人空话连篇、永远体会不到的感觉,也正是如此,景象才能够成为全体成员发自内心的共同愿望;也正是如此,景象应该产生于全体成员个人愿望之上。

(2) 价值观

价值观的英文字 Value 源自法文的动词 Valoir,也就是"值得"的意思,这个字衍生出了与勇气、价值相关的意思。此处的价值观是指企业对社会与企业的一种总的看法。例如松下公司认为其企业从不追求利润,利润只是自己企业对社会有贡献,社会给企业的一种回报。这就是松下公司的价值观,在这种价值观的引导下,松下公司有不同于别的企业的追求,有不同于别的企业的行为和行为途径。如果这个企业的价值观是个人奋斗第一,那么将引导员工们互相竞争从而抛弃良好的合作,沉溺于过分斤斤计较的行为方式。显然,价值观与景象是有很大相关性的。某种意义上说价值观不同,追求的景象就会不同或至少具体实现这种景象的方式途径会不同。

(3) 使命

共同愿景的另一个组成部分就是使命。所谓使命是企业未来要完成的任务过程和一种责任。使命代表了企业存在的根本理由,例如宝钢人的使命就是要把宝钢建成世界第一流的钢铁联合企业,就是说宝钢人的存在就是因为这个使命的存在而存在。现代企业的使命是与每个企业所处环境、行业、市场等具体情况有关,但有一点是肯定的,这就是只有具有使命感的员工才可能创造巨大的效率和效益,才可能有持续的内在动力。使命应具有令人感到任重道远和自豪的感觉,而这又与景象和价值观相关。没有良好的景象,使命感会消失殆尽;没有良好的价值观,使命感不会持久。就好像把追逐金钱看作是唯一价值追求的话,当金银很多时,使命感就会淡化。

(4) 目标

目标是指企业在努力实现共同愿望或景象过程中的长期和短期目标,其中短期目标比较具体,可以说是企业愿景实现过程中的阶段性具体目标,是企业全体成员们承诺将在未来时段中努力实现的目标。员工们在实现这些目标时就实现了企业的目标,同时在实现企业目标的过程中也实现了员工们自己个人的目标。短期目标的不断实现与不断地向共同愿景靠拢也就引导了企业成员们持续地努力和奉献。

2. 共同愿景的构造

共同愿景的四个部分是相互关联有机结合的,其具体结合方式可用图11-1表示。

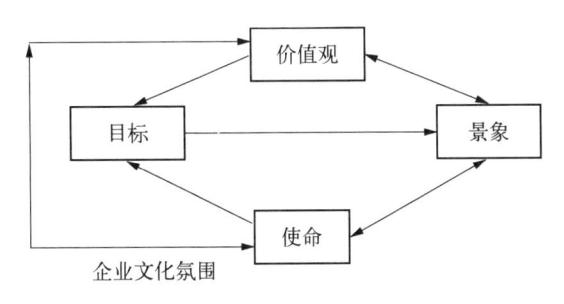

图 11-1 共同愿景构成图

从图 11-1 这一共同愿景构造图中可以看到以下几点：

(1) 价值观与使命

价值观与使命两者支撑了景象本身，也就是说景象具体是什么很大程度上受到价值观与使命的约束。反之，景象一旦确定也就给定了使命，表达了企业的价值观。因此，没有价值观的景象是苍白无力的景象，而一个景象不能给企业成员以使命感的话，那么这个景象难以成为共同愿景中的共同景象。所以，从这个意义上看构建共同愿景是需要企业首先有自己良好的价值观。

(2) 宏大景象

宏大的景象决定了阶段性的行动目标，但价值观和使命对目标构成和目标实现也有重大影响。可以说价值观决定了目标选择，决定了目标实现的方式途径（这种途径方式有时确有道德与不道德之分），而使命与使命感则给定了行为主体为实现此目标的内在激励动力。良好共同愿景应该拥有良好的价值取向和行动目标，拥有崇高的使命，若非此就谈不上共同愿景。

(3) 价值观与使命的互动

良好的价值观是与崇高的使命相配合的。价值观很不合时代，即使行为主体有"使命"，恐怕也未必崇高。另一方面使命和使命感强化人们对企业和自己的看法，提升自己的价值判断力，就好像以振兴民族工业为己任的使命，必定会使行为主体在完成这一使命中升华他对民族工业及竞争、管理、市场、企业等的认识。

(4) 文化氛围

共同愿景也是一定的企业文化背景下的产物。无论是价值观、使命，无论是景象和目标都带有本企业文化的深深烙印，是本企业文化的产物，企业的文化氛围又带有文化特征，就像美国企业的文化一定带有美国文化特征一样。文化氛围对于共同愿景形成来说是一种广泛的土壤，也就是说一个企业如果没有优良的文化特征的话，就难以成长出很好的共同愿景。所以，广义地说构建企业共同愿景首先是培育企业自己的文化。

以著名科技企业华为为例，华为也有自己的共同愿景。华为的共同愿景是"把数字世界带入每个人、每个家庭、每个组织，构建万物互联的智能世界"。这句话虽然不长，但表达了华为公司华为人的价值观、使命责任是要把数字世界带给每个人、每个家庭和每个组织，而未来要达到的景象为构建万物互联的智能世界。华为的共同愿景是华为企业自己深思熟虑的结果，是企业在全体员工的积极参与下在实践中逐步摸索而最终创立，时刻凝聚着华为人积极努力奋发向前。

二、建立共同愿景的方式途径

共同愿景的重要性在于它具有一种内在的张力，能使企业全体员工具有神圣的使命感和为企业愿景目标奉献的持续动力。那么如何才能创建自己良好的共同愿景呢？创建共同愿景的一般方式与途径究竟是什么呢？

（一）构建共同愿景的基本方式

构建共同愿景有以下几个基本方式，这些方式既有一定的相互联系，又可能有一定的相对独立性。

1. 从个人愿景到共同愿景

个人愿景通常是个人对自己未来发展的一种愿望，通常包括对家庭、企业、社区、民族甚至世界未来的看法以及自己的个人利益和未来成长景象。个人愿景根植于个人价值观、关切与热望、利益之中，它是个人持续行为的内在动力。并不是每个人都有自己的愿景，有的人可能整天浑浑噩噩、饱食终日，今朝有酒今朝醉，而有的人则可能为自己未来构想的目标努力奋斗、竭尽全力，正是如此，社会和企业中才会有各类不同成就的个人。另一方面，所有拥有个人愿景的人也会由于其个人价值观等的不同，导致他们的个人愿景不尽相同，也正是如此，社会和企业中才会有相同领域中获得不同成就的许多个人。

共同愿景虽不等同于个人愿景，却是从个人愿景中的共同点汇聚而成，借着汇集个人愿景，共同愿景获得能量和培养行为，因为别人的愿景有时对你并不重要，唯有你自己的愿景才能够激励你自己。所以，彼得·圣吉指出："有意建立共同愿景的企业，必须持续不断地鼓励成员发展自己的个人愿景。如果人们没有自己的愿景，他们所能做的就仅仅是附和别人的愿景，结果只是服从，绝不是发自内心的意愿。另一方面，原本各自拥有强烈目标感的人结合起来，可以创造强大的综效(Syuergy),朝向个人及团体真正想要的目标迈进"。①

从个人愿景到共同愿景是说企业的共同愿景必须构筑在个人愿景之上,同时共同愿景又不同于个人愿景,它应该高于个人愿景,共同愿景的实现过程同时也是个人愿景实现的过程。企业在建立共同愿景时应该容纳那些与企业共同愿景无利害冲突的个人愿景,并能够给予一定的实现空间。企业应在构建共同愿景时创造鼓励个人愿景的文化氛围,因为具有个人愿景的成员们比不具有个人愿景行为的效率要高。在鼓励形成个人愿景时把企业共同愿景容纳于其中,使共同愿景成为个人愿景的一部分,这是从个人愿景到共同愿景的根本所在。

2. 把握方向,塑造整体景象

所谓所把握方向是企业在构建自己的共同愿景时要把握这一共同愿景方向,即企业未来究竟向何处去,达到什么状态。这种方向既可以指示企业将成为什么样的企业,也可以指示企业未来将从事什么产业领域,更可以指示企业未来在市场、在顾客、在同行中的地位。显然这些方向如果比较明确的话,共同愿景中的景象也就比较鲜明了,可以明白地让员工知道企业的未来,从而起到应有的内在激励作用。

在方向明确的条件下,结合个人愿景来塑造整体景象就是一件十分重要的工作。如何做呢? 首先在塑造企业共同愿景这一整体景象时应明白,这一整体景象是"全息"性的图像,即它能够全方位地展示企业未来的景象,当企业的员工在分享企业的某部分景象时,在他的脑海中就会显现出一个最完整的企业景象,从而使每个企业成员尽管在各自具体的专业性工作岗位上工作,也自始至终都知道他在为企业整体尽责,而不是仅知道其所属部门或小团队的利益。这一点非常重要,因为只有这样,企业上下才能真正以企业整体利益为重,才能克服小团队狭隘的利益观念,才能团结一致,争取企业美好的未来。

其次,结合个人愿景来塑造共同愿景的整体景象时,应该将每个人的愿景分解成一些片段,在这些片段中寻找出能够反映企业方向、整体利益、长远可能的东西,然后再在此基础上进行拼接、提炼、加工。这一方面使个人愿景中的闪光东西保留下来让其继续持有;另一方面使个人愿景中不够清晰的景象在整体景象中清晰起来,完整起来,生动起来,使得共同愿景成为员工们的共同创造物,使员工们真正感到这愿景也是我的,也是你的,大家都有责任为之奋斗,而不是企业愿景的实现最终仅仅是企业家的事。

---

① [美]彼得·圣吉著:《第五项修炼》,上海三联书店1994年版,第243页。

3. 使命宣言与使命感

实现共同愿景导致了员工们及企业拥有使命,即实现这一共同愿景的使命。所谓使命宣言是指把企业与员工们拥有的使命用一些简练、明了,带有激动性的文字加以表达,形成格言、座右铭等。使命宣言是共同愿景实现的一种要求或一种必然性选择。使命宣言本身应具有这么一种魅力,即每当员工们在想起或读起这一使命宣言时,就能产生一种神圣使命感、自豪感,产生一种努力工作,积极创造的强烈欲望。使命宣言如果能做到这一点,才算得上很好的使命宣言。使命宣言与一般企业的口号不同,例如"资源有限,创意无限"是一条非常好的企业价值口号,但它与使命宣言仍有一定的差距,因为高尚不能产生使命感。

使命宣言不应该是企业领导的一种说教。它绝不应该是企业随意写下的豪言壮语,虽然词句漂亮,但常常是苍白无力的,变不成员工们的使命,也不能使其产生使命感。更重要的是这些人通常只对企业作一个浮光掠影式的了解,以最高领导的意愿为马首,并非从个人愿景中产生。这种宣言即使写成,往往也会因缺乏员工的基础,而无从孕育出能量与真诚的投入。事实上,有时它甚至无法在建立它的高层管理团体中鼓起一丝热情。使命宣言作为使命的一种表达形式,是共同愿景构建的一个方面,具有其必要性。因此,它的制定需要被认真对待。

4. 发展核心价值观,融入企业理念

共同愿景中含有企业价值观,价值观不同,企业的共同愿景也会有所不同。由于企业的价值观是企业关于对自己、未来、社区、社会等各方面的完整看法和价值取向,所以它是完整的一个体系,尽管许多企业并不很清楚自己的价值观是什么。共同愿景中含有企业的价值观,实际上它并不能全面包含企业的价值观体系,而只能是含有这一价值体系中的核心部分,这种核心部分叫作企业价值观。一个企业若没有自己清晰的价值取向,谈不出什么是核心价值,那么构建共同愿景只是一句空话。所以,构建共同愿景的一个方式就是要从发展企业的核心价值观着手。例如,一个企业的核心价值取向是"贡献社会,利润是社会给予的回报",那么这个企业的使命宣言一定与"贡献社会""如何贡献社会"有关,它的行为取向会着重于对社会的贡献,此时它的共同愿景中一定会有展示这方面的景象。但是一个企业如果没有核心价值观与价值观,那么这种企业一定是随波逐流无定性的企业。观察那些成功的企业,均可发现它们均有核心价值观,而且其核心价值观对这些企业的发展具有巨大的引导作用。企业的核心价值观有时就以企业理念的形式表达出来,CIS 设计中通常考虑的企业理念,应该就是企业的核心价值观,尽管有些企业可能有其特定的价值判断,但未必能明白地表现出来,因而也就有了给予明白表达的需要。从事 CIS 设计的人,把此作为对企业包装的一个重要方面,以显示企业上档次有品位,而这一做法本身也证明了发展企业核心价值观的重要性。

(二) 构建共同愿景的基本途径

构建共同愿景的基本途径是指根据这一路径就是导致正确构建共同愿景的顺序步骤。这一基本途径由培养共同语言、开展团队学习、进行深度汇谈以及实现自我超越等步骤构成。

1. 培养共同语言

共同语言是指企业员工们均一致使用的语言,或是指企业员工们特定使用的语言。共同语言对于某一个企业中的员工而言,如果存在的话,它一定是一定范围的语言,反映出这个企业、这些员工们的共同点,如共同价值观、共同兴趣、共同使命等。共同语言的存在对于共同愿景的形成来说是非常重要的,试想一个企业的员工,管理者与非管理者之间没有一点共同的语言,互相不知对方在想什么、说什么,也不想试着在他人的角度考虑他人为什么那么想那么说,那么该企业就不可能有一个发自内心的愿景。而且这种没有共同语言存在的企业,是不能长期存在的,因为各想各的,各说各的,力不往一处使,均以个人利益为重。

共同愿景成为每个人的个人愿景的一部分,这一部分一定应该符合大家个人愿景的特性,而共同愿景本身就应该用企业全体员工的共同语言来表示,只有这样的共同愿景才首先是大家可以认可的。共同语言是可以培养的。一般而言,共同语言的形成可以有几种方式:一种是在企业运作过程中注意将企业某些小团体的共同语言归纳引申为整个企业的共同语言,当然这些可以归纳引申的小团体共同语言应该有其很好的内涵,与企业的价值观相符。一种是将企业制定的官方语言强制性灌输给全体员工,最终形成以此为基础的共同语言。在这方面,日本企业可能最为擅长,如工作前背诵"语录"和"使命宣言",工作结束时重复口诵,这样日复一日,就可以把原来官方的语言逐步建立在员工们的词汇库中,并影响他们的思想与行为。

2. 开展团队学习

共同语言的形成是建立在企业内成员进行团队学习的结果之上的。团队(team)是指若干人形成的为完成某一特定目标或任务的小团体,这一小团体是企业的基本构成单位,就犹如车间、班组、部门、项目组等。团队学习是指这么一个小团体的群体性学习,成为企业内进行学习的基本单位。之所以团队学习对建立共同愿景很重要,一方面是因为它可以把共同愿景首先转化为团队的努力方向,从而克服小团体的局部利益,坚持企业的共同愿景;另一方面也因为对于企业最终目标的实现来说，一项决策的执行大都直接或间接地由团队来完成，而不是靠单个个人就能够完成。"在某些层次上，个人学习与企业学习是无关的，即使个人始终都在学习，并不表示企业也在学习。但是如果是团队在学习，团队变成整个企业学习的一个小单位，他们可将所得到的共识化为行动；甚至可将这种团队学习技巧向别的团队推广，进而建立起整个企业一起学习的风气与标准。"①事实上，只有群体一起学习时，才能更容易形成共同语言，因为群体学习过程也是一个群体沟通的过程。

在现代企业内部，团队学习必须注意四个方面，只有注意了这四个方面，团队学习才可能成功。第一，当团队学习复杂的问题时，团队必须在学习过程中能够萃取出高于个人智力的团队智力，也就是说善于汇集众人的思想火花，并将之升华。这通常说起来容易，做起来困难。因为企业中常有一些消极因素，这些消极因素有时会造成团队的智慧低于个别人的智慧的现实，例如当团队为自己小团队利益迷惑时，往往就会如此。这样就需要团队成员在学习过程中加以控制和克服。第二，良好的团队学习展开需要既具有创新性而又协调一致的行动，即需要团队成员在学习过程中形成良好的默契，每一位成员都会非常留意其他成员，而且相信其他成员也会采取互相配合的方式行动，在学习过程中创造新型的学习方式，发挥大家的学习积极性，从学习中形成团队的共同语言。第三，不能忽视团队的成员在其他团队所扮演的角色与影响，因为团队成员有时也要参与其他团队的工作，这正好让本团队的学习成果、共同语言去影响其他团队的学习、其他团队运作的方式。虽然团队学习涉及每个人的学习能力，但它基本上是一种集体行为，在此过程中凝聚力就会慢慢地形成。第四，团队学习需要练习。一个从不排演的交响乐团上台演奏不可能不失败，一个不练习的球队自然以输为多，同样团队学习过程需要不断地练习，只有这样才能取得良好的学习成果。

3. 进行深度汇谈

深度汇谈可以敞开每个参与汇谈人的内心，从而开掘每个个人愿景的闪光点，进而为建立共同愿景奠定基础。深度汇谈不同于讨论。鲍姆指出："'讨论'（Discussion）这个字与'碰击'（Percussion）与'震荡'（Concussion）有相同的字根。它的意象有点像打乒乓球般，将球来回撞击。一场讨论就像是球赛，透过参赛者所提供的许多看法，对共同感兴趣的主题加以分析和解剖。这样做本来应该有用。然而，一个比赛的目的，通常都是为了要赢，这里所说的赢，是使个人的看法获得群体的接受。为了强化你自己的看法，你可能偶尔接受别人的部分看

---

① [美] 彼得·圣吉著：《第五项修炼》，上海三联书店 1994 年版，第 269 页。

法,但是基本上你是想要使自己的看法胜过别人。然而,如果将胜利视为最优先,就无法将前后一致及追求真相视为第一优先。"①

深度汇谈的目的是要开掘每个谈话者的内心,是要超过任何个人的见解,而非赢得对话,这是深度汇谈与讨论不同的根本点。如果深度汇谈得当,则人人都是赢家,人人均可获得独自无法达到的见解。深度汇谈时,大家以多样的观点探讨复杂的难题,敞开自己的心扉,每个人摊出心中的假设,并自由地交换他们的想法。在一种无拘无束的探索中,人人将自己深藏的经验、想法完全表露出来,从而最终超过他们各自的想法。鲍姆教授认为:"深度汇谈的目的在于揭露我们思维的不一致性,这种不一致性起因有三:一是思维拒绝周遭任何交流加入;二是思维停止追求真相,而像已设定好的程式,下了指令便不假思索地进行;三是思维所面对的问题,正源自它处理问题的方式和模式。"②

企业开展深度汇谈有三项必要的基本条件:一是所有参与者必须将他们的假设"悬挂"在面前;二是所有参与者必须视彼此为工作伙伴;三是必须有一位"辅导者"来掌握深度汇谈的精义与架构。"悬挂"假设是指先将你自己的假设"悬挂"在面前,以便不断地接受询问与观察。这种假设实际上就是深藏于自己内心的看法,将自己内心的看法展示出来接受冲突,才可能形成真正的共同语言。所谓视彼此为工作伙伴,是指团队、企业成员将参与者都视为自己的工作伙伴,因为如此才能建立一种具有彼此良好关系的氛围,在谈论中人们感觉好像他们在建立一种新的、更深入的了解。而"辅导员"是指那些能掌握深度汇谈精义与架构的引导者,他们的职责首先是做好一个深度汇谈过程的引导者,以保证汇谈的顺畅与效率。其次,他可以参与深度汇谈来影响深度汇谈的发展动向,开掘参与者发自内心的观点,引导出共同的语言、共同的价值观,进而最终为构建共同愿景服务。

4. 实现自我超越

自我超越是指不断突破自己的成就、目标、愿望,而能够给定自己以新目标、愿望并实现自我超越的个人并不很多。这种人首先要有自己的目标、愿望或愿景,然而他还必须有不满足现状永远追求新目标的动力,只有这样,这种人才具有了自我超越的前提。自我超越对于企业构建共同愿景来说是非常重要的,只有企业的员工都具有一种不断自我超越的欲望,产生于个人愿景之中的共同愿景才有了激励动力;相反,员工们都没有自我超越的欲望,安于现状,则不但共同愿景不可能构建,即使有了也将失去它巨大的激发能量。

---

① [美]彼得·圣吉著:《第五项修炼》,上海三联书店1994年版,第275页。
② [美]彼得·圣吉著:《第五项修炼》,上海三联书店1994年版,第275页。

一般而言,能够自我超越的人往往是那些永不停止学习的人。因为只有通过不断学习、不断接受新鲜事物,才能发现自己原来的想法、目标和愿望的不足,才能认识到自己各方面的缺陷,也才能不断提出自己新的目标和愿望。人一旦停止了学习,也就停止了向更新更高目标追求的可能。企业成员形成自我超越的内在动力,首先也在于不断地学习,前文所述的团队学习的目的之一,在某种意义上说也就是逐步培养团队共同学习和个人自我学习的习惯,从而帮助个人甚至团队产生一种自我超越的内在机制。

三、构建共同愿景的基础及步骤

构建企业共同愿景的基础是该企业特别的文化,有了良好的企业文化才谈得上产生或构建企业的共同愿景,才可能有具体构建的步骤。

(一) 构建共同愿景的基础

1. 企业文化的创设

优秀的企业文化为构建企业共同愿景创造了良好的基础,所以从更广泛的意义上来看,构建企业共同愿景首先要创设良好的企业文化。企业文化可以将其分为两个方面:一是企业自身的价值观、制度、企业机构设置等这些精神东西,或称为内文化;一是企业文化的有形载体与具体表达,或称为外文化。就共同愿景的构建需要来看,企业文化的创设重点应放在所谓的内文化方面上来。这种内文化的创设,主要由三个部分组成:企业价值观、企业精神和企业制度设计。

(1) 企业价值观的形成

企业价值观是企业在追求经营成功的过程中所推崇的基本信念与奉行的行为准则,亦即企业为获取成功而对其行为做出的价值取向。那么基本信念又是什么呢?基本信念实际上就是本位价值,主要是指一种被企业职工所公认的最根本最重要的价值,并以此作为价值评价的基础。在西方企业的发展过程中,企业价值观经历了大致三个阶段的演变:最大利润价值观,经营利润合理价值观,企业社会互利价值观。最大利润价值观是指企业的全部管理决策和行为,以及全体员工的行为都必须从获取最大利润这一标准来评价,符合的就值得推崇,是好的;不符合的则是不好的,要加以约束。经营利润合理价值观是指企业成功的标志不在于一时的利润最大,而在于合理利润条件下企业的长远发展和企业员工自身价值的实现,凡符合企业长远发展,又带来合理利润的一切行为与决策都是可取的；反之则是不可取的。企业社会互利价值观则是当代企业兴起的一种价值观，它倾向于在确定的利润水平上把职工、企业、社会的利益统筹考虑，即把社会责任看作企业价值体系中的不可缺少的部分。一般而言，企业价值观至少包含有以下几个要素：

① 时代的特征。企业价值观的构成离不开企业所处的时代特征。在资本主义自由竞争和原始资本积累时期，企业自然倾向于追求利润最大，因为只有利润最大才可能生存发展，而为了利润最大就会有各种赚钱行为，不然就可能被淘汰。而在资本主义渡过经济起飞阶段，市场规则逐步完善的情况下，尤其是在认识到员工不是一个会说话的工具后，企业的价值取向就不再是简单的利润最大比，而是企业的长远发展。当然，从利润最大化到企业长远发展的价值观转变，与企业制度向公司制度转变有着密切关系。因为在投资者（业主）直接经营企业时，在其利益驱动下，他必然希望利润最大；而法人治理的公司则不然，只有公司长远发展，才符合公司各方的利益。因此，企业的价值观被印上了深深的时代烙印。

② 经济性。现代企业依然是个经济企业，它赖以生存的基础是有效利用资源，尽量推出令社会满意的产品。如果在企业的价值观中不含有一定的成本效益观念，那是虚伪的，也是不可能的。因为价值观是行为如何来引导员工的行为呢？所以现代企业的价值观一定含有经济性方面的内容。当然，具体怎么表达则是另一回事。"一切为顾客"，这么一个价值观，从表面上看并无经济的含义，实质上其背后仍有深刻的经济动因，因为对顾客服务周到，顾客才更愿意购买企业的商品或劳务。

③ 社会责任感。企业是现代社会中的一个成员，社会与企业是密切相关的，因此，那种把企业凌驾于社会之上，只要求社会为企业提供服务，而不讲企业对社会应负责任的价值观已不为社会公众所认可，也有悖于现代社会的发展。现代企业价值观中通常会有企业社会责任感的观念，并作为企业和员工行为的准则之一。"一切为了顾客"这样一个价值观，也包含有社会责任感的意思。给社会提供产品或服务，应该是质量可靠，这本身就是企业社会责任的履行。

时下 ESG（Environmental、Social、Governance）已经是一种评价企业社会责任履行的新指标体系，目的是希望企业能够有更大的社会担当，不能唯利是图，从这个意义上看 ESG 对促进社会高质量发展有一定作用。企业 ESG 绩效表现是一种整合了环境、社会和治理三个维度对企业的评估值。基于 ESG 评价，社会投资者可以通过观测企业 ESG 绩效、评估其投资行为在促进经济可持续发展、履行社会责任等方面的贡献。现代社会高质量发展希望作为社会一员的企业,能够很好生存发展有持续的竞争优势,也希望它能够很好进行自身治理履行应尽的社会责任,关注生态环境保护绿色低碳发展。显然这样的优秀企业越是多,对经济发展和社会进步就越有帮助,因为企业是社会财富创造的最主要的主体。

(2) 企业精神创设

企业精神是企业员工群体在长期生产经营中形成的一种信念和追求,是企业基于自身的性质、任务、宗旨、时代要求和发展方向,为使企业获得更大发展,经过长期精心培育而逐步形成的。它是企业价值观的外化,它用简洁明了的语言,表现出企业在一切行为和一切观念中的主导意识,体现了群体的价值取向。企业精神应有企业的个性特征,而不是千篇一律的"团结、进取、求实",因为企业精神是某个特定企业的追求,是该企业的精神面貌。美国IBM公司的企业精神"IBM就是服务"(IBM is service),就是根据公司主营计算机的行业特点,并综合了企业宗旨和价值观提炼出来的。就电脑开发研制而言,软件开发、人员培训、周到维修要比单纯出售设备重要得多,其竞争也更为激烈。IBM公司正是根据这一特点,确立了以服务为内涵的企业精神。

企业精神还应具有民族文化和时代的特性,这是因为在管理创新的方面,企业若不结合本国的文化特点,则多半是不能成功的。日本企业管理目前之所以独树一帜,是与日本企业在管理中糅合了日本的民族文化、民族特征有相当大关系的。日本日立公司所树立的"日立精神",即"和、诚与开拓者精神",就体现了现代意识与日本文化的巧妙糅合。"开拓者精神"是一种勇于创新的现代意识;"和、诚"则体现了日本的民族文化,"和"是指企业内部广开言路、上下和谐、团结一致,"诚"是指企业以虔诚的态度取信于社会与顾客。企业精神需要用简明而寓意丰富深刻的语言来表达,这种表达在符合以下要求:具有企业个性;符合时代与民族特点;体现企业价值观;寓意深刻;便于宣传与记忆。

(3) 各项制度建设

现代企业制度并不是一个简单的产权关系界定问题,它还包括反映法人治理结构的领导体制、企业组织机构以及企业内部的各种管理制度。企业制度的形成是与企业特点及领导者风格有关,还会带上企业文化的烙印。企业领导体制是企业领导方式、领导结构和领导制度的总称。领导体制在某种意义也是企业价值观的一种表现。领导方式有多种多样,正如美国管理学家R. R. 布莱克、J. S. 莫顿在《新管理方格》中所指出的,至少有乡村俱乐部式、协作管理式、企业人管理式、贫乏的管理式、权威与服从式等。管理者选择哪一种进行管理实际上体现了个人的价值观和偏好,反映了他的文化修养、知识结构及个人性格,而这与企业的文化氛围是一致的。当企业领导方式主要是权威与服从式时,就不会提出"和为贵"的企业价值观。至于领导结构和领导制度,虽然它们反映了企业生产经营和管理的要求,但依然会在具体的构造中反映出企业价值观、企业精神的内涵。[1]

企业的组织机构是企业为了有效配置资源,以便达到企业既定目标而规定实现的上下左右的领导与协调的管理架构。如果把企业视为一个生物有机体的话,那么企业组织机构就是这个有机体的骨骼。企业组织机构除了受到领导体制的影响外,还要受到企业环境、企业的目标、企业生产技术以及企业成员的思想文化素质的约束和影响。其中,领导体制中的领导方式对企业管理架构形成与演化的影响相当大,因为企业组织机构并不是一旦固定就一成不变,领导方式的变换就可以导致部分机构的变化以适应前者的要求。所以从这些因素来看,一个企业组织机构的设置是一定的企业管理要求和企业文化的反映。事实上,分权式组织机构一定与重视发挥人的积极性和创造性的企业文化有关,而集权式企业机构则一定与强调严厉、纪律、统一集中的企业文化有关。

企业管理制度是企业为了达到企业目标,制定的在生产经营管理活动中各种带有强制性义务,并能保障一定权利的各项规定和条例,具体包括人事、生产管理、经营、分配等多方面的规章制度。企业的管理制度是帮助实现企业目标的有力手段,它是企业员工应遵守的准则,能够使员工个人的生产经营活动符合企业要求。然而,并不是所有企业的管理制度都一样,每个企业的管理制度都会因其生产领域、产品结构、生产工艺、技术特点、市场情况、员工素质等的不同而不同。由于企业管理制度的特性及它的规范性,时间一长会使员工养成一定的行为习惯,这本身对员工行为是一种很好的规范引导作用。

(二) 创设共同愿景的步骤

创设共同愿景是一个企业领导人亲自参与所有员工一起合作的工作,具体有以下三个重要的步骤:

1. 咨询沟通

经常向员工咨询沟通,这是构建共同愿景中非常重要的一个步骤。咨询沟通可以在共同愿景构建之前进行,也可以在已有了一个初步的共同愿景时进行。咨询沟通就是了解员工们对愿景方方面面的重要见解。但是咨询又不能丧失企业已有的正确主张,不能让共同愿景成为一个不上不下、面面俱到的折中方案。

---

[1] 芮明杰主编:《管理学——现代的观点(第四版)》,格致出版社、上海人民出版社2022年版。

有效的咨询沟通工作依赖于良好的咨询方式,这一方式称为"串联"式咨询方式。

"串联"式咨询的具体做法是召集15个人到几十个人的小组,这种小组的组成可以从企业的最高层开始。最高层的小组中并非全部都是最高层的领导人参加,还包括直接下属,平行部门等的优秀人才。每次会议后,由这些人担当"串联"的角色,分任"串联"的角色,再组成另一级别的小组;如此反复形成了一个串联式咨询会议,可以把企业中优秀人才及绝大部分员工网罗了进来。这种方式的另一个好处是,它的非正式企业的色彩,带有一定激励色彩,从而使参加者能够开放思想、大胆研讨。

2. 共同创造

共同愿景是企业全体成员的愿景,它应该是共同创造出来的。这里所说的共同创造,是说共同愿景的共同创造过程,不仅仅是从上到下的共同创造过程,还应该有从下到上的共同愿景创造过程。这个过程开始于每个员工建立自己个人的愿景,因为当人们开始为他们自己想塑造的愿景工作,而不是为了讨好老板而工作时,这是每个人生命中值得大书特书的一天。许多企业领导人往往害怕鼓励员工们塑造自己的个人愿景,认为这样会导致自私自利、小团体、短视的做法与行为,从而认为对企业没有一点好处。实际上这种担心只有部分道理,因为企业员工没有个人愿景的话可能没有积极向上的动力源,而且这仅仅是在放任时才能出现的状况。建立个人愿景,并用企业的价值观、理念加以引导,就可以避免上述的担心,而建立共同愿景本身就是把分散的个人愿景纳入共同愿景之中。

共同创造的基本单位是团队,团队也需要一个愿景,团队的愿景可以更具体,更多地反映团队中个人的愿景。在此基础上进行跨团队的共同愿景,而这样反复做,就可以实现从下到上构建共同愿景,在实现共同愿景中做到容忍一定分歧,做到休戚与共,齐心协力。

3. 测试

所谓测试是指让员工们敞开心扉说明企业通过上述方式形成的初步的共同愿景,究竟哪些部分打动了他们的心,哪些部分对他们而言没吸引力。了解了这些情况,企业才可能利用这个情况来精炼和重新构建共同愿景。测试的过程应该是员工们共同参与的过程,因为询问他们的真实想法,表明企业的确在认真考虑员工的愿景,使员工感到一种被重视的关怀。彼得·圣吉教授提出:"企业成员的自我超能力愈强,你得到的结果就会愈好。人们必须愿意说实话,而且有能力体察现况,才能产生准确的测试结果。"有效的测试应包括:一是可采取问卷回答及面谈的测试方法,尤其是无记名的问答,更能得到一些准确的、隐含的、内心愿意说的实话,从而有助于测试结果的准确性。二是提供尽量多的信息,让员工全面知道企业共同愿景的一切,以便他们可以认真地完整地思考,从而提出他们的见解。三是测试应该让员工把对愿景实现的效果、效益的疑问、存在的困难等进行告知,更希望员工提供有益的建议。当企业采纳了某一员工的重要建议,应给予英雄般的赞扬,唯此才能真正激发员工的努力动机。

(三) 共同愿景的传播

共同愿景是企业所有成员共同创造的过程,一旦创建了企业的共同愿景,还需要企业领导人积极向全体员工以及企业相关合作者传播这个愿景,使之成为他们行为的追求方向。共同愿景的传播主要有两个方面:

1. 告知

所谓告知是指共同愿景一旦形成需要正式告知企业所有的员工。"我们一定得这么做;这是我们的愿景。假如这个愿景不能打动你,那么你最好重新考虑你在公司的前途。"[1]告知如果带有官方的使命式的色彩,带的一定的激发力量,因为企业的员工会知道,假如他们不同意,他们在这个企业中的前途也就没有了。不过这样一种激发,通常是强迫的,效果不好。有效的告知必须掌握以下几条原则:一是有效的告知必须能直接而一致地把共同愿景信息传达给组织的每个成员,同时说明构建这种愿景的理由。二是必须将有关企业的现状真实告诉每一个员工,让他们知道企业的处境。因为只有员工们知道了现状与愿景的真正差距,才能使他们产生一种克服障碍的冲动,才能更有勇气去努力。三是必须告知广大企业员工共同愿景的某些方面还可以再改进,而另外一些方面例如目标、任务、价值观等重要方面则没有再议论的余地,唯有坚定不移地落实和工作。四是愿景中要有一些具体的可很快实现的方面,但又不能太多,只有这样员工们才能有兴趣努力,从而首先实现可以达到的部分愿景。

2. 传播

所谓传播是指企业领导人努力将企业共同愿景传送至企业成员的心中,以推动他们实现共同愿景且全心奉献。告知是传播的最简单方式,事实上告知只是表明已经把共同愿景宣布了,然而员工仍然可以用各种不同方式说"不",包括消极抵抗。除非员工们由衷地同意,否则共同愿景不能算作真正的共同愿景。企业家应该怎么来传播共同愿景呢?

(1) 设立沟通渠道,随时听取员工对共同愿景的反应,同时也随时在不同渠

---

[1] [美]彼得·圣吉著:《第五项修炼Ⅱ实践篇》,台湾天下文化出版公司1995年版,第518页。

道中反复宣传共同愿景。这种沟通渠道既可以是正式的,也可以是非正式的。

(2) 强化愿景所带来的好处的说明,而不仅仅说明愿景如何。因为员工们在企业奉献时也总要考虑企业给他们的回报,要他们不考虑是不正常的。唯有借助他们的这种考虑,强调愿景可能带来的好处,才能有效地激发员工们的积极性。

(3) 传播时切忌以企业愿景的代表自居,而不妨以个人、朋友、同事的身份进行推心置腹地说明共同愿景对我、对你、对企业都非常重要。

(4) 传播中隐含的信息是"企业要仰仗你们的努力才能实现愿景",为此传播者一定要重视与员工的关系,让他们明白企业领导人并不会强迫他们做真正不愿做的事。

第十二章

突破极限

> 必先知致弊之因,方可言变法之利。
>
> ——欧阳修

2021年,政府经过多年酝酿,终于出台了教育领域"双减"政策,减轻学生作业负担、减轻学生校外培训负担,恢复公平教育。该文件规定,现有中小学学科类培训机构统一登记为非营利性机构,线上学科类机构改为政府审批制,学科类培训机构一律不得上市融资,严禁资本化运作,对非学科类培训机构分类制定标准、严格审批。这个政策的出台完全颠覆了现有的行规,犹如一声惊雷一个闷棍,给了众多从事教培行业的企业当头一棒。摆在这些企业面前的出路只有两条,要么关门歇业要么转型发展。

"双减"新政策是禁止教培企业开展K12学科类[①]校外培训服务的,因此新政对教培行业的龙头企业新东方来说也是致命的打击。新东方K12课后辅导、备考和其他课程业务是公司极为重要的营收支柱,2021年,该业务营收为36.67亿美元,占总营收85.8%。2021年10月25日,新东方正式宣布全面终止K-9学科类校外培训业务。失去主要收入来源的新东方,陷入困境。一方面,新东方市值下跌90%,年营收减少80%;另一方面公司辞退基础员工6万人。面对如此巨变和困境,新东方在俞敏洪的"新东方精神"即"追求卓越,挑战极限,从绝望中寻找希望,人生终将辉煌!"的指引下,在俞敏洪不懈探寻和领导下,开启了新东方的变革创新、转型发展之路。这就有了今天大家熟知的新东方转型到"东方甄选",从一个教培公司转型到电商直播业务公司的成长故事。

教培行业的巨变,说明了现实中的一个政策、一个政令或一场战争等等的变

---

① K12学科类培训是指面向K12阶段(幼儿园到高中阶段)学生的培训课程。它涵盖了各个学科如语文、数学、物理、化学、英语等等的知识和技能,旨在提高学生的学习能力和综合素质。

化很可能颠覆多个或一个产业的运行规则,导致业内众多企业、投资者手足无措甚至破产失败的事实。而近年美国政府对我国科技、新兴产业以及相关企业的封锁和制裁对我国相关产业的发展、企业的生存都产生了重大的影响,例如2019年,华为手机销量超过2.4亿台,一度拿下世界第一。随后,在美国的制裁下,销量也急剧下降,直到2023年Mate60的横空出世,才彻底打破封锁,正式回归国内市场销量前五。可见,今天的时代已经是一个与过去完全不同的时代,一个不确定性极大、一个经常巨变的时代。这个巨变时代的来临不仅仅源于科学技术、数字化、信息化、大数据、人工智能等科技发展的日新月异,还源于全球地缘政治的深刻变化导致全球经济一体化和全球市场竞争的泛政治化和意识形态化;此外,尽管消费者未来收入不确定性加剧但还是没有削弱消费需求的多样化趋势;而全球产业链和供应链的分裂可能已经使得企业成长与发展的路径日益复杂。至于政府产业政策、资本流动、绿色发展、生态环境以及人力资源结构变化等等均是导致今天这个巨变时代来临的重要影响因素。为此,现实中的企业如何在这巨变时代中应对不确定性的变化,应对突如其来的巨大挑战,探寻未来可能的机遇以便能够继续生存和发展,已成为当下企业最为关注的话题最要思考的大问题。事实已经证明,在数智时代的企业家若稍有不慎,不能够维持企业的持续增长,就有可能折戟沉沙,关门歇业或直接破产失败。其实,企业持续增长的秘密就在于企业的现有业务曲线尚未完全消失前就开始了一条新的业务曲线,即第二曲线。

一、成长的极限

企业成长的最重要标志是年营业收入总量这个指标的变化,因为年营业收入这个指标表明了企业的产出品一年中在市场上究竟卖出了多少,在产出成本已知的条件下,进一步还可以判断本企业的产出在同一市场上的占有率以及在竞争性市场价格下盈利的多少。当营业收入总量在不断增长的时候,通常就认为企业在不断的成长,反之当营业收入开始不再增加甚至还在下降,那就意味着企业遇到了成长的麻烦或挑战。因为营收的下降最直观的原因就是购买本企业产品的消费者少了,但是为什么呢?原因可能多种多样,既可能是消费者收入减少不再有能力购买,也可能是消费者的消费偏好发生了变化;既可能是因为有了又好又便宜的替代品面市了,也可能是竞争对手直接夺走了原本是你的顾客;既可能是企业的产出品出现了品质问题,也可能是企业的战略或策略发生了重大变化导致;既可能是政府政策变化导致企业的营商环境发生了巨变,也可能是技术进步快速导致企业跟不上等等。追踪企业营收的变化及其原因,总能够帮助企业家看清自身企业成长的困惑。

(一) 成长的阶段

企业成长是个过程,从企业创办开始企业就进入了成长的过程,这个过程不一定都是企业产出规模不断增长、营收或销售收入增长的过程,也不一定是企业持续盈利的过程。企业从创办诞生至企业破产失败或自行解散其实就是一个完整的成长过程,也称为企业的寿命。这一过程时间长就称为长寿公司,短就称为短命企业。影响企业寿命的因素很多,大致可以分为两大类:一是外生性因素,即那些属于企业外部的多种影响企业成长状况的因素,如全球经济状况、国内经济状况、科技进步状况、产业发展状况、生态环境、政府政策、劳动力市场、资本市场、消费偏好变化、地缘政治等等,这些因素对不同企业的影响力是不同的,更重要的是还有一些难以预料的"黑天鹅"事件的突然来临,导致对企业成长、企业寿命产生直接的冲击。另一是内生性因素,即那些属于企业内部影响企业产出、创新、合作、资源配置效率等的各种因素,如企业的价值观、战略、人力资源、管理方式方法、生产技术、供应链状况、合作网络、销售渠道、资金状况等等。理论上这些内生性因素是企业内生的,企业应该可以管控,其实不然,因为企业中所有合作参与人的利益目标并不完全一致,一个偶发的事件就有可能导致现有利益格局的破坏,使众多利益主体的目标和行为发生变化,进而导致分工合作的效率下降,甚至使产出发生了变化,营收发生了变化。无论是外生的影响因素或是内生的影响因素,当其对企业的生存与发展可能产生重大影响时,企业家或职业经理人必然要率领企业采取相应的对策,以避免这些因素或事件给企业现在与未来带来成长的不利影响。就如新东方俞敏洪在国家关于教培行业政策发生重大变化后,不得不寻找新的发展之路,对现有企业进行大规模变革调整。因此长期看,企业的成长又可以分为两个大的阶段:平顺阶段和变革阶段。

1. 成长的平顺阶段

所谓企业成长的平顺阶段是指无论是影响企业成长的外部因素还是内部因素都没有发生大的变化,企业在既定的主业,既定的运营模式和技术条件下,沿着自己既定的战略和战略路径成长和发展,比较稳定和平安地参与市场竞争,提供消费者喜欢的产品或服务,并获得比较稳定的营收和利润。例如在美国2019年8月前未出台特别对中国产品加征关税的众多中国出口服装企业而言,基本上就是靠自己的实力和长期客户关系接单生产,顺风顺水生产销售,虽然国际服装市场也是有竞争也有波动,但基本上只要按照过去的路径平顺运行就可。可是2019年8月之后则发生了巨大的变化,中国的服装企业出口美国的服装被加了附加的关税,使产品在美国市场失去了竞争力,而像越南的服装产品由于无关税则竞争力大增,纺织服装加工业也快速发展了起来。据统计越南的纺织服装行业拥有超过7 000家企业(不包括小型企业),其中15%是外资公司,雇佣超过280万劳动人口,纺织服装业占越南全国10%工业生产量,在越南出口总额中排名第三,2022年越南纺织服装业出口总额达445亿美元,比2021年增长10%以上。预计到2030年实现700亿美元的出口目标,纺织服装业可直接雇用400多万工人,成为世界三大成衣出口国之一。可以说,时至今日中国纺织服装行业的部分企业的平顺发展阶段结束了。

成长的平顺阶段其实是企业发展的良好阶段,企业不需要特别担心外部的政策、技术、环境等会有大的变化,只需要按照企业既定目标,为客户创造价值,努力改善企业生产经营能力,提高资源的配置效率,提高企业的生产技术水平,提高自己在市场上的竞争力便可。反过来说,外部环境平顺的时期越是长就越有利于企业的成长与发展,提高企业的平均寿命,就如和平的年代越是久百姓的生活越是安定幸福一样。

2. 成长的变革阶段

变革阶段是指企业在遇到各种外部因素变化尤其是"灰犀牛"、"黑天鹅"事件,或遇到企业自身状况的各种内在因素变化冲击,导致企业进入颠覆以往企业的目标、战略、道路、策略、方法等方面,不得不调整变革甚至创新突破的阶段,以求企业新生的阶段,例如今天的新东方公司。显然,当企业遇到巨大变化时,有的企业不堪冲击,直接就破产、失败或解散;有的企业则选择躺平,无所作为,坐等未来的结果。对于这些企业而言,他们并未经历成长过程中的变革阶段,唯有在巨变时代积极应对、思考应对方式方法,甚至不惜放手一搏,希望能够继续生存和发展的企业,才真正进入了成长的变革与创新阶段。然而变革创新是需要新的战略思路目标的,需要资源的投入或对现有资源进行整合,变革创新对企业而言是要面对更多的更有挑战性的新问题,需要有全新的应对方案,稍有不慎就会有巨大的失败的风险。可是,今天已经是巨变的时代,此时,企业如果不进行变革创新继续前行,那么恐怕只有躺平或被淘汰。

企业成长的变革阶段是一个充满挑战的阶段,是考验企业家认知水平和领导力的阶段,也是企业能否战胜困难,实现持续成长为长寿企业或百年企业的关键阶段,虽然并不是每个企业都要经历这个阶段的考验。这个阶段有以下四个特点:第一,新旧冲突,即企业原有的战略目标与新的战略目标、新的业务与原来的业务、新的行事方式与过去习惯的行事方式、新旧业务的资源分配比例方式等都会产生一定的冲突,产生所谓的新旧矛盾,这些都是过去在平顺阶段没有遇到过的新问题,且必须解决。第二,混乱无序,即原有的生产经营秩序被打乱,原有的管理和工作流程不再适用,员工有时也有点无法适应,于是原来生产经营与管理井井有条的企业,开始有些混乱,特别当外部的重大事件还在持续影响时,企业员工无法十分冷静时,企业的混乱加剧,其结果自然加大了变革创新失败的概率。第三,危机潜伏,正是由于上述问题,再加上可能的企业家或领导人判断失误,领导不力,管理失策,有可能在变革阶段不断埋下潜在的各种危机,最终导致变革创新的失败。第四,时期不定。这是指变革阶段究竟需要多少时间,1年、2年,还是3~5年。如果变革时间确定,例如需要5年,于是企业苦熬5年就可以迎来柳暗花明又一村,倒也罢了。可惜这个阶段持续的时间是不确定的,这既与企业面临变革问题的困难程度有关,也与企业家驾驭变革领导变革的能力有关。显然,变革阶段持续的时间越长,对企业所有员工的信心影响就越大,对企业家的挑战就越大。

3. 企业变革创新成功

企业变革创新成功就是说经过调整应对后适应了巨变的时代,企业迎来一个光明的未来,进入一个全新的发展阶段,延续了企业成长的寿命。这个阶段对转型后的企业而言,实际上就是一个相对平顺的阶段。一个百年企业一生当中既有平顺阶段也有变革阶段,平顺和变革的交替也给了企业成长的一张一弛的节奏,能够在这样的节奏中谋求企业健康持续的成长与发展,甚至成为本产业领域全球冠军或全国冠军,这样的企业现实中是有的,如百年的荷兰菲利浦公司、美国的艾默生公司、GE公司、德国西门子公司、法国的施耐德公司等公司。在百年的历史中,这些公司经历过1929年开始的全球经济大萧条时刻,经历过两次世界大战这样的巨大变化,经历过二战后30年经济繁荣平顺阶段;这些公司既经历过工业革命的巨变,也经历过科学技术的突飞猛进大量后起之秀的挑战。平顺时努力发展,巨变时积极应对,企业革新成就了这些公司,也成就他们的领导人。[1]

(二) 成长的极限

任何一个企业的成长不可能顺风顺水、平平安安,总会因为这样那样的原因,导致企业遇到各种不同的坎,营收出现了问题,停滞不前或突然下降,进而导致了其他的困境。从企业一生来看,企业的成长似乎有个天花板即极限(见图12-1)。

---

[1] 芮明杰等著:《突破增长的极限:企业再创业的理论与策略》,经济管理出版社2004年版。

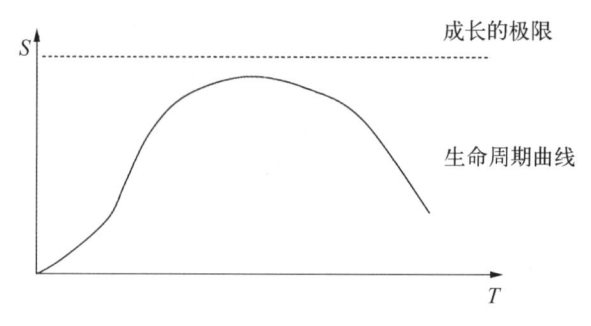

图 12-1 企业成长的极限

从图 12-1 可见，企业一生可以达到一个最大的营收或销售收入量，在其最高点的上方有一条无形直线，阻挡着企业的营收或销售收入再上一个台阶，这条线就可以称为企业成长的极限，这个极限对不同的企业而言，具体的数量是极不相同的，小微企业的营收极限可能在几百万到几千万不等，中型企业的营收极限可能在 1 亿到 50 亿，而大型或超大型企业的营收极限可能在百亿至千亿。现实中的企业，成长至某个时刻就会接近这个天花板，尽管企业家和企业员工大家都很努力，但是企业的营收始终在某个数值上下徘徊数年，甚至有下降的态势，如此就可以认定企业的成长遇到瓶颈遇到了天花板。问题是为什么企业在成长的过程中会遇到成长的极限呢？理由主要有四个大的方面：

1. 外生性原因

导致企业成长有极限的外生原因主要有两个方面：一是任何一个产品市场需求不可能是无限扩张的，这就是说消费者对某个产品的需求是有限的，经济学称为：任何一个产品的需求弹性不可能是无限的。这种有限性一方面是因为消费者的消费偏好不同而且经常变化，另一方面是不同消费者的收入状况不同会对不同产品产生不同的购买约束。从根本上说，由于自然界资源是有限的，因此既会对全社会供给的结构和总量产生约束，也会对消费的结构和总量产生约束。正因为如此，企业的产出品会受到该产出品市场规模的约束，即便这个市场全部由单个企业独占，规模依然是有限的。二是市场竞争的存在和维护，导致一个或一类产出品市场上存在众多企业的产出和竞争，正因为如此，这个市场犹如一块蛋糕被众企业分享，企业们从各自利益目标出发进行争夺市场份额，当市场有所扩张时企业间竞争程度下降，市场规模不变或下降时，企业间竞争就会加剧，于是每个企业获得的市场份额就会发生一定的波动，如果某个企业由于竞争失利或自身原因，则该企业甚至其市场份额下降、营收下降。此时企业的生存就开始面临挑战，有被收购或被淘汰的可能。

2. 内生性原因

企业成长遇到天花板,既可能是企业的外部环境因素所导致,也可能是企业自身原因所导致的。简单地说企业自身原因有两个最为主要方面:一是企业自身资源和能力的约束。任何一个企业的资源是有限的,无论是有形的人财物资源,还是无形的知识产权、社会关系、资本渠道、合作网络、数据信息等均是有限的,在此基础上不同的企业拥有的资源的结构与总量是不同,尤其是不同的企业拥有的知识、人才的不同,导致企业的各项生产经营、市场竞争等方面的能力不同。不同企业其拥有的有限资源和不同的能力,对企业成长营收的获得的支持状况是不同的,因此某种程度上可以说,企业之所以营收能够达到如此规模实为企业综合实力的反映,是企业现有资源和能力的表现。二是企业认知和行为方式的约束。在既定的产出品市场上,保持着企业对市场对消费者对技术进步,对竞争对手政府政策等的固有认知,并继续采取着过去颇为成效的行为,表明面上看中规中矩,本质上可能守旧无创新。企业比较保守的话,既不能把握消费者需求的变化,不能理解数字技术智能技术给企业带来多方面创新的可能,也不积极寻找创新的方向和可能。相反,其他竞争对手则可能正在不断创新进步,增强自己的竞争力,于是不进则退,企业成长开始停滞甚至营收开始下降。

3. 其他原因

上述导致企业成长极限的主要原因外,其实现实的企业遭遇成长极限的原因是多种多样的,有的可能是"黑天鹅"事件,例如产出品需要的某个零部件被禁运,于是生产不能继续进行,于是企业营收下降乃至全面崩溃。有的可能是企业领导人错误估计了市场,错误估计技术变化对行业的影响,结果出了个昏招,导致企业出现了很大的成长危机。当企业遭遇成长的极限时,如果企业不仅仅希望维持状况不致企业营收下降,还希望能够持续的增长,那么小的修补可能于事无补,需要有大的战略调整,需要大变革创新,需要新的理论与方法支撑才行。

二、极限突破的理论

企业成长存在极限的现象许多年前就被管理学者们注意到了,于是就有许多人开始了对企业成长的极限、极限的原因、可否突破极限的可能,以及企业成长的规律的研究。研究的文献很多,成果不少其中最为重要是英国著名管理学家查尔斯·汉迪的著作《第二曲线:跨越"S型曲线"的二次增长》,在这本著作中他提出著名的实现企业成长极限突破的"第二曲线理论"。

（一）第二曲线理论及其不足

企业沿着既定的目标、战略和路径开始其成长的过程，此时其业务的曲线就是所谓的第一曲线，见图12-2，其含义是说企业首次选择的业务曲线，也是企业成长过程中营收表现的曲线。

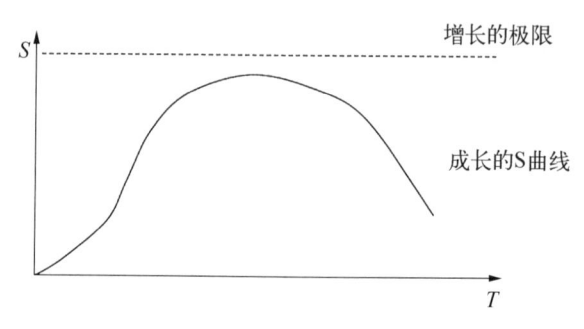

图 12-2　第一曲线呈 S 形状

1. 第二曲线理论核心观点

查尔斯·汉迪认为企业的第一曲线呈现S形，有时也被称为企业的生命周期曲线。"S形曲线：最开始是投入期，包括金钱方面的、教育方面的（当讨论我们的人生时），或者各种尝试和实验；在接下来的阶段中，当投入高于产出时，曲线向下；当产出比投入多时，随着产出的增长，曲线会向上，如果一切运转正常，曲线会持续向上，但到某个时刻，曲线将不可避免地达到巅峰并开始下降，这种下降通常可以被延迟，但不可逆转。"[①]这就是所谓企业成长遭遇了天花板，此时的企业家必须认识大势，找准方向，要在第一曲线到达巅峰之前，找到带领企业二次腾飞的"第二曲线"，并且第二曲线必须在第一曲线达到顶点前开始增长，弥补第二曲线投入初期的资源（金钱、时间和精力）消耗，那么企业持续增长的愿景就能实现。

那个开始第二曲线的那个点称为战略拐点，即企业战略转型的起始点。图12-3中，A点与B点就是企业的两个战略转型的起始点。汉迪把从拐点开始的增长线称为"第二曲线"。他认为，任何一条增长曲线都会滑过抛物线的顶点（增长的极限），持续增长的秘密是在第一条曲线消失之前开始一条新的S曲线。汉迪认为企业开始第二条曲线的正确位置是在A点。在这一点上，企业拥有的时间、资源和动力都足以使新曲线度过它起初的探索挣扎的过程。从图12-3中的A点可见，A点接近顶峰，处在企业第一曲线的业务成长期。此时，企业营

[①] ［英］查尔斯·汉迪著：《第二曲线：跨越"S型曲线"的二次增长》，机械工业出版社2017年版，第4页。

收在快速增长,表明企业此时的业务正在快速增长,企业处于A点也就是处于黄金时代。企业上下充满对未来的信心,股东投资者资本市场等都充满着期待,因此一般的企业领导人很少有远见和勇气在企业高歌猛进的时候偏离已有的成功路径,投入充分的资源来培植一种短期内没有收益的业务曲线即第二曲线。通常的情况是,直到现有的成长曲线明显下滑时,企业的领导人才想到另辟新的成长曲线,所以人们通常把B点而不是A点当作公司的战略转折点。但此时,企业能够调动的有形无形的资源都在明显地减少,已有和新出现的竞争对手很可能趁此时机对你进行穷追猛打,企业内部已经明显缺乏创造一条新的业务成长曲线所需要的从容和自信。

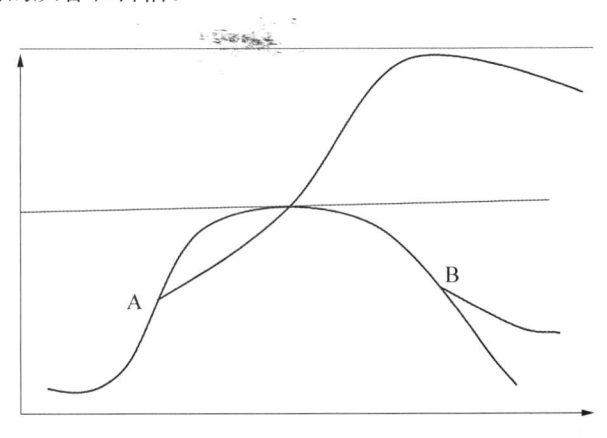

图 12-3 第二曲线及其拐点

汉迪教授明确指出:"第二曲线必须在第一曲线到达巅峰之前就开始增长,只有这样才能有足够的资源(金钱、时间和精力)承受在第二曲线投入期最初的下降,如果在第一曲线到达巅峰并已经掉头向下后才开始第二曲线,那无论是在纸上还是在现实中就都行不通了,因为第二曲线无法增长得足够高,除非让它大幅扭转。"[1]从B点出发培植第二条曲线的难度远远高于从A点出发。从B点出发的第二曲线,很可能是一条低增长甚至一直处于负增长的曲线。

2. 第二曲线理论的不足

查尔斯·汉迪的第二曲线理论及其观点,说对了两件事,第一是认为企业突破成长的极限实现持续的增长,必须在企业原本的第一曲线结束前开始第二曲线,即拓展新的业务曲线。第二是在寻找第二曲线的道路上,成功的领导者必须

---

[1] [英]查尔斯·汉迪著:《第二曲线:跨越"S型曲线"的二次增长》,机械工业出版社2017年版,第5页。

向死而生，另辟蹊径，一次次跃过那些由成功铺设的"陷阱"，开辟一条与当前完全不同的新道路，为企业找到实现下一条增长的第二曲线。为此，他提醒企业家们：使你达到现在位置的东西不会使你永远保持现在的位置，如果你过度相信和依恋导致你成功的逻辑，那么成功的逻辑必然会把你带向失败或平庸。持续地按一种路径"追求卓越"的曲线，恰恰是一条"追求平庸"的曲线，就是成功的悖论和曲线逻辑。

然而，仔细看查尔斯·汉迪的理论，可以发现还是有许多的不足：(1) 仅仅给出了开始第二曲线的时点选择，并没有给出选择第二曲线的业务内容的思路与方法。(2) A 点为企业战略转型的拐点理论上正确，但现实的企业难以操作，因为此时的企业把资源继续投入现有的业务可能可以获得市场上更大的成功，既然如此为什么去选择发展风险极大的第二曲线？A 点选择一定就正确吗？B 点固然不妥，难道就没有更好的战略转型的合适时点吗？(3) 第二曲线选择之后企业怎么办？策略措施是什么？如何确保第二曲线选择后大概率成功？等等。

3. 对第二曲线起始时点的修正

企业谋求持续增长需要在第一曲线消失前开始第二曲线，汉迪认为成功概率大的起始点应该在第一曲线的 A 点，问题是 A 点时刻对于企业家或企业领导人来说，此时还可以把培育第二曲线的资源投入在已经有明确市场前景的现有业务之上，现有业务如果更为强大则获利更多，也不见得就没有未来可持续增长的可能，因为未来会这么样其实是很难判定的。那么是否有其他的第二曲线的起始点呢？本书作者认为其实是有的，见图 12-4。图中，除去原本的 A 点 B 点这两个战略拐点外，另有两个点 C 点和 D 点，以及由 C 点和 D 点对应时点的一个时间区间，仔细观察 C 点与 D 点可以发现，C 点是企业原业务开始放慢增长速度的点，而 D 点则是企业原业务营收开始缓慢下降的点，C 点和 D 点所围的区域则是企业第一曲线的成熟阶段，即企业营收在某一个数值（如 1 亿、15 亿、100 亿等）附近已有多年波动的时间区间，这种状况的显现应该说企业已经进入成长的极限附近，用数值表示就是企业的年度销售增长率已经若干年在 0 的附近波动，大于 0 或小于 0。

可以认定此时企业已经开始进入成长的天花板时区，企业家应该果断决策，考虑开始第二曲线的培育，如果再延迟就可能进入企业的衰退时期，到达 B 点，应该说查尔斯·汉迪认为 B 点开始第二曲线成功的概率是极低的，已经失去了转型变革的时机，此话是正确的。然而现实的企业是看不见自己的未来和未来营收曲线的走势，因此判断是否进入了 C 和 D 构成的成长的天花板阶段还是有困难的，理性与经验证明，只要企业发现自己的营收已经多年在一个数值徘徊，

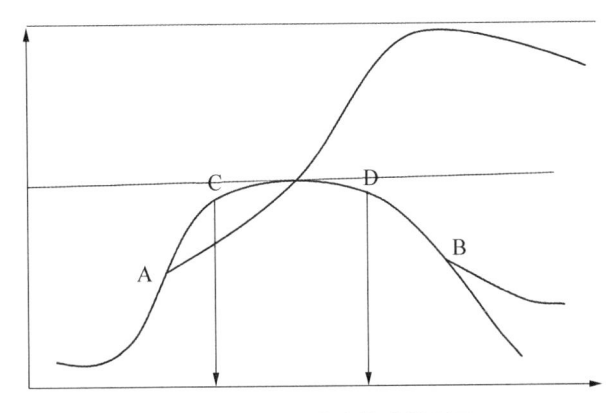

图 12-4　第二曲线战略转型区

则可以确定企业进入了成长的极限区域,如果还想继续成长持续的成长,那么此时开始第二曲线的培育与发展是合适的。图 12-5 显示了修正后,第二曲线开始的时点,正确的位置是在偏 C 点的附近。即便是靠近 D 点也是要比从 B 点出发培育第二曲线要好很多,成功的概率要大许多。当企业进入成长的极限区域时,企业除了培育第二曲线,实施企业突破成长极限实现持续发展的战略之外,依然可以有不同的战略选择,例如积极的战略选择是不再追求企业规模和营收的大幅度的成长、资产的扩张和利润的增长,而是不断研发创新推动技术进步,提升工艺,迭代产品,稳定顾客群,避免企业衰退。这就是以高质量的产品或服务迭代稳定顾客稳定市场份额,即企业现有业务稳定的战略。当然也会有企业制定消极的战略即所谓的躺平,不再继续努力,任凭企业逐步衰退或直接解散或出售。

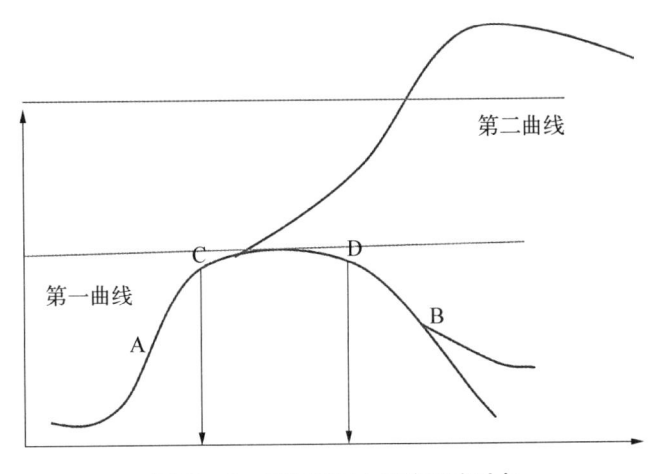

图 12-5　开始第二曲线的正确时点

4. 第二曲线的内容选择

所谓内容的选择就是确定培育发展的第二曲线究竟是什么业务领域？这个问题是第二曲线是否能够成功的真正的关键。如果对拟培育的新业务自身的特性、未来的前景等了解不清或自身难以把握，则再怎么选好转型培育的时机，其成功依然十分渺茫。选择培育的第二曲线实为选择企业拟发展的新的业务，就是选择拟进入的产业：传统产业、战略性新兴产业、未来产业等。从第二曲线培育成功的概率大小来看，大致有四个选择的大方向：

（1）产业升级

产业升级是指不离开现有的产业领域业务领域，而是通过研究以及自身经验判断该产业业务未来的发展升级方向，以未来的升级方向为企业的第二曲线，进行培育发展，例如从模拟数字手机业务看到未来的智能数字手机业务，再到全面智能数字手机业务，把全面智能数字手机业务发展作为新的业务曲线即第二曲线。目前，苹果公司正式开始培育全面智能数字移动手机业务曲线，希望保持在该产业领域的继续领先和自身的持续增长。产业升级的关键是如何判断该产业还有升级的可能，这固然要研究消费者需求变化趋势，更重要的是要观察该产业的技术进步状况，判断其领域中重大技术进步的可能，因为产业的重大技术进步往往是产业升级的关键变量，见图12-6。

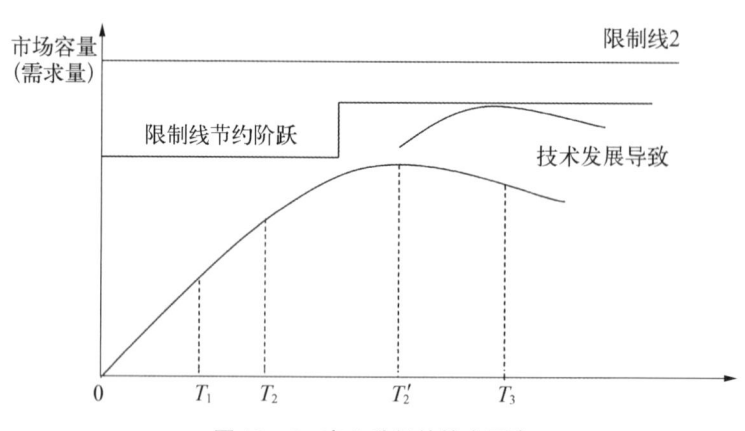

图12-6 产业升级的技术因素

把产业升级的方向作为企业成长的第二曲线，一般来讲其成功的概率会比较大，因为企业的原有业务就在这个产业领域，企业及其所有员工毕竟对该领域有相当好的认知和技能的掌握，给了第二曲线的培育比较好的支撑。不然对全新的第二曲线业务十分陌生不了解，未来培育该曲线，企业所有员工都要努力学习培养新技能，这需要较长的时间，影响第二曲线成功的概率。

（2）产业链延伸

产业链是指几个或多个产业因为具有内在技术经济联系而形成的关联链条。[①] 本产业链延伸整合是指企业从第一曲线所处产业出发，对这一产业的关联产业的部分或全部按照关联关系进行选择，以此作为第二曲线的业务领域。例如：采煤企业进行向上延伸发展，发展火力发电业，再发展电解铝业，再发展铝制品业等等。又如新能源整车制造企业向下游产业延伸，把锂电池产业作为其成长的第二曲线。产业链延伸的第一类型是产业链纵向延伸，即企业把第一曲线业务的上游、下游或上下游的关联产业作为自己第二曲线来培养发展。任何一个企业第一曲线业务所处的产业在其产业链上的位置，决定其可能有关联的上游产业，如原材料供应产业，零部件供应产业；也可能关联的下游产业，如成品制造产业，分销服务产业等，或者只有下游产业如采矿业，或只有上游产业如分销流通产业。

将第二曲线选择为第一曲线的上游或下游相关产业，其优点在于：第一，可以获得产业链或供应链的纵向控制效果，即通过稳定的资源供给或销售渠道，推动企业第一曲线的更好发展。第二，可以节约交易费用，即使原本与供应商的外部市场交易变成了企业内部相同，节约了许多谈判履约等方面的费用，减低了企业的总成本增强了市场竞争力。第三，因为关联性，所以企业对关联的产业状况还是有比较清楚的了解，因此减低了选择的困难性。其缺点为：第一企业的营运复杂性增加，企业毕竟需要进一步了解学习和掌握新的业务状况。第二企业的资金周转速度会随着企业产业链长度增长而放慢，从而降低企业的资金运行效率，最后降低企业效率。总体看，选择第一曲线的上游、下游或上下游关联产业作为第二曲线，是一个相当不错的选择，最著名的成功案例就是中粮集团，其从原来的粮食进出口贸易企业，成功选择了粮食产业的上游延伸作为集团的第二曲线，其著名的集团战略定位是"全产业链粮油食品企业"，以客户需求为导向，涵盖从田间到餐桌，即从农产品原料到终端消费品，包括种植、收储物流、贸易、加工、养殖屠宰、食品制造与营销等多个环节，通过对全产业链的系统管理和关键环节的有效掌控以及各产业链之间的有机协同，形成整体核心竞争力，奉献安全、营养、健康的食品，实现全面协调可持续发展。[②]

产业链延伸的第二种类型就是产业链横向延伸。所谓产业链横向延伸，是指企业在其第一曲线领域内，通过整合相关联的同行企业，实现成长规模的扩张和增长，获得更大的市场份额，甚至形成该市场上的领先市场势力。例如：本企

---

① 芮明杰主编：《产业经济学（第四版）》，上海财经大学出版社 2024 年版。
② https://www.cofco.com。

业第一曲线是IT产业制造,为了实现在更大规模上成长的曲线(第二曲线),于是把该产业的同行业部分企业收购兼并整合在一起发展,突破了原有业务成长的极限。选择这样的第二曲线进行继续发展也是有利弊,从利的方面看,第一是增强了企业在该市场上的实力,使竞争力提高,甚至可以成为市场的领先者。第二是可以在更大规模上生产经营,有减低成本提高资源配置效率的空间。其缺点是企业规模扩张需要的管理能力要逐步提高,整合其他企业使之与本企业合为一体既困难也需要时间。

产业链延伸的第三种类型是产业链旁侧延伸。第二曲线选择的是第一曲线所在的产业链的旁侧相关的产业,这就是所谓的产业链旁侧延伸。旁侧相关的产业既不在第一曲线所在产业链上,也不在第一曲线产业之内,但其与该产业又有密切的相关性,例如与汽车制造产业链相关的但不在此产业链上的产业如汽车整车物流业,汽车金融租赁业、汽车技术咨询业等等,这些产业就是属于旁侧相关的产业。这些产业也是可以成为第二曲线选择的重点,因为有关联就完全有可能导致第一曲线和第二曲线形成协同发展效应。例如汽车消费金融既可以促进汽车整车销售,也可以获得新的资金信贷市场,还可以加快整车制造的资金周转速度,增加企业整车制造的利润。

(3) 选择进入其他产业

第二曲线产业领域当然还可以选择与企业的第一曲线不同的产业领域,这就是所谓的选择进入不同的与第一曲线产业领域没有关联的产业领域。这样的产业领域有三大类:传统产业、新兴产业和未来产业。这三大类产业中,传统产业正面临消费需求变化和数字技术智能技术进步创新变化的重大挑战,其中一部分产业及其产品或服务领域会因为消费需求变化和数字化智能化的开展而被淘汰,例如大量的线下商场、购物中心已经被线上的电商平台、直播卖货等所替代,所以企业选择时需要充分注意。而新兴产业虽然具有相当大的市场前景,也有相当好的政府产业政策支持,但支撑新兴产业发展尤其选择其作为企业第二曲线领域的话,最重要的是需要有在该领域继续不断投入研发创新的资金,以谋求技术跟上全球相应产业技术发展的速度,进而可能在这个领域取得相对领先的地位。特别当全球地缘政治已经发生巨大变化的今天,许多产业的关键技术已经遭到封锁和围堵,企业家需要对此有充分的认知和应对策略。

至于未来产业,虽然是不同国家和各地政府布局和力推的未来可能的产业,但布局未来产业,就必须先定义未来产业是什么样的产业。"未来"可以划分为近期的未来、中长期的未来和遥远的未来。遥远的未来可以"畅想",但以人类目前的科学技术要准确判断近期的未来已非易事,更不要说五十年之后。所以,今天定义的"未来",是尽管有很大不确定性,但基本可以预见的未来,比如距今15～30年后。15～30年后的未来产业,一定是在现在的新兴产业和科技进步的基础上,由重要创新形成的产业化成果。这些产业将在那个时候成为我国国民经济和产业体系的核心部分。时下,多种新兴技术都处于技术突破期、产业化萌芽期。如何从中选择重点发展的未来产业作为企业的第二曲线?一要看其对人类经济社会可持续发展有没有引领作用,二是看其对其他产业的发展有没有引领作用。尽管如此,但未来产业的不确定性很大,进入风险会很大,企业家要有充分的准备。[1]

(4) 创造新产业

选择创造一个新产业作为企业培育发展的第二曲线,其实与选择一个未来产业领域作为企业的第二曲线是同一件事,因为所谓的未来产业就是需要创新创造出来,并获得极大的商业化成功的新产业。创造新产业的企业是存在的,尽管十分稀少,例如著名的 Sony 公司,因为创造了一个全新产品"随身听",结果最终创造了消费电子产品中的一个细分领域,成就了 Sony 公司成长的奇迹。而后来著名的苹果公司发明创造的数字产品 iPod,一举突破了当年公司成长的极限,并完全替代了 Sony 公司开拓的随身听产业,也成就了音乐数字化发展的巨大一步。创造新的产业对企业有极高的要求,其中最主要的就是企业要有突破性创新的基础、素质和能力,要有一个充满魅力的领导人,要有充分的耐心资本支撑和一大批志同道合的创新伙伴。创造新的产业可以帮助企业创造在这个产业领域和这个新市场上的先行者优势,进而可以获得较长时间的成长与发展的空间,以逸待劳准备应对后来的挑战者。

三、领导成长极限的突破

对那些具有远大目标和抱负的企业家而言,今天的成就不是其终极期待的东西,只是验证其战略方向和战略路径、经营才能和领导力的一张试卷,更多的考试还在其后。追求企业的持续发展、追求企业成为长寿的公司、追求企业成为全球业界的佼佼者,就成为企业家的终身追求。这是一个企业家的千里之行,而在明确了第二曲线业务选择、起始时点、有了资源的支持后,领导企业培育健康成长的新业务,实现成长极限的突破则是企业家的重要职责,也是企业家最大的自我挑战,领导成长极限的突破就是领导企业的变革创新,是最考验企业家领导

---

[1] 芮明杰著:《前沿技术、未来产业与产业主体》,《上海经济》2023 年第 4 期。

力的一场考试。

（一）突破成长极限的难点

选择了第二曲线，就是选择了企业下一轮发展的业务曲线，也就开始了积极投入资源，培育帮助企业突破目前成长极限的新业务曲线，这个工作对企业家和全体企业员工与企业合作者来说无疑是新的创业任务，而且还是在原先业务不能放弃的条件下进行，其难度是比较高的。

1. 价值理念心智模式固化

实施突破成长极限的企业并不是一个新创企业，而是一个在某个产业或多个产业中成长发展多时的企业，这样的企业的所有员工在企业长期工作并受到企业的价值理念、企业文化等的熏陶，导致员工们已经在潜移默化中多少接受了企业的价值理念，而长期在工作岗位上的合作分享也固化了自己的认知结构和思维模式。这些固化对企业原有业务的有序运行是合适的是有帮助的，这是因为企业家就是想要以企业价值观企业文化等统一不同员工的思想认知，使之在生产运营中、研发创新中、市场拓展中更加协调合作，进而提高效率创造更大的价值。但一旦固化了员工的价值理念和心智模式对他们接受新事物新业务带来了一定的障碍。

心智模式（Mental Model）是苏格兰心理学家肯尼思·克雷克（Kenneth Craik）在1943年首次提出的。彼得·圣吉将其定义为：根深蒂固存在于人们心中，影响人们如何理解这个世界（包括我们自己、他人、组织和整个世界），以及如何采取行动的诸多假设、成见、逻辑、规则，甚至图像、印象等。所以从本质上看，心智模式是人们在大脑中构建起来的认知外部现实世界的"模型"，因为人们的心智模式为人们提供了观察世界的认知框架，如同一个"滤镜"，会影响人们所"看见"的事物。具有不同心智模式的人在观察同一事物时，往往会有不同的感受或得出迥然不同的结论。企业员工心智模式一旦固化，就等同他们戴上了固定的有色眼镜，就会对第二曲线新业务以及新业务的展开有偏见，进而影响有效地培育其成长。

2. 惯性行为的约束

惯性行为，是人们常说的"习惯"，是大脑的"自动化"运行状态。很多科学家认为，习惯行为是源自长期同一行为导致的，一旦形成后根深蒂固、难以改变。[1] 惯性行为其实是一把双刃剑，当人们需要长期在同一工作岗位上工作，并不断提

---

[1] ［美］拉塞尔·A. 波德拉克著：《行为惯性》，科学技术文献出版社2022年版。

高效率,那么经过熟能生巧的阶段,就形成有利于工作效率的惯性行为,也正是如此就形成人们在此工作岗位上工作的技能技巧。显然这对企业现有的生产运营业务的有序有效创造价值是有巨大帮助的,实际上企业也正是运用程序化的工作流程、管理流程、制度规则等来规范员工的行为,使之形成良好的行为惯性,降低监管成本提高整体运营与管理效率。但是科学已经证明,人们的惯性行为一旦形成很难改变,特别当员工遇到了全新的业务和岗位时,以为照常就可以,就会显得无所适从,结果可能会导致重大的行为失误。所以选定第二曲线,开展第二曲线的培育与发展时,如何改变现有员工的惯性行为,使之尽快适应新的业务发展,就成为企业家领导企业持续成长突破成长极限的一个重要的任务,一个必要的工作。事实上,要改变一个人的惯性行为的确是十分困难的,但也不是不可能,只是需要投入大量的时间与成本,有充分的耐心才行。面对新的业务发展,于是通常有这么一句话,与其改变一个人不如换个全新的人。

3. 资源有限的难点

任何一个企业的资源都是有限的,资源的有限性直接约束了企业的梦想,约束了企业的发展战略及其宏伟目标,也直接约束了企业成长极限的突破。企业拥有的资源从资源基础论来看不仅仅是人、财物、合作伙伴和合作网络,还包括企业的能力尤其是核心能力。即便如此,企业的资源也还是有限的,因为任何一个企业再怎么伟大,总还是存在能力不足的地方。如果从企业拥有产权的资源而言,不仅仅有限,而且有一些还暂时不可动用如不动产、已经投资出去的资产等,于是企业可以动用的资源就是除去拥有产权的资源中暂时不可动用的资源后的剩余,称为可支配的资源。有时企业可以用自己不可动用的资源进行抵押以获得资本市场或合作伙伴资源的使用权,或使用自己的信誉借入外部的资源,这样就扩充了可支配资源的实际量,这就是所谓的利用杠杆效应促进企业更快的发展。成长极限的突破在于第二曲线的成功,而第二曲线的培育和发展需要企业持续不断地投入资源,而且当第二曲线刚刚处在成长诞生阶段时,更是只有投入没有收益阶段,而此时的企业的原来的业务曲线还需要相当的资源以维护市场份额应对市场激烈的竞争,因此此时的企业就会感到资源配置的困难,甚至导致第一曲线和第二曲线争夺有限的资源,使企业进入不稳定高风险的阶段。

4. 利益格局破坏的障碍

第二曲线代表的新业务由于未必是原有业务的自然升级,而是一个新的业务,是处在一个对企业而言全新的领域,尽管这个产业领域与原本产业领域有一定相关性甚至不相关,如此这就意味着企业的第二曲线成功成长的话可能需要新的合作伙伴,如新的供应商、新的外包商、新的研发合作机构、新的技术支持机构、新的分销商或渠道等。这样就打破了企业原有的相关利益格局,打破了原先的合作网络,甚至相关利益获得者都要发生变化。企业发展的相关利益者形成了既定利益格局,当利益格局破坏了就是现有合作均衡破坏了,有可能导致原有的利益相关者不支持第二曲线的成长,甚至成为第二曲线业务发展的障碍。如此,企业家和企业为了企业的长期可持续发展,培育第二曲线成长,必须有效调整企业现有的利益格局,稳定原有的合作伙伴和合作网络,发展新的合作伙伴与合作网络,在新的发展前景下建立新老各方利益相关者都欢迎的新利益格局。其中股东或投资者的利益维持是十分重要的,这不仅仅因为他们是公司的出资人是老板,还因为他们的"用脚投票"行为会影响企业未来在资本市场上获得资源支持的可能性。而企业的那些合作伙伴的合作意向和努力程度也是与未来合作成果的利益分享有较大的关系,维持企业新老合作伙伴和合作网络共创价值实为现代企业成长的关键任务之一。

(二)突破成长极限的策略

企业成长极限突破有许多难点,这些难点在当今快速变化的政治经济科技和市场环境中又被放大,导致时下企业家领导企业员工和企业的合作伙伴培育发展第二曲线比过去时代更为困难。然而企业家作为企业的核心领导者,本来就必须具备领导变革领导突破成长极限的能力,时刻应对企业外部和内部的各种变化,挑战各种变化对企业带来的冲击,使企业可持续发展成为百年优秀企业。事实上有领导创新变革才能的企业领导人,一定也是讲究突破成长极限培育发展第二曲线策略的领导人。领导从根本上来讲是一种影响力,是一种追随关系。人们往往追随那些他们认为可以提供满足自身需要的人,正是人们愿意追随他,才使他成为领导者。

1. 价值观引领,设定新愿景

企业价值观,是指企业在追求经营成功过程中所推崇的基本信念和奉行的目标。从哲学上说,价值观是关于对象对主体有用性的一种观念。而企业价值观是企业全体或多数员工一致赞同的关于企业意义的终极判断。企业的价值观一旦形成就应该是本企业作为经济社会一员对自己定位也是对社会的承诺,因此企业价值观不应该随着企业业务的变化、运营的变化、商业模式的变化而变化,它应该是引领企业的战略与目标设定的方针,也是企业持续发展突破成长极限的方针原则。企业愿景是企业未来长期发展后要达到的一种状况,是企业的发展方向及战略定位的体现,当企业开始了第二曲线实际上意味着企业开始了新的发展战略,原来的企业愿景是否还能够让企业全体员工热血沸腾,甚至热泪盈眶；能否经常让员工为它彻夜难眠；能否让大家有一种热情，一股冲动，如果没有，那么突破成长极限的开始就应该以价值观引领重新设置企业的新愿景，为全体员工提供明确的目标和方向。同时制定具体、可衡量的目标：将新的愿景转化为全体员工具体的、可衡量的目标，确保新业务活动的针对性和有效性。

2. 制定培育第二曲线计划

把未来政策环境、技术进步、产业发展变化等的可能性，对企业的资源状况以及筹集增量资源的可能性进行充分研究后，根据企业新的愿景目标设定企业培育第二曲线的计划是十分重要的。这个计划是企业根据环境的需要和自身的特点，确定企业的第二曲线成长培育在一定时期内的目标，并通过计划的编制、执行和监督来协调、组织各类资源以顺利达到预期目标的过程。这个计划的内容包括确定第二曲线培育的目标，成长的阶段目标，相应的工作目标、业绩目标等；制定重要的实施措施和策略如资源投入配备、研发合作方式、供应链策略、市场策略等以实现这些目标。这个计划中设立目标和标准是必要的，如果企业领导者不清楚计划要达到什么目标，也就无法判断是否达到了目标。正是由于在计划工作中设立了目标和标准，企业领导人才能在第二曲线的培育工作中将实际的绩效与目标进行比较，发现已经和可能发生的偏差，采取必要的纠偏行动。没有计划就无法有效实现对第二曲线培育和成长的控制。

3. 组建新业务团队

第二曲线对企业而言是个新产业领域中的新业务，是一个需要企业上下通力合作培育的新业务，关系到企业未来持续健康成长的大事。为此需要组建一个强有力的新业务团队来具体承担第二曲线的培育与成长任务。这个任务是一个综合性任务，需要方方面面的人才，所以这个团队可能是跨部门团队，通过组建跨部门团队，打破部门壁垒，促进信息共享和协同工作，从而有利于企业各部门对新业务的协同与支持。这个团队的成员首先要在企业内进行选拔，选拔具有创新精神和强大执行力的关键成员，共同承担第二曲线发展的重任。当企业内的确缺乏必要的新业务团队成员时，就需要企业到外部人才市场或经理人市场去寻觅，去招聘。这是一个重要的工作，新进入的员工是否认可本企业的价值观，是否能够胜任新业务的相应岗位工作，是否能够与其他团队成员和睦相处，协同努力这是选人的关键。新业务团队组建后，需要企业领导人明确团队领导人和团队的职责，尽快确定团队各成员在第二曲线培育成长过程中的职责和角色，设置新的工作流程和业务流程，确保业务工作有序进行。

4. 形成合作机制

在新业务团队中尽快形成良好的团队合作机制，是推动第二曲线顺利成长的关键之一。所谓团队合作机制就是能够激励团队成员努力付出积极合作以获得业绩的激励安排。对企业而言，要推动新的业务尽快成长为企业新一轮发展的核心业务，可以对新业务团队设置不同于企业目前的激励安排，例如团队领导人可以跟着投资新业务，可以设置股权期权激励方案等，实施新业务新激励方案，老业务则依然使用老的激励方案。通过更大强度激励方案的设置，其目的是希望团队成员合作效率提高、努力程度提高，使新业务可以有更快、更健康地成长。此外，保持新业务团队的开放和沟通，建立畅通的与企业领导人的沟通渠道，积极征求团队员工的意见和建议，提高员工对新业务的认同感和参与度，也是提高员工积极性的重要措施。为了提高团队成员的新业务技能，提高合作效率，企业有必要针对新业务团队，搭建在线学习平台，一方面鼓励员工自主学习和成长；另一方面开展有针对性的员工培训活动，提高新业务团队员工从事新业务的知识、技能和素质。

5. 评估与调整

制定合理的评估指标，对新业务曲线成长过程和成果进行定期、全面、客观地评估是十分必要的。通过评估可以发现第二曲线培育成长过程中可能存在的偏差，发现问题总结经验，企业领导人和新业务团队可以根据评估结果，及时调整新业务成长培育的策略，确保第二曲线培育成长工作始终沿着企业既定的方向前进。

培育企业第二曲线成长是一个企业再创业的过程，是一个极为困难的过程，为此企业领导人不能把这个任务交给新业务团队就完事，也不能只站在新业务团队的背后推动它前进，而是要站在新业务团队之前，始终鼓舞引导团队，使团队成员深入明白企业的新愿景，齐心协力地去实现突破成长极限的目标。尤其在时下巨变的时代，在企业困难时刻，企业家更要自己坚定信心，发挥领导变革的才能，从容镇定地指挥应对，用自己的榜样来稳定全体员工与合作者的情绪，渡过危境赢得企业的现在和未来。

扩展阅读

桑瑞思开启第二增长曲线

第十三章
领导创新

> 创新不是一种选择,而是一种必要。
>
> ——史蒂夫·乔布斯

在今天的时代,突破企业成长的极限培育发展第二乃至第三曲线已经离不开变革创新。创新不是一个新话题,但有些企业的创新足以改变世界,改变人类的认知、生活质量和幸福指数。美国苹果公司史蒂夫·乔布斯就是这样一个改变了企业,也改变了世界的天才。他凭敏锐的触觉和过人的智慧,领导苹果公司勇于变革,不断创新,引领全球资讯科技和电子产品的潮流,把电脑和电子产品不断变得智能化、数字化、简约化和平民化,让曾经是昂贵稀罕的电子产品进入市场,变为现代人生活不可或缺的一部分。在乔布斯领导创新的 Macintosh、iPod、iTunes、iPhone 等原创产品及其背后的技术创新,开启了图形界面 PC 及移动互联网时代,改变了人们听音乐观娱乐节目的方式、创造了智能手机新概念、开创了全新商业模式等等,这些产品和技术的商业化成功,不断突破了苹果公司成长的极限,使苹果公司成长为世界级的科技创新公司,不但改造了音乐、阅读、通信、出版等原来的产业,还创造了相应的新兴产业如智能手机产业、App 软件产业、新型娱乐产业等,创造了大量新的就业机会,给美国经济注入了极大的新动能。

史蒂夫·乔布斯在生前一直认为企业的创新是无极限的,有限的是人们的想象力。他认为,如果在一个成长性行业里,创新就是要让产品使人更有效率,更容易使用,更容易用来工作。如果是在一个萎缩的行业里,创新就是要快速地从原有模式退出来,在产品及服务变得过时,不好使用之前迅速改变自己。他这样想也是这样做的,在他领导下才有了苹果公司今天如此伟大的成就。史蒂夫·乔布斯因病于 2011 年去世,对苹果公司而言是一个巨大损失,也是美国企业界的巨大损失，他的创新精神及创新贡献一直为后人所尊崇。基于史蒂夫·乔布斯的伟大贡献，美国时任总统奥巴马认为，"乔布斯是美国最伟大的创新领袖之一，他的卓越天赋也让他成了这个能够改变世界的人。"而在他去世11年之后，2022年，现任美国总统乔·拜登为乔布斯追授总统自由勋章，该奖项是美国最高平民荣誉。

一、认知创新型企业

数智时代就是一个创新才能获得红利的时代，所有的企业唯有实施创新并且创新成功，才能不断突破成长的极限，才能在激烈竞争的市场上确立竞争优势，成就企业持续的发展。数智时代的企业家其最大的职责是要把企业转变成为一个创新型企业，领导企业不断创新并保持持续的技术进步与市场竞争优势。

（一）创新型企业的要义

1. 成为创新型企业的重要

创新在经济和社会的快速发展中起着至关重要的作用，是驱动经济快速增长的根本力量，是改善人民生活水平的强劲动力，是衡量一个国家综合竞争力的关键因素。创新型企业作为创新的重要主体，已逐渐成为国家经济增长和区域经济发展的重要基础，其在国际竞争中的重要作用也日益凸显。

现实中作为生产单位的企业在市场竞争中能够生存发展，首先是其生产的产品或服务有社会需求即有较多人消费购买，如此企业方能够以收入克服成本支出。其次是唯有不断地创新、实现技术进步、实施生产分工协作深化，进而极大地提高生产效率，才能在市场竞争中胜出，以获得最大利润。当市场竞争激烈，技术进步快速、当消费者的消费偏好变化与购买力提高时，企业家在利润最大化冲动下，就必然积极去改变自己的产品改变自己的生产函数，提高生产技术水平或采用新生产技术，改善管理方式实现降本增效，保持原有的顾客或开拓增加新的顾客，实现产出增长并在市场竞争中继续胜出。这一过程就是企业家领导企业从要素投入为主的生产方式转变为以技术进步与创新、资源配置效率提高为驱动力的生产方式的过程，就是我们今天所说的形成了企业的新质生产力。当大部分企业都完成了这样的转换，社会生产力自然也就转换为新质生产力。

可见企业这样的生产方式转换、新质生产力形成离不开企业家的领导，离不开企业家的才能以及发挥才能的积极态度，离不开企业家的技术进步与创新的冒险精神。企业家其实是实现企业发展进步、创新成功的企业领导人。企业家首先是企业领导人,其在企业生产经营和成长过程中主要承担和完成领导企业生存发展的任务,即企业家要能够根据外部和内部影响企业成长的因素,不断地建立新的生产函数形成新的生产力,实现投入产出高效率的转换,从而最终能够获得最大的收益回报,领导企业可以不断成长与发展。其次企业家是具有冒险精神的成功的企业领导人,这里的成功特指创新的成功。在熊彼特教授看来,所谓企业家的创新就是要建立一种新的生产函数及生产要素的重新组合,就是要把一种从来没有的关于生产要素和生产条件的新组合,引入到生产体系中去,以实现对生产要素和生产条件的新组合,企业的新产品其实就是这样的一种新组合,这种组合的目的就是获得潜在的利润,甚至是最大限度地获取超额利润。在熊彼特教授这里,企业的产权配置状况是给定的,企业家的精神和才能可以充分发挥,此时的企业家才愿意冒失败的巨大风险,不断进行新技术新工艺新产品创新,不断开拓新市场,实现生产方式转变,推动产出不断增长。[①]

企业家的生产创新不同于科学家的科技创新,企业家的创新就是把生产要素重新组合起来,不断地推动企业生产技术进步,形成新的生产函数即形成新的生产力和新的生产方式,使自身企业持续发展。如果社会营商环境良好的话,众多企业家领导企业如此一致性地成长,则整个社会经济增长方式就会发生转变,国民经济就可以长期持续增长。因此从这个意义上看,企业家的持续创新努力是把企业转型或培育成创新型企业,发展企业的新质生产力。

2. 创新型企业的定义

现有学者对创新型企业内涵的看法不完全相同,最早的外国学者认为创新型企业是能够把创新精神制度化而创造出一种创新的习惯的企业(Drucker,1973)。也有学者认为创新型企业是组织的成员系统地组成紧密联系的整体,通过将创新作为日常工作的一部分来不断更新、完善整个组织(Pak Tee Ng,2004)。我国的学者认为创新型企业是指拥有自主知识产权的核心技术、知名品牌,具有良好的创新管理和文化,整体技术水平在同行业居于先进地位,在市场竞争中具有优势和持续发展能力的企业(祝爱民等,2009)。创新型企业是指那些通过不断改变市场和技术条件来生产出具有更高质量或更低价格的产品(或服务)的企业(张海波等,2013)等。基于以上国内外学者对创新型企业的看法,我们对创新型企业定义为:以创新为指导思想,以重视技术研发和拥有核心技术为企业发展的主要驱动力,长期投入研发将创新融入日常工作中,在制度、管理、知识、技术、文化等方面具有强大的创新活力,注重对创新型人才的使用,组

---

① 芮明杰著:《发展新质生产力企业创新是重要基石》,《解放日报·思想者》2024年7月16日。

织内部的创新文化氛围浓厚,整体技术水平在同行业中居于领先地位,在市场竞争中具有明显优势,能够快速应对外部环境的变化,并能够持续健康发展的企业。①

3. 创新型企业的特征

创新型企业一般有如下五个重要特征:

(1) 持续创新能力

创新贯穿于创新型企业整个生产经营活动中,而持续创新是创新型企业生存与发展的源泉,也是企业竞争优势、实现经济效益持续增长的可靠动力。企业追求的不是一时的快速发展,而是持续的健康发展。持续创新保证了企业能够在制度、管理、知识、技术、文化等方面进行创新,同时也确保了企业不会因为追求短期经济效益而放弃对创新活动的资源投入。创新型企业在发展过程中能够产生诸多新的想法和创意,而其所具有的创新资源、创新精神、创新网络有效地保障了企业的持续创新能力。创新型企业正是通过持续不断地进行创新以获得源源不断的创新和发展动力,实现技术的创新突破,并创造出革命性的创新产品,从而确保其在行业内能够始终保持领先地位,实现企业的持续健康成长。

(2) 集聚创新资源

创新是创新型企业赖以生存的基础,也是其孜孜不倦的追求,而创新要求企业对创新活动投入大量的人力、物力和财力等创新资源。创新型企业追求的是提供创新性的产品和服务,努力成为所在产业的创新领先者,而这样的产品或服务往往涉及最前沿的科技领域,很多甚至是某一领域前所未有的技术突破,产品的附加值大大高于传统企业生产的产品,这些都要求企业投入大量的研发人员、设备和资金等创新资源。创新型企业每年都会投入大量的资金用于研发工作,而研发的高投入和持续不断地创新依然是这些企业增长迅速的最根本原因。然而创新型企业不光自己要拥有相当的创新资源和投入,还要能够集聚社会上其他方方面面的创新资源,来为企业的持续创新提供保障,推动着企业创新行为的形成和创新活动的持续实施。

(3) 全球化创新网络

在经济全球化的背景下,创新环境瞬息万变,创新型企业不再局限于封闭式的创新,而是转向开放式的创新。创新型企业在通常情况下会将企业主要资源用于能够创造核心竞争力的技术或产品研发上,而利用企业所形成的创新网络来为其提供其他辅助性的技术需求。例如苹果公司在推出 iPod、iPhone 和 iPad

---

① 芮明杰著:《突破结构"陷阱":产业变革发展新策略》,上海财经大学出版社 2021 年版。

产品时,充分利用了其在全球范围内形成的技术和生产网络,为苹果公司提供技术合作、模块产品或服务。可以这么说,创新型企业一般都拥有全球化的技术、产品创新合作网络,能够充分利用企业外部的优势创新资源,尤其是在全球范围内搜寻利于自身创新发展的资源,形成有效的创新合作,促进企业的创新竞争优势。

(4) 强大的创新辐射力

创新型企业往往是其所在行业的领头羊,企业的创新理念、创新技术和创新成果会在整个行业内产生高能级的辐射效应。企业所生产的创新性产品往往成为其他企业争相模仿的对象,而企业的创新精神也被其他企业所模仿和学习。此外创新型企业的创新辐射对象甚至对其他相关合作企业的创新也有深远的影响:这一方面是企业的核心技术突破可能改变整个行业领域的技术格局,带动整个行业的发展;另一方面也会对其他相关企业如产业链、供应链上的相关企业的发展带来了深远的影响。此外创新型企业的创新活动对消费者也具有广泛的影响力,其推出的创新产品往往能够改变市场格局,催生全新的消费市场,消费者能够通过购买创新性的产品享受创新带来的利益。

(5) 浓厚的创新文化氛围

企业文化对一个企业和企业全体员工的成长发挥着潜移默化的作用,能够渗入到企业的各个层级,并且影响整个企业组织的方方面面。一个创新型企业,总要依赖具有创新的环境条件来保障,总要具有创新本质的文化来支撑,创新文化对企业的创新活动和创新工作发挥着内在的、有力的推动作用。创新型企业应该具有浓厚的创新文化氛围,将创新文化视为一种战略定位,在整个企业组织范围内倡导建立鼓励创新、支持创新、在创新中求生存、以创新求发展的价值观念。创新文化主要表现形式有四方面:一是企业鼓励员工积极创新;二是企业具有较高的整体创新意识;三是企业的科研人员有较为频繁的交流;四是企业对创新失败具有较大的宽容性。浓厚的创新文化像基因一样植入到企业的细胞当中,使得创新型企业能够最大限度地发挥团队的创新活力,充分调动团队的创新积极性,高效地利用企业的创新资源,从而推动企业持续创新发展。

二、创新的模式

(一) 创新型企业的创新

创新型企业的最大特点就是持续不断投入资源实施创新,企业的成长和发展就是以创新为驱动,以创新为引领。创新的思想和行为贯穿到整个企业的运行与发展,战略、研发、技术、管理到具体业务运行之中,贯穿在每一个部门、每一个细节中。创新型企业的创新核心有三个大的方面,这就是所谓的创新铁三角:技术创新、产品创新和管理创新。这三者相互之间密切相关,技术创新支持产品创新,产品创新反过来对技术创新有要求;管理创新是支持技术创新和产品创新效率的关键,而这两者的创新反过来也会对管理创新提出新要求。这三者的互动关系影响到创新型企业的创新成功与否,涉及创新型企业的创新目标之达成(见图13-1)。

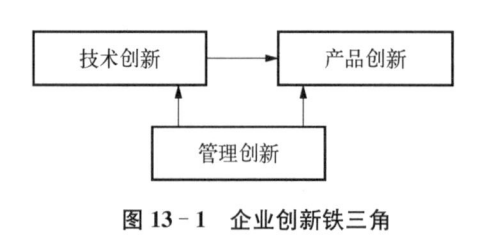

图 13-1 企业创新铁三角

1. 技术创新

技术创新是以创造新技术为目的的创新或以科学技术知识及其创造的资源为基础的创新。企业的技术创新则主要是以创造新技术为目的的创新,企业的技术创新主要包括三个方面:一是创造本产业领域中关键技术,进而引导整个产业领域的发展,例如创造一种新的激光技术,新的人工智能技术,5G通信技术等等,这些技术的创造创新可以形成专利,也可以进一步发展成为行业的技术标准,成为企业技术创新的重大成果,进一步可以拓展至新的应用领域,或直接延伸支持至原创新产品的创新。二是生产技术(包括所有产业的生产技术)的创新,即创造新的生产技术实现高的生产质量或高的生产效率,这方面的创新有两个关键领域,生产设备的创新和生产工艺的创新。生产设备虽然不一定是创新型企业自身研发和生产,但发现现有生产设备的问题并进行改造,或为了新的产品而研发新的设备有时也是企业不得已的创新工作;而生产工艺的创新则可能创新形成企业自己独到的技术秘密或关键诀窍,导致产品品质高同时生产效率还高的状况。特别当企业创新产品后,进行新产品的生产就可能直接需要新的生产工艺技术,生产方为可能。生产技术的创新直接支持产品的迭代和新产品的创新。时下,数字技术、智能技术、绿色低碳技术已经开始融入企业生产技术创新之中,导致了新一轮企业生产技术的创新浪潮,创新型企业自然应该站在这个浪潮之尖,把握技术创新的大方向。创新型企业技术创新的能力和技术创新的状况基本决定了其企业的技术与技术进步可能。

2. 产品创新

产品创新可分为产品原创创新和产品迭代创新。产品原创创新是指这个产品在市场原本不存在,完全是创造出来的,产品的用途及其技术原理与市场上现有的产品有显著的不同,应该说是应用了全新的技术和生产工艺生产创造出来的新产品。因此有人说这类创新是基于新技术导向的创造，是生产创造消费者需求。其实新技术创新活动如果能够商业化成功的话，一方面遵循科学技术原理，一方面仍然是以市场需求为出发点，明确产品技术的研究方向，通过技术创新活动，创造出适合这一需求的适销产品，使市场需求得以满足。实际上我们今天使用的所有制成品其实都是过去的企业或工厂创造出来的，其能够流传至今说明该产品适应了过去和今天的消费者需求。产品迭代创新是基于市场需要对现有产品功能上的扩展和技术上的改进，提升了产品的性能和品质，产品的技术原理和生产技术本身没有重大变化。产品迭代创新其实是渐进性的创新，是对原来产品逐步改进创新，其创新的动力一般就是消费需求变化和市场竞争的激烈。以市场竞争和需求变化为基本出发点的产品迭代创新是市场经济中企业行为，企业究竟生产什么产品进行什么样的产品改造都是市场需要与企业优势的"交集"，并以能否取得最大的预期回报率为最终选择标准。产业迭代创新的关键在于正确确定目标市场上顾客的需要和欲望，并且能比竞争者更有利、更有效地捕捉消费者的价值期望，率先推出消费者希望的新产品，尽管仅仅是原来产品的升级版。例如苹果的 iPhone 已经迭代十余次，并还在不断迭代之中，依然有众多的果粉追逐迭代后的新产品。创新型企业的产品创新应该以现实或潜在的市场需求为出发点，以技术创新及其应用为支撑，开发出差异性的产品或全新的产品，满足现实的市场需求，或将潜在的市场激活为一个现实的市场，为顾客创造最大的价值。

3. 管理创新

管理创新是指企业或组织创造一种新的更有效的资源整合范式，这种范式既可以是新的有效整合资源以达到企业或组织目标和责任的全过程管理，也可以是新的具体资源整合及目标制定等方面的细节管理。[1] 管理创新的目的是实现企业资源的有效配置，包括创新资源的有效配置。广义地说，管理创新涉及企业组织创新、技术创新、流程创新、战略创新、人力资源管理创新等方方面面的创新。狭义地说，管理创新是指管理思想、管理方法、管理手段和管理技术的创新。作为创新型企业中支持技术创新和产品创新的管理创新，其具有特别内容的创新，以提高企业创新资源集聚与有效配置为目的，实现创新产出的高效率，为此主要的创新内容为：创新制度安排、创新投入提高和谋求创新效率。这是促进企业创新生产力的三位一体方案，也是企业技术进步加快、资源配置效率提升，进而实现生产方式的转变、形成企业新质生产力的必要方案。首先，这三位一体

---

[1] 芮明杰著：《管理创新》，上海译文出版社 1998 年版。

方案中创新制度安排的核心是知识产权的保护制度和创新资金的分配制度，正是这两个核心的制度形成了对社会上的创新者、企业的创新者产生创新的激励。创新的正面激励效果越是强，全社会的创新行为与企业的创新行为越是多，创新的成果也就会越多。要承认创新过程中的创意对创新成果的重大贡献，创意应该受到知识产权保护，当创意最终产生了创新租金，那么创意的提供者应该享有创新租金的相当一部分，唯有如此全社会包括企业才会涌现更多的奇思妙想，创新行为才会有不竭的源泉。

其次，创新投入不断增加固然十分重要，因为没有创新的投入或者投入不到一定的量，创新成果的大规模涌现也是不可能的，但是如果只有强调投入增加，不考虑投入效率的提升，这本身也不符合创新生产力提高的要求。创新生产力高就是指创新的产出效率高，即在既定创新投入的条件下使创新的成果产出更多。然而要做到这一点不太容易，因为创新的风险大，其产出不确定性大。尽管如此，从企业的角度看，强调创新生产力提高还是重要的，因为企业的资源是相当有限的，创新投入过大会影响产出或分销的投入、影响技术改造提高等方面的投入。

第三，影响企业创新投入产出效率的因素还有一个很重要，这就是创新的速度。在今天信息比较充分大家都很聪明的条件下，本企业想到的创新创意和创新项目，别的企业也可以想到，本企业决定投入时别的企业也可以决策投资，因此创新过程中的创新资源配置状况，就决定了创新成果产出的速度，先出成果的可以及时申请产权保护。由于知识产权保护的排他性，后出成果者尽管也是其努力研发成功的成果，但已经不再受到保护。先出的成果如产品或服务一旦马上面市，还可能获得市场上的先机，成就企业成为该领域的市场领先者。所以对企业而言，创新的速度十分重要，同理企业技术进步和管理改善的速度也是十分重要，因为生产技术进步和管理水平状况在很大程度上决定了企业的生产效率、决定了生产力状况，决定了其在市场上的竞争力。[①]

（二）创新基本模式

创新型企业的创新模式，是指企业如何根据自身的创新资源和创新能力，探寻企业自身的创新方式，形成自己的创新特色，最终产出预计的创新成果，为企业的成长与发展奠定扎实的基础。由于创新型企业拥有的创新资源和创新能力的不同，创新型企业应该设计自身企业的创新战略，选择以下三种基本创新模式中的一种，即自主创新模式、模仿创新模式以及合作创新模式。

---

① 芮明杰著：《发展新质生产力企业创新是重要基石》，《解放日报·思想者》2024年7月16日。

1. 自主创新模式

自主创新型成长模式是指企业作为技术创新的参与主体,在创新活动中积极发挥企业的创新能动性,通过自身的努力和探索进行技术的研发工作,攻克技术难关,实现重大技术突破,推出革命性的技术产品,创造颠覆性的消费市场,从而推动企业快速成长。这一成长模式具有技术突破的内生性的特点,也即企业的创新活动所需的核心技术来源于企业内部技术难关的攻克和重大技术的突破。自主创新型成长模式并不是强调企业的所有技术都需要通过企业独立研发出来,企业只需要独立开发具有竞争力的关键核心技术,而其他辅助性的技术可以通过与企业、高等院校、科研院所等研究型机构合作的方式获取,甚至可以通过技术购买的方式来获取这些辅助性的技术。

自主创新型成长模式的优点在于,企业自主研发的技术一旦获得突破,能够成为企业发展的核心技术,甚至能够在此技术领域上占据垄断地位,其创新成果能够催生全新的消费市场,为企业带来超额的利润,提高企业的竞争力,大幅度地提升企业的形象和市场地位。然而,这一成长模式的缺点在于,自主技术创新对企业的要求更高,也对企业造成的影响更大,主要体现在高投入和高风险两个方面。在高投入方面,企业需要对自主技术创新活动持续投入大量的创新人才、资金、技术设备等创新资源,而这种高能级的投入并不是所有企业都能够轻易承担的。在高风险方面,自主技术创新行为往往具有高度的不确定性,而且创新的失败率通常极高,这无形中增加了企业自主创新的风险。

2. 模仿创新模式

模仿创新型成长模式是指企业通过对领先企业的技术的模仿和跟随,在技术模仿的基础上进行创新,逐步缩小与模仿企业之间的差距,发挥后来优势,最终实现超越。这一成长模式是一种渐进性的创新行为,能够为企业减少技术开发风险和市场开发风险。技术的模仿创新对企业的要求相对较低,基本上不需要企业投入大量的高级创新资源,而且又能达到高收益的目的。虽然对于企业而言,技术的模仿创新投资较少,获得先进技术的速度也较快,但是模仿意味着技术的滞后性,始终在核心技术领域落后于领先企业,这对于企业的长远发展是极为不利的。因此,企业在采取技术的模仿和跟随战略之后,必然需要突破思维定式和路径依赖,从而实现超越。

模仿创新型成长模式的优点在于,企业是在模仿和学习市场上先进技术的基础上进行创新,成本较低,也缩短了因自主技术研发所花费的时间,并能够在较快的时间内产生创新成果,有利于企业短期内迅速获得经济效益。另一方面,技术的模仿创新克服了企业成立初期资金、创新人才等短缺的弊端,并能够为企业日后的自主技术创新积累一定的创新经验。然而，这一成长模式的缺点在于，企业在技术创新方面处于一种被动状态，不具备当前最前沿、高端的核心技术，企业的整体竞争力落后于其他领先企业。

3. 合作创新模式

合作创新型成长模式是指企业在发展过程中与大学、科研机构、企业进行合作研究，甚至不惜与强劲的竞争对手进行合作，其目的是能够充分利用合作企业的优势资源为自己所用，并在合作过程中不断对先进技术进行消化创新，超越对手，形成跨越式的发展。这类创新型企业在成立初期由于自身研究与开发能力不足以达到国际先进的水平，为了尽快抢占市场，便通过技术合作的方式来获得其所需要的先进技术。这类企业对市场适应能力较强，善于整合企业内外部优势资源，并形成自身独特的核心技术。它们能够更快地获得先进的、前沿的技术，从而在一个更高的起点上开始企业的快速成长。

合作创新型成长模式的优点在于，创新活动是由多方共同参与，能够充分利用合作各方的优势资源，取长补短，有利于缩短技术突破的周期，减少研发工作的创新投入，从而降低企业的研发成本。另一方面，由于合作各方共同承担了研究成果和投资风险，有效地降低了企业技术创新的风险，并提高了创新的成活率。然而，这一成长模式的缺点在于，技术创新成果由合作各方共同享有，而不是企业独有的，企业不能在此技术领域上占据垄断地位，从而也不能获得技术垄断所带来的超额利润。

4. 创新型企业三种成长模式的区别

表13-1从参与主体、技术获取、创新程度、风险程度四个维度对比了上述三种成长模式，概括出创新型企业三种创新模式的区别。

表13-1 创新型企业三种成长模式的区别

比较项	自主创新型	模仿创新型	合作创新型
参与主体	企业本身	企业本身、技术领先企业	企业本身、科研院所等研究机构、技术领先企业
技术获取	开放式创新实现技术突破	在技术模仿的基础上加以创新	合作各方共同的研发成果
创新程度	突破性创新，甚至是颠覆性创新	渐进性创新	既可能是突破性创新，也可能是渐进性创新
风险程度	风险较高	风险较低	风险被分散，风险较低

资料来源：作者整理而得。

(三) 创新成长的路径

创新型企业是伴随着自身创新能力和创新水平的不断提高而成长的,自主创新固然最为重要,但并不是所有的企业一开始就能够开展自主创新并获得良好的成果,创新型企业也有一个创新学习的过程,其创新能力和创新水平也有一个逐步提升的过程,这个成长的过程通常是从模仿创新开始到渐进创新,再到突破性创新的过程。企业家领导创新型企业的重要职责之一就是要推动企业的创新能力和水平不断提高,领导企业不断获得重要的创新成果,获利并为企业打下扎实的市场竞争优势。

1. 从模仿到创新的路径

模仿本身是算不得创新的,模仿是个学习过程,照着葫芦画葫芦而已,但模仿通常是学习的开始,模仿得越是逼真越是说明模仿学习有了基础有了进步。有心的企业可以在模仿的过程中慢慢把握其中的技术秘密和生产工艺,可以逐步领会被模仿对象当年创新的过程。模仿创新路径应该是指在对别人的技术、产品、服务的模仿过程中,加上了自己的一些理解并进行了一定的改进,使得自己的技术、产品或服务虽然与被模仿的技术、产品和服务多少有些相像,但总还是有这样那样的差异,只是这样的差异不太大有时甚至很难被人区别认知,模仿创新的本质是照着葫芦画瓢,虽然相像但实际上已经不是同一技术、产品或服务。创新型企业开始的创新成长之路,是可以从模仿开始,然后到模仿创新,实现模仿创新的成功。其实为先进企业代工生产就是一个模仿学习的好过程,可以从学习制造先进企业要求产品例如运动鞋,然后学会它,最终自己创新产品创新品牌打开自己的市场空间,这就是创新型企业从 OEM 到 ODM 再到 OBM 的创新成长之路,著名的安踏公司就是如此成长起来的。时过境迁,今天的安踏已经成为著名的体育用品等方面的创新型企业。

2. 从渐进创新到原创的路径

渐进创新是在企业的第一曲线上持续改善、连续性的创新,实为企业在原有模式、原有业务、原有技术、原有产品的基础上一点点地创新改进,提升自己增强市场竞争实力。渐进创新本质上是企业采取的一种稳步、持续的创新变化策略,旨在保持企业的平稳运行,主要影响企业体系中的某些部分。这种创新遵循"做得更好"的思路,通过持续的产品或流程改进来提高企业的生产效率并降低生产成本提高竞争力。通过渐进式创新逐步提高企业的创新能力,积累企业的知识和创新资源,形成创新合作的网络,最终形成自己原创的能力。20 世纪后期,日本企业的"全面质量管理"运动是渐进性创新的典范，它强调通过持续的、细致的创新，改进提高产品质量与品质，最终形成日本全面质量管理新模式。这种路径的成功归因于它充分利用了"学习曲线"效应，即随着产品或流程的创新改进，人们会不断学习和创新以解决新出现的问题。如今，无论是制造业还是服务业，全球企业都在广泛运用精益生产精益服务的思维，不断创新完善自己的产品或服务，并以此获得消费者的青睐。渐进创新对企业整体收入和盈利状况的影响力比较小，对企业增长的影响力也不是很大，但对于致力成为创新型企业的企业家来说，无数次的渐进式创新是企业尤其是中小企业提高突破性创新能力积累创新资源的必要过程，也是对致力于开发新产品新技术进而开拓新市场成为创新型企业的重要路径之一。

3. 实现突破创新的路径

突破创新也叫颠覆式创新、非连续性创新和第二曲线创新。企业的突破性创新是从一个发展战略到另外一个全新战略的转变，是从一个技术到全新技术的创造，是从原来产品到全新原创产品转变的过程，具有颠覆以往的效应。突破性创新本质上是一种非连续的创新，是一种更为全面的创新变化过程，涉及企业整个体系的创新变革。这种创新重新定义了业务的新空间和边界，为市场带来了新的机会和挑战。它要求企业重新思考并创新其核心业务和商业模式，以适应新的市场条件。突破性创新是非连续性的，它可能源于新技术的出现、全新市场的形成或对产业思考方式的根本性转变，这种创新往往能够带来企业业务和利润指数级的增长，成就企业巨大的成功。对于企业来说，突破式创新往往意味着与原有的技术、产品业务有较大的不同，要么是发现和进入新市场，要么是应用新技术、推出新产品，这些反过来又带来了企业本身结构性的改变，催生企业的快速发展进步。

突破性创新最典型的成功案例就是黄仁勋的英伟达（NVIDIA）公司。1999年，英伟达公司原创发明了图形处理器（GPU）芯片，极大推动 PC 游戏市场的发展，重新定义了计算机图形技术。2006 年，原创发明并行计算平台和编程模型 CUDA，为后来的人工智能技术带来了重大影响。2021 年，发布图形模拟与仿真平台 NVIDIA Omniverse，旨在为元宇宙的建设构建发挥基础作用。除了在汽车、AI 工厂、游戏等领域取得商业成功外，英伟达（NVIDIA）的 GPU 计算为科学领域提供帮助，通过 GPU 的加速计算处理激光干涉引力波天文台收集的数据，帮助雷纳·韦斯等人成功检测到首批引力波。英伟达（NVIDIA）曾获世界人工智能大会的最高奖项"卓越人工智能引领者"。2020 年 7 月，NVIDIA 首次在市值上超越英特尔，成为美国市值最高的芯片厂商。2023 年 5 月，成为首家市值达到 1 万亿美元的芯片企业,2004 年上半年其市值一度高达 3 万亿美元,成就了一个指数型企业成长的奇迹。

4. 创新成长融合路径

无论是模仿创新、渐进创新还是突破性创新都是可以成为创新型企业的创新成长之路,这方面成功的案例非常之多。但不是所有的创新路径对企业的增长或盈利都有同等的作用。不同程度的创新路径会带来不同程度的创新成果价值。现实中比较重要的创新路径还有:

(1) 模仿创新-渐进创新的路径

模仿创新-渐进创新的路径,即企业从模仿学习,先学会,然后开始到模仿创新即逐步改造进步,最后形成一定的创新资源和创新能力实现对企业的技术、产品等的渐进创新。我国自改革开放以来,这条创新成长之路是许多企业自我努力后成为创新型企业的成功之路,例如今天已经成为世界级创新型企业的华为公司,在当年创立初期,由于资金和科研人员的缺乏,华为并不具备在技术方面进行自主创新的能力,而只能采取技术与产品创新的模仿、跟随战略。自 20 世纪 90 年代华为在代理通信产品的销售同时,就开始涉足数字交换机的研发和生产领域,学习和模仿领先企业的交换机技术。在这一成长发展阶段,华为主要通过模仿市场上其他企业已有的产品和技术,并在此基础上加以改进和创新,从而逐步提升企业的技术创新能力积累了创新资源,为后来的发展打下坚实基础。

(2) 渐进创新-突破性创新的路径

渐进创新-突破性创新的路径,即企业从渐进创新开始,逐步提高创新能力和创新资源,积小步为大步,最终实现企业在技术、产品、管理等方面的突破性创新,实现指数式增长跨越式发展。从渐进性创新到突破性创新的转变是一个从量变到质变的过程。企业在经历一系列渐进性创新后,往往能够实现更高层次的突破性创新。这种转变不是自动的,而是需要企业有意识地引导和管理。通过不断学习和探索,企业可以逐步提升其创新能力,实现从渐进到突破的飞跃。比亚迪新能源汽车今天的成功,很大程度上是王传福长期坚持对纯电动汽车的研发,渐进创新积累经验,最终取得突破性创新成功,反超特斯拉公司成就爆发性增长。

(3) 直接开展突破性创新的路径

这条路径是目前许多科创型企业的创新之道,这些企业之所以创业就是因为准备在现有领域或未来领域中,开拓性研发创新,实现技术全新的突破,发明全新的产品或服务,或获得重大技术专利或获得商业化或产业化成功,使企业一举成为该领域的先行者和领导者。甚至成为独角兽企业。事实上现今全球许多的所谓独角兽企业，就是取得突破性创新成果并商业化成功的企业。对于突破性创新，企业需要采用与渐进性创新不同的组织和管理方法，创设指数型组织，[①]创新管理的方式方法，实现真正的开放式创新，勇于整合全球创新资源，勇于探索、不怕失败，长期坚持才可能获得最后期望的成功。OpenAI 就是这样的一家实现突破性创新，成为"独角兽"的著名企业。OpenAI 是一家开创立于 2015 年 12 月，总部位于美国旧金山，从事人工智能研究和部署公司，其使命是确保通用人工智能造福全人类。2022 年 11 月，公司原创全新聊天机器人模型 ChatGPT 问世，产品上线仅 5 天用户数量就突破 100 万，使 OpenAI 估值不到 10 个月增加近两倍，或达 800 亿美元。2024 年 2 月，其文生图视频大模型 Sora 问世，在全球内容创作行业卷起新的风暴，成为人工智能发展进程中的"里程碑"，2024 年 5 月，OpenAI 推出 GPT－4o，其处理文本、图像、音频能力更自然、流畅。OpenAI2023 年营收突破 16 亿美元，但公司的市场估值为 1 000 亿美元，位列 2024 年胡润全球独角兽企业排行榜第三。[②]

三、创新的商业化推进

所有的创新成果都应该造福社会造福人类，不然创新就失去了价值也失去了方向，只是不同的创新成果造福人类的方式有所不同。例如科学发现的成果如爱因斯坦相对论的发现，其造福人类社会的方式是加深了人们对宇宙万物的认知，找到了人类社会未来发展更精准的方向和方式。而创新型企业的创新成果则唯有商业化成功，才能彰显其如何用新技术新产品来造福社会，直接改变人类生活工作方式，提升他们现实中的幸福感。创新成果商业化成功也称为产业化成功，其基本含义就是新技术新产品走出实验室或开发工作室，被高质量的大批生产出来，并受到广大消费者的欢迎和购买，形成了一个持续需求的市场，进而形成了持续成长的产出供给，即一个新的产业。也正是如此，创新型企业开始收获创新成果带来的巨大商业价值并回报股东或投资者以及全体员工和其他合作者，也正是如此成就了创新型企业持续创新的不竭动力。如果创新型企业产出不了创新成果，创新成果不能有效商业化获得价值回报，那么它就不可持续，甚至由此而失败。事实上并不是所有创新成果都能够实现商业化成功的，因为创新型企业创新成果的商业化过程就是所谓创新成果的商业化推进是十分困难

---

① ［加］萨利姆·伊斯梅尔等著：《指数型组织——打造独角兽公司的 11 个最强属性》，浙江人民出版社 2015 年版。

② https://baijiahao.baidu.com/s?id=1796369321872318524&wfr=spider&for=pc.

的任务，因为这个过程本身也是一个创新的过程，一个持续创新的过程，称为产业创新。[①]

(一) 产业创新的重要

创新成果的商业化推进即产业创新是指从一个根本性的技术与产品创新开始，经过创新型企业的连续性创新，在市场上获得商业化成功，最后形成一个新型产业的过程。产业创新的本质就是将企业的技术创新成果成功地转变为市场上受欢迎的新产品新服务的过程，这个过程就是将企业一个根本性的新技术新产品创新成果，然后通过采用新的材料和元器件，使之具有新的性能或功能，组织规模生产，为消费者提供了新的用途或市场需求，并被广泛接受从而形成了一个新产业的过程。这个过程的每一步其实都需要企业进行创新资源的投入，持续开展创新工作，因此在企业根本性的技术创新成果乃至产品创新出现之后，还会有一系列后继的渐进性创新并形成创新链，从而引起新产业的成长，这一过程称为持续创新过程。产业创新过程实际上是持续创新的过程，需要长期投入。实践证明，创新型企业根本性的技术创新固然具有重大的经济意义，随后的持续创新即从产品创新开始的产业创新往往具有更大的商业价值。例如华为的 5G 技术创新全世界为之瞩目，而华为之后的 5G 技术商业化即 5G 通信设备、5G 基站、5G 移动手机等大规模问世并获得客户认可加以应用，才是给社会也给华为带来巨大的价值和回报，这一过程对华为来说，是进一步的创新，一个持续不断的创新，一个目前还在持续深化的创新，其创新的难度绝不亚于 5G 技术的发明。

创新成果商业化推进(产业创新)大致可以分为四个阶段：研发创新阶段、工艺创新阶段、组织创新阶段、市场创新阶段。研发创新阶段中，产学研合作非常重要，决定了此类技术创新或产品创新成果是否具有一定的市场导向。之后的生产阶段中，创新主体首先是要通过工艺等一系列创新使新产品可以大规模生产出来并有较高的品质保证，这就是工艺方面的创新；其次还要组织产业链或价值链环节的其他合作者结合最新的科技创新，组织生产并协调产业链协同创新，开发原创性产品或改进现有产品的材料与零部件，为此需要组织开展一系列材料、部件、工艺制造、生产组织等一系列创新合作，这实际上是组织创新的工作。而在市场创新阶段，创新主体企业根据市场情况，进行市场开发与组织，使创新成果获得市场成功，即形成新的产业或改造了现有产业(见图 13-2)。

[①] 芮明杰等著：《产业创新：理论与策略》，上海财经大学出版社 2018 年版。

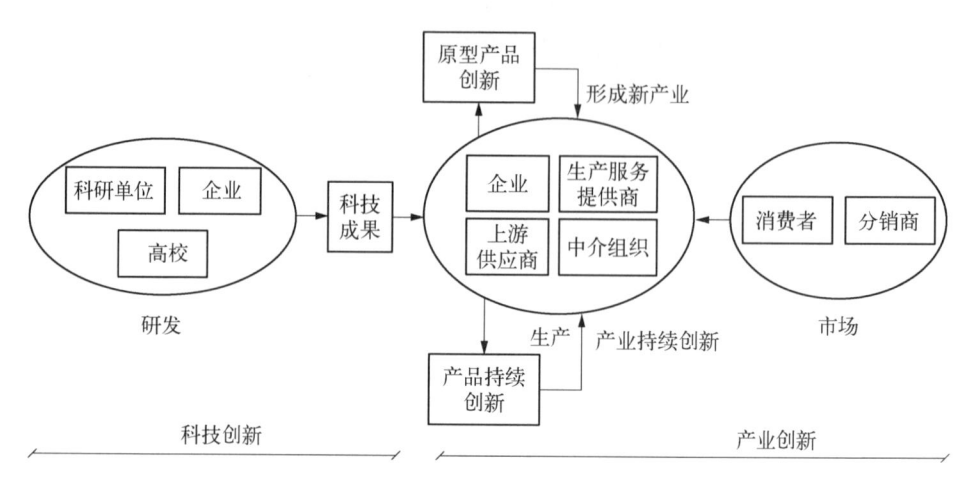

图 13-2 产业创新过程图

（二）四个连续创新环节

创新成果商业化成功即产业创新成功需要经过产品创新、工艺创新、组织创新和市场创新四个关键环节连续的创新才能真正成功。这四个环节的连续性创新的本质上是什么样，对商业化或产业化成功有什么样的影响，是非常值得研究的。

1. 产品创新

关于产品创新的研究文献汗牛充栋，新兴产业之所以形成与成长自然离不开原创性的产品，如智能手机产业离不开苹果的 iPhone 的原创创新，也正是如此我们对乔布斯的创新才能非常佩服。但在这个巨大光环下，很少有人看到那些能够把 iPhone "天才"创新设计付诸生产，成为消费者欢迎的高品质新产品的合作企业或场景。没有产品原创以及对原创产品之后的不断改进式创新，也就不会有新产业的成长与发展，产品创新是产业创新的源头，这是毋庸置疑的。产品创新的背后是重大的技术创新，例如人工智能技术的发展，可能导致一系列智能产品包括智慧机器人产品的问世。产品创新的重要性我们不去更多地讨论，从产业创新的链条和创新的全过程来看，下面三个环节常常被我们所忽视，其实它们同样十分重要。

2. 工艺创新

能否实现产品创新到工艺创新的完美过渡，也就是说新产品研发成功不见得就能够生产出来，因为生产工艺不能因新产品要求进行再创新的话，新产品只能留在实验室。所以工艺创新十分重要，仔细研究工艺创新的话，可以发现工艺创新是一种再创新，它是在对新产品的功能构造、生产技术要求、设备与材料、加工方式等全面评估后的在生产工艺上再创新，使之把新产品高品质低成本精益生产加工出来。尽管产品创新是产业创新的源头，但如果工艺创新能力不强，那么一定是有新产品创新而没有新产业形成，例如如果我们的模具设计加工不行，不能设计加工出新产品要求的模具，那么工艺创新中的第一环就失败了。富士康虽然被定义为代工企业，似乎没有什么技术含量，是劳动密集型企业，但它却有极为先进的模具设计加工的子公司，再创新能力极强，曾经夸下海口：只要你的产品能够设计出来我就一定可以高品质制造出来。可见，工艺创新在产业创新过程中的重要性，这一重要性的关键是工艺创新本质上是再创新。再创新虽然是别人创新的基础上再开展，但一点不比产品创新简单。

3. **组织创新**

新产品、新工艺的创新成功，并不能够保证新产品能够呈现在消费者面前，因为在社会分工的条件下，新产品的制造成功还有赖于其他合作产业、合作企业，这样的合作总是基于现有产业链、价值链和供应链，并在其基础上进行改进创新。这就是组织创新。产业创新链上的组织创新是指完成新产品创新与工艺创新后的生产协作组织的创新。这个创新内容包括产品创新、工艺创新对合作厂商的相应要求与传递，由此导致产业链、价值链和供应链更新和产业链、价值链和供应链的组织治理创新；因为首先新产品、新工艺、新技术的实施对原有各产业链、价值链环节厂商提出了新要求，如果现有厂商创新能力能够胜任新产品新分工要求，则可能在新产品成功中获取更多价值，如果原厂商创新能力不能胜任新要求，则可能面临技术改进要求及价值链进入壁垒，会被降低其获得的价值甚至被淘汰。其次，新产品、新工艺、新技术诞生可能促使新厂商进入价值链，以及现有厂商向相关价值链延伸和转移。第三，新产品需求的新价值链形成过程中，还面临对原来价值链、供应链、合作网络调整、压缩、分拆、增加等工作。最后形成的新产业技术标准将对现行产业链价值分配带来不同影响。当新产业产生时，其产业链、价值链、供应链、协作网络也面临创新、组织变革等过程。这个环节的创新，仔细来看本质上也是再创新，即围绕着新产品、新工艺创新的新要求进行延展性的再创新。

4. **市场创新**

新产品创新成功，工艺创新成功，产品生产出来了，但是否意味着产业创新就成功了呢？答案是否定的，因为产业创新的成功离不开新产品在市场上的成功。所谓市场上的成功，不光是该产品被消费者关注甚至认可，还需要该产品被广大消费者看作是十分喜爱的愿意为之买单的产品，而这离不开市场创新。所谓市场创新是指根据产品特性、消费者偏好对产品的品牌设计、分销方式、渠道构建、定价、售后服务设计等的一揽子创新，其目的可以有多样性，但核心是把市场做大实现市场上的领先与利润获得。市场创新弱，可能导致好产品需求不旺的状况,如此产业创新就不能算成功。观察苹果iPhone的成功实际上离不开苹果公司的"饥饿营销"的创造,以及通过"果粉"培养导致大量客户被粘住。这里的市场创新显然与创新的新产品有关,因此也可以将其看作是再创新。

5. 连续性要求

创新成果商业化成功有赖于产品创新、工艺创新、组织创新和市场创新的连续过程,这四个环节环环相扣,缺一不可。第一,尽管新产品创新是产业创新的源头是最重要的创新,值得重视与投入,但其他三个环节的创新与成功对新产业成长与发展也十分重要,忽视这三个环节,往往导致商业化产业创新失败。更为重要的是,产品创新和工艺创新又会通过原来的或改革的协作网络、产业链、价值链和供应链压迫相关合作厂商进行相关的再创新,成就创新的波及效果,这就是主导产品创新与工艺创新的企业行为,在微观上表现为获得创新租金的动力,宏观上就表现为推动产业结构的转型升级。第二,商业化产业创新的成功需要以上四个创新环节交替发力,动态演进,最终形成伟大的新兴产业,甚至改变人类的生活方式。从另外一方面看,除了产品创新是产业创新的源头创新外,其他三个环节本质上帮助新产品实现市场成功的再创新。所谓再创新是指在前一次性创新的基础进行更进一步的创新,完善或帮助实现原创新的创新。今天,我们可能更要关注和支持再创新!

(三) 开展合作创新

创新型企业创新成果产生本身就是合作创新的结果,而创新成果的商业化过程既然也是创新的过程,自然也需要企业开展与创新合作伙伴的深入合作创新。从创新成果的创新到创新成果的产业创新对社会而言是一个比较复杂的连续创新链,可以称为创新图谱,见图13-3。

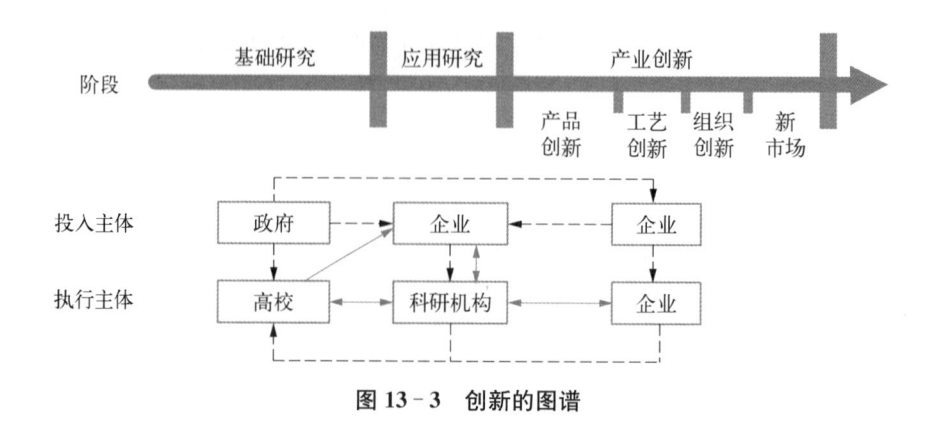

图 13-3 创新的图谱

从图13-3中可以看出全社会创新链与不同的创新阶段的联系,不同创新阶段有不同的创新主体,产业创新是最下游的创新,因为它直接面对市场和消费者。

1. 认准自己的创新位置

整个创新图谱有不同的创新阶段,不同的创新阶段创新的主体是不同的。基础研究阶段,创新的主体主要是高校与政府支持设立的基础研究科学机构,他们从事的研究与创新主要是进行科学发现,发现规律、发现新的事实、发现人类的未知,进行知识的积累。这类创新的成果主要以科学论文、科学著作、科学报告等形式表达。应用研究阶段的创新主体主要是各类科研机构以及企业研究中心,他们的研究与创新是以发明新技术、新材料、新方法、新产品、新模式等全新的或可以替代现有的技术与方法,提高应用中的效率、安全、品质等为己任。这类创新成果主要是通过技术诀窍、技术专利、论文、报告等形式表达。产业创新则不然,它的创新主体主要是企业和企业相关的研究机构,主要的目标是把新技术新产品从实验室中成功地转变为工业化或智能化大生产,并在市场上取得消费者的认可,最终发展形成新型产业。乔布斯的伟大一方面是因为他在智能手机技术的成功,另一方面则是他还将此技术成功的商业化,成就了苹果公司也成就了智能手机产业的形成与发展。

产业创新的成功离不开前期的基础研究和应用研究,也离不开市场竞争机制的存在,新兴产业的健康发展也离不开市场竞争机制的存在,竞争迫使企业需要在上述四个环节上同时创新才可能脱颖而出。美国哈佛大学的阿伯纳西(N. Abernathy)和麻省理工学院的厄特拜克(James M. Uterback)通过对以产品创新为主的持续创新过程进行研究,发现产品创新、工艺创新及产业发展三者在时间上的动态发展影响着产业的演化并建立了产业创新动态过程模型,即Abernathy-Utterback创新过程模型,简称为传统的A-U模型。A-U模型描述了一个特定技术创新轨道上的产品创新和工艺创新的分布规律和一般过程,即在同一代产品技术生命周期中技术创新和产业发展之间的关系。然而,产业的发展是一代接一代具有各自不同生命周期的产品演化过程的集合。一代产品技术生命周期的完结,并不表明一个产业的完结,而是由于根本性技术创新的出现使产业得到了质的提升,即产业由原来的技术轨道跃入一个新的技术轨道,新一代产品替代了老一代产品。

2. 科技创新与产业创新不可偏废

科技创新成果本质上是造福人类的成果,产业创新更直接影响人类现实与未来的生活和福祉。科技创新主要侧重科学技术规律的新发现、新理论、新技术、新方法的发明创造；产业创新的目的是要把科技成果转化为消费者可以享有的经济、环保、绿色的产品与服务。显然，没有科技创新，产业创新就没有了源头，但有了科技创新，不见得必然导致产业创新，形成新产业，获得新产品新服务。现实中，两者是可以相互分离的。创新的主体也是可以相对分离的，产业创新的主体主要是企业或企业与科研机构的同盟体，只有企业才能判断产业化的市场前景，才能组织进行产品创新与工艺创新，才能进行商业模式创新，因为市场前景可以给企业以激励。

产业创新是一个复合创新过程，它的成功不光是技术创新的成功，还是生产组织创新的成功，更重要的还是商业模式市场开拓创新的成功。这样的创新成功更依赖于企业与市场的互动，依赖于政策环境的宽松。之前并没有看见美国政府大力推动社会与企业去把美国的科技创新成果产业化，但是美国的产业创新成果是全球公认的，产业化导致新产业发展大多从美国开始。在数智时代，形成一个有效的竞争性市场、一个宽松的制度环境，容忍企业大胆创新追求商业利益，加上良好的金融服务体系，是产业创新成功的关键。

3. 与领军企业合作

过去，全球都认为创新主体是科研院所、大学、中小企业，在创新生态图谱的创新分工合作中，分别承担自己的创新主要任务。例如，科研院所与大学主要从事基础研究创新与应用技术创新，而中小企业则从事产品、市场、技术方面的产业创新任务，认为大企业保守，忙于垄断市场，不是创新主力。其实当下创新主体已经发生了重大的变化，一大批世界级科技创新型大企业崛起，成为科技创新、产业创新的领导者、主力军，在科技创新、产业创新甚至基础性应用研究方面也进行了大量的投入研究，进行突破性创新。当今世界高端前沿新型技术领域与产业领域都可以看到这样的领军企业，如计算机软件产业是微软，网络搜索产业是谷歌，新能源汽车产业是特斯拉公司，芯片制造产业是高通，高端医疗设备是通用电气，精密照相产业是佳能，飞机引擎制造产业是通用电气与罗尔斯-罗伊斯，5G通信产业是华为，光刻机产业是荷兰ASML公司等。这些企业甚至在基础科学如AI、生命科学、数据分析、基因、智能化等方面进行大量的研发投入，公司规模大，技术领先，创新能力强，产品独一无二，附加价值高，处于全球最高水平。可以这样认为"世界级"科技创新型企业是以重视技术研发和拥有核心技术为主要驱动力，拥有全球研发体系和国际化研究团队，具备强大的开放式创新和持续创新的能力。整个组织创新文化氛围浓厚，能够高效地整合企业的内部资源和外部资源，适应市场变化的能力强，创新成果具有强大的辐射效应，是现在与未来创新的主力，也是创新驱动发展的实施者。

4. 重构价值链,形成合作机制

商业化推进导致了创新型企业原有投入产出价值链和供应链的变化,产业创新成功需要创新型企业建设或重构新型价值链和供应链,形成价值链和供应链的新型合作机制,实现对价值链和供应链的治理和控制,开展新一轮创新与生产、技术与市场的深入合作。

(1) 价值创造升级

新的合作机制要有利于产业创新的价值升级,包括合作者在企业创新成长的新理念、新模式、新产品、新价值、新技术等方面理解和合作。新理念是指产业创新本质上是对原有产业的再认识,利用新的理念指导产业进行转型升级。新的理念包含,第一,新产品。新技术发现后可能使企业意识到替代原有技术的动力;采用全新技术视角审视现有产品。第二,新模式即新组织和运作模式是指产业链上下游厂商协作方式、产业结构、厂商的组织管理方式等,这种改变可能来源于社会经济的变化;也可能由技术革命导致,例如信息技术;也可能是适应新产品的生产需要。基于以上调整,使产业创新获取更低运行成本和更高价值。

(2) 推进要素禀赋升级

产业创新对所有合作者的要素禀赋提出更高要求,在传统产业发展的生产要素如土地、劳动力、资本、厂房中,资本最为关键。产业创新的价值链重构对企业员工人力资本和专业能力提出了更高的要求,此外为了保证产业创新成功,企业在进行产业创新时对土地、资本、厂房、数据等也提出了更高要求,例如更高效的土地使用、更高的资本投入以及设施更现代化的厂房,这些就是要素禀赋的升级。今天技术和数字已经成为新的生产要素,成为时下不可或缺的生产经营和创新发展的要素,这对企业以及合作伙伴产生全新的要求,对员工也产生了全新的知识与技能要求。

(3) 掌控话语权与治理权

产业创新过程中重构价值链和供应链、形成新的合作机制是必要的,为此要求创新型企业能够及时调整原来价值链和供应链的话语权和治理权,发展新的产业链、价值链和供应链的治理方式方法,稳定新的合作创新网络。一般而言,拥有技术优势的创新型企业可以获得创新成果产业化的产业链、价值链和供应链话语权和治理权,然而这在市场竞争、创新竞争中也会受到其他企业的挑战,甚至合作企业中特别拥有很大关键技术和新技术的企业也会希望能够掌控这个重构的价值链和供应链,获得治理权和话语权。但是如果创新成果和产业的发展方向由在位创新型企业的主导,则可以通过与价值链和供应链上下游厂商的协同创新，重新分配了重构的产业链或价值链和供应链上的话语权和治理权，形成对本企业有利的合作创新的网络，共同创造价值实现创新成果的商业化成功。

扩展阅读

梦饷：模仿与创新

第十四章
开放合作

> 只有开放的心态,才能容纳新的思想和观念。
>
> ——爱因斯坦

著名的热力学第二定律有一个熵增原理,其最经典的表述是"绝热系统的熵永不减少",近代人们又把这个表述推广为"在孤立系统内,任何变化不可能导致熵的减少"。孤立系统是指那些与外界环境既没有物质也没有能量交换的系统,孤立系统就是一个完全的封闭系统,在这样的系统里靠自己的变化不可能使熵减少。相反随着时间累积,孤立系统的熵将不断增加并达到极大值,使系统达到最无序的平衡态。这就是说任何封闭的孤立的系统最终将处于最混乱的完全无序的境地,趋于死寂。已经可以证明,这样的系统不仅仅指物理的、化学的、生物的、生态的,还可以是社会的、经济的系统。换句话说,作为一个投入产出系统的企业,如果它是一个封闭的孤立的系统,其实是无法继续进行生产经营活动的,其实也就没有必要存在于世。而任何一个系统包括社会的、经济的、企业这样的系统唯有开放合作,才可能成为一个远离平衡态的非线性的开放系统,这样的系统通过不断地与外界交换物质能量和知识,在系统内部某个参量的变化达到一定的阈值时,通过涨落,系统可能发生突变即非平衡相变,由原来的混沌无序状态转变为一种在时间上、空间上或功能上的有序状态。[①] 耗散结构理论认为,"开放"是所有系统向有序发展的必要条件。同样,企业这样的系统也只有开放合作才能获得发展,这种开放不仅是输出产品,输入原料,而且涉及人才、技术、股权、创新和管理等方面的开放,还要不断引进新知识、新思想、新理念、新要素、新人才和新技术,不断推进技术进步,更新设备迭代产品,不断引入合作伙伴,才

---

① 湛垦华、沈小峰著:《普利高津与耗散结构理论》,陕西科学技术出版社1982年版。

能使企业充满生机和活力,形成自组织能力不断向企业的愿景目标前行。

任正非领导的华为今天能够在众多互联网、通信、软件等科技领域形成强大的自主创新能力,同时还能够在相关业务上形成发展的协同效应,在全球范围内长期保持领先优势,就是得益于华为的开放合作的理念和具体吸纳新知的行动。可以说华为已经成为一个善于开放合作谦虚好学进而成就伟业的公司,例如在通信领域,华为积极推动5G的发展,作为主要项目发起人推动欧盟5G项目,积极构建5G全球生态圈,同时在全球9个国家建立5G创新研究中心,并与全球20多所大学开展紧密的联合研究,通过领头自主创新,为构建行业标准和产业链积极贡献力量。在企业网领域,华为寻求全球合作共同研究开发华为云平台,截至2016年,华为已联合500多家合作伙伴为全球130多个国家和地区的客户提供云计算解决方案,共部署了超过200万台虚拟机和420个云数据中心。在手机终端领域,广泛吸收领域内最先进的技术,投入大量人力、资金用于研发,2018年8月31日首次自主研制成功麒麟980(7 nm)手机芯片,并结合其先进的4.5G LTE技术,使芯片基带的能力快速提升,进一步推动华为智能手机领域的快速发展。

一、开放合作是必然

在知识、信息、数据爆炸、科学技术进步快速的今天,社会已经是一个通过不断互相开放、深化分工协作以提高全社会资源配置效率的社会。全社会的生产、流通和消费都是在全球分工合作的基础上进行,作为社会一员的经济组织企业也不例外,只有开放合作才能融入今天的社会之中。另一个方面,企业也只有开放合作才能汲取资源、开展互相学习,取长补短,推进合作产出与创新,才能树立竞争优势,实现自己的成长与发展。因此企业家应该是推动自己企业不断开放合作的第一人,企业家本人也应该是一个具有开放思想合作理念的第一人。今天来看,成就华为的正是任正非先生的开放合作理念、谦虚好学的精神,引导华为成为一个拥有开放合作心态,保持持久学习先进知识的动力,在开放合作中不断增加自己拥有的相关知识,培育自己的创新能力,先成为知识型企业再成为创新型企业,最终成为世界级科技创新型企业。

(一)开放合作重要

封闭使人落后,开放才能不断进步,这已经成为现代社会的共识。企业作为社会的一个重要的成员,作为一个经济组织,在面向市场开展投入产出生产经营活动时不可能封闭地进行，首先企业需要外部的资源如人财物的流入，需要信息数据的流入如消费者的需求信息、竞争者的信息、技术进步的信息等等，需要相应的生产设备、零部件等的投入。其次需要把生产的产品或服务流出，需要把生产过程的废弃物处理输出，需要把一些员工送出去服务消费者等等，如果没有这样的流入流出与外部世界交换，企业是不可能生存与成长。再次，知识是创新的源泉，不善学习没有知识的个人或企业在今天的时代是不可能有市场上的竞争力，也不可能成为创新者和成功者。在当今全球分工合作深化、知识爆炸技术进步快速、数字智能化快速发展的时代背景下，企业内、企业之间以及企业与其他方面如科研机构、大学、产业链、供应链上下游等的开放合作已成为推动产品迭代升级、促进技术创新产品创新、拓宽市场渠道、提升竞争力等的重要途径。

1. 促进资源共享，共担社会责任

企业的开放合作能够使企业跨越自身边界，与他人尤其是本领域的领先者或有专长者共享知识、技术、人才、市场、信息和数据等资源，实现优势互补互相学习共同提高。其中知识资源的共享十分重要，因为不同企业拥有不同的知识和技术，拥有不同的知识资源，除企业的隐性的知识难以共享因为是各自的核心竞争力，但各自的显性知识是可以共享的，通过知识资源、数据信息资源的共享，通过开放合作能够汇聚多方智慧，促进跨学科、跨行业的技术交流与合作，加速新技术的研发与应用，推动产业升级和转型，这一过程中企业可以弥补自身短板，加速产品迭代和服务优化，通过优势互补形成更强的市场竞争力。时下，企业间的开放合作不仅关注优势互补提高经济效益，还越来越注重一起参与生态环境保护、社会责任等方面的合作。通过合作共同推动绿色生产、节能减排、公益项目等，实现企业与社会的和谐共生。

2. 发展企业新质生产力

作为生产单位的企业在市场竞争中能够生存发展，首先是其生产的产品或服务有社会需求即有较多人消费购买，如此企业方能够以收入克服成本支出。其次是唯有不断地开放合作、实现技术进步，实施生产分工协作深化，建立稳定的合作网络，进而极大地提高生产效率，才能在市场竞争中胜出，以获得最大利润。当市场竞争激烈，技术进步快速、当消费者的消费偏好变化与购买力提高时，企业家在利润最大化冲动下，就必然积极去改变自己的产品、改变自己的生产函数，通过学习技术引进或创新来提高生产技术水平或采用新生产技术，改善管理方式实现降本增效，保持原有的顾客或开拓增加新的顾客，实现产出增长并在市场竞争中继续胜出。这一过程就是企业家领导企业从要素投入为主的生产方式转变为以技术进步与创新、资源配置效率提高为驱动力的生产方式的过程，就是今天所说的形成了企业的新质生产力。企业的新质生产力是不同于以往的生产力,是一种全新的以现代科学技术进步和创新驱动的生产力,是建立在时下及未来数字技术、算力、智能技术和绿色低碳技术等基础上的生产力,是一种效率更高、质量更高、附加价值创造更高的生产力。

3. 拓展国内外新市场

无论是拓展国内市场还是国际市场对于企业来说都是一项十分困难的任务,即便是产品十分先进、技术十分可靠、有品牌声誉,也是如此。这是因为任何一个地区市场或外国市场都会有一定市场进入障碍,不是当地同行企业共同设置的障碍就是当地政府设置的关税或非关税壁垒,其目的当然是保护当地的产业或企业。所谓自由贸易区就是那些废除进入市场关税的地区或国家构成,尽管已经是最大的开放,但当地依然可以有非关税的市场保护法规政策。为此,企业必须有许多的合作者,以绕开或减少进入和开拓这些市场的障碍,并通过企业产品品牌联合与宣传的合作,显著提升企业与其产品或服务的知名度和影响力,增强消费者的信任度和忠诚度,开拓一片新天地。例如"战略联盟国际化"合作就是一种企业通过与当地企业或组织建立长期、稳定的合作关系,共同拓展当地和海外市场,实现资源共享、风险共担,并通过优化资源配置、提高资本利用效率的国际化路径。作为中国新能源汽车整车制造新势力的零跑汽车公司就是这么进行开放合作的。它利用自身具有技术创新优势和成本控制能力优势,与斯特兰蒂斯(STELLANTIS)公司建立联盟,以发挥斯特兰蒂斯作为全球汽车巨头,拥有强大的品牌影响力和全球销售网络的优势。双方通过合作,投资组建海外销售公司,共同开拓国际电动汽车市场。

4. 提高生产效率降低风险

面对复杂多变竞争激烈的市场环境,企业单打独斗的风险较高,生产效率提高也困难。不同企业间的开放合作,首先可以使高昂的生产经营、研发的成本、用工成本等的分摊成为可能,因为时下企业在研发创新、市场推广、人才使用、物流等领域的成本支出不断加大,因而通过合作共同投入和资源共享,企业就可以分摊高昂的初期投资,降低了单个企业的运营成本,甚至还可以使企业更快地达到规模经济状况,促进了生产效率的提升,获得规模效益。规模经济不仅意味着产品单位成本的降低,还使企业有了市场竞争的底气,提升了企业的议价能力和市场竞争力。例如,目前苹果公司正在积极与中国企业合作,探索"苹果智能"服务。据透露,苹果已与多家中国公司接洽,包括百度、阿里巴巴以及百川智能等人工智能初创公司。这一举措可能是为了应对在中国市场的竞争压力,苹果在中国智能手机市场的份额已经降至第三位,被本土品牌超越。通过与中国企业的合作,苹果希望提升其在中国的市场竞争力。①

其次,合作也是分散市场风险的重要手段之一,是企业风险控制中不可避免的一部分。因为通过开放合作,企业可以将市场风险分散到多个合作伙伴之间。例如,在多元市场中,企业可以与不同地区的合作伙伴建立合作关系,降低对单一市场的依赖度。同时,合作还促进了市场信息数据的共享和交换,使企业能够更准确地把握市场动态,及时调整经营策略,有效应对市场变化。在快速变化的市场环境中,企业的灵活性和适应性至关重要。开放合作使企业能够更灵活地调整生产结构和经营策略。通过与合作伙伴的紧密协作,企业可以迅速响应市场需求的变化,调整产品线和服务内容,以适应不同消费者的需求。这种灵活性不仅提升了企业的市场竞争力,还为其在复杂多变的市场环境中保持稳健发展提供了有力保障。

(二) 思想开放是核心

一个开放合作的企业源于企业的领导人即企业家具有开放的思想和心态。所谓思想开放是指一个人或社会群体在思想上具有宽容、接纳不同观点和经验的态度,愿意积极地接触、理解和适应新的思想、观念和文化。在今天知识、信息、数据爆炸的时代,在科学技术进步日新月异的时代,这种开放性的思想对于个人的成长和社会的进步都具有重要意义。对于企业家而言,思想开放意味着能够保持一颗好奇心,总是能够不断探索和学习新知识、新观念,同时也能够尊重和接纳与自己不同的意见和观点。

企业家这种开放性的思维,第一有助于企业家个人拓宽视野,增强适应能力,更好地应对复杂多变的社会环境和市场变化,同时,思想开放也能够促进企业家个人长期保持创新思维和创造力,不至于落后于时代的进步,为企业在现在与未来的发展中带来更多的机会和可能性。第二,则有助于企业中形成生动活泼的不同思想观念碰撞产生创新的氛围,留住有不同价值理念的特殊人才,使创新创意不断产生,企业创新的效率不断提高。第三,企业家思想开放是说企业家有不同观点的包容心,善于学习努力学习,不断吸纳新知识、新思想、新理论,才能够在重大决策中从善如流,防止重大失误。如果听不得别人意见,独断专行,最终的结果一定是犯重大错误,智者千虑还必有一失呢。

对于社会而言,思想开放言论自由有助于构建一个多元、包容、和谐的社会环境,所谓和而不同就是这个意思。因为在一个思想开放的社会中,不同的人不

---

① https://baijiahao.baidu.com/s?id=1802433804272345037&wfr=spider&for=pc.

同的组织可以有自己的不同的思想、理念和文化，这些不同文化和思想可以自由平等的相互交流与融合，就能够形成更为丰富和多彩的思想文化景观，即所谓百家争鸣百花齐放的局面，真正促进社会文明进步。同时，社会在不同思想和观点的交流碰撞中，主流的思想观念才会真正成为社会的主流，才能够有效增强社会的凝聚力和向心力，才能够激发社会的创新精神，推动科学技术和文化艺术的发展，促进社会的稳定和发展繁荣。企业作为一个开放社会的一员，自然要以自己的特性和特别不同的产出加入这个多元社会，才能取得消费者与合作者的高度认可，取得市场上的成功。

企业家个人和企业具有思想开放包容合作的理念和行为动力，需要具备以下几个方面的素质：

1. 尊重多元平等待人

企业家应该认识到世界是多元化的，市场也是多元的，不同的人群和文化对企业产出的需求也是多元的，他们虽然不同，但都有其对企业、对社会发展的独特的价值和贡献。企业家在企业内外尊重多元意味着能够平等地接纳和理解那些合作者、利益相关者、顾客和员工等与自己不同的思想和观点，不因为与自己的观点不同就对他人或他人的观点产生偏见和歧视，也不因为自己是最高领导人就动用权力压制员工下属，不让其发表不同意见或直接给予严厉批评。对于与自己不同的观点和意见，始终保持一种包容和宽容的态度，平等待人避免过度批评和指责，而是尝试通过对话和交流来增进理解和共识。

2. 保持强大求知欲

企业家即便年龄已大，也需要保持对现在与未来世界的好奇心求知欲，积极吸收与企业相关的新知识、新观念和新经验。通过不断学习和探索，才可以不断拓宽自己的视野，提高自己的认知能力和综合素质，不被过去的成功和过去的经验所迷惑，始终想着尝试新的机会和新的东西。在今天，企业家应该有非常好的科学技术和文化的素养，特别应该不断学习了解相关科技进步和政府政策变化的知识和动态，不断思考新的科学技术、人文思想、政府新政策等将会给企业带来什么样的影响，不断思考全球政治经济以及产业的变化趋势，不断关注竞争对手的策略，不断思考本企业应该采取什么样的适应性调整变革甚至开展创新。未雨绸缪方为战略家所为。

3. 保持辨别能力

兼听则明偏听则暗，说的是企业家要多听不同意见，不要偏信一家之言，这就说领导人一方面应该有包容不同意见的思想和言论，另一方面自己也要有辨别的能力，不能偏信某种观点，除非经过了认真的辨别。因此企业家是否具有自己的在多元世界多元市场上的辨别能力就特别重要,而这又与企业家工作经历、学习能力、形成的心智模式,是否具有批判性思维等等相关。企业家在接触和了解不同观点时,应该能够始终保持一种批判性的思维方式,以帮助自己分析和评估各种不同观点的合理性和价值,对企业近期和长远发展的影响,从而做出更为明智和理性的企业发展重大决策。

4. 勇于挑战和创新

思想开放是一种重要的素质和能力,企业家唯有思想的开放才会愿意尝试新的思路和方法,唯有良好的知识准备和独立辨别能力,才能勇于挑战过去、传统和权威,拥抱未来实施创新发展。此外,企业家还要领导企业和企业全体员工和所有的合作者,积极培养自己的思想开放性,以更加开放、包容和进取的姿态迎接数字经济时代、人工智能时代的到来,努力学习新知、学习对手,在思想和行动上始终保持一种勇于尝试和创新的精神,推动个人、企业和社会的不断发展和进步。

例如华为在拥抱开放多元的学术文化,积极融入全球学术社区,共同定义和探索产业难题,培养科技人才,携手促进学术繁荣,构筑经济发展的原创动能方面提出三个重要举措,核心就是开放思想、合作研究以繁荣科技发展,为社会也为企业本身的进步。第一,"促进思想的交流和分享,推动产学研深度融合,探索科学的无尽前沿:积极在无线、光和基础软件领域的国际学术会议上分享对未来的思考,与全球学者共同描绘面向智能世界的科技蓝图;深化与中国计算机学会等组织的合作,开放70多个研究课题,促进计算机科学的发展;持续支持基于MindSpore的学术研究,支持学术界完成900多篇顶会论文的发表,促进人工智能技术的发展。"第二,"积极在学术组织贡献华为的思想力量:在ACM、IEEE等高影响因子期刊,发表1 270多篇论文,其中基于3D神经网络的全球中期天气预报 *Accurate medium-range global weather forecasting with 3D neural networks* 在 *Nature* 正刊发表,入选 *Science* 2023年度十大科学进展。"第三,"参与顶级竞赛,共同培养科技人才:参与ICPC、CVF、SID等学术组织主办的多个竞赛,贡献产业视角出发的赛题,激励青年学生和学者追求卓越。"[①]

(三)开放合作的难点

企业与相关合作者都有自己的核心利益,开放合作过程中如果合作各方的核心利益受到损害且无法合理补偿的状况下,合作过程可能就会中断,于是就会

---

① https://www.huawei.com/cn/corporate-information/openness-collaboration-and-shared-success.

产生影响正在进行的合作与发展事项，例如时下当美国奉行美国利益优先，树立"小院高墙"的政策，在重要科技和产业领域中断或不与中国开放合作时，我国许多的原先合作事项就被迫中断，许多产业链、价值链就断裂，对我们的企业产生被卡了脖子的重大影响；另一方面，也影响美国进一步的科技进步。同样，企业在奉献开放合作时首先要明确认清合作各方的核心利益，尊重他们的核心利益，并在此基础上有效合作可以增加彼此各自的利益，开放合作才能有效继续下去，这个十分重要，也是开放合作的前提。企业实施有效的开放合作并非易事，其过程中常常面临诸多挑战与难点。

1. 合作对象选择难

选择合适的合作对象是企业开放合作的首要难题。市场上有众多潜在合作伙伴，其专业能力、市场地位、企业文化及长远规划各不相同，如何从中筛选出最适合的伙伴，确保双方目标一致、优势互补，是企业面临的一大挑战。一旦选择错误则可能导致资源浪费、合作效率低下，甚至合作失败，对企业造成负面影响。著名企业家李嘉诚在讨论选择合作者时这样说道："人品是第一位的。人都有自己的利益诉求，关键是利益诉求的目的是什么。有的人蹿上跳下，钻天打洞，拉帮结派，两面三刀，玩弄权术，巧言令色，无非是为了自己的个人利益（权力、金钱、地位等等），这样的人可能能力比较强，善于迷惑人，有时似乎还是一副正人君子抑或仁义道德的嘴脸，实则内心肮脏毒辣得很。这样的人还是敬而远之比较好，是切不可以成为朋友或合作伙伴的。"[①]"以德为先"，"德才兼备"不仅是选用人才的标准，也是选择朋友或者合作伙伴的标准，选择同行者或是同路人，企业家要坚持自己的标准。

2. 利益分配难

在所有合作者自身利益最大化的潜意识下，在企业开放合作过程中，无论是股权合作还是业务合作，或是技术产品创新合作等，各方往往期望获得至少与自身投入（资本、资源、人力、技术等）相匹配的利益回报。应该说这是合理的，也是公平的。然而，由于成果中合作各方的贡献度有时难以量化，即便可以量化例如按照股份投入量获得每股红利，看上去童叟无欺，其实还会因为今年的分配占全部利润的多少产生矛盾。至于合作过程中突发的"黑天鹅"事件导致的损失以及损失的分担，也都是合作各方容易发生矛盾的方面。所以利益分配往往成为合作中的敏感点，容易导致争议和不满。合作各方利益分配不均可能损害合作关系，影响开放合作积极性和稳定性，甚至导致合作破裂。应对的策略当时事先制

---

① https://wenku.baidu.com/view/d964aa6393c69ec3d5bbfd0a79563c1ec4dad76e.html.

定好各方同意的利益分享制度与机制,亲兄弟明算账。

3. 企业文化协同难

不同国家不同地区的企业因为是当地的社会成员,所以一定会拥有所在国或所在地独特的文化背景和价值观体系,企业也会形成相应的生产经营方式和习惯,企业领导人也会有不同思维习惯和心智模式,这些差异在企业跨国跨区域开放合作过程中可能引发冲突和误解,如沟通方式、决策风格、工作习惯等方面的差异,都可能成为合作的障碍,影响合作事项有序正常发展。福耀玻璃集团于2014年花费1 500万美元买下通用汽车废弃的工厂,并将其改造成一座18万平方米的玻璃制造厂。该工厂于2016年投产,至今已投资超过7亿美元,年产能达到550万套汽车安全玻璃。当时福耀美国工厂雇用了1 000多名失业的美国工人,尽管他们心存感激,但对中方的文化、工作习惯、管理方式并不直接认同,于是产生了一系列冲突以及曹德旺先生的智慧处理,这个过程由美国前总统奥巴马夫妇与奈飞(Netflix)公司合作拍摄了出来。以福耀玻璃代顿工厂为拍摄对象的纪录片《美国工厂》公开放映后,十分令人震撼与感动。2019年,此片夺得第92届奥斯卡最佳纪录片奖。可以这样说,合作各方的文化与价值观冲突可能阻碍合作进程,降低合作效率,甚至破坏合作关系。

4. 法律与合规风险大

不同国家或地区奉行的法律法规并不相同,英美沿用的是海洋法系,德日则沿用大陆法系,我国则是社会主义特色法系,而且各国各地区的法治意识法治环境都不相同。例如我国1979年施行的《中华人民共和国中外合资经营企业法》、1991年施行的《中华人民共和国外商投资企业和外国企业所得税法》,均属外国投资法体系,其中包含了中外企业开放合作的形式、内容、方式、运行、合同以及纠纷处置等一系列规定,成为当时重要的外商进入中国投资、生产、贸易等商业活动的指引。2019年我国正式颁布《中华人民共和国外商投资法》,可以说这是外商进入中国市场开展合作的基本法。其他国家其实同样有类似的法律,发达国家有发展中国家也大都设立如此法律。美国著名的301调查是美国依据301条款进行的调查,301条款是指美国《1988年综合贸易与竞争法》第1301～1310节的全部内容,其主要含义是保护美国在国际贸易中的权利,对其他被认为贸易做法"不合理""不公平"的国家进行报复。根据这项条款,美国可以对它认为是"不公平"的其他国家的贸易做法进行调查,并可与有关国家政府协商,最后由总统决定采取提高关税、限制进口、停止有关协定等报复措施。一旦被调查,所有当事企业甚至整个行业正在进行商业合作均会受到重大影响。所以,企业如果对合作所在地的相关法律法规没有充分的认知,在企业实施跨国跨界开展合作时，无论是生产合作、贸易合作还是科技合作、创新合作等等均会遇到多个法律主体和复杂的法律关系，企业与合作者任何违反所在国所在地法律法规的行为都可能引发法律纠纷和合规风险，进而可能带来合作的困难、较大损失甚至导致合作的失败。

5. 沟通与协作难

在企业开放合作的过程中，企业与各方合作者的信息始终是不完全对称的，特别在自身利益导向下，合作各方某些关键信息数据的缺失或隐瞒，或者缺乏良好的沟通渠道和沟通，可能导致合作决策的失误和合作过程中相互猜忌风险的增加。现实中许多企业间的合作由于各种原因（如地理位置、时间差、文化、语言障碍等），使得合作各方沟通与协作往往难以持续有效进行，因为缺乏有效沟通，合作关系可能开始不太稳定，甚至会使合作各方原有的相互信任度下降，因此，企业在开放合作过程中需要合作各方保持长期、稳定的沟通与协作关系，最终影响合作效率和成果。为此合作各方建立有效的沟通渠道，及时进行生产经营、研发创新、营收利润等信息的交流，维持合作各方良好的合作信任机制是开放合作有成效的关键。

6. 预估不确定性难

全球和地区市场环境复杂多变，存在诸多不确定因素（如政策变化、经济波动、竞争态势等）。这些不确定性因素一旦爆发就可能对已经进行的合作或准备合作的事项产生不利影响，削弱合作各方的信心，增加合作的风险性。因此企业在合作合约中自然要对市场、技术、政策等不确定性进行预估，并给出相应的应对方案，以便合作能够获得预期成果。然而所有的不确定并非企业家们都可以预估的，不然就不存在"黑天鹅"事件。此外即便能够预估到它发生概率，也不见得能够预估它可能带来冲击量，不然就不会有"灰犀牛"事件。

综上所述，企业开放合作过程中存在诸多难点和挑战。为了克服这些难点，企业需要采取积极有效的措施，如加强合作对象筛选、建立健全利益分配机制、促进文化融合与沟通、强化法律合规意识、加强信息交流与共享以及灵活应对环境不确定性等。只有这样，企业才能充分发挥开放合作的优势，实现共赢发展。

二、知识资源共享

在科学技术进步的今天，社会已经是一个通过不断深化分工协作以提高全社会资源配置效率的社会，全社会的生产、流通和消费都是在分工合作的基础上进行，所有的企业只有开放合作才能融入今天的社会之中；另一个方面，企业也只有开放合作才能汲取资源、开展互相学习,取长补短,推进创新,才能树立竞争优势,实现自己的成长与发展。因此企业家应该是推动自己企业不断开放合作的第一人,其中企业家本人也应该是一个具有开放思想合作理念的第一人。成就华为的正是任正非的开放合作理念、谦虚好学的精神,引导华为成为一个拥有开放合作心态,保持持久学习先进知识的动力,不断增加自己拥有的相关知识,培育自己的创新能力,先成为知识型企业再成为创新型企业,最终成为世界级科技创新型企业。知识是创新的源泉,不善学习没有知识的个人或企业在今天的时代是不可能有市场上的竞争力,也不可能成为创新者和成功者。

(一)企业的知识资源

知识是符合文明方向的,人类对物质世界以及精神世界探索的结果总和。知识可分为隐性知识与显性知识,其中隐性知识就是所谓只可意会不可言传的知识,显性知识就是可以用语言等符号表达的知识,又可以分为公开的知识和保密的知识。它们可以存在于个体与团体之中。个人拥有大量知识,因此称为知识分子;企业拥有大量知识,可以称为知识型企业,当企业拥有大量知识和技术同时把创新作为企业成长的主要驱动时则可以称为创新型企业;当知识大规模的参与并影响社会经济活动,就是所谓知识经济。知识不同于信息数据,其特征在于信息数据要经过处理过程与价值认知方能形成知识。知识也完全不同于技术,技术是产品与服务的具体组成部分,因此仅属于有形知识的一部分,而知识还包括产品与服务的抽象组成部分,并作为驱动科学技术创新与产业创新的重要基础。今天所谓的创新型或创新型企业本质上首先是一个知识型企业,因为其拥有大量的特别的知识,形成了自己特别的知识资源,其中包括该企业的隐性知识和显性知识,企业的创新才可能在此基础上展开,并取得相应的创新成果。[①]

其实任何一个企业均有自己的一定知识,都拥有自己的知识体系,均有自己的知识资源,不然它就无法开展正常的投入产出生产经营与管理活动,只是由于拥有的知识和技术的质量的不同,同时也是由于产出的产品或服务本身的差异,导致对知识、对技术投入要求不同,这样有些企业就成为知识型企业或高技术企业,有些则不是。这两类企业不是一成不变的,前者如果故步自封不开放不学习,就可能在今天知识爆炸技术进步极快的时代被淘汰,相反那些暂时不是所谓的知识型企业或高技术企业,如果通过开放和学习,就可以吸收企业想要吸收的知识和技术,并且还可以逐步积累完善企业的知识库,最终还可以创造新的知识

---

① 芮明杰著:《知识型企业成长与创新》,上海人民出版社 2006 年版。

或新的技术,形成新的产品或服务以贡献社会。

1. 知识资源的构成

知识资源是指企业自己拥有的、开展生产经营与管理活动所依赖的所有知识,包括了已有的技术。知识资源具体包括所有的员工,因为每个员工均有自己的知识以及由此形成的能力和技能,企业物化的知识技术如生产设备、测量设备、工艺技术、企业的各类制度规章、生产与管理的流程、企业长期经营积累的经验、形成的技术诀窍、管理的方式方法等。知识型企业知识资源有自己的特性。瑞士洛桑国际管理学院教授巴特·维克托据企业生产特性不同,将企业拥有的知识划分为四种(见图 14-1)[①]。

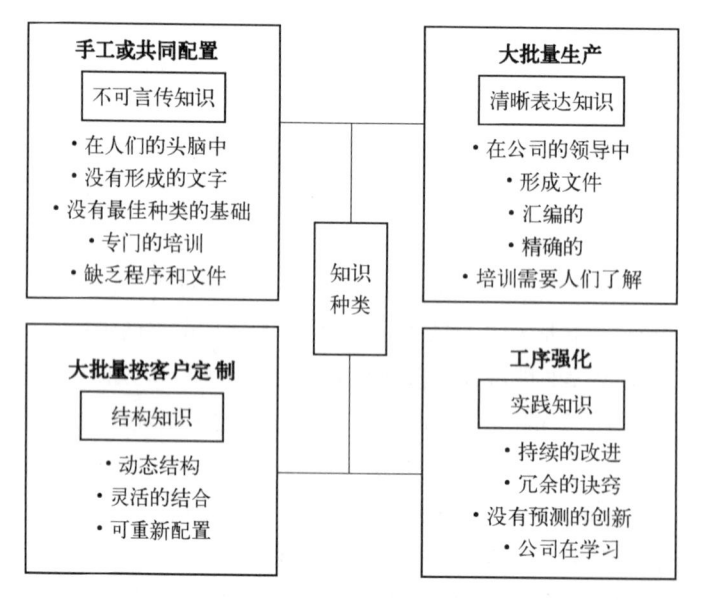

图 14-1 企业知识类型

手工或共同配置	大批量生产
不可言传知识	清晰表达知识
・在人们的头脑中 ・没有形成的文字 ・没有最佳种类的基础 ・专门的培训 ・缺乏程序和文件	・在公司的领导中 ・形成文件 ・汇编的 ・精确的 ・培训需要人们了解
大批量按客户定制	工序强化
结构知识	实践知识
・动态结构 ・灵活的结合 ・可重新配置	・持续的改进 ・冗余的诀窍 ・没有预测的创新 ・公司在学习

(中心:知识种类)

显然,对于知识型或创新型企业来说,手工或共同配置中的不可言传知识(或隐性知识)是其知识资源的核心。"隐性知识是最富有战略价值的知识资源,它比显性知识对有效行为的作用更大,正是隐性知识推动业务的发展并创造出新价值。"[②]换句话说,正是因为不可言传知识已成为知识型企业知识资源输入的主体,才使创新型企业与一般企业明显区别开来。因为从知识角度来看,虽然一般的企业也是一个知识体系,但是根据巴特·维克托的分析,其知识体系可以

[①] [美]巴特·维克托等著:《创新的价值——实现增长和盈利的最大化》,新华出版社 2000 年版,第 214 页。
[②] 陈锐著:《公司知识管理》,山西经济出版社 2000 年版,第 29 页。

体现为清晰表达的知识、实践知识或结构知识的特征。这些企业的知识体系尽管也需要知识管理,但是这种知识管理中如托马斯·科勒、普罗斯等人所说,一般传统企业这种知识管理称为企业记忆。所谓企业记忆,是指企业对大量过去经历、实践、态度的了解与依赖。当企业的环境变化很慢甚至不变化时,这种记忆能够帮助企业决定如何对付未来的问题。①

2. 知识资源的特性

何为知识型企业的知识资源特性,汤姆·彼得斯曾经形象地指出,"'微软公司的唯一资产是人的想象力,'《纽约时报》杂志作者弗雷德·穆迪这样认为。……在把这句有关微软的话告诉听众之后,我提出了一个具体问题:'在座各位中谁知道管理人的想象力的含义吗?'目前为止,还没有一个人,包括我在内,站起来回答。我也不知道什么是管理人的想象力,但是我知道,想象力是知识经济的主要财源"。② 基于知识创新型企业的知识资源特性,野中郁次郎认为,知识管理的实质就是"从无序到概念",或者说就是知识创新。"知识创新是一个通过隐喻、类比和模型,将隐性知识显性化的过程。理解了这一点,企业就可从中得到启发:应该怎样设计组织结构?怎样界定管理职能和管理责任?这便是知识创新型企业的内部机制所在。正是这种结构和规则,将企业的远见变成创新的技术和产品。"③显然,企业家和企业员工的远见卓识、思想创意是企业知识资源特性构成中的关键之一,决定了知识型或创新型企业的知识配置与管理需要一种新机制,来解决诸如企业隐性知识显性化,实现在组织内部或与合作者共享等问题,从而上升为促进知识创新、技术创新的新范式。欧文·拉兹洛把这种管理知识称为"第三种商务知识",并且强调,"它不是来源于 20 年代对泰勒'科学管理'理论有着重要影响的、建立在机械论基础上的科学,而是源于那些新兴的科学,即来源于现代混沌理论、耗散结构理论、动态复杂系统理论、生物及宇宙的进化理论等新兴的科学"。④ 对于时下的企业而言,拥有强大的智力资本其实就拥有了巨大的资产,对其的开发应用就会产生巨大的价值,进一步助力企业未来的发展。

3. 知识分工与积累

知识是以一种特殊方式固化在某个事先设计好的资本载体中,从而节约了生产单位产品所消耗的劳动,产生了报酬递增效应。而知识积累效率的提高依

---

① [美]托马斯·M. 科勒普罗斯等著:《法人直觉》,辽宁教育出版社 1998 年版,第 44 页。
② [美]艾伦·鲁宾逊著:《公司创造力——创新和改进是如何发生的》,上海译文出版社 2001 年版,第 1 页。
③ [奥]彼得·F. 德鲁克等著:《知识管理》,人民出版社 1999 年版,第 32 页。
④ [美]欧文·拉兹洛等著:《管理的新思维》,社会科学文献出版社 2001 年版,第 21 页。

赖于知识专门化前提下所进行的有效分工。从这个意义上说，企业就是知识专门化的装置。知识的专门化在提高知识投资可能收益的同时，也意味着知识投资在时间和空间上可能具有的差异及知识投资的风险。因此，知识的效益和价值将取决于知识在特定的时间和空间对实现组织目标的贡献，或者说不同的专门知识在组织中的作用是不同的，而同一种知识对不同的组织或同一组织的不同目标而言也是不同的。

对于企业来说，先期的持续性知识投资是获得市场利润和市场价值的重要条件。但是，市场的瞬息万变又极可能使企业所积累的知识贬值，使其知识投资的收益迅速下降。这就是知识投资的不确定性，是企业在进行知识生产知识创新时必须面对和设法控制的。有效降低知识投资的报酬不确定性、降低知识投资上的风险是企业在知识生产、知识创新与知识经营中制胜的关键要素之一。通过合作以及合作企业之间创新能力的协同，能够有效实现企业在知识投资上的专门化与规模化的统一，形成不同企业的不同专门知识之间的协同。这样，在降低知识投资风险的同时，也相对提高了知识创新的生产率，提高了知识的投资报酬收益。显然，合作是克服知识投资不确定性的有效手段之一。

4. 知识市场的路径依赖

通过对高技术产品市场上存在规模报酬递增现象研究，美国经济学家阿瑟发现知识市场的消费存在路径依赖性，即高技术产业的规模递增效应与消费者对高技术产品消费的依赖性密切相关。如对于微软（Microsoft）来说，在软件市场上的胜利与所谓的知识霸权来自对路径依赖原理的成功运用。微软的成功在于它使得全球无数计算机用户对视窗软件消费形成的路径依赖。路径依赖原理的重要意义在于只有观念领先、技术领先、生产领先才能获得市场领先，才能锁定消费者，实现知识投资的报酬递增。对于企业来说，缩短知识创新的时间、缩短新产品和新服务面世的时间，是实现与提高知识投资收益的关键，而一旦获得市场领先，锁定顾客，那么根据学习曲线原理和规模报酬递增原理，其新产品开发上的投资收益会不断提高。通过企业间的合作，特别是围绕知识型产品开发中的合作，可以通过对组织优势资源的有效利用和重新整合、形成新产品上的集体资源优势，克服产品创新和商品化中的种种问题与困难，提高产品开发的速度与效率，提高市场领先的能力。知识越复杂，知识创新的范围越广，知识创新中所需要的投入越大，知识创新的不确定性越高，合作为企业赢得市场领先的优势就越明显。目前，全球范围内围绕复杂技术（如信息技术、生物技术、数字技术、人工智能技术等）不断发展的开放合作趋势，如许多重要软件公司将其开发的基础软件操作系统源代码全面开放，正是对知识开放、合作创新有效的最好证明。

(二) 知识资源需要更新

新知识在信息数据和知识爆炸、科学技术进步快速、数据价值提升、市场竞争十分激烈的今天会快速涌现,原来的知识也会因此而陈旧,部分甚至被淘汰,所以企业拥有的知识资源必须不断更新和不断充实,才能保持它的价值,才能够应对现时的挑战,开展创新,推进企业的成长与发展。

1. 知识资源更新有两条路径

第一是来自市场竞争压力带来的知识资源更新的路径。这是因为市场竞争激烈,导致企业的产品或服务的差异化加大以稳定顾客群,而产品或服务差异化的加大必然导致企业生产运营与管理上的调整或创新、产品创新迭代或生产经营技术上的调整或创新,而这就需要更新原有的企业知识资源或吸收新的知识新成果以补充原有知识资源的不足。这条路径是靠市场竞争的压力传递而来的,对企业而言是外在的压力下的被迫。尽管是被迫,如果企业不积极进行这项工作,就可能失去继续成功的可能。[1] 第二条路径是企业已经意识到现在的环境状况下,企业应该未雨绸缪早做准备,开放自己,努力向新知识新技术新管理不断学习,不断更新自己的知识资源库,为现在与未来充分做好准备。这条路径是主动型的路径,是企业主动改变自己,提高企业的开放度,提高学习强度,不断更新自己的知识资源,维持或增进其潜在的价值。其中主动不断吸引更好的人才加入企业就是其中关键的举措之一。一方面是因为这样的人才拥有企业没有的新知识、新技能,甚至是新思想,这对改善现有的知识资源存量结构状况大有好处;另一方面好的人才是稀缺的,如不为你用就可能为他人所用,从而对企业形成竞争性威胁。无论更新知识资源的两条路径中哪一条,如果要获得效果,那就要使企业成为一个学习型组织。

2. 成为学习型组织

学习型组织是一种有机的、高度开放的、扁平化的、符合人性的、能持续发展的、具有持续学习能力的组织。[2] 今天的企业要成为一个学习型组织,其本质上就是要成为一个开放的学习能力极强,增进企业的知识资源,且能够把所学知识拿来所用的组织。因为通过持续不断开放学习可以做到:

第一吸收人类最新的科学技术、人文精神等方面的最新知识,不断更新企业拥有的知识资源存量构成,例如企业需要更新最新的人工智能知识与技术、数字知识与技术,绿色低碳的知识和技术,以及企业所在领域的新知识、新技术、新理

---

[1] 芮明杰等著:《产业创新:理论与实践》,上海财经大学出版社 2019 年版。
[2] [美]彼得·圣吉著:《第五项修炼:学习型组织的艺术实践》,中信出版社 2018 年版。

念，通过学习并掌握这些新知识和新技术，就是使企业的自身知识资源得到了增强。

第二掌握新知识以适应快速变化的环境。这一方面应对市场挑战即在全球经济一体化和科技进步的推动下，市场环境日新月异，企业面临着前所未有的竞争压力。通过不断学习和创新，能够快速适应市场变化，把握新的机遇，从而在竞争中立于不败之地。另一方面响应技术进步与创新，即科学技术的迅猛发展要求企业必须不断吸收新知识、新技术，以保持在行业中的领先地位。鼓励员工积极学习新技术、新方法，推动企业的技术创新和产品升级。

第三是提升企业市场竞争力。因为通过提供持续的学习机会和资源，既提升员工的专业素质和能力，有助于企业吸引和留住优秀人才，也可以提高整个组织的专业素质和形成作为隐性知识的核心竞争力。学习型组织就是通过持续的开放，通过团队学习和个人学习相结合的学习方式，激发员工的创新思维和创造力，不断推出新产品、新服务，满足市场需求，提升企业竞争力。

3. 学习方式创新

学习型组织中的学习方式有两大类：一为个人学习，二为团队学习。个人学习的目标往往更加个性化，聚焦于提升个人技能、拓宽知识面、实现职业发展或满足个人兴趣爱好。它强调的是自我完善和自我实现，如通过读书学习、掌握新语言、提升专业技能、考取证书等，以增强个人在就业市场中的竞争力以及在企业工作岗位上好的表现以便晋升，或满足文化精神上的追求。团队学习的目标则更加宏观和战略导向，旨在提升团队和组织整体效能、创新能力、适应环境变化的能力及竞争优势。它关注的是共同愿景引导、知识吸收与创新、流程优化、技术革新等方面。团队学习需要团队成员在互动中参与学习，激发思想火花，以支持组织的长期发展目标，提高产品质量、降低成本、创新技术、增强市场响应速度，甚至形成组织的隐性知识等，实现企业知识资源的不断更新。

个人学习与团队学习之间存在着密切的相互促进关系。一方面，个人学习为团队学习提供了人才储备和智力支持，通过提升员工个人能力和素质，推动团队和组织整体学习能力的提升；另一方面，团队或组织学习为个人学习提供了平台和资源，如培训机会、学习资料、交流渠道等，促进了个人知识的更新和拓展。今天，随着数字化智能化时代的到来，个人学习与团队学习、组织学习的界限越来越模糊。越来越多的企业尤其是知识型创新型企业正在学习成为学习型组织，这些企业鼓励员工自主学习、跨领域交流、分享知识经验，形成了一种"人人皆学、时时能学、处处可学"的学习氛围，同时创造团队和组织学习的平台，鼓励开展深入的跨团队学习，跨企业边界的开放式学习。这种开放融合学习型组织模式不仅提升了个人、团队和组织的学习效能,也促进了企业知识资源的更新和创新能力的提升。

三、创设价值合作网络

在工业经济时代,企业创造和生产产品的知识是不可见的,它被埋没于企业的设备、生产工艺、规章制度以及管理、营销和生产过程中,而不在产品或服务中显现。在今天的数字经济时代,企业附加价值创设活动的支点从生产制造转向以知识、信息、数据为基础的研发创新、数字产品和智能服务等方面,于是导致了现今企业生产经营过程的变化以及商业模式的创新,也引发了现今企业开放合作方向内容与方式的变化,其中企业的价值合作网络已成为开放合作的最重要形态。

(一) 价值合作网络定义与构成

1. 基本定义

所谓企业价值合作网络,是指在现代化经济体系中,围绕某一核心企业或多个相互关联的合作企业群体,通过知识资源、数据信息流、物流、资金流等要素的交换与协作,共同合作生产产品或服务提供给社会和消费者,从而创造价值并分享价值的复杂网络结构。理论上说这是一个不完备契约型的中间组织,介于市场和单个企业的中间,拥有开放性、动态性和自我强化等特征,能够不断吸引新的参与者加入,并随着环境的变化而不断演化,具有组织资源配置的一定功能。

这一网络不仅涵盖了传统意义上的产业链、价值链、供应链上下游纵向合作关系,还进一步扩展到了包括客户、供应商、竞争对手、其他合作伙伴、政府机构以及科研机构等在内的更广泛的横向、斜向合作关系。这一纵横交错形成的企业价值网络,其核心在于通过资源整合、协同创新、市场需求响应等方式,实现价值的最大化创造与合理分配,从而增强企业及其合作者的市场竞争力与可持续发展能力。价值合作网络的关键是"价值合作",没有价值的合作创造就没有存在的意义,光有价值的共同创造而没有价值获得后的共享,合作各方也就没有了动力,所以它强调的是网络所有参与者之间的协同与互利共赢。与传统的线性纵向合作模式如产业链、价值链、供应链上合作模式不同,价值合作网络更加灵活多变,能够迅速适应市场变化,通过资源整合与优化配置,实现价值的最大化。

2. 网络构成

一般而言企业价值合作网络的主要构成要素有以下几个:

(1) 核心企业

核心企业是价值合作网络中的主导力量，往往处在网络的关键节点之上，是网络的组织者和维护者。核心企业通常拥有较强的生产能力，或品牌影响力、技术创新能力和资源整合能力。为了一个共同的目标，如原创产品商业化、技术创新、新知识增进、市场竞争等等，主持制定网络规则、协调网络成员合作关系、推动技术创新和市场拓展等方式，引领整个价值合作网络的发展方向，维持它的有效运行。

(2) 网络成员

价值合作网络的成员众多，性质差异很大，且各自有自己的长处和短处，但都是愿意加入此网络并开展合作创造价值的行为。这些成员其实都是合作伙伴，这些合作伙伴包括与核心企业在技术、市场、资源等方面具有互补优势的企业或组织。它们通过共同研发、市场拓展、资源共享等方式，与核心企业形成紧密的合作伙伴关系，共同应对市场竞争与挑战。其中最主要有：① 供应商：供应商是企业价值合作网络中提供原材料、零部件、服务等生产要素的重要成员。它们与核心企业之间建立起紧密的合作关系，通过信息共享、协同生产等方式，提高供应链的响应速度与灵活性，共同应对市场需求的变化。② 客户：客户一方面是企业价值合作网络的最终服务对象，也是价值创造的源泉。客户的需求与偏好引导着价值合作网络的发展方向与产品创新路径。通过大数据分析可以深入了解客户需求、提供定制化服务等方式，可以建立稳固的客户关系，实现价值网络的持续增值。另一方面，客户也是价值合作网络的积极参与者，客户可以通过网络的开放创新平台参与创新，也可以通过知识分享使网络成员知识增进等，客户其实是价值合作共创的主体之一。③ 政府部门与科研机构：政府部门与科研机构在企业价值合作网络中发挥着重要的支持与引导作用。政府部门通过制定政策法规、提供公共服务等方式，为价值合作网络的发展创造良好的外部环境；科研机构则通过技术创新与知识传播，为价值合作网络提供源源不断的创新动力与技术支持。④ 中介服务企业。许多中介服务机构也是企业价值合作网络的成员，如会计师事务所、咨询公司、法律事务所、维修服务、物业服务、物流服务、银行金融公司、公共服务部门等等，但是他们并不是只参与一家企业价值合作网络，而是参与众多的合作网络。

(3) 共享知识、数据信息流、物流、资金流等要素

价值合作网络中需要有共享的知识、数据信息、资金以及劳动力、技术以及创新平台，因为这些是维系企业价值合作网络的重要东西，在企业价值合作网络中起着联结网络成员、推动价值创造与分配的重要作用。通过高效的知识、数据

信息共享、顺畅的物流配送与合理的资金安排，才可能确保价值合作网络的高效运行与持续发展，才能实现企业价值合作的初心。

(4) 关联关系

价值合作网络中的关联关系就是指网络成员相互之间的生产技术、服务提供、研究课题、知识信息交换等方面的复杂相关的关系，这些关系有些是正式的，有些是非正式的相互连接，这些关系就形成了该网络的基本架构。成员们这些连接关系可以是基于合同、协议的法律约束，也可以是基于信任、互惠的社会关系。关联关系是价值合作网络是否牢靠稳定的基础，而相互之间的信任则是关系维持的保障，核心则为价值创造后的利益分享。企业价值合作网络中，各成员之间通过紧密的合作关系与协同创新机制，共同创造价值并分享价值，推动整个价值合作网络的持续发展与进步，甚至形成自己的独特竞争力。其实今天市场上似乎还是企业与企业提供的产品或服务的竞争，其实这仅仅是表面现象，因为市场上的这些竞争性产品或服务的提供者已经不是那个企业的事，而是其背后的众多合作者、即企业价值合作网络的所有成员共同的事。苹果公司生产的智能手机是价值共创的结果，它的价值合作网络中著名的参与者自然是台积电、富士康等，而三星公司生产的手机也是价值共创的结果，也有价值合作网络，两者的价值合作网络并不完全相同，尤其是成员不完全相同，网络内治理机制也不相同。两公司在全球的竞争，其实已经不是简单的产品竞争，其实是各自价值合作网络的效率、能力、资源条件、治理水平等方面的竞争。

(二) 治理机制设计

企业价值合作网络的形态多种多样，是企业根据不同的合作目的、行业特点和市场环境等因素，与合作伙伴们不同的关联关系进而形成不同的网络形态和结构。例如，基于供应链管理的合作网络、基于技术创新的研发联盟、基于市场拓展的营销联盟、创新生态圈、原创产品商业化联盟等等。这些多样化的形态为不同类型的企业提供了多样化的合作选择和发展路径。核心企业为了确保自己所在价值合作网络的稳定运行和持续发展，需要对其进行有效的治理，为此就要设置开放合作的一些基本规则，并建立有效的治理机制。治理机制设计的目的是维持价值合作网络的运行，确保网络成员间的合作顺畅、利益平衡，提高参与者的伙伴积极性，促进参与者之间的诚信合作，减少冲突与摩擦，提高价值合作网络的市场竞争力。

1. 信任机制

价值合作网络中网络成员间的相互信任是合作网络的基础。建立信任机制,首先要明确合作各方的权利与义务,通过签订具有法律约束力的合同或协议,为合作提供制度保障。同时,加强网络内部的沟通与交流,增进相互了解和信任。可以定期举行会议、研讨会等活动,促进信息数据共享与经验交流,逐步建立起基于长期合作关系的信任体系。合作与信任是价值网络稳定发展的基石。应鼓励网络成员间的深度合作与长期合作,通过共同目标设定、联合研发、市场拓展等方式增强彼此间的信任与依赖。此外,还可以通过建立信用评价体系、建立声誉管理制度,实施守信激励与失信惩戒措施等方式,进一步巩固合作与信任的基础。旨在对成员的行为进行监督与评价,鼓励诚信合作,惩罚失信行为。

2. 激励机制

合理的激励约束机制能够激发网络成员的积极性和创造力,其基础是价值创造后的合理的利益分配。应根据成员的贡献大小、资源投入等因素,制定合理的利益分配方案,既要保障成员的合法权益,又要激发其积极性与创造力。这可以通过签订详细的合作协议、设定合理的利润分配比例、建立利益调整机制等方式实现。当价值合作网络发展变化,成员贡献大小发生变化时,还应及时进行调整成员间的利益分配。其次建立奖罚制度,通过设立超额贡献奖励、提供发展机会等方式,对表现突出的成员给予表彰和奖励;同时,对于违反合作规则、损害网络整体利益的成员,应采取联合制裁措施。这包括但不限于暂停或取消其合作资格、限制其在网络内的资源获取能力等。联合制裁的目的在于维护合作网络的公平与正义,确保网络成员都能遵守规则、诚信合作。奖优罚劣才能促进网络成员的持续进步与发展。核心企业还应该从维持价值合作网络的竞争力出发,助力相对弱小成员的成长,关注弱势成员的利益保护,避免"赢者通吃"的现象发生。进一步通过网络内部的口碑传播机制,促进正向激励和负面约束的双重作用。

3. 协调机制

价值合作网络除核心成员外还有众多参与者,合作共创价值需要在共同目标下的一致行动才有效率,尽管前期大家可以有不同的见解、不同的想法,但行动时必须互相配合协调一致,因此,建立合作网络中决策协调机制对于确保网络运行的高效顺畅至关重要。在价值合作网络中应建立多层次的决策协调规则、体系和平台,其中包括网络层面的全体成员参加的议事决策机构、工作层面的各专项工作组以及成员之间的协商机制等。协调的有效性首先在于充分尊重成员的意见和利益诉求,通过民主协商、求同存异、共同决策等方式达成共识。其次是由网络核心企业建立快速响应机制,及时应对突发事件和网络变革的挑战。此外网络成员行为协调的有效性还在于成员间的信息共享,同时拥有完善的信息安全保护机制,确保敏感信息不被泄露或滥用。为此,应该建立统一的信息共享平台或系统,实现网络成员间的信息实时传递与共享,助力价值合作创造的透明度、增强对市场需求的响应速度、促进技术创新的扩散与应用。

4. 学习创新机制

价值合作网络是网络成员互相进行知识共享与创新的重要平台。为此网络成员应该建立一个开放的知识学习和创新的平台,在平台上进行知识资源共享、数据资源共享、学习资源共享、思想开放交流等等,也可以设立专项基金支持创新项目研发、举办创新竞赛等活动,鼓励成员之间的知识交流与技术合作,促进知识技能的传播与提升,促进创新资源的有效整合与利用。通过共同的学习共同的价值创造,逐步在价值合作网络中培育一种积极向上、开放包容的合作文化,树立共同的价值观和发展愿景,倡导互利共赢、开放共享的合作理念,增强成员之间的情感联系和团队凝聚力,形成独特的合作网络文化氛围。

企业价值合作网络是一个动态发展的系统,其治理机制也应随之进行动态调整与优化。应根据市场环境的变化、网络成员的发展需求以及合作过程中的实际问题等因素,及时调整治理策略与措施。同时,还应建立反馈机制与评估体系,定期对治理效果进行评估与总结,不断完善和优化治理机制。

(三) 新型价值合作网络

1. 全球生产网络

全球生产网络是指跨国公司将产品价值链分割为若干个独立的价值模块,每个模块都置于全球范围内能够以最低成本完成生产的国家和地区,进而形成的多个国家参与产品价值链的不同环节的国际分工合作共创价值的体系。由于全球各国及地区不同的自然禀赋、不同的经济发展程度以及不同的发展策略导致其生产要素的充裕程度以及价格差异,在全球开放经济的条件下,核心企业就可能在全球组建生产合作网络,以创造最大化的价值。生产合作网络的核心是零部件合作、制造加工合作,核心企业往往要求网络中成员按照其产品的标准在全球各地进行生产技术合作、进行零部件生产和加工制造。我国自1978年改革开放以来,制造业、服务业。企业都纷纷加入了全球各类生产合作网络、各类全球产业链和价值链体系,并逐步成为全球价值链、供应链中不可或缺的组成部分,有些企业甚至成为合作网络的核心企业。

苹果公司iPhone的全球生产合作网络中,价值创造的分布为美国占33%,韩国占30%,日本占10%,中国台湾占9.1%,中国大陆占2.5%。这一分布反映了在苹果产品的价值创造的组成部分中,各国和地区所扮演的角色和影响力。

体现了全球多个国家和地区在其产品生产和研发中的贡献,其中美国、韩国、日本、中国台湾和中国大陆在苹果的价值链中各自扮演着不同的角色,从核心技术到组装生产,再到零配件制造,形成了多元化的国际分工格局。具体来说,美国的贡献主要集中在核心技术领域,如 CPU、基带、射频等;韩国在存储技术方面占据重要地位;日本则在 CIS 和镜头技术上有所专长;中国台湾主要承担组装工作;而中国大陆则主要负责一些零配件的生产,如连接器、模切等。近年来,苹果公司的全球生产合作策略随着全球化的趋势不断变化,中国在苹果生产合作网络中的比重在过去几年中有所下降,但中国仍然是无法被取代的,最近苹果公司开始重返中国大陆。这种变化反映了苹果根据全球趋势调整其全球生产合作网络的策略,以适应不断变化的国际经济环境和市场竞争格局的变化。[1]

2. 产业创新发展联盟

产业创新发展联盟是一些核心企业,或科研机构等发起的在某个新兴产业领域进行研究创新的合作网络,其目的是联盟成员共同推进这个领域的科技创新、应用创新、产品创新,实现商业化成功共享成果和价值。例如早在 2016 年 9 月 27 日,"智能制造推进合作创新联盟"成立仪式在浙江宁波 2016 国家智能制造论坛上举行,并与宁波江北高新园合作签约。该联盟由中国自动化学会、ABB(中国)有限公司、和利时科技集团、三菱电机自动化(中国)有限公司、北京康拓科技有限公司、菲尼克斯(中国)投资有限公司、希望森兰科技股份有限公司共同发起。联盟宗旨是本着"公平、公正、公开;共建、共享、共赢"的原则,在行业内部搭建"产、学、研、用"之间畅通无阻的交流平台,增加学会与企业之间的协同合作,从提升企业研发、生产、管理和服务的智能制造水平出发,促进行业内优势资源整合与共享,提高企业创新设计能力,推进科技成果产业化,进而推动制造业创新体系的完善。核心任务以产业技术创新需求为基础,突破产业发展的关键技术,构建共性技术平台,凝聚和培育创新人才,加速技术推广应用和产业化,更好地为国家经济建设、全民科学素质提高以及广大从事智能制造技术研究的科技工作者服务。[2]

而华为也积极深化与国内外主流产业联盟合作,促进产业可持续发展,助力行业数字化转型。其主要在两个方面参与全球主流产业联盟:一是"提升产业竞争力,促进产业可持续发展:积极参与 GCC、UWA、WAA、GIIC、星闪、WBBA 等产业组织深入合作,协同产业链伙伴,共同推进产业共识、制定产

---

[1] https://www.toutiao.com/article/7294013606167 0250/?upstream_biz=m_redirect&wid=1741942034093.
[2] https://baike.baidu.com/item/%E6%99%BA%E8%83%BD%E5%88%B6%E9%80%A0%E6%8E%A8%E8%BF%9B%E5%90%88%E4%BD%9C%E5%88%9B%E6%96%B0%E8%81%94%E7%9B%9F/22080096?fr=ge_ala.

业标准、开展测试认证、培养专业人才,促进多样性计算、音视频、WLAN、物联网、短距通信、固定网络等产业链健康可持续发展"。二是"深化产业国际合作,助力行业数字化转型:深化与 GSMA、CSIA、CCIA、CESA、GSA、AII、5GAIA、5GDNA、5GAA 等国际组织合作,积极贡献行业白皮书、测试床、标准等,推动通信、电子、制造、电力、钢铁、煤炭、油气、港口等行业数字化创新与应用,助力行业数字化转型"。[①]

(四) 产业生态圈合作

产业生态圈是指某种(些)产业在某些地域范围内已形成的以某(些)主导产业为核心的具有较强市场竞争力和产业可持续发展特征的多维产业共存共荣的生态体系,体现了一种新的产业发展模式和一种新的企业价值合作网络。以阿里巴巴的电商生态圈合作网络来看(见图 14-2),除了核心企业平台如天猫、淘宝、阿里等等之外,外围还共生了由电商平台发展导致的深度合作者,如支付宝、菜鸟物流、阿里云、阿里妈妈等,另外还有其他非阿里系的成员如高德地图、腾讯、优酷等一系列合作成员,这些企业围绕核心成员共生共荣,形成了一个多样化产业和企业价值合作创造的生态圈,为社会消费者提供全方位的满意的产品或服务,也成就了阿里巴巴的发展强大。

著名的华为公司也郑重宣布,公司要生态发展,通过开放、协作、利他,携手生态伙伴和开发者创造价值。具体是"围绕鸿蒙、鲲鹏、昇腾、云计算等业务,面向生态伙伴和开发者,加速开放平台能力,持续优化开发体验,使能创新,共创价值"的目标展开,具体有三个方面:

图 14-2 阿里电商生态圈合作

---

① https://www.huawei.com/cn/corporate-information/openness-collaboration-and-shared-success.

第一,"持续加大生态投入,助力伙伴价值创造。全方位赋能生态伙伴,与伙伴协作共赢,为客户创造价值。持续加大对生态伙伴的支持,投入百亿级人民币,激发基于华为开放能力的应用创新;与生态伙伴共享机会点、共享流量,助力伙伴商业成功。截至2023年底,累计发展超过46 000家生态伙伴,开发创新应用超过36 600个,加速金融、能源、交通、制造、医疗、教育等行业创新。"

第二,"共享经验,开放能力,丰富开发工具,持续赋能,助力开发者创新与成长。为硬件开发、应用开发、AI开发、数据开发、数字内容开发等场景提供全方位工具支持,提升开发者开发效率。通过多种多样的活动与大赛,持续发展与赋能开发者,2023年举办了7场旗舰大赛、30多场主题峰会、超过1 000场线上活动,触达数百万开发者,并通过耀星计划、众智计划、科研创新扶持计划等助力开发者发展与创新。截至2023年底,已开放超过10万个API,累计发展超过950万开发者。"

第三,"面向数字化、绿色化、智能化,为高校培养人才。发布百校种子计划、鸿蒙繁星计划、刷新产学育人基地计划、人才发展加速计划等,累计发布67本教材,升级'智能基座2.0'项目并扩大教学合作技术范围,2023年在信息领域开展77场培训,并通过中国国际大学生创新大赛、华为ICT大赛等赛事和各种创新实践活动,覆盖4 600多位老师、超过50万名学生,为产业培养生力军。"[1]

---

[1] https://www.huawei.com/cn/corporate-information/openness-collaboration-and-shared-success.

第十五章
确立优势

> 成功的关键在于发挥自己的优势,而不是与他人竞争。
>
> ——彼得·德鲁克

国家统计局日前公布的数据显示,2024 年 1—5 月,全国餐饮收入 21 634 亿元,同比增长 8.4%;限额以上单位餐饮收入 5 858 亿元,同比增长 5.9%。增长速度超过了同期 GDP 的增长,令人欣慰。但中国烹饪协会分析指出"与此同时,餐饮行业出现了增收不增利的现象",甚至还有大量企业停业、破产。据大数据公司天眼查的数据显示,截至 2024 年 6 月 30 日,国内餐饮相关企业新注册量达到 134.6 万家,而注销、吊销量也达到惊人的 105.6 万家(吊销 10 471 家、注销 1 045 678 家)。对比去年,更是令人咋舌:2023 年全年,吊销、注销的餐饮企业数据是 135.9 万家。而 2024 仅上半年 1—6 月,这个数据就"逼近"去年一整年了。为什么会如此,协会的解释是餐饮市场上价格战、同质化竞争和成本压力的不断加剧是造成这种现象的主要因素。

例如曾经红火的咖啡市场上价格竞争激烈,瑞幸与库迪的低价竞争未歇,幸运咖以"6 块 6 封顶"的策略加入战局,被誉为"价格屠夫",进一步降低了现磨咖啡的消费门槛。其未来是否能如蜜雪冰城般崛起尚待观察,但已对咖啡业界构成震撼,展示了现磨咖啡价格的新探索。又如曾经火爆的小火锅领域同样如此,南城香以 39.8 元火锅自助迅速走红,承诺高品质原切肉,满足顾客对性价比的追求。海底捞子品牌"小嗨火锅"也紧随其后,将价格下探至 50~60 元区间,甚至推出 39.8 元工作日套餐,再次刷新小火锅性价比底线,等等。[①] 似乎企业们在

---

① https://mp.weixin.qq.com/s?__biz=MzA3OTE0ODU3NQ==&mid=2650507898&idx=1&sn=2fef678f81cfe1af5bebac48e4dce785&chksm=8600e4d8b8398c89ae29f7b7232440865053ac6420c62b6cef74a1532a0582e54b889fc7352c&scene=27.

消费者越来越理性消费的状况下,在餐饮市场上只有采取价格竞争的策略,才能在市场上占据优势,获得更多的消费者青睐,才能战胜竞争对手实现企业的持续生存与发展。其实不然,企业间在市场上展开的价格战,往往是杀敌一千自损八百,结果是出局者众多而留下者也元气大伤。市场竞争取胜的最高之境界在于"不战而屈人之兵"[①]。

一、竞争优势的背后

有市场就会有市场竞争,有竞争就会有优胜劣汰,要想在竞争性市场上生存与发展,企业就应该保持对于竞争对手的优势,即竞争优势。也正是如此,企业家作为一个企业的领导人,领导确立企业在市场上的竞争优势就成为领导企业生存发展的关键行动。

(一) 竞争优势与市场势力

1. 竞争优势与市场势力的概念

优势其实是一个比较的概念,意思是强于比较对象的某一个特质方面,或相比较处于较有利的时间状况和空间位置方面。企业竞争优势也是一个比较的概念,如果市场上不存在竞争自然也就没有所谓的竞争优势,反之市场上有竞争,即便参与竞争的企业不多,但也最终能够显现那些参与者谁最具竞争优势。一般而言,企业竞争优势是指企业在与竞争对手的竞争中,能够持续地为顾客提供超过其价值的产品或服务,获得更多顾客认可和满意进而不断购买,获得超过竞争对手的业绩,实现了企业的成长。竞争优势的背后其实是企业拥有的对手没有或相对比较弱的特质,以及可能占据的有利时机或地理空间位置等自然禀赋条件。

市场势力(Market Power),也称市场权力,是指卖方或买方不适当的影响商品价格的能力。对于卖方而言,市场势力即其垄断倾向,指的是一个经济组织或经济组织小团体不适当的影响市场价格的能力。当市场上存在非效率或不完全竞争时,相关企业利用其在市场上的地位如市场占有率高、技术先进、品牌知名度高等便可能具有一定程度的市场势力。这种势力可能使企业有利可图地将价格设定在高于边际成本的水平上,从而影响市场的资源配置效率和消费者的福利。同样当市场上的买方企业利用其购买的批量大、资本实力强,或是卖方不

[①] 孙武著:《孙子兵法·谋攻篇》,上海古籍出版社 2018 年版。

可或缺的供应商时,对所购买的产品或服务进行压价、要求补贴等,就说明其也拥有了一定的市场势力。

2. 市场竞争优势并不等于市场势力

市场竞争优势是企业与竞争对手在市场上公平竞争时,由各自企业的特质决定的产品或服务受消费者的欢迎程度以及相应的业绩状况所确认,竞争优势的存在可以帮助企业竞争获胜。市场势力则不同,市场势力是由企业利用其已经在市场上的地位,对市场上的产品或服务价格进行影响,从获得超额利润的行为。这种行为通常会妨碍市场的公平竞争,妨碍企业通过自身的努力和创新来获得成功的机会。然而在利润最大化的诱惑下,许多企业往往从竞争优势出发然后谋求市场势力,以便轻松获利。所以可以说企业竞争优势的极致表现如拥有很大市场份额、没有约束性的竞争对手时这种优势就成为市场势力。而已有的市场势力就是一种竞争优势,一种可以支配市场竞争和扭曲市场价格的强大优势。

3. 竞争优势获得途径

企业在市场上获得竞争优势可能有两个重要的途径：一是企业在市场竞争中相较于竞争对手具有时间状况和空间位置等方面的有利条件,这就是所谓的天时地利。例如企业进入市场时机比较合适,此时新的生产技术开始应用,于是企业可以采用新的技术进行生产经营与对手竞争；如这段时间的原材料国际市场价格相对低迷,于是导致生产的产品或服务的原料成本比较低；再如进入市场时现有的竞争对手力量薄弱,资源实力不强等等,毋庸讳言许多企业在市场上竞争获胜可能就是因为企业占据了有利的时机。所谓地利是指企业所处的地域位置、地域市场的状况、消费者状况等方面比竞争对手有利,例如企业处在全球最大消费市场之中,其消费者的购买力较强,而竞争对手可能位处发展中国家,本地市场狭小购买力也不强；又如企业生产之地地理环境好、劳动力充裕且价格低廉等等,导致综合生产成本比较低下,而竞争对手则处在交通困难、生产资源等缺少的地理环境,于是两者在地利方面就有差异,导致市场竞争的天平倒向有利的一方。但这些属于企业所依赖的自然禀赋带来的竞争优势,固然十分重要但还是可以通过后天的技术进步、管理效率、市场策略等来弥补。

二是企业具有相较于竞争对手有一些特质,这些特质可以带给消费者更合适更满意的产品或服务,从而在市场上有优势能够战胜竞争对手。例如所谓的人和,人和其实是企业可以拥有的内生性特质之一。人和是指企业组织内部不同的个体能够和谐相处,积极向上,齐心协力开展生产经营、研发创新,导致成本可控生产效率高,市场拓展成效显著。企业内人和的状况与企业领导人的领导风格有关,也与企业的管理方式和文化氛围有关,所以这个特质是企业内生的,是支撑企业在市场竞争中有优势的特质,不同的企业可以有自己的特质,但并不是每个企业都具有自己的特质,所谓特质其实就是企业的竞争力,支撑竞争优势的竞争力。

(二)竞争力是内生的

1. 企业竞争力

企业竞争力是指企业在市场环境中,通过自身资源与能力的综合运用,相较于竞争对手,在技术进步、研发创新、提供产品或服务、满足市场需求、创造价值并实现可持续发展方面所展现出的综合能力。根据这个定义,企业的竞争力是指企业内生的,不是指那些外在的有利条件。所以作为企业自身的特质其实就是指企业长期在生产经营、技术进步、市场竞争等方面形成的特定能力,这些能力在市场竞争中通过产品或服务的差异化、价格状况、技术含量、使用状况、获得便利性等诸多方面体现出来,形成对竞争对手的某些方面的优势即竞争优势,最终又在市场占有、销售利润、品牌效应等方面表现出来。当然,当企业拥有强大的在复杂多变的市场环境中生存和发展的能力,即市场竞争力时,企业还具有所谓天时地利的有利条件时,自然会放大企业的市场竞争力。我国幅员辽阔、人口众多,当人均可支配收入不断上升的条件下,肯定将是一个超大规模的市场,再加上各地区自然资源禀赋、经济发展程度差别很大,这就为企业竞争力的发挥开创了巨大时间和空间。

既然竞争力是企业内生的能力,是比较竞争对手而来,因此一般意义上企业的许多特质能力都可以成为企业的市场竞争力,只要比竞争对手强且带来市场上的优势。所以企业拥有的诸如:① 战略博弈能力,即企业总能够在复杂变化的宏观环境和微观市场上发现挑战和机遇,并迅速找到适合企业发展的战略以及实施策略的能力。这个能力还包括了企业能够找到市场上博弈的最佳策略,组织市场上的竞争博弈并获胜。② 创新能力,包括技术创新、产品创新、服务创新、管理创新等多个方面的创新能力。因为技术创新能够带来产品性能的提升和成本的降低;产品创新则能满足市场不断变化的需求;服务创新能提升客户满意度和忠诚度;管理创新则能提高运营效率,降低成本。③ 市场开拓能力,即企业善于建设和管理分销渠道,善于塑造企业的品牌并不断提高其知名度和美誉度,维持良好客户关系提高市场份额,增强客户忠诚度等方面的能力。④ 供应链管理能力:即与供应链上的合作伙伴供应商、分销商等建立长期稳定合作关系,形成高效的供应链体系等方面的能力。⑤ 高效的运营能力也很重要,因为运营能力强大可以不断优化生产流程、提升管理水平、加强信息化建设,实现精细化管理;能够降低企业成本,提高资源利用效率,提高企业的生产效率,等等。

2. 核心竞争力

美国学者普拉哈拉德(C. K. Prahalad)和哈默尔(G. Hamel)1990年发表在《哈佛商业评论》上的《企业核心竞争力》一文中,首次提出了企业核心竞争力的概念,他们认为,企业的核心竞争力是组织中积累的学识,特别是关于如何协调各种生产技能和整合各种技术的学识,是一种超越竞争对手的内在能力,是企业独有的、比竞争对手强大的、对手不能模仿的、具有持久力的某种特质。核心竞争力是一个企业能够长期获得竞争优势的能力,是企业所特有的、能够经得起时间考验的、具有延展性,并且是竞争对手难以模仿的技术或能力。

两位学者强调,企业的竞争优势主要来源于其核心竞争力的差异,而不仅仅是市场机会或行业结构。核心竞争力不仅包括企业内部的文化、技术和技能组合,还包括这些要素与组织融为一体的能力。在他们看来核心竞争力首先应该有助于企业可以进入不同的市场,它应成为企业扩大企业业务边界的能力基础。其次,核心竞争力对创造企业最终产品和服务的顾客价值贡献巨大,它的贡献在于实现顾客最为关注的、核心的、根本的利益,即实现顾客的最大价值主张,而不仅仅是一些普通的、短期的好处,如降价、折扣、送货到家等。最后,企业的核心竞争力是一种默会的知识,竞争对手很难进行复制和模仿。[1] 今天核心竞争力已经引起企业界的广泛重视,培育和发展企业的核心竞争力已经成为企业提高市场竞争优势的关键策略。[2]

3. 动态竞争力

动态竞争力是企业调整、集成和重构组织、资源以跟上环境变化和市场变化的能力。根据蒂斯和皮萨诺的看法,"动态"是指为适应不断变化的市场环境,企业必须具有不断更新自身能力的能力;"能力"是指战略管理在更新自身能力中的关键作用。动态竞争力理论是为克服企业资源惰性和核心能力刚性而提出的,它强调了以往的企业能力理论中所忽略的两个关键方面即"动态"和"能力"。[3] 动态竞争力的形成是源于市场的动态本质。第一,竞争性市场是不断变化的,其中消费者偏好的变化,原有市场竞争参与者的能力变化,新加入者的势力,技术进步与创新等等都是导致市场动态变化的因素。此时企业的竞争优势不再是静态的、长期的,而是短暂的、可变的,即动态竞争优势。第二,既然市场在变化,竞争

---

[1] [印]C.K.普拉哈拉德、[美]加里·哈默尔著:《企业核心竞争力》,《哈佛商业评论》1990年第3期。
[2] 芮明杰、陈晓静、王国荣著:《公司核心竞争力培育》,上海人民出版社2008年版。
[3] [美]大卫·蒂斯、[美]加里·皮萨诺、[美]苏安著:《动态能力与战略管理》,《战略管理杂志》1997年第18卷第7期。

对手在变化,企业原有的竞争优势以及背后的竞争力也需要相应的动态调整。此时企业如果具备高度的灵活性和适应性,能够迅速识别市场变化并做出相应的自身调整,建设动态竞争优势,不断创新、优化产品和服务、提升运营效率等方式,这种能力就是所谓的动态竞争力。在动态变化的数智时代,竞争激烈的市场中,企业必要考虑如何确立自己在市场上动态竞争力,来创造可持续的动态竞争优势。

二、确立竞争优势的策略

所有的企业因为其产出的产品或服务总是属于一个产业领域或多个产业领域,因此企业总是某个产业市场或多个产业领域市场的市场参与者、市场竞争者。甚至企业还可能准备进入一个新的产业领域即新市场,即准备在这个新市场上进行竞争。所谓确立竞争优势,就是企业希望自己能够在已有的产业领域市场上获得竞争优势,也希望能够在准备进入的新产业领域市场上获得竞争优势。然而企业所在的市场或准备进入的市场上的竞争状况并不相同,企业并没有也不应该有一个在不同市场上确立竞争优势的相同策略。

(一)市场结构分析

市场结构主要是指这一市场上所有的企业(卖方)与所有的卖方(顾客)之间形成的交易关系、竞争关系、合作关系的特征和形式。一般而言,作为市场构成主体的买卖双方相互间发生市场关系的情形包括4种情况:卖方(企业)之间的关系;买方(企业或消费者)之间的关系;买卖双方相互间的关系;市场内已有的买方和卖方与正在进入或可能进入市场的买方、卖方之间的关系。上述关系在现实市场中的综合反映就是市场上买卖双方之间的竞争和垄断关系,关系的不同意味着市场上的产品或服务的交易价格的形成方式有所不同,有所谓的竞争价格或垄断价格等一说。竞争价格就是指市场上所有企业积极竞争下形成的市场价格,而垄断价格则为某个企业或企业联盟凭借自己的市场势力形成的价格,可以有高于一般价格的价格,称为垄断高价;也可以给出垄断低价即低于成本的价格,称为垄断低价。

1. 四类市场结构

经济学把市场上的垄断与竞争关系进行了分类,认为一个市场上垄断与竞争关系结构依赖于买者和卖者的数量以及产品差别的大小。依照市场上企业的数量、企业所提供产品的差异、对价格的影响程度以及进入障碍等特征,市场被划分为完全竞争、垄断、垄断竞争和寡头四种市场结构。

(1) 完全竞争市场

这个市场上厂商数目众多、厂商所提供的产量相对于市场规模而言只占很小的份额,并且厂商进入和退出自由。在这个市场上,价格是厂商长期竞争的价格,从而实现边际成本等于边际收益。价格一旦形成对每个企业而言就是一个给定的量,单个厂商的产量变化即竞争努力不会对市场价格造成影响。以价格等于边际成本为条件,是指这个市场的整体而言,短期来看,厂商调整各种生产要素的投入数量,改进生产技术等以便使得每个产量的成本为最低,从而获得市场竞争优势,但长期来看由于竞争的存在,一些企业竞争失利退出,一些企业进入竞争,最终导致市场上新的均衡价格产生,回归边际成本等于边际收益的状况。完全竞争市场被认为是在生产数量和技术使用方面具有效率的市场。

(2) 垄断市场

这个市场十分特殊,市场上只有一家厂商,由它提供所有产出品给所有的买家。因为这个市场上的企业独此一家,所以市场上不存在竞争,因此市场的价格形成就是该企业确定的价格,企业通常以自己的边际成本为准则制定价格,决定如何生产和生产多少,而且要决定索要多高的价格。但又不一定如此,它可以高于或低于自己边际成本定价,因为众多的买家此时没有任何可以讨价还价的余地,除非该企业受到政府制定的法规约束。这样的市场通常是在一些资源性产业、公共服务产业曾经存在过,在垄断市场上,市场价格往往高于边际成本,加之不存在竞争,垄断厂商一般会处于获得超额利润的均衡。垄断厂商在产量供给和技术使用方面缺乏效率,这个市场是低效率的市场。

(3) 垄断竞争市场

这个市场进入的壁垒不高,市场上存在许多卖方厂商,生产有差异的产品,这些产品在此市场上有竞争,但竞争不完全表现在价格竞争之上,厂商可以通过技术进步、产品功能变化、品牌效应等使自己的产品具有不完全相同的属性,以提供给市场上一部分顾客,甚至以此形成厂商的固定客户群体,进而形成自己的这个顾客群愿意接受的价格,这就是所谓企业对客户的一定垄断。然而,这个市场是容易进入的,因此会有现有的厂商进行模仿竞争,也会吸引其他的厂商进入此市场开展竞争。这样又迫使原来的厂商进一步进行创新,开展市场顾客的争夺。这样一个过程的反复,说明这个市场是有效率的,促进了市场上所有参与者的进步,也可以极大满足买者们的不同需求。这个市场要获得竞争优势,显然是需要企业有对自己提供的产品或服务有适应消费者需求差异化的能力。

(4) 寡头垄断市场

寡头垄断市场,是指这个市场只有少数几个卖方,通常受到进入壁垒的保护,卖家们在市场上提供的产品或是标准化的或是有差异的。一般而言向买家企业出售的产品,通常是标准化商品。这几个生产厂商自然会在市场上开展竞争,形成市场价格,同时买方可以凭借其采购的量或其他条件产生的市场势力,进行压价实现成交价格。当这个市场是面对消费者的市场,寡头厂商们的竞争往往是针对不同顾客群需求,以独特的差异性产品和大量的广告诱导消费者,以成本加成的基本方式形成竞争性价格,例如著名的肯德基和麦当劳公司就是美国快餐市场上的寡头企业,他们都提供汉堡,只是一个以鸡肉为主,一个以牛肉为主,价格虽然不同,但依然具有竞争性。

2. 竞争强度判断

现实中的市场并不完全可以落入这四种市场结构中的一种,也许是介于其他两类市场的中间。因此为了帮助企业分析自己所在市场的垄断与竞争关系究竟如何,市场上竞争的强度究竟如何,哈佛大学商学院的迈克尔·波特教授总结了一个分析模型,即所谓的市场竞争分析的五力模型,见图15-1。

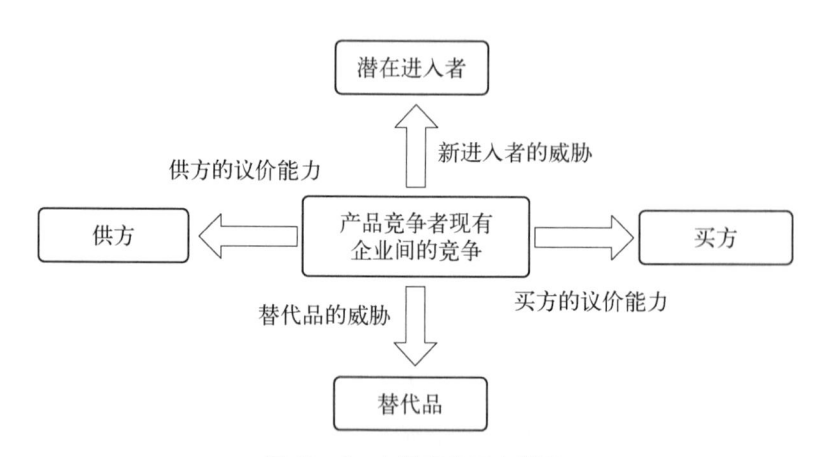

图 15-1 市场竞争五力模型

模型中的五力是指:供应方也就是卖方,买方也就是顾客,替代品即替代市场上交易产品的产品,潜在的该市场的进入者,最后是现有市场上其他的竞争对手。五种力量不同的实力和竞争或垄断策略不同的交织就形成了现实中不同产品或服务市场的垄断竞争关系,形成了不同的真实的市场结构。[①]

(1)供应商的议价能力

供应商的议价能力是指供应商的市场地位、产品差异化程度、转换成本以及竞争实力等形成的确定和维持其价格的能力,这种能力可能迫使买家只能接受

---

① [美]迈克尔·波特著:《竞争战略》,中信出版社2014年版。

不利的价格或其他交易条件，可能迫使竞争对手难以挑战其市场价格。供应商的议价能力其实是其重要竞争力。

（2）购买者的议价能力

购买者的议价能力取决于其市场地位、购买量大小、产品差异化程度以及信息获取能力等因素形成的讨价还价的能力，这种能力可以迫使卖方降低价格或提供额外服务，也可以只与某卖家交易为由，影响市场的竞争格局，更可以通过压低价格、要求更高质量的产品或服务以及寻求更多服务来影响卖家的盈利能力。这种能力就是买家的市场竞争力，不可小觑。

（3）潜在进入者的威胁

所谓潜在进入者指的是那些可能进入本市场参与竞争的新企业，新企业的进入自然打破了原来的市场竞争结构，甚至成为市场上的新势力有其竞争优势。潜在进入者对现有市场上其他竞争者的威胁程度取决于其实力、技术、人才、管理、产品品质等系列因素的综合。另一方面，如果本市场进入壁垒比较低，就可能吸引大量新竞争者进入，从而加剧市场竞争，因此市场上现有企业如何提高进入壁垒是维持现有竞争格局的关键措施。

（4）替代品的威胁

所谓现有产品或服务的替代品是指能够满足相同或相似需求的其他产品或服务。替代品的价格、性能、便利性等因素直接影响客户对原产品的需求和忠诚度，当替代品更具吸引力时，原产品的市场份额和利润空间将受到挤压，原有的厂商之间的竞争会加剧，甚至会有企业被淘汰。替代品的产生源于一些厂商的创新产生，一些新进入者可以携替代品进入这个市场，从争夺这个市场并取而代之原有的厂商。

（5）行业内现有竞争者之间的竞争

行业内现有竞争者之间的竞争，是指该行业是市场内各企业之间为了争夺市场份额、客户资源和利润空间而展开的激烈竞争，最终反映了这个市场上企业间的竞争强度，形成了这个市场上的竞争格局。市场竞争强度受多种因素影响，包括市场份额分布、产品差异化程度、固定成本占比、行业增长速度等。

市场竞争强度很大的市场就是今天所说的"太卷"的市场，这样的市场状况对市场上所有的参与竞争者而言都不见得是件好事，此时的市场可以称之为过度竞争的市场，在这个市场上竞争异常激烈，价格低于成本甚至到了残酷的状况，几乎所有的竞争参与者可能均要蒙受巨大的竞争性损失，能够活下来的企业不多，活着的一定是真正成本领先的企业。

(二) 确立市场优势的策略

不同市场上竞争的状况并不相同，因此并没有对所有企业都适用的确立市场优势的策略，有人说市场就是战场，凭实力说话，此话也对也不对，因为古今战场上以少胜多，以弱胜强的案例比比皆是，问题是指挥家是否有超越一流的军事才能和策略，以及有破釜沉舟的决心与勇气，最终将自己从处在的劣势地位转为竞争优势。

1. 三个通用竞争策略

迈克尔·波特教授在其名著《竞争战略》中给竞争中的企业家和企业在竞争市场上获得竞争优势三个通用的竞争策略，说是通用其实并不是在所有的市场上所有的企业都可以采用的策略，而是说有这么三个一般的策略可以供企业家和企业在市场竞争中灵活使用，以帮助企业尽可能获得市场上的优势。这三个通用的竞争策略，就是著名的：成本领先、差异化和集中一点策略。

(1) 成本领先策略

成本领先策略的核心思想是保持自己企业生产的产品或服务相同品质的条件下，企业产品或服务的单位成本始终比竞争对手来得低。如果市场上展开了价格竞争，则竞争对手无利或亏损时，你还可以盈利或保本，如此你就赢到最后。如果市场上展开了非价格竞争，价格不变服务深化，则你依然有充分的资源投入竞争，最终取胜。更重要的是，即便没有竞争，你的成本最低自然就给你带来最大的利润回报。然而企业要始终保持行业同行中成本的领先优势其实也是十分需要努力的付出。成本领先策略要求企业通过降低生产成本和运营成本来获得比竞争对手更低的成本结构。为此企业需要通过优化生产流程、采用先进技术、降低采购成本、提高资产利用率等方式来降低成本，需要技术创新、管理创新、开展合作以提高效率、实现规模经济和范围经济以增加收益。成本领先策略在垄断竞争的市场以及过度竞争的市场上，特别适合企业考虑选用。总成本领先地位非常吸引人。一旦企业赢得了这样的地位，所获得的较高的边际利润又可以重新对新设备、现代设施进行投资以维护成本上的领先地位，而这种再投资往往是保持低成本状态的先决条件。

(2) 差异化策略

这个策略的核心思想是市场上的消费者虽然大的需求一致。例如，大家都有衣食住行等需求，但每个人因为个人种种状况的不同，还有自己特别的偏好（喜欢吃粤菜、喜欢住高级酒店、喜欢开豪华车等）。因此，企业应该针对一个细分的顾客群，为他们提供喜欢的不同凡响的产品或服务就够了，这就是有差异化的顾客，就会有差异化生产服务的策略。所以，差异化策略强调企业通过提供独特的产品或服务来满足顾客的特定需求，并不断创造和保持产品或服务的差异化优势，由于这种独特性，可以使客户愿意支付更高的价格，从而企业可以获得更大回报。所谓的奢侈消费品就是品牌、品质、社会地位象征的特定性，导致购买者愿意支付很高的价格。一般而言，实施差异化策略的企业往往可以通过产品创新、品牌塑造、客户服务、营销策略、技术特性、智能化程度等方式来实现差异化，这种策略特别适合垄断竞争市场和寡头垄断市场，不太适合过度竞争的市场，因为差异化策略的实施一方面需要研发创新的投入和能力，另一方面增加了人力资本等方面的支出，导致成本的增加。波特认为，推行差别化策略有时会与争取占有更大的市场份额的活动相矛盾。推行差别化策略往往要求企业对于这一战略的排他性有思想准备。这一策略与提高市场份额两者不可兼顾。在建立企业的差别化战略的活动中总是伴随着很高的成本代价，有时即便全产业范围的顾客都了解企业的独特优点，也并不是所有顾客将愿意或有能力支付企业要求的高价格。[①]

(3) 集中一点策略

集中一点策略是指企业将资源和能力集中在特定的细分市场或客户群体上，以提供更加专业化的产品或服务。其核心思想是企业的资源有限，市场的规模有很大，与其广泛出击导致资源入不敷出不可持续，不如集中资源主攻一个细分市场，做好做深这个市场，在这个细分市场上形成企业力所能及的竞争优势。实施这个策略，要求企业深入了解产业领域中的细分市场或客户群体的需求，开展大数据支撑的定制化产品或服务，建立紧密的客户关系等方式来实现自己在市场上的竞争优势。集中一点策略还可以应用成本领先策略和差异化策略之上，即集中资源推进成本领先以获得市场竞争优势，或集中资源推进差异化以获得竞争优势。其实任何企业无论世界500强这样的大公司，或几个人的小公司，他们的资源都是有限的，因此不把资源过度分散在不同的业务领域，而是集中资源建立竞争优势总是不错的选择。回归核心主业，瞄准特定消费者群体，开展合作创新，集中资源力量建立市场上的竞争优势，总是正确的策略选择。

确立企业在市场上的竞争优势，首先需要企业能够深入分析市场竞争结构和自身资源能力，其次需要选择适合自己的竞争策略，以应对市场竞争挑战，创造持续的竞争优势，实现持续发展。竞争策略的目的就是创造别人无可取代的

---

① ［美］迈克尔·波特著：《竞争战略》，中信出版社2014年版。

地位。现实中的企业无论是追求成本领先、差异化还是集中一点策略,都需要不断关注客户需求变化和市场竞争对手、竞争策略等方面的变化,知己知彼才能百战百胜,需要根据市场竞争格局的变化灵活调整战略方向和执行策略,以保持竞争优势和领先地位。

2. 价值链竞争策略。

价值链(Value Chain)是迈克尔·波特(Michael Porter)教授在其1985年出版的《竞争优势》一书中提出的。波特认为,每一个企业都是在设计、生产、销售、发送和辅助其产品的过程中进行种种活动的集合体。企业的价值创造是通过这些一系列商业活动构成的,每一个商业活动的完成就创造一定的价值,于是这些活动可以用一个价值链来表达,见图15-2。

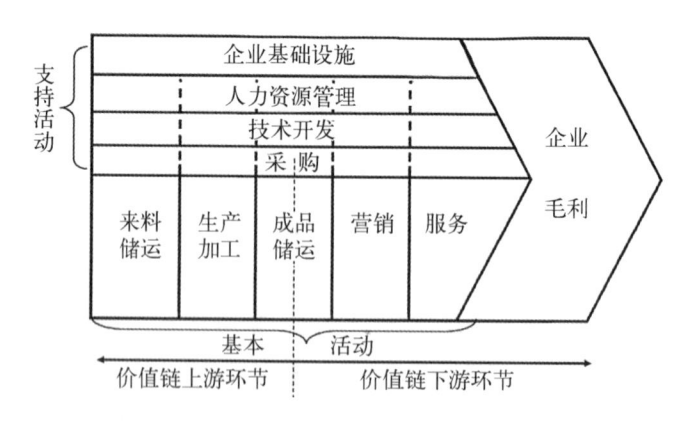

图 15-2 波特价值链示意

图15-2中可见企业的商业活动可分为基本活动和辅助活动两类,基本活动包括来料储运、生产加工、成品储运、市场营销、服务等;而辅助活动则包括采购、技术开发、人力资源管理和企业基础设施等。这些互不相同但又相互关联的生产经营活动,各自创造价值同时又协同一致形成一个创造价值的动态过程,即价值链。从价值链的角度可见,价值链上的各项活动之间都有密切联系,且不仅限于企业内部,还包括企业外部活动,如与供应商和顾客之间的关系。所有的活动都能够给企业带来有形无形的价值,且每一项价值活动都会对企业最终能够实现多大的价值造成影响。例如,优化生产作业流程可以降低生产成本,提高产品质量;加强售后服务可以提高顾客满意度和忠诚度等等。另一方面,一个企业的价值创造既与价值链上所有价值环节创造的价值状况有关,也与整个价值链的优化高效有关,与企业对价值链的治理能力有关。正如波特教授所说,如果一个企业有不同于竞争对手的独特的价值链,有对企业价值链优化整合的能力,则

企业就拥有了竞争优势。①

时下,企业在市场上的竞争表面上依然是产品或服务的竞争,但其背后已经是各自的生产商提供商所拥有的价值链之间的竞争,尤其是在全球经济一体化条件下,企业价值链上的价值环节并不一定要在企业内完成,既可以在全球其他有利于价值创造的地方完成,也可以由这一价值创造的最佳合作伙伴来完成,最后由企业对此进行全球的整合与优化,创造最大化价值,才能确立全球市场竞争的竞争优势。价值链整合包括企业内部的整合和外部的整合两个方面。企业内部的整合旨在优化资源配置、提高运营效率;企业外部的整合则通过寻求合作伙伴、共同完成价值链的全过程,以实现资源共享、优势互补。通过价值链的整合,企业可以更加高效地创造价值,从而提升竞争优势。这就是所谓的全球价值链分布与整合获得全球竞争市场上竞争优势的策略。

例如小米就是通过有效整合价值链优化价值链,实现成本领先,获得市场竞争优势的成功典范。小米公司的价值链主要包括研发、采购、生产、销售和售后服务等环节。近年来,随着科学技术的进步与互联网的发展,智能手机行业竞争日趋白热化,小米公司选择坚持成本领先策略,注重每个价值创造环节的成本价值比,整合优化价值链,将低成本转化成高收益,在其产品的市场价格等于甚至低于行业平均水平的情况下,保持足够的盈利,增大公司产品的获利空间。小米公司摒弃了重点压缩制造成本的传统模式,将成本管理的领域扩展到内部价值链的各节点。通过对价值链上每一环节的作业进行分解,结合互联网经济下消费者追求新奇、便捷的心理,经过深入探究,最终确定产品研发与设计、品牌营销、销售等为增值作业,而生产制造、物流配送、仓储等为非增值作业,并通过内部价值链的整合尽可能减少非增值作业,同时提升增值作业效率,用最低的成本创造最大的顾客价值和最高的利润,从而获得了市场上的竞争优势,成就了辉煌的业绩。

3. 合作竞争策略

合作竞争策略源于对传统企业市场竞争策略设计的一种反思和批判,因为传统的竞争理论与策略过于强调竞争就是你死我活,"商场如战场"。在这种传统理念与策略指导下,企业竞争优势的获得是建立在对手失败的基础之上,使用激烈的竞争手段,击败竞争对手,扩大市场份额。这种理念从博弈论的角度看,就是把企业之间的市场竞争看作是一种零和博弈,是一种你输我才能赢的思想。合作竞争理论(Cooperation-competition Theory)是耶鲁大学管理学教授拜瑞·

---

① [美]迈克尔·波特著:《竞争优势》,华夏出版社2001年版。

内勒巴夫（Barry J. Nalebuff）和哈佛大学企业管理学教授亚当·布兰登勃格（Adam M. Brandenburger）首先提出来的，他们在1996年合作出版的《合作竞争》一书，在书中他们认为，企业经营活动是一种特殊的博弈，是一种可以实现双赢的非零和博弈。"要创造价值，就要与顾客、供应商、雇员及其他人密切合作。这是开发新市场和扩大原有市场的途径"。[1] 其实这个理论和策略在现实中的采用是有一定条件的。当企业处于成长过程中时，企业间的竞争完全可以成为一种非零和博弈，即通过合作竞争实现双赢。这种模式下，企业通过协作推动市场整体成长从而为各自创造充分的发展空间和机会。此时的博弈竞争不以伤害竞争对手为目的，重要的不是他人是否赢了，而在于你是否赢了。这就是合作竞争策略所反映的竞争理念精髓所在。

然而，当企业处在一个不再成长的市场或处在一个萎缩的市场时，合作竞争就比较困难，与所有的竞争对手竞争而不伤害竞争对手，自己还要赢就很难。合作竞争不是不要竞争，而是在更高层面上的竞争，合作竞争并不是意味着消灭了竞争，它只是从企业自身发展的角度和社会资源优化配置的角度出发，促使企业间的关系发生新的调整，从单纯的对抗竞争走向了一定程度的合作。市场总还是要优胜劣汰的，不然社会就不能进步，企业也不能进步。

比亚迪股份有限公司董事长兼总裁王传福在2023世界制造业大会上表示，当前制造业正在向高端化、智能化、绿色化的方向转型升级，为全球经济复苏提供新动力和新机遇。制造业的高质量发展离不开全球产业链、价值链的分工协作，也离不开全球消费市场。他认为在全球产业变革的新形势下，全球新能源汽车产业链、价值链要持续地加强合作，实现优势互补和共赢发展，以更好满足当地消费者的需求，"未来，新能源汽车市场很大，行业规模也很大，汽车是全球最大的产业，任何一家企业都不可能做到每个环节、每个阶段、每项技术都完美，这就需要通过上下游产业链合作来取长补短。一个开放、透明、包容的多边贸易体系，会让全球跨国公司形成更紧密的商业交流合作，一起来应对挑战，共享机遇。"[2]

三、创建核心竞争力

在当今高度竞争与快速变化的市场中，企业若想确立自己的竞争优势脱颖而出，并保持长期稳定发展，创建培育并持续强化其核心竞争力至关重要。核心

---

[1] ［美］拜瑞·内勒巴夫、［美］亚当·布兰登勃格著：《合作竞争》，安徽人民出版社2000年版。
[2] https://m.thepaper.cn/baijiahao_24677784.

竞争力不仅是企业区别于竞争对手的竞争力,更是其应对市场竞争,实现持续竞争优势,是推动企业更大发展的关键所在。

(一)核心竞争力的本质特征

1. 核心竞争力的定义

核心竞争力最初是由美国学者普拉哈拉德(C. K. Prahalad)和美国学者哈默(G. Hamel)提出的概念。他们认为,企业的核心竞争力是指能够在一批产品或服务上取得领先地位所必须依赖的能力。而蒂斯教授等人则将核心竞争力定义为"提供企业在特定经营中的竞争能力和支柱优势基础的一组相异的技能、互补性资产和规则"。巴顿教授从知识的角度出发认为,企业的核心竞争力应理解为识别和提供竞争优势的企业知识体系。这种知识体系有四种尺度:它的内容体现为雇员知识和技能并根植于技术系统之中,还体现为知识和控制的过程并引导管理系统,第四种尺度是与显性和隐性知识的不同类型及知识创造和控制的过程密切相关的价值和规范。[1] 尽管学者各有观点,但综合起来看,核心竞争力是指提供企业竞争能力和竞争优势基础的多方面技术、技能和知识的有机组合能力,是企业拥有的一种特定的隐性知识,难以被竞争对手所复制和模仿,且对创造公司最终产品和服务的顾客价值有特殊的贡献,能使整个企业保持长期稳定的竞争优势、获得稳定利润的能力。简言之,在当今环境下,企业的核心竞争力是一种以知识和创新为基本内核的关键资源或关键能力的组合能力。这种能力能够使企业在相当长的时期内保持现实或潜在竞争优势,是一种实现动态平衡的关键能力。

2. 核心竞争力的特征

核心竞争力有五个方面的特征:

(1)核心竞争力是竞争优势的根基

哈默尔和普哈拉教授曾有过一个形象的比喻:企业就好比一棵大树,树干和树枝是核心产品,较少的树枝是经营单位,而树叶、花、果则是核心产品,树的根系则提供了大树所需的营养,大树的稳定性就是核心竞争力。[2] 具体如图15-3。如果仅仅考察其最终产品的话,那么很可能未能把握住竞争者的能力;同样,如果仅看到树叶的话,也不能把握大树的强度。作为竞争优势之根的核心竞争力,通过其发散作用,将能量不断扩展到最终产品身上,从而为消费者源源不断地提供创新产品,为消费者创造其偏爱的特殊价值,使消费者的需求得到充分满足。

---

[1] 芮明杰等著:《再创业,突破成长的极限》,经济管理出版社2004年版。
[2] [美]加里·哈梅尔、[印]C.K.普拉哈拉德著:《竞争大未来》,昆仑出版社1998年版,第139页。

如佳能公司利用其在光学镜片、成像技术和微处理器控制技术方面的核心竞争力，使其成功地进入了复印机、激光打印机、照相机、成像扫描仪、传真机等20多个市场领域。可见，随着产业、技术的演化，核心竞争力可以生长出许多奇妙的最终产品，创造出一些多数人意料不到的新市场。

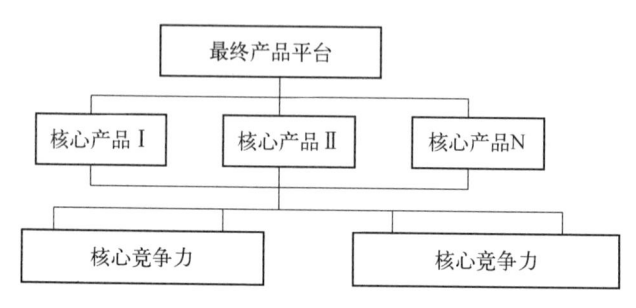

图 15-3　核心竞争力谱系

（2）核心竞争力是各种技术、知识技能的有机综合体

一组分散的技术不能称为核心竞争力，核心竞争力是对企业不同的技术、技能和知识集合整合的能力。举例来说：苹果公司的核心竞争力是建立在许多基础技能之上的，比如研发创新的能力、开放性合作能力、高明的订单系统、存货管理及供应商管理、品牌打造、分销方式分销能力等等。苹果公司将这些能力、技能有机整合就形成了自己的核心竞争力。因为核心竞争力是对企业所有个别技能组合及个别组织单位知识体系的整合，因此核心竞争力很难为个人或单一工作小组所完全掌握。有些企业具备建立核心竞争力的潜力，拥有许多单项的技能、技术和能力，却未能成功构建核心竞争力。原因在于企业领导人仅仅将各部门简单拼合在一起，未能将单项的技能、能力等有效整合，形成合力。因此，能够将多项技能、技术和能力整合，正是核心竞争力的显著标志。

（3）核心竞争力的最终目的在于实现客户看重的价值

区别核心竞争力与非核心竞争力的标准之一，就是看它带给客户的价值是核心的还是非核心的。因此，客户是决定什么是核心竞争力的最后裁判。企业要辨别自己的核心竞争力，就需不断自问，某项技巧或技术是否对"客户看重的价值"有相当贡献。一般企业虽多有产品或服务的成本资料，却很少对其产品或服务给顾客带来的价值做一详细的分析。企业应该弄清楚：一项产品或服务的"价值成分"有哪些？客户付钱愿意换取的究竟是什么？客户为什么愿意为某些产品或服务付更多的钱？哪些价值因素对客户最为重要，也因此对实际售价最有贡献？经过如此分析，相信能找出真正能打动客户的核心竞争力。

(4) 核心竞争力是竞争对手难以模仿的

核心竞争力具有与众不同的独到之处，是企业的一种特殊的隐性知识，只可意会不可言传，因此不易被人轻易占有、转移或模仿。任何一个企业都不能简单模仿其他企业的核心竞争力而建立自己的核心竞争力，培育和强化独特的核心竞争力应靠自身不断学习、创造乃至在市场竞争中磨炼。一个对手可能获得包含核心竞争力的某项技术，但对手很难学会如何将许多单项的技能、技术和能力整合协调起来，因为企业与企业不同，生产运营的情景不同。

(5) 核心竞争力具有刚性

核心竞争力作为企业的一种特殊隐性知识，一旦形成就会长久留存且不易改变，这就是其的刚性特征。也正是如此，核心竞争力一旦培育形成就成为企业的战略资源或资产，具有持久性。与10年前相比，技术进步和需求变化加快，导致企业在市场上的产品和技术生命周期不断缩短，也导致企业的大部分资产的持久性降低了，但企业的核心竞争力却可以不受影响。但到了今天核心竞争力的刚性特征会导致它的难以改善变化，以致企业需要重新培育新的核心竞争力。例如在数智时代，数据分析技术、算力以及人工智能技术已经成为企业必不可少的技术和技能，但将其整合的能力依然需要，核心竞争力依然需要。由于这些技术、技能和能力的根本性变化，导致企业需要重建核心竞争力，需要培养和形成新的核心竞争力，进而在新的时代和市场上继续保持竞争优势。

(二) 核心竞争力的构成

1. 核心竞争力的要素

核心竞争力至少包括四个互相关联的要素：其中两个可以作为动态知识库，即雇员的知识和技能、物理技术系统；另外两个是知识控制或知识整理的机制，即管理系统、价值和规范(见图15-4)。

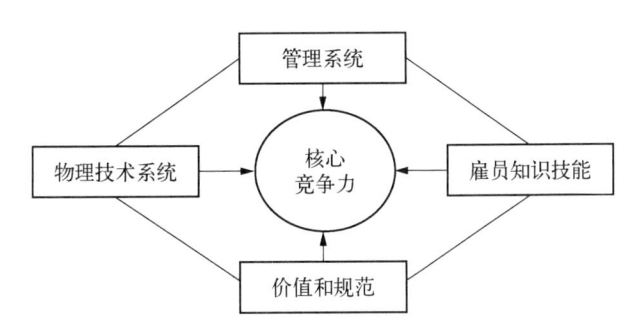

图 15-4 核心竞争力结构维度

(1) 知识和技能

员工身上的技能和知识是与核心竞争力最密切相关的要素。该要素包括企业特殊的技术，还包括对科学的理解。例如在惠普公司，有一位对原子钟时间标准做出杰出贡献的专家，他曾经帮助设计了一套测量系统，其中的时间测量的精度达到了200万年只有1秒钟误差。这种技能被称为T形技能，意味着既有宽度，又有深度。但要想在产品中应用该技能，专家必须熟悉专门领域的知识以及更广泛的应用原则。构成核心竞争力的知识并不是简单的一种知识。我们知道，知识有三种，即科学知识、产业独有知识、企业独有知识。从科学知识到企业独有知识，知识的编码化程度越来越低，其易于转移性也越来越低。即便企业的竞争对手也吸收了具有同样知识的员工，这时，他们确实能开始类似的研究，但是，他们仍然无法复制企业的核心竞争力，因为企业的核心竞争力是一种特殊的整合能力，是隐性知识。

(2) 物理技术系统

物理技术系统包括软件、硬件和设备、数据中心、生产流水线等有形物品，是企业开展投入产出生产运营的必备，这就形成了企业发展以及核心竞争力的基础。企业的物理技术系统并不相同，这是因为不同企业采用上述物件并不完全相同，这些物件从技术上看有先进与落后之分，价格以及运用成本方面有贵贱之分，但这些物件已经嵌入不同专家和相关企业创造的知识，即不同专家积累了技巧性知识，他们将自己的知识与经验随时间不断完善、整理、编码，并且有机地镶嵌在企业的软件、硬件和工作程序中，使得企业的物理技术系统具有相当的知识特性和技能特性。

(3) 管理系统

企业所有的知识以及所有员工积累起来的知识需要被引导和管理，承担此角色的是企业的教育、学习、激励系统。这些系统需要管理，这即是所谓的管理系统。管理系统的作用是引导知识资源积累、配置和创新。它是核心竞争力中相对不那么明显的组成部分，尽管激励、教育、学习系统和程序都是于企业有益。管理系统的效率取决于管理知识的方式方法，取决于企业良好的学习与创新的氛围，知识在企业内各部门、每个员工之间传递、学习、吸收乃至创新的过程，以及团队学习的方式等都是形成技能、能力甚至隐性知识的关键，是形成和培育核心竞争力必不可少的工作。

(4) 价值和规范

技能和知识无论是存在于员工、物理技术系统还是管理系统，都与企业的价值观、愿景、使命密切相关。在大多数企业，对于人性最基本的假设和创业者的价值观影响到企业的价值观、愿景和使命,而这些一旦深入至企业员工、企业行为之中时,就会导致企业和员工在知识获取的选择、知识的创新等过程中留下痕迹,进而影响其技能获得、技能发展,从而间接影响了企业竞争力以及核心竞争力的形成和强度,特别企业如果没有合作竞争、没有确立竞争优势理念的话,自然也就不会去有目的地培育建设企业的核心竞争力。

2. 核心竞争力意识

树立企业核心竞争力意识是创建和培育核心竞争力的前提条件,企业家需要充分认识其重要性。

(1) 树立战略企图心

所谓战略企图心是指企业在构想未来愿景的基础上矢志投入未来的坚定信念。加里·哈梅尔认为,"战略企图心是战略发展框架的核心。战略发展框架可以指明通向未来之路,而为旅途提供情感和知识能量的却是战略企图心。战略发展框架是大脑,战略企图心是心脏。"[1]创建企业的核心竞争力是一项十分艰巨的任务,不是企业在一朝一夕就能完成的,它需要企业坚定信念,首先树立战略企图心,以鼓励企业的士气,激发员工的志向,强化员工的责任感,使企业员工立志为将企业未来愿景变为现实而奋斗。一般地说,企业战略企图心具有以下三种属性:一是方向感,即战略企图心能够代表企业希望在未来的某个时期内,建立什么样的市场竞争地位。这种方向感指明了企业员工追求的目标。二是使命感,即由于战略企图心具有情感上的吸引力,是员工视为理所当然值得追求的目标,因此又代表着一种使命感。三是探索感,即战略企图心应与众不同,对未来有独树一帜的观点,它让员工有探索新竞争领域的机会,因此它传达着一种探索感。

(2) 借助知识资源杠杆

企业树立战略企图心,有意造成资源与期望之间配置的"缺口",从而形成勉为其难的态势,仅仅是从观念上或心理上为创造核心竞争力奠定了基础,但并没有告知如何在知识配置上做到这一点。要真正地实现知识勉为其难的配置,必须借助知识资源杠杆。借助知识杠杆的具体方式(见图 15-5)[2]:一是集中知识,即将企业有限的知识集中用于企业战略所决定的核心竞争力的创建。二是积累知识,即通过学习与借用来达到增加知识的目的,其中"学习"强调的是企业的无形知识形态;"借用"强调的是有形的知识形态。三是整合互补知识,即在资源使用过程中善于整合不同形式的知识,同时平衡知识的使用。前者是指企业

---

[1] [美]加里·哈梅尔、[印]C.K.普拉哈拉德著:《竞争大未来》,昆仑出版社1998年版,第139页。
[2] 芮明杰等著:《产业制胜——产业视角的企业战略》,浙江人民出版社2000年版,第231页。

不但要拥有分离的技术,而且更重要的是要将这些技术知识整合起来。后者是指平衡使用知识资源,以使企业拥有能使核心竞争力充分发挥的相关资源。四是保存知识,即对知识的再利用。某种专长或技术再利用的频率越高,知识资源越是善用便越成功。五是回收资源,善用知识资源的另一项决定性因素,是资源消耗与资源回收之间所需经历的时间。

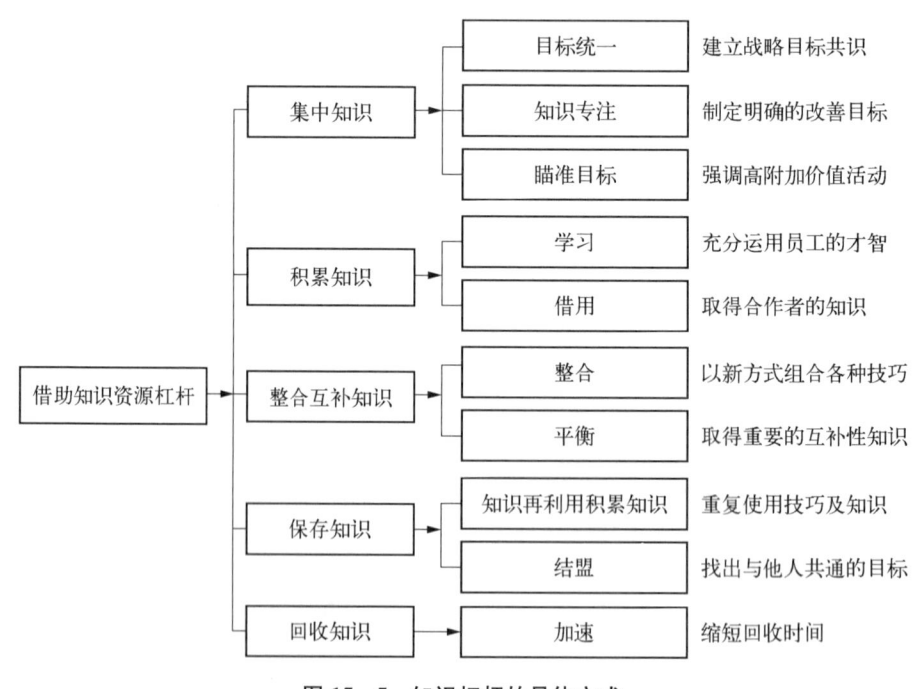

```
                        ┌── 目标统一 ──── 建立战略目标共识
          ┌─ 集中知识 ──┼── 知识专注 ──── 制定明确的改善目标
          │              └── 瞄准目标 ──── 强调高附加价值活动
          │
          │              ┌── 学习 ──────── 充分运用员工的才智
          ├─ 积累知识 ──┤
          │              └── 借用 ──────── 取得合作者的知识
借助知识    │
资源杠杆 ──┤              ┌── 整合 ──────── 以新方式组合各种技巧
          ├─ 整合互补知识 ┤
          │              └── 平衡 ──────── 取得重要的互补性知识
          │
          │              ┌── 知识再利用积累知识  重复使用技巧及知识
          ├─ 保存知识 ──┤
          │              └── 结盟 ──────── 找出与他人共通的目标
          │
          └─ 回收知识 ─── 加速 ──────────── 缩短回收时间
```

图 15-5 知识杠杆的具体方式

(3) 拟定创建核心竞争力的规划

为顺利创建企业核心竞争力,企业还必须拟定创建核心竞争力的规划,这可用一个矩阵图(见图 15-6)来表示。

象限 I:反映的是企业现有的核心竞争力、产品或服务的组合。找出哪些核心竞争力可以支援哪些产品,有助于发现引进企业内其他部门的核心竞争力,以强化产品的市场地位。

象限 II:反映企业现在应培养哪些新的核心竞争力才能使企业在 5 年或 10 年后被客户视为第一流的供应者?

象限 III:反映企业如何能够把现有的核心竞争力应用于新产品市场。

象限 IV:反映与企业现有的市场地位或核心竞争力没有交集的商机,但假设这些机会非常具有吸引力,企业还是会决定投入其中。

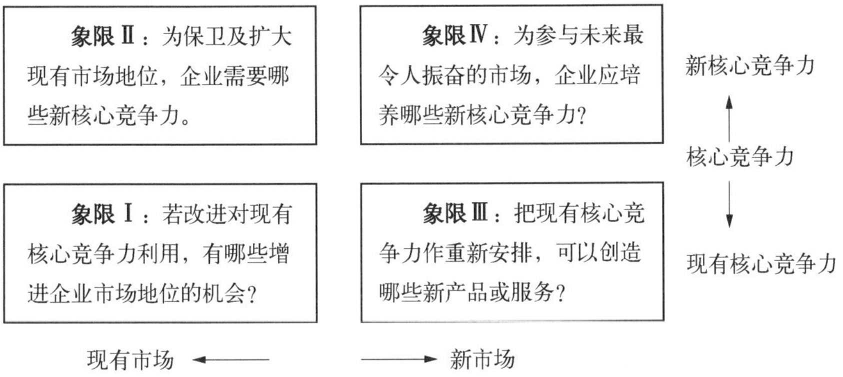

```
象限Ⅱ：为保卫及扩大          象限Ⅳ：为参与未来最
现有市场地位，企业需要哪      令人振奋的市场，企业应培     新核心竞争力
些新核心竞争力。              养哪些新核心竞争力？
                                                          ↑
                                                          核心竞争力
                                                          ↓
象限Ⅰ：若改进对现有          象限Ⅲ：把现有核心竞         现有核心竞争力
核心竞争力利用，有哪些增      争力作重新安排，可以创造
进企业市场地位的机会？        哪些新产品或服务？

        现有市场 ←                  → 新市场
```

图 15-6　企业核心竞争力和市场矩阵

(三) 核心竞争力的创建

要创建核心竞争力,企业既要注重从无到有的核心竞争力的创造和培育,又要采取有效措施整合已有的部分核心竞争力。这就引出了企业创建核心竞争力的两种基本方式,即创新与整合。

1. 技术创新

企业的技术创新包括两个方面：一是有关产品的技术；二是产品生产工艺技术。组合创新就包括这两个方面的创新,一种融合性的创新。

（1）组合创新

一般地说,企业存在着三种可供选择的组合创新途径,一是工艺创新能力先导型,即先着力于提高企业的工艺创新能力,当工艺创新水平上一新台阶后,再着力于提高产品创新能力；二是产品创新能力先导型,即先着力于提高企业的产品创新能力,当产品创新能力上一新台阶后,再着力于提高工艺创新能力；三是协同发展型,即同时着眼于企业产品创新和工艺创新能力的提高。实际上,企业技术创新是企业产品创新能力和工艺创新能力两者的耦合,因此企业要提高技术创新能力,必须建立在协同发展的基础上。实践证明,组合式技术创新比从产品技术或工艺技术方面单方面寻求技术突破更为有效。核心竞争力的培育也是一个不断在市场上试探的过程。产品的技术创新只有走出实验室,被客户接受,才能成为核心竞争力。在这个过程中,工艺的创新必须是同时进行的。工艺上的创新可以弥补产品技术创新中的不足,从而缩短培育核心竞争力的周期。当然,任何一种途径的技术创新都要求有相应的条件,其中最关键的条件是企业自身的技术实力和拥有的知识资源水平。

(2) 同步创新

任何技术创新都是基于现有的技术基础之上进行的。要取得突破性的技术创新，必须存在相应的基础技术。有一种理论被称为创造力的团队理论，该理论认为，如果车和引擎都已存在时，汽车的发明其实只是时间早晚的问题[①]。因此，创新是两种或几种作为基础的技术碰撞的结果。但是，只有同步的知识才能进行碰撞。所谓的同步技术就是创造条件使某一技术能够相互"碰撞"，从而有利于技术创新或解决技术上的难题。如日本高速列车的发展过程就是这样，来自不同领域的专家齐聚一堂，共同解决各种技术难题。当他们发现，行车速度到达某一水准车体会持续振动时，航空工程师便与摩托车头工程师一起解决了这个问题。

2. 整合现有核心竞争力

一般而言企业的技术创新是取得核心竞争力的基础，但一般情况下创新的风险较高，所需时间较长，且所需投入也很大。而通过对已有的核心竞争力进行有机整合的方式培养新的核心竞争力则与之不同，它是一项投入少、风险小、见效快的活动。对于已有核心竞争力进行整合所需要的不是大规模硬技术方面的创新，而是如何寻找识别整合的机会，并从组织上加以保证。华为公司在5G通信领域、智能手机等领域都拥有核心竞争力，而近年来半导体产业链的分裂，一度导致智能手机领域发展困难，为此公司整合了上述不同领域的核心竞争力，努力创新构建公司在半导体芯片设计领域的核心竞争力，并将之有效整合形成更强大的全球市场竞争力和竞争优势，确保了公司在数字通信、智能设备等新兴产业的全球领先地位。

对现有核心竞争力进行完善与整合，形成新的核心竞争力有三种基本方式：一是技术复合。技术复合是指将两种或两种以上的技术结合在一个系统里，但不影响其原有的个别技术的特性。技术复合的主要特点是没有创新一种新技术，但形成新的技术力量。二是技术融合。技术融合是指结合两种或两种以上新技术而开创出另一项崭新的技术。其显著特点是技术融合后，原先的技术失去了其特性。一般说来，技术融合虽然在同一产业领域内有所发生，但更多地发生在不同产业领域内的技术中。三是功能性组合。所谓功能性组合，就是将技术、技术的功能以及员工的技能、能力进行有效的整合，也可以是将不同技术以及功能进行融合创新形成新的诀窍，最终培育发展成为企业新的核心竞争力。

[①] ［英］查尔斯·汉普登-特纳等著：《国家竞争力——创造财富的价值体系》，海南出版社1997年版，第144页。

3. 开展组织学习

组织学习是企业的一种不同于个人的学习方式,具体有多种不同的学习方式如从经验中学习,反思学习,忘却学习、学中干干中学以及交互式学习等,这些方式的运用可以激发企业成员的思想火花,碰撞产出新的思想新的创意,产生知识的创新或知识的转换。组织学习还可以是一个开放的学习过程,企业应该向竞争对手学习,更应该向客户学习,积累新知共同创造新知,通过学习和实践提高员工的技能和能力,提高企业的学习能力和创新能力,最终有助企业形成自己独特的隐性知识即核心竞争力,成就企业在市场上获得竞争优势,成为优秀的可持续发展的企业。[1]

扩展阅读

索菲亚:家居定制

---

[1] 芮明杰、陈晓静、王国荣著:《公司核心竞争力培育》,上海人民出版社 2008 年版。